μετωνυμίες

AF199178

II

Zum Buch: Involution heißt hier nicht wie bei Agnoli Abbau der Demokratie. Involution fordert vielmehr Teilhabe, ohne dass Privilegierte verdrängt und diskriminiert werden. Die vielfältigen Aktivitäten der Zivilgesellschaft in den letzten Jahrzehnten waren in diesem Sinn involutionär, nicht revolutionär: die Bürgerrechts-, Frauen-, Umwelt-, Friedens- oder Schwulenbewegungen, zu denen man daher den Rechtspopulismus nicht zählen kann, der Rot-Grün und die Moral beenden möchte.

Involution stützt sich indes auf Moral und Bildung im umfassenden Sinn. Denn Politik beruht nicht auf den Gewehrläufen, sie endet im Krieg. Wenn Politik Kommunikation in der Öffentlichkeit (Arendt) bedeutet, entspringt sie Sprache und Schrift, entfaltet sie sich mit dem Buchdruck, wird sie von den Massenmedien geprägt und von der Informatisierung beschleunigt.

Der Text erläutert verschiedene Politikverständnisse, wie Medien – Schrift, Sprache, Massenmedien, Internet – die Politik konstituieren, die sich ihrerseits daher auf Bildung stützt. So bleibt Politik zwar eine elitäre Angelegenheit für entsprechend Gebildete. Aber jede Bürgerin kann sich selbst bilden und Ansprüche formulieren, um involutiv politisch teilzuhaben.

Welche politische bzw. Medienbildung ist für die Zeitgenossin nötig, um im Sinn von Involution an der Politik teilzuhaben? Um andere Menschen nicht zu diskriminieren, auszugrenzen oder gar zu diffamieren? Politische Bildung erweist sich dann als eine primär individuelle, die staatliche Institutionen höchstens unterstützen.

Hans-Martin Schönherr-Mann ist Prof. für Politische Philosophie am Geschwister-Scholl-Inst. der Univ. München, Lehr- und Prüfungsbeauftragter an der Hochschule für Politik München, seit 2004 regelmäßiger Gastprof. an der Fak. für Bildungswiss. der Univ. Innsbruck; aktuelle Bücher: *Was ist politische Philosophie*, Campus Studium 2012; *Politik zwischen Verstehen und Werten* – Hermeneutik als politische Philosophie. Vorlesungen am Geschwister-Scholl-Institut 2002/2003, SVH 2016; *Die Macht der Verantwortung*, Karl Alber – Hinblick 2010; *Sexyness als Kommunikation* – Die Geburt der Sexualität aus dem Geist der Massenmedien, BoD 2016

Hans-Martin Schönherr-Mann

Involution oder Revolution

Vorlesungen über
Medien, „Bildung und Politik"
an der Universität Innsbruck 2013-17

μετωνυμίες
II

Bibliografische Information der Deutschen Nationalbibliothek: Die
Deutsche Nationalbibliothek verzeichnet diese Publikation in der
Deutschen Nationalbibliografie; detaillierte bibliografische Daten sind
im Internet über dnb.dnb.de abrufbar.

© 2017 Hans-Martin Schönherr-Mann
Herstellung und Verlag:
BoD – Books on Demand, Norderstedt

ISBN 978-3-7448-1873-5

Für Irmi

Inhalt

VORWORT[*]

Bildung wird individuell mit sozialem Aufstieg verbunden, in der politischen Ökonomie mit wirtschaftlicher Konkurrenzfähigkeit, in der Politik mit demokratischer

[*] Der folgende Text entstand aus der Vorlesung „Bildung und Politik" heraus, die ich wöchentlich zweitstündig am *Institut für Psychosoziale Intervention und Kommunikationsforschung* (Fakultät für Bildungswissenschaften) der Universität Innsbruck zwischen 2013 und 2017 immer im Sommersemester gehalten habe. Es handelt sich nicht um ein Vorlesungsmanuskript, da ich in meinen Vorlesungen nicht abgelesen habe. Die Gliederung entspricht aber in etwa den Vorlesungen aus den Sommersemestern 2015 und 2016. In den beiden ersten Jahren ist dieses Konzept entwickelt worden. Den Begriff der Involution erwähnte ich zum ersten Mal in der Vorlesung 2016 in einer der letzten Stunden. Die begriffliche Differenz Involution-Revolution kristallisierte sich in diesen Jahren während der Vorlesungen heraus. Sie hat hier ihren Ursprung und taucht langsam in meinen neueren Texte auf, zuerst in einem Vortragstext „Medienbildung als politische Bildung?", der die schriftliche Ausarbeitung eines für meine Vorlesung programmatischen Vortrags darstellt, den ich auf der Tagung „Wozu Medienbildung?" – veranstaltet vom interfakultären Medienforum (Innsbruck Media Studies) im Rahmen der Reihe „Medien – Wissen – Bildung" am Institut für psychosoziale Intervention und Kommunikationsforschung, Innsbruck – am 28.2.2015 hielt. Der Aufsatz ist im von Theo Hug, Tanja Kohn und Petra Missomelius herausgegebenen Tagungsband unter demselben Titel erschienen. Der Titel des vorliegenden Manuskriptes *Involution oder Revolution – Vorlesungen über Medien, „Bildung und Politik" an der Universität Innsbruck 2013 – 2017* erweitert dementsprechend pointiert den Titel der Vorlesung. Das Thema „Bildung und Politik" von Anfang an mit dem Thema Medien zu verbinden, lag nicht nur sachlich nahe, sondern wurde auch noch durch zahlreiche Tagungen der Arbeitsgemeinschaft „Medien – Wissen – Bildung" in Innsbruck angeregt, an denen ich teilnahm. Ich darf daher Josef Christian Aigner und Theo Hug besonders danken, die mir diese Vorlesungen und viele Vorträge ermöglicht haben, ohne die also weder das vorliegende Manuskript noch der Gedanke der Involution entstanden wären. Außerdem danke ich für Korrekturarbeiten Michael Löhr und Bernd Mayerhofer.

Bildung der Bürgerin. Doch Politik gründet auf Bildung, beide gehören originär zusammen. Denn es ist keine Politik, wenn eine Horde Primaten triebgesteuert auf Jagd geht, wenn Seeräuber Schiffe oder Küstenorte überfallen, Kriegsherren ihre Heere in die Schlacht von Verdun oder Stalingrad treiben.

Politik beginnt just dort, wo der Krieg aufhört. Achill, Hektor und Odysseus betrieben noch keine Politik, auch nicht als Odysseus nach Ithaka zurückkehrte. Mögen die Pharaonen dergleichen rudimentär getan haben, wenn sie ihre Herrschaft ausübten, um eine soziale Ordnung zu stabilisieren. Zum Thema wird Politik erst, wenn – im Sinn von Hegel und Arendt – die Polis einen vor Gewalt geschützten Raum aufbaut und die Bürger auf dem Marktplatz oder der Volksversammlung über die Probleme ihrer Polis reden. Wenn sie dann in die Schlacht ziehen – die Athener die Flotte nach Syrakus schicken –, dann ist die Politik wieder am Ende.

Das hallt sogar noch bei Carl Schmitts Ausnahmezustand nach, der ja den Rechtszustand wiederherstellen soll und anders, als es die Nazis betrieben, nicht auf Dauer geschaltet ist. Dass nach Benjamin wie nach Derrida am Anfang die Gewalt das Recht konstituiert, ändert daran wenig, musste allemal ein Gewaltzustand beendet werden, ob durch die rechtsetzende Gewalt oder mit Nietzsche durch Verhandlungen zweier etwa gleich starker Mächte – man denke an die Übereinkunft zwischen der kolumbianischen Regierung und den FARC-Rebellen im Juni 2016 in Havanna.

Würde Politik primär aus Gewalt bestehen, dann hieße politische Bildung, sich in der Fertigkeit von Herrschaftstechniken zu trainieren, Waffen anzuwenden und selbstredend Kriegsdienst, der mal als Schule der Nation bezeichnet wurde. Eine andere politische Bildung kannten Herrscher von Napoleon bis zu den Nazis kaum.

Daher findet Politik vielmehr genau dann statt, wenn die Frage der Gerechtigkeit gestellt wird oder zumindest bei öffentlichen Handlungen mitschwingt, dann erscheint für Arendt Politik als Kommunikation in der Öffentlichkeit. Denn die Frage der Gerechtigkeit wird von der menschlichen Sprache aufgeworfen, die sich nach Aristoteles von tierischen Lauten scheidet, die nur Lust und Schmerz signalisieren. Und ohne diese Frage gibt es keine Politik, die andernfalls nur polizeiliche oder militärische Technik wäre.

Folglich beruht Politik just auf der Sprache, die diese Frage zu stellen vermag – ein weiteres Indiz dafür, dass die Politik im Sinne von Nietzsche und Arendt mit der Kommunikation und nicht mit der Gewalt beginnt. Wiewohl letztere politisch auch immer mitschwingt, beanspruchen moderne Staaten gemeinhin das Gewaltmonopol. Jedoch spricht Gewalt nicht mit dem Anderen als Ebenbürtigem, sondern unterwirft und diskriminiert ihn. Politische wie ethische Beziehungen – jenseits vornehmlich christlicher Mitleidsethiken – setzen eine gewisse Ebenbürtigkeit voraus, eine ähnlich entwickelte kommunikative Kompetenz zwischen den sich Begegnenden, also ein gewisses Maß an Bildung.

Um stabile politische Verhältnisse zu schaffen, bedarf es aber neben der Sprache vor allem der Schrift, die die Sprache vereinheitlicht, die Erinnerung verstärkt und Regeln des Umgangs genauso festhält, wie sie Geschehnisse dokumentiert. Damit ermöglicht sie die Ausdifferenzierung rechtlicher Verhältnisse, ohne die die Frage der Gerechtigkeit nicht differenziert gestellt werden kann, somit Politik ebenfalls höchstens sehr eingeschränkt möglich wäre. Der politische Großmythos vom König Ödipus leuchtet diese Dimensionen einer schriftbasierten Polis aus, wenn Ödipus die Sphinx, die Tyrannin von Theben, nur deshalb stürzen kann, weil diese just seine Fußspur nicht zu entziffern vermag, sind doch Ödipus' Füße verkrüppelt.

Die Schrift stärkt und schwächt die herrschaftliche Gewalt gleichermaßen. Aber sie ist die Voraussetzung für eine rechtliche Regelung gesellschaftlicher Verhältnisse, in denen physische Gewalt minimiert wird. Schrift macht Bildung unabdingbar für die Politik, was die soziale Hierarchie steiler aufbaut. Eine allgemeine Schuldbildung wird indes nach dem Buchdruck notwendig. Schrift und Bildung dienen dabei sowohl politischer Herrschaft, wie sie diese auch hinterfragen, indem sie die Frage der Gerechtigkeit aufwerfen lassen.

Wenn Politik auf Sprache und Schrift beruht, ohne diese nicht existiert, dann wird sie originär medial verfasst, denn für einen erweiterten kulturphänomenologischen Medienbegriff gehören dazu natürlich auch Sprache und Schrift. Doch das sind noch keine Massenmedien, waren in der Antike doch nur eine kleine Schar von Gebildeten schriftkundig, die denn auch über einen erheblich ausdifferenzierten Umgang mit der gesprochenen Sprache verfügten als das Volk, Frauen oder Sklaven, die für Aristoteles zwar die Sprache verstehen, aber nicht am Logos teilhaben.

Weitere Verbreitung der Schriftkundigkeit ermöglichte erst der Buchdruck, mit dem die sogenannten Massenmedien anheben, die in der Informatisierung kulminieren. Wenn heute von Medien in einem differenten Sinn gegenüber der Politik gesprochen wird, z.B. von den Medien als vierter Gewalt oder von einer Mediokratie bzw. einer medialen Politik, dann verschleiert das nur die originäre mediale Verfasstheit von Politik, die durch die Audio-, Video- und Cyber-Medien vertieft wird. Politisch soziale Wirklichkeit entsteht medial, wird nicht mehr nur vor Ort besprochen oder schriftlich memorial unterfüttert.

Mit dieser originär medialen Konstitution der Politik enthüllt sich auch, dass diese gleichermaßen wie auf den Medien damit auch auf Bildung aufruht. Bildung hat dabei selbstredend einen weiteren Sinn, ist längst nicht nur politische Bildung, sondern vor allem Medienbildung. Diese bedeutet allerdings wiederum nicht, den Umgang mit informatisierten Medien zu lernen. Sie fördert nicht nur kommunikative Kompetenzen, sondern ermöglicht Teilhabe an den politischen und sozialen Diskursen, die medial stattfinden.

Die Schriftsteller der griechischen und römischen Antike gehörten durchgehend den herrschenden Kreisen an. Platon schildert in der *Politeia* den unterschiedlichen Bildungsgang der verschiedenen Schichten von arbeitendem Volk, den Wächtern und den herrschenden Philosophen. Im Zentrum seines Politikverständnisses steht somit die Bildung. Politik beruht durchgängig auf Bildung, die sich heute gleichermaßen als Medien- und politische Bildung präsentiert, gehören also Medien, Bildung und Politik unabdingbar zusammen. Doch sie sind unter den drei Ständen Platons ungleich verteilt, dürfen sich die beiden unteren Stände denn auch gar nicht in die Politik einmischen.

Für Platon, die Kyniker oder moderne Platoniker wie Leo Strauss fördert diese durch Bildung und Medien verfasste Politik die Gleichheit der Zeitgenossen gerade nicht. Im Gegenteil, diese mediale Verfassung von Politik produziert eine originäre und weitreichende Ungleichheit; denn die Eliten verfügen auch heute regelmäßig über die größere Bildung und Medienkompetenz, was sie von der Bevölkerung unterscheidet. Diese Struktur wird häufig als natürlich oder gar göttlich und somit als gerecht ausgegeben. Das geschieht just medial, wird die Wirklichkeit entsprechend vorgestellt, dass die Bevölkerung diese an sich ungleich und unter dem Gesichtspunkt der Gleichheit ungerecht verteilten Einflussmöglichkeiten akzeptiert. Man braucht mediale Kompetenzen, zunächst sprachliche Fertigkeiten, z.B. Rhetorik, kommunikative Kompetenzen, mit denen man Einfluss auf Kunst, Wissenschaft und heute die Massenmedien auszuüben in der Lage ist. Analphabeten können keine Politik machen, höchstens gewaltsamen Widerstand leisten.

Im Sinne von Jacques Rancière schließt die Politik der Reichen die Armen von vornherein aus, so dass sie für ihn eigentlich gar keine Politik ist. Für die Politik der Reichen ist Bildung Politik – Bildung, die ungleich verteilt ist, was diese für gerecht oder natürlich halten. Bildungsstrukturen und Medien dienen gleichermaßen daher einer polizeilichen Ordnung, die sowohl durch Gewalt als auch durch ein entsprechend medial gebildetes Bewusstsein aufrechterhalten wird. Solche politischen Ordnungen herrschen die meiste Zeit, werden üblicherweise Ungleichheiten anerkannt oder verdrängt. Gelegentlich greift die politische Macht auch zu militärischer Gewalt, um die Ordnung zu sichern.

Denn natürlich versuchen die Armen, Anteillosen, Diskriminierten gelegentlich und auf vielerlei Weisen sich gegen diese Anteillosigkeit bzw. Ungleichheit zu wehren. Dem gewaltsamen Aufstand begegnen die Eliten mit Waffengewalt – man denke an die Arabellion in Ägypten – und eventuell mit Brot. Dagegen führt die erfolgreiche Revolution regelmäßig einen kleinen Teil der Diskriminierten zur Teilhabe an der Macht: Das Umstürzen aller Verhältnisse, die *Revolution*, wechselt nur die Eliten aus, schaffte im republikanischen Rom einen plebejischen Adel, führte in den realsozialistischen Ländern kommunistische Kaderparteien an die Macht.

Wenn es sich um eine weitreichendere Revolution handelt, dann werden dabei nicht nur die alten politischen Eliten, sondern auch ganze Bevölkerungsteile verdrängt, zumindest diskriminiert: der Adel oder das Bürgertum. Zu diesem Prozess ist gemeinhin Gewalt, aber auch dieser Gewalt dienliche Bildung notwendig: Robespierre las Rousseau, Lenin Marx, Trotzki studierte in seiner Zeit als Kriegsberichterstatter militärische Strategien. Daher darf man davon ausgehen, dass Revolutionen nicht nur zumeist gewaltsam ablaufen, sondern diskriminierende und ausschließende, wenn nicht gar vernichtende Folgen nach sich ziehen – man denke an den Holocaust als Folge der ‚braunen Revolution‘. Die Revolution verstellt damit den Weg zu einer partizipatorischen Politik, mit der die Ausgeschlossenen, die Anteillosen, also die Armen, Minderheiten, Benachteiligte sich um Teilhabe bemühen.

Doch es gibt auch Prozesse, bei denen diskriminierte Anteillose Ansprüche auf Anteile erheben, ohne dass politische oder bürokratische Eliten, geschweige denn ganze Bevölkerungsgruppen verdrängt und diskriminiert werden müssen. Solche Prozesse können auch von Gewalt begleitet werden – häufig bei Demonstrationen oder ähnlichen Protestaktionen, gleichgültig ob die Gewalt von der Polizei oder den Diskriminierten ausgeht. Diese Gewalt zielt indes nicht auf die Diskriminierung von Anteilhabenden, also von Eliten. Häufig geht es den Anteillosen vielmehr darum, selber Anteil an den elitären Privilegien zu gewinnen, von denen sie ausgeschlossen sind. Solche Prozesse können die ganze Gesellschaft oder das politische System insgesamt erfassen, breite Bewegungen wie die der Bürger im 18. Jahrhundert, der Arbeiter im 19., von ethnisch Diskriminierten, der Frauen. Sie können sich aber auch auf bestimmte kleinere oder größere Bereiche beschränken, wenn sich Bürgerinnen in bestimmte öffentliche Angelegenheiten einmischen, an denen sie Anteilnahme beanspruchen, in die sie sich verwickeln und in die sie verwickelt werden wollen.

Solche Prozesse nenne ich *Involution*[1], und zwar nicht wie in verschiedenen Diskursen im Sinn von Rückbildung gebraucht, was ja mit *Revolution* viel besser ausgedrückt wäre – *Re-volution*, Zurückdrehen –, wohl aber durch deren populäre politische Bedeutung verstellt wird. Johannes Agnoli schreibt: „,Involution' bildet den korrekten Gegenbegriff zu Evolution. Der Terminus hat sich in der politischen Sprache der romanischen Länder eingebürgert und bezeichnet sehr genau den komplexen politischen, gesellschaftlichen und ideologischen Prozess der Rückbildung demokratischer Staaten, Parteien, Theorien in vor- oder antidemokratische Formen."[2]

Revolution hat dagegen zumeist in antidemokratische Strukturen geführt und lässt somit Involution regelmäßig

---

[1] Der medizinische Begriff der Involution verweist auf organische Rückbildungen und Atrophie, Schwund, Wachstumsstörungen, Verkümmerungen, Mangelerscheinungen. Vor allem bei Demenzerkrankungen ist die Involution sprachlicher Funktionen symptomatisch. Sie beginnt angeblich bereits mit dem 20sten Lebensjahr. Als Therapie empfiehlt man von medizinischer Seite (lt. Wikipedia) Sport, kreative Betätigung und übendes Memorieren, also Philosophie, geht es medizinisch immer darum Involution zu stoppen. Konrad Lorenz verwendet Involution als Gegenbegriff zur Evolution, was auf Degeneration durch fehlende Selektion hinweist, auf eine domestizierungsbedingte „Verhausschweinung". Das ist gegenüber meiner Verwendung natürlich das Gegenteil, werde ich die Philosophie in den Dienst der *Involution* stellen. Im Englischen gibt es zu *involution* noch das Synonym *enfolding*, was in etwa ,umfassen' oder ,einwickeln' bedeutet. Lateinisch kommt es laut neustem Duden von „Windung" her, und zwar im Sinne von einwickeln, also wie man z.B. umhüllt. Ich verwende *Involution* denn auch eher im Sinn von Involvierung, eben wenn jemand involviert, eingewickelt, betroffen sein möchte. Das unterscheidet sich denn auch von der mathematischen Verwendung im Sinn von Abbildung, die ihre eigene Umkehrung ist: wenn man zweimal hintereinander „involviert", ist man wieder am Ausgangspunkt. Involution wäre auch eine Spiegelung. Das entspräche bei meiner Verwendungsweise eher der Revolution als Zurückdrehung.

[2] Johannes Agnoli, Die Transformation der Demokratie (1967) und andere verwandte Schriften, 2. Aufl. Hamburg 2004, 16, Fußnote 5

auf. Daher avanciert im vorliegenden Text die *Involution* im Sinn von Hineindrehen zum Gegenbegriff der *Revolution*: Wenn man dazu gezählt werden will, heißt das, andere nicht auszuschließen (wie die diversen diskriminierenden Bewegungen die Bourgeoisie, die Juden, die Zugewanderten, die Homosexuellen ausgrenzen und vernichten); wenn man diese gerade nicht diskriminieren will (das ist die Differenz zu jeglicher Art von Völkischem und Rassischem, aber auch zu revolutionär Proletarischem wie fundamentalistisch Religiösem); wenn man Politik dadurch macht, dass man die Ordnung auf eine bestimmte Weise zwar in Frage stellt, aber nur soweit, wie man nicht dazu gehört, ohne andere aus der Politik vertreiben zu wollen, dann bemüht man sich um *Involution*. Man dreht sich hinein, man schließt an, so dass man den Kreis der Beteiligten erweitert – das Römische Imperium beruht auf dem Anschluss fremder Völker, wiewohl der natürlich gewaltsam stattfand, im involutiven Sinn keine Politik war. Aber Politik, die auf Kommunikation aus ist, hat zumindest implizit einen involutiven Sinn.

Involutive Prozesse intensivieren sich im Zeitalter der Individualisierung, wenn eine lebendige Zivilgesellschaft sich in viele politische Ereignisse einmischt und Teilhabe beansprucht, aber ohne dabei konkurrierende Gruppen zu verdrängen bzw. zu diskriminieren. Dass dabei Bürgerinnen von sich aus aktiv werden, ohne sich auf Parteien, Standesorganisationen oder staatliche Institutionen zu verlassen, unterscheidet die letzten Jahrzehnte von früheren Zeiten sicherlich nicht qualitativ, aber quantitativ. Damit solche Involutionsprozesse gelingen, brauchen die entsprechend Agierenden diverse Formen der Bildung, die letztlich Formen der Medienbildung beinhalten – von sprachlichen Fertigkeiten bis hin zu informationellen. Dazu gehören insbesondere Techniken zur Analyse medialer Effekte, Wissen um soziale und politische Zusammenhänge sowie Praktiken der Selbstkonstitution.

Staatlich angebotene Bildung wird dazu häufig nicht ausreichen, vielmehr müssen die Individuen sich darum aus eigner Kraft bemühen. Daher lässt sich diese Bildung von staatlichen Bildungsinstitutionen nicht oder nur ansatzweise erwarten. Sie neigt gemeinhin dazu, das Individuum in seiner vorgegebenen Rolle festzuhalten, entweder als Anteilhabender oder als nicht Involutierter. Oder man verlangt vom Individuum eine kritische Allgemeinbildung, die es auf solidarische Weise in die Gesellschaft integriert, ihm also die Rollen vorgibt bzw. abverlangt. Wenn es sich einer universalistischen Gattungsethik entzieht, dann verhält es sich unsolidarisch, mangelt es ihm an Subjektivität, was nur eine bestimmte Form der Involution anerkennt.

Man kann solche Bildung auch nicht privatisieren, also in die Hand von privaten Bildungsinstitutionen geben, die entweder ökonomisch oder ideologisch ausgerichtet sind. Vielmehr verhindern staatliche wie private Institutionen zumeist involutiv ausgerichtete Bildung – man denke an von der Industrie finanzierte Universitäten oder staatliche Elitehochschulen. Zudem lassen staatliche Bildungsförderungen bekanntlich die Bildungsrendite sinken und unterstützen damit auch nicht unbedingt politische Partizipation oder gar Involution.

Woraus dagegen die Zeitgenossen ihre Motive und Antriebe zur Involution entwickeln, muss nicht geklärt werden. Aber es gibt Individuen, die Camus, Sartre und de Beauvoir als zum Widerstand fähige beschreiben, die heute Involution beanspruchen, sich dabei auch ihrer staatlich, familiär oder privat verordneten Bildung bedienen, um diese dabei jedoch zu überschreiten. Gerade Frauen in der westlichen Welt haben das vorgeführt, aber auch die Farbigen in den USA oder die Homosexuellen: Wenn das staatliche Bildungsangebot zur eigenen Emanzipation nicht ausreicht, wenn man ausgegrenzt wird, dann muss man sich selbst um die eigene Bildung kümmern, entstehen häufig bei solchen Gelegenheiten Gruppen, in denen man sich gegenseitig inspiriert – man denke zuletzt an *Occupy*.

Die Peripherieorientierung des Internet bietet dazu neue Chancen für die Individuen, an Politik und Gesellschaft außerinstitutionell teilzunehmen, was die klassischen Massenmedien noch nicht ermöglichten. Heute kann sich jeder über das Netz einer Öffentlichkeit gegenüber äußern – zweifellos ein partizipatorischer Effekt, der als solcher allerdings nicht notwendig involutive Konsequenzen hat. Vielmehr sind dadurch große Risiken entstanden, fördert das Internet gerade auch ausgrenzende und diskriminierende Tendenzen. Kleine Gruppen können sich auch global verstreut organisieren und ihren Zusammenhalt sichern oder auch Anhänger gewinnen und dogmatisieren. Internet-Plattformen lenken dementsprechend informativ ihre Anhänger und verbreiten Propaganda.

Nichtsdestotrotz haben die Informationstechnologien das Wirklichkeitsverständnis nachhaltig verändert. Sie geben einen neuen Rahmen vor, innerhalb dessen sich die alten pädagogisch politischen Fragen nach Bildung, Erziehung wie Selbstbildung erweitern. Zweifellos reicht weder eine humanistisch kulturelle Bildung der Persönlichkeit noch eine kritische, die sozialökonomische Zusammenhänge eruiert und auf eine universalistische Allgemeinbildung abzielt. Vielmehr ist eine genealogisch dekonstruktive Infragestellung der informatisierten Verständnisformen von politischer Realität vonnöten, um nicht Opfer von Verführung durch Religionen, Ideologien, Leitkulturen, Ökonomien und Technologien zu werden, gleichgültig ob man bloß an den üblichen institutionellen Partizipationsformen der Demokratie teilnimmt, oder ob man involutiv die gesellschaftliche Ordnung in Frage stellt, um eine weitergehende Anteilnahme am Diskurs zu erreichen.

Daher gehört zu einer individualisierten Bildung ein Selbstdenken, das sich ideologischer, ökonomischer oder religiöser Bevormundung und Unterordnung unter ein Gemeinwesen entzieht. Vor einem halben Jahrhundert hat man dazu Marx gelesen und hatte dann häufig revolutionäre und gar nicht involutive Intentionen, wiewohl allein letztere langfristige Konsequenzen nach sich zogen – man denke an die Ökologie. Heute beschäftigt man sich mit allem Möglichen, entweder konkreten Problemen oder strukturellen Horizonterweiterungen, beispielsweise mit Sprachphilosophie, Medientheorien, Hermeneutik und Dekonstruktion: Wer Involution will, der muss sich selbst bilden – manchmal mühsam, manchmal vergnüglich –, weil sich anders ein involvierender Diskurs nicht auf den Weg bringen lässt.

Gegenüber der Philosophie – gerade der poststrukturalistischen – besteht in der Öffentlichkeit ein durchaus verbreitetes Interesse, während die staatlichen Institutionen, vornehmlich die Universitäten sicher nicht nur, aber besonders intensiv im deutschsprachigen Raum diese involutive Art der Philosophie weitgehend ausschließen und gleichzeitig die Demokratie gegenüber involutiven Bemühungen eher abzuschotten versuchen. Das geistige Klima in der universitären Philosophie lässt nicht nur in Deutschland daher stark zu wünschen übrig. In Südeuropa sieht das besser aus, finden dort auch innovative politische Bewegungen statt – jenseits des Rechtspopulismus.

Sowenig wie eine bestimmte soziale Ordnung realisiert eine Revolution involutive Ansprüche – höchstens an letzterer beteiligte gemäßigte Gruppen (die Girondisten, die Menschewiki, die Säkularen in der Arabellion), die von den Radikalen ausgrenzt werden –, geht es in der Revolution wie in einer polizeilichen politischen Ordnung ja prinzipiell darum, dass sich daran möglichst viele Zeitgenossen nicht aktiv, sondern bloß passiv beteiligen: die sogenannten Massen, die links eventuell kritisch, trotzdem unselbständig ihren Führern folgen. Masse und Volk machen gerade keine Politik, bleiben immer ausgeschlossen, können sie sich gar nicht anders denn als Herde benehmen. Herden haben keine Sprache, sondern drücken nur Lust und Leid aus – man denke an die Zuschauer eines Fußballspiels, an das Bierzelt oder an die Teilnehmer von Demonstrationen.

Dagegen findet involutive Bildung sicher nicht alleine statt, sie braucht vielmehr die Anderen, aber gerade nicht als Massen sowenig wie als Volk. Das schließt natürlich keinesfalls die gesellschaftliche Bedingtheit der individuellen Existenz aus, wenn durch sie die diversen Vokabulare und Informationen hindurchfließen. Doch just weil das so ist, kann das Individuum daran auch drehen, nein, keine Berge versetzen, aber Impulse geben, indem es Vokabulare und Informationen metonymisiert, oder sie schlicht anders weitergibt, als sie gesendet wurden. Jede Bürgerin – auch wenn sie sich nicht zivilgesellschaftlich engagiert – nimmt am Leben der Sprache teil und damit an ihrer permanenten Veränderung, somit an einer Vielzahl von Medien und wirkt auf diese auch zurück.

Daher ändern sich unter Individualisierungsbedingungen und angesichts eines existentialistisch selbstverantwortlichen Zeitgenossen – Verantwortung, die nichts mit dem Sozialsystem zu tun hat – die Anforderungen an Bildung, die aus Autonomie und Widerständigkeit heraus nicht gänzlich eine politische Angelegenheit ist, vielmehr auch eine individuelle. Umgekehrt bleibt der Politik, um Involution zu befördern, gar nichts anderes, als das nachzuahmen, was aktive Bürgerinnen ihr vormachen oder wozu sie sie gar zwingen – man denke an die Ökologisierung der Welt und die Frauenemanzipation, die von den Zeitgenossen selbst ausging, bevor Staaten und Parteien auf den Zug aufsprangen. Wie stark man diese Zivilgesellschaft dabei einschätzen will, lasse ich offen. Jedenfalls hat sie Einfluss auf die Politik, auf Medien und letztlich auf die Bildung. So gehören zur Politik immer schon Involutionsprozesse, so dass Bildung strukturell keine schlichte institutionelle Angelegenheit bleibt, sondern heute umso mehr außerinstitutionelle, individuelle Perspektiven entfaltet.

> „Vor allem aber meide man die Schwarzseher und Klagesüchtigen, denen nichts gut genug ist, um nicht darüber ein Klagelied anzustimmen. Mag einer auch ein treuer und wohlwollender Gesell sein, er ist doch ein Feind unserer Ruhe durch seine ewige Aufregung und sein beständiges Seufzen."
>
> (Seneca, *Von der Seelenruhe*)

EINLEITUNGSVORLESUNG

„Ungefähr im Dezember 1910 änderte sich die menschliche Natur", zitiert Charles Taylor Virginia Woolf, um einen Epochenwandel zu markieren, den Taylor mit den folgenden Worten weiter umschreibt: „Ein Parallelfall ist in den 1920er Jahren André Gides öffentliches Bekenntnis zu seiner Homosexualität – ein Schritt, zu dem ihn nicht nur sein Begehren, sondern auch seine Haltung in Bezug auf Moral und Integrität veranlassten. (. . .) Aber erst in der Zeit nach dem Zweiten Weltkrieg beginnt diese Ethik der Authentizität die allgemeine Einstellung der Gesellschaft zu prägen. Es wird gang und gäbe, die ‚eigenen Angelegenheiten' selbst erledigen zu wollen"[1]

Seit den sechziger Jahren ist der Anspruch auf individuelle Mündigkeit in der westlichen Welt eine breite Bewegung geworden, an der sich heute die institutionelle Politik kaum mehr vorbeimogeln kann. Die Bürgerinnen lassen sich häufig nicht mehr von den Administrationen bevormunden, suchen im Zweifelsfall eigene Wege. Den

---

[1] Charles Taylor, Ein säkulares Zeitalter (2007), Frankfurt/M. 2009, 792

Öko-Markt haben Bürgerinnen in den siebziger Jahren eigenständig angefangen. Seither hinkt die Politik ökologisch hinterher – wie bei der Kernenergie. Im bayerischen Lindau am Bodensee – um ein anderes sehr kleines Beispiel hinzuzufügen – schicken viele Eltern ihre Kinder auf Schulen im benachbarten Baden-Württemberg, um sie nicht den viel höheren Leistungsanforderungen in Bayern auszusetzen –, was längst zu einem wiewohl noch lokalen Problem für die Schulen in Lindau wird. Wer es sich leisten kann, beschult seine Kinder obendrein privat – durchaus ein Trend, obgleich nicht unbedingt immer mit emanzipatorischen Motiven.

Angesichts von vielfältigen Individualisierungsprozessen lässt sich das Verhältnis von Bildung und Politik nicht mehr in der traditionellen Form abhandeln, wie es von Platon bis Rousseau und darüber hinaus in der politischen Philosophie üblich wurde. So schreibt Taylor noch 1985 in konträrer als der angeführten Perspektive: „das Subjekt selbst kann in der Frage, ob es selbst frei ist, nicht die letzte Autorität sein, denn es kann nicht die oberste Autorität sein in der Frage, ob seine Bedürfnisse authentisch sind oder nicht, ob sie seine Zwecke zunichtemachen oder nicht."[1] Als Kommunitarist gibt Taylor der Gemeinschaft das Primat gegenüber dem Individuum, das ihm unfähig erscheint, von sich aus seine Freiheit selbständig zu nützen bzw. bloß aus sich heraus sich selbst zu verwirklichen.

Just hier liegt das Problem jeder Pädagogik, die das Individuum auf die soziale wie politische Allgemeinheit bzw. Gemeinschaft welcher Art auch immer hin erziehen möchte von Pestalozzi bis zu Wolfgang Klafki, der 1985 bemerkt: „Die Erziehungswissenschaft und das allgemeine pädagogische Bewusstsein (. . .) müssen einen univer-

---

[1] Charles Taylor, Negative Freiheit – Zur Kritik des neuzeitlichen Individualismus (1985), Frankfurt/M. 1988, 125

salen Horizont gewinnen, und zwar im Prinzip in allen Staaten und Kulturen."[1] Das konnte in jenen nachachtundsechziger Jahren noch progressiv klingen. De facto aber entwickelt es ein übergeordnetes normatives Menschenbild, das sich auch auf Anpassungsdruck stützen muss.

Aus der klassischen Perspektive der politischen Philosophie, die sich zumeist auf Platon und Aristoteles beruft, wird in Bildung und Erziehung durch den Staat bzw. die herrschenden Eliten – das können auch Kommunisten sein – den Bürgern vorgeschrieben, was sie sich gefallen lassen müssen. Das gilt erst recht für die sich seit dem 17. Jahrhundert durchsetzende gouvernementale Regierungsform, bei der die Souveränität in den Hintergrund rückt, während sich die Administration an der Logik der Bevölkerung orientiert, was den Eindruck erwecken könnte, die Verwaltung diene der Bevölkerung – man denke an den berühmten Spruch Friedrichs II., er sei der erste Diener des Staates. Dieser Eindruck ist nicht mal falsch: De facto dient die Verwaltung – auch die kommunistische oder eine wissenschaftlich aufgeklärte oder wenigstens beratene – jedoch einer selbstentworfenen Vorstellung von der Bevölkerung, ist nun mal jeder Begriff derselben – und umso mehr das ethnische, gar rassische Verständnis vom Volk – ein metaphysisches Konstrukt, was selbstredend keinesfalls verhindert, dass sich dadurch eine hermeneutische Macht ausbreitet.

Dementsprechend entsteht im 18. Jahrhundert die Pädagogik, in der man Anfang des 19. Jahrhundert Konzepte der Allgemeinbildung entwickelt, wird eine weitgehend flächendeckende Schulausbildung im 18. Jahrhundert propagiert und im 19. Jahrhundert realisiert, deren

---

[1] Wolfgang Klafki, Neue Studien zur Bildungstheorie und Didaktik – Zeitgemäße Allgemeinbildung und kritisch-konstruktive Didaktik (1985), 2. Aufl. Weinheim/Basel 1991, 80

konkreter Zweck jenseits aller erzieherischen Humanitätsvorstellungen in der Disziplinierung und Herrichtung des Untertanen liegt, so dass dieser seinerseits ein nützliches Mitglied der Gesellschaft wird. Selbst in der Pädagogik Rousseaus, die dem Kind gerecht zu werden versucht, hat dergleichen keinen anderen Sinn, als den Menschen zu einem angepassten Bürger in einer Gesellschaft zu machen, die allerdings nach Rousseaus Vorstellungen Gerechtigkeit und Freiheit realisiert.

Nicht nur im Anschluss an Marx vertreten bis heute viele die Auffassung, dass ein Leitbild in der Erziehung vonnöten ist, allein um der politisch motivierten Gewalt zu begegnen – ein Argument, an dem man denn auch kaum vorbeikommt, wenn man es wenigstens negativ betrachtet und nach jener Handlungsweise fragt, die man als am abscheulichsten ablehnt, weil sie sich der Grausamkeit bedient. Das ist in abendländischer Tradition keineswegs selbstverständlich. Die erste der sieben christlichen Todsünden ist der Stolz, während die Grausamkeit bei den christlichen Todsünden gar nicht vorkommt. Das Christentum bediente sich gar der Grausamkeit – man denke nur an die Inquisition. Für viele Politiker gehört Grausamkeit zum Handwerk, wozu als erster Machiavelli öffentlich aufrief: „Es braucht sich also ein Fürst nicht vor der Nachrede der Grausamkeit zu scheuen, wenn er dadurch seine Untertanen eint und in Treue hält."[1] Noch im selben, dem 16. Jahrhundert wird dagegen Montaigne angesichts von religiösen Bürgerkriegen die Grausamkeit als ein weit verbreitetes Laster bezeichnen: „Verrat, Treulosigkeit, Tyrannei und sinnlose Grausamkeit (. . .) – Laster, die bei uns doch gang und gäbe sind."[2] Daran schließt Judith Shklar 1984 an und wird

[1] Niccolò Machiavelli, Der Fürst (1532), Wiesbaden 1980, 68
[2] Michel de Montaigne, Über die Menschenfresser, Essais Bd. 1 (1572-1592), Frankfurt/M. 1998, 326

damit Richard Rorty inspirieren. Grausamkeit zerstört die Menschenwürde und raubt jegliche Freiheit, normalerweise das höchste Gut für Liberale: „Dagegen wertet der Liberalismus der Furcht die Grausamkeit als schlimmstes Laster und erkennt ganz richtig, dass Furcht uns auf den Stand lediglich reaktiver Empfindungswesen zurückwirft."[1] Gerade Misanthropie ist bei Philosophen durchaus verbreitet. Sie führt leicht zur Grausamkeit. Wenn man aber Grausamkeit als das schlimmste Laster versteht, dann sollte das nach Shklar zur Mäßigung beitragen und somit pädagogische Effekte haben.

Allerdings löst auch ein minimalistisches pädagogisches Ziel nicht das Problem auf, dass Erziehung strukturell und mit fortschreitendem Alter des Zöglings umso mehr sich auf eine Autorität berufen muss, die mit individueller Mündigkeit in Konflikt gerät. Daher lässt sich das Problem mit einem neuen Leitbild leider nicht so einfach lösen. Denn seit der zweiten Hälfte des 20. Jahrhunderts orientieren sich sehr viele Bürgerinnen nicht mehr am Staat, schon lange nicht mehr an der Religion oder Tradition, nicht mehr an der Klasse oder am Stand, sondern suchen nach diversen Wegen, die sich nicht mehr homogenisieren lassen: ein ähnliches Problem, das sich dem Nationalstaat bereits im 19. Jahrhundert im Angesicht von Klassenkämpfen stellte, dem er mit keiner Staatsreligion mehr zu begegnen vermochte, weswegen nationalistische Strömungen entstanden, die sich auf die Ethnie beriefen, wenn sie nicht sogar rassistisch dachten.

So verschärft sich im Zuge von Individualisierungsprozessen dieses Problem, lässt es sich nicht mehr durch einen Kompromiss zwischen bestimmten sozialen Gruppen lösen, z.B. durch eine Angleichung von deren Leitbildern. Der gelegentlich wiederkehrende Ruf nach einer Leitkultur verhallt zwischen immer neuen zum Teil pri-

---

[1] Judith Shklar, Ganz normale Laster (1984), Berlin 2014, 11

mär individuellen Interessen, die sich öffentlich Gehör verschaffen: die Frauen, die Schwulen, Transgender, die Alten, die Behinderten, die Sportler, die Haschischverbraucher, während man höchstens die Raucher zum Schweigen bringt, die so wenig wie die Alkoholkonsumenten eine homogene Gruppe darstellen.

Diese Individualisierungsprozesse und jene der Diversifizierung beschleunigen sich im Zeitalter des Internet. Soziale Netzwerke fördern die Gruppenbildung auch über große Entfernungen hinweg. Das ermöglicht nicht nur religiösen Gruppierungen ortsunabhängig zu werden und bestärkt die Mitglieder solcher Gruppierungen, diesen auch in der Fremde die Treue zu halten. Der Druck, sich in die Gesellschaft zu integrieren, in die sie beispielsweise eingewandert sind, lässt dadurch erheblich nach. Vor diesem Hintergrund erleichtert das Internet auch terroristische Aktivitäten.

Jede Idee von Bildung und Erziehung muss diese Entwicklungen berücksichtigen, insbesondere wenn es um das Verhältnis von Bildung und Politik geht: Die Pluralität in einer Gesellschaft intensiviert sich und zugleich vergrößern sich die individuellen Entzugsmöglichkeiten, verlieren die Institutionen an Einfluss. Informationen und Kommunikation erfolgen über soziale Netzwerke in immer größerem Maße, während nicht nur die Institutionen an orientierender Kraft einbüßen und sich die Stellung der klassischen Massenmedien dezentrieren.

Insgesamt verstärken also die neuen Informationstechnologien die Individualisierungsprozesse, auch wenn dadurch nicht notwendig, doch zumindest optional die jeweilige individuelle Position verbessert wird. Denn durch das Internet und seine diversen Nutzungsmöglichkeiten entsteht auch eine Art individualisierte Öffentlichkeit, in der sich die einzelnen Bürgerinnen einem vergleichsweise großen Publikum mitteilen können. Während die Massenmedien den Zugang zum Publikum kontrollieren und nicht genehme Äußerungen ausschließen – sie bestimmen die öffentlichen Diskurse –, sind jetzt individualisierte Verbreitungswege entstanden, die besonders intensiv von den massenmedial Ausgeschlossenen benutzt werden. Natürlich haben die Massenmedien immer noch eine herausragende Position. Doch sie können ihre hegemoniale Stellung nicht so aufrechterhalten wie in der Zeit vor dem Internet.

Selbstredend gehören zu den im Netz verbreiteten Äußerungen viele, wenig erfreuliche Meinungen, seien diese rassistisch oder religiös fundamentalistisch. Manche Staaten bekämpfen kritische Bemerkungen jeglicher Art. Überhaupt werden die Administrationen zunehmend auf die diversen Netzaktivitäten aufmerksam und beginnen Druck auf das Internet auszuüben, um unliebsame Äußerungen zu unterbinden – in China und Saudi-Arabien extensiv, in der westlichen Welt gezielter, was zweifellos auch in letzterem Fall eine Form der Zensur bedeutet, selbst wenn man nicht unbedingt dergleichen ablehnen muss, weil das Internat natürlich nicht zu einem rechtsfreien Raum avancieren sollte, in dem Beleidigungen und Hasstiraden öffentlich verbreitet werden dürfen. Mag man die Spielräume einengen, wird das trotzdem nicht perfekt gelingen, werden die Individualisierungsprozesse durch das Internet insgesamt beschleunigt, was eine zusätzliche Herausforderung für Pädagogik und Bildungskonzeptionen darstellt – und zwar sowohl hinsichtlich einer Medienerziehung zum bewussten oder kritischen Umgang mit den Medien als auch hinsichtlich von Medienkompetenz. So bemerkt Bernward Hoffmann 2003: Eine aufklärerische „Strategie wendet sich an die Erkenntnisfähigkeit des Menschen. Ihr Ziel ist der ‚mündige Bürger‘, der durch Aufklärung über und Einsicht in Gefahren, aber auch positive Möglichkeiten und unterschiedliche Umgangsweisen mit den Medien in der Lage ist, angemessenes Handeln zu entwickeln."[1]

Zwar entsteht bereits am Ende des 19. Jahrhundert eine Reformpädagogik, die nicht mehr wie noch die Schule des 19. Jahrhunderts primär darauf abzielt, den Zögling zum so fleißigen wie gehorsamen Untertan zu formen, sondern zum mündigen Bürger. In den neunzehnhundertsechziger Jahren intensiviert diese Perspektive eine kritische Erziehungswissenschaft, die an die Frankfurter Schule anschließt. Aber deren heutiger Hauptvertreter Jürgen Habermas propagiert den rational basierten Konsens – eine Verlängerung des kantischen Ansatzes einer Mündigkeit, die der Vernunft zutraut, ob ihrer Allgemeinheit Menschlichkeit zu realisieren.

Dabei wird viel zu wenig beachtet, dass Vernunft zwar mit relativer Sicherheit Rationalisierungsprozesse in Gang setzt, die indes keinesfalls automatisch humanisierende Wirkungen nach sich ziehen. Denn es gibt nicht die eine Menschheit und das Menschliche – wenn man davon reden will – erscheint als viel zu komplex oder vielfältig, als dass ein davon abstrahierendes Verfahren der Rationalität solcher Komplexität und Vielfalt gerecht werden könnte. So wiederholt die Konsenstheorie den Fehler der klassischen Utopien, die die Welt monokausal aus einem einzigen Prinzip heraus erklären und dementsprechend verändern möchten. Diese Problematik erfasst sogar noch antipädagogische Ansätze, die ihren Höhepunkt vielleicht bei A.S. Neill und Ivan Illich erklimmen, hallt in diesen doch eine rousseausche Vorstellungswelt nach, für die die Kulturentwicklung depravierende Tendenzen beschleunigt und man sich daher an der Natur orientieren müsse. Doch damit begeht man nicht nur den naturalistischen Fehlschluss, liefert die Natur zu selten komfortable Mo-

---

[1] Bernward Hoffmann, Medienpädagogik – Eine Einführung in Theorie und Praxis, Paderborn 2003, 30

mente, als dass man sie sich zum Vorbild nehmen könnte, was in der Erziehung erst recht für das Kind gilt, an dem sich Rousseau oder Neill orientieren möchten. Vor allem markiert die Natur von sich aus keinerlei Individualität, die aber zum Problem einer posttotalitären Erziehung angesichts von Individualisierungsprozessen avanciert.

Weder bei Kant noch in der Konsenstheorie finden die Individualisierungsprozesse eine hinlängliche Beachtung, die im ausgehenden 19. Jahrhundert anheben und sich seit dem 20. intensivieren. „Gegen Ende des neunzehnten Jahrhunderts", schreibt Taylor, „setzte eine breitere Reaktion gegen die evangelikale Moral ein, von der behauptet wurde, sie frustriere die Menschen, unterdrücke Freiheit und Selbstentfaltung, bewirke Uniformität, leugne das Schöne und so fort. Von Autoren wie Shaw, Ibsen und Nietzsche ist die Reaktion eindringlich artikuliert worden, (. . .)."[1] Die Reformpädagogik reagiert auf diese Entwicklungen unmittelbar. Auch in der kritischen Erziehungswissenschaft spielen diese Aspekte eine Rolle, wiewohl man den individualistischen Grundzug der Zeit eher bekämpft, der sich ja primär den Individualisierungsprozessen verdankt, die durchaus ambivalente Züge zeitigen.

So reflektieren diese wissenschaftlichen Debatten in der Pädagogik teilweise wider Willen diese Entwicklungen, wenn sie sie nicht sogar indirekt beschleunigen – man denke nur an die mit diesen pädagogischen Bestrebungen verbundenen Bemühungen um einen freieren Umgang mit Sexualität, der in der berühmten Odenwald-Schule auch durch diverse Missbrauchsfälle begleitet wurde: in der Antike waren Praktiken zwischen ungleichen Partnern gang und gäbe, die dem heutigen Diskriminierungsverbot eklatant widersprechen. Doch gerade

---

[1] Charles Taylor, Ein säkulares Zeitalter (2007), 822

eine Sexualmoral, die auf der Grundlage des Diskriminierungsverbots die individuelle Lust zum Selbstzweck erhebt, löst die einzelne aus ihren Einbindungen in die traditionellen Ordnungen, in denen die individuelle Lust der familiären und sozialen Reproduktion dient. So propagiert Michel Foucault 1984 den Abschied von der christlichen Sexualmoral, von der er „eine Ästhetik der Existenz" unterscheidet, um die man sich heute wieder kümmern müsse. „Darunter ist eine Lebensweise zu verstehen, deren moralischer Wert nicht auf ihrer Übereinstimmung mit einem Verhaltenscode und auch nicht auf einer Reinigungsarbeit beruht, sondern auf gewissen Formen oder vielmehr auf gewissen allgemeinen formellen Prinzipien im Gebrauch der Lüste."[1]

Soweit dachten wohl weder Reform-, kritische noch Antipädagogik: Aus einem mündigen oder kritischen Bürger, der im Stil von Rousseau und Marx das Gemeinwohl bzw. den Sozialismus befördern sollte, entsteht letztlich ein Individualist, der sich hedonistisch an sich selbst orientiert und der nach Foucault die Askese in den Dienst der eigenen Lust nehmen wird. Freilich führt das zunächst in die Selbstfindungs- und Selbstverwirklichungsgruppen der 1970er Jahre, bis man die sich in Woody Allens Filmen reproduzierenden Selbstzweifel langsam hinter sich lässt – eine Entwicklung, die sich in Allens filmischem Werk wiederspiegelt.

Nicht allein dadurch verstärkt sich für die Pädagogik die Schwierigkeit, dass sich der Pädagoge gegenüber dem Zögling notorisch in einem hierarchischen Verhältnis befindet – eine Problematik, die natürlich auch noch in allen Bildungskonzeptionen unvermeidlich nachhallt, selbst wenn sich diese nicht mehr allein an der schulischen Erziehung orientieren oder wenn sie dezidiert ver-

---

[1] Michel Foucault, Der Gebrauch der Lüste - Sexualität und Wahrheit 2 (1984), Frankfurt/M. 1989, 118

suchen, die Bedeutung des Pädagogen zu minimieren. Trotzdem führt am Satz von Josef Mitterer kaum ein Weg vorbei: „Die Erziehung zur Wahrheit ist immer die Erziehung zur Wahrheit des Erziehers."[1] Doch was folgt daraus? Theo Hug weigert sich, dem Satz einfach eine Widersprüchlichkeit zu attestieren, die nur im Licht der bivalenten Logik oder der aristotelischen Syllogistik erhoben werden kann. Hug geht vielmehr davon aus, dass sich in Mitterers Denken Gegensätze durchaus fruchtbar begegnen und sich gegenseitig inspirieren. Das gilt bei Mitterer, so Hug, auch für das Verhältnis von Poesie und Wissenschaft. Hug schreibt: „Ähnlich wie Ernst von Glasersfeld bietet Mitterer Gedanken und Konzepte an und versucht nicht, andere zu bekehren oder ein neues Paradogma zu etablieren. Mit seinem Werk und der erfolgreichen Art und Weise, seine Philosophie zu leben, zeigt er fruchtbare Umgangsformen mit der Beziehung zwischen der Erfahrungswirklichkeit und der Wirklichkeitserfahrung."[2]

Im Zeitalter von Individualisierungsprozessen beschleunigen und vervielfältigen sich solche Herausforderungen, gerade wenn es nicht nur um Erziehung und Bildung im Allgemeinen, sondern explizit um deren Verhältnis zur Politik geht Das führt letztlich in ein anderes Verständnis von politischer Bildung als die gängigen von der politischen Ordnung, von der Demokratie, vom Verfassungspatriotismus oder vom Sozialismus. Mündigkeit oder Kritik heißen dabei genau so viel, wie das jeweilige Konzept es dem Zögling, also der Bürgerin, zugesteht.

---

[1] Josef Mitterer, Die Hure Wahrheit – auch Duerr ein Zuhälter? in: Rolf Gehlen, Bernd Wolf (Hrsg.), Der gläserne Zaun. Aufsätze zu Hans Peter Duerrs ‚Traumzeit', Frankfurt/M. 1983, 273
[2] Theo Hug, Erziehung zur Wahrheit? in: Alexander Riegler, Stefan Weber (Hrsg.), Die Dritte Philosophie. Beiträge zu Josef Mitterers Non-Dualismus. Weilerswist 2010, 250

Das entbirgt sich beispielsweise, wenn Johannes Agnoli schreibt: „Es dient keinem Herrschaftssystem, wenn die Techniken des Herrschens den Beherrschten zum Bewusstsein gebracht werden. (. . .) Bei zunehmender Involution klaffen staatsbürgerliche Volksbildung (ein Mittel der Staatsfestigung- und -Erhaltung) und politikwissenschaftliche Erkenntnis (ein Herrschafts- aber auch Emanzipationswissen) auseinander."[1] Und selbst das Verhältnis zwischen Herrschafts- und Emanzipationswissen liegt keineswegs auf der Hand, ganz zu schweigen davon, dass es historisch relativ ist und sich plötzlich verkehren kann.

Denn dabei spielt die Pädagogik nicht nur eine die jeweilige Politik stützende Rolle, selbst wenn sie sie kritisch begleiten möchte. Sie liefert dieser auch häufig noch vermeintlich überzeugende Metaphern, vor denen Hannah Arendt freilich warnt: „Überhaupt ist damals wie heute nichts fragwürdiger als die politische Relevanz von Beispielen, die aus der Erziehung gewonnen sind."[2] Die Politik rekurriert bis heute gerne auf patriarchalische oder bevormundende Muster, die auch die Pädagogik liefert. Denn einerseits werden in der Politik gewisse hierarchische Strukturen notorisch wiederkehren, wie andererseits die Sorge des Erziehers um den Zögling schwerlich vermieden werden kann.

Allerdings haben nicht nur die diversen politischen Aktivitäten, die viele Bürgerinnen von sich aus in den letzten Jahrzehnten anfingen, sondern auch die Individualisierungsprozesse gezeigt, dass die Bürgerinnen sich ein bestimmtes politisches Verständnis nicht mehr so einfach implantieren lassen – eine Entwicklung, die sich gleich-

---

[1] Johannes Agnoli, Die Transformation der Demokratie (1967), 18
[2] Hannah Arendt, Was ist Autorität? (1957); in: dies., Zwischen Vergangenheit und Zukunft – Übungen im politischen Denken I, 2. Aufl. München 2000, 185

falls globalisiert, nützen das Netz nicht nur direkt oder indirekt terroristische Totalitaristen, sondern auch Bürgerinnen, die sich überall auf der Welt von welcher Bevormundung auch immer befreien möchten. So entsteht eine Öffentlichkeit jenseits der klassischen Massenmedien, die die außerinstitutionellen Partizipationsformen an der Politik verlängern, die im letzten halben Jahrhundert immer stärker um sich greifen. In gewisser Hinsicht treten bestimmte Muster in Politik und Pädagogik auseinander, bzw. müsste der Bildungsbegriff just stärker auf diesen Anspruch auf Individualität und Mündigkeit rekurrieren, den ich daher hier nicht auf die Schule beschränken möchte, sondern vielfältige andere Formen integrieren, so dass Bildungsprozesse beispielsweise auch durch außerinstitutionelle politische Partizipation stattfinden: Bürgerinnen bilden sich selbst durch politisches oder kulturelles Engagement! Solche Selbstbildungsprozesse sollten Institutionen begleiten und fördern, sicher auch gelegentlich eingreifen, wenn solche Prozesse beispielsweise in Radikalismus und Fundamentalismus abzugleiten drohen. Hier spielt auch die Medienpädagogik eine wichtige Rolle, wenn sich diese selbstkritisch reflektiert und ihre lenkende Beziehung zur sich politisch bildenden Bürgerin selbst zu beschränken versucht. Just vor dem Hintergrund von individuellen Autonomisierungsprozessen verschärft sich das Problem der politischen wie der pädagogischen Autorität. Das erkennt auch Hoffmann in Bezug auf die Medienbildung: „Letztlich ist der Personwerdungsprozess jedes einzelnen unverfügbar; das Subjekt entfaltet sich nach seinen eigenen generativen Ausdrucksmustern, ohne ständige pädagogische Anleitung; diese Dimension umfasst der Bildungsbegriff."[1]

Dergleichen zeigt sich beispielsweise permanent im Internet, in das Politiker rechtliche Strukturen einzuzie-

---

[1] Bernward Hoffmann, Medienpädagogik, 2003, 32

hen versuchen, während Pädagogen einen kritischen Umgang damit befördern möchten. Freilich kann sich eine Analyse des Verhältnisses von Bildung und Politik nicht auf die neuen Medien beschränken. Politik und Bildung beruhen beide seit ihren Anfängen auf Medien, genauso wie ihr gegenseitiges Verhältnis natürlich medial vermittelt ist. Und es entstanden auch nicht erst im Zuge der postmodernen Informationstechnologien Individualisierungsprozesse, wiewohl die zeitgenössischen in der Tat eine nachhaltigere Dynamik entfalten als frühere. Das liegt nicht zuletzt an der sich verbreiternden Bildung und am Anspruch von immer mehr Zeitgenossinnen, sich immer weniger bevormunden zu lassen, was natürlich nicht ausschließt, dass sie sich darüber täuschen. Aber so einfach ist es nicht mehr, wie es sich Taylor noch 1984 vorstellt. So richtig täuschte man sich nur, wenn es denn ein klar bestimmbares Selbst gäbe. Doch just das steht seit längerem in Frage. Wenn das Selbst eine Konstruktion bleibt, dann verliert die Täuschung ihren irrenden Charakter, bestimmt die Konstruktion vielmehr das Selbst.

Trotzdem werden derartige Positionen vertreten, auf die ich in meiner Analyse des Verhältnisses von Bildung und Politik im Informationszeitalter auch eingehe, um eine Konzeption von Bildung und Politik zu erarbeiten, die sowohl den Individualisierungsprozessen als auch der fortschreitenden Informatisierung gerecht wird, ohne damit Bildung durch Wissen und Information ersetzen zu wollen. Konrad Paul Liessmann kritisiert die Bildungsdebatte: „Wer sich auf der Höhe der Zeit wähnt, spricht deshalb heute nicht mehr von Bildung, die sich immer an einem Individuum und der Entfaltung seiner Potentiale orientierte, sondern von ‚Wissensmanagement‘."[1] Doch

---

[1] Konrad Paul Liessmann, Theorie der Unbildung – Die Irrtümer der Wissensgesellschaft, Wien 2006, 53

am klassischen Bildungsideal kann man auch nicht mehr festhalten. Zumindest muss es um- und weitergedacht werden. Denn das Individuum Voltaires, Rousseaus, Kants, Goethes und Humboldts verdankt sich einem Menschenbild, das das Individuum zwar von religiöser Bevormundung befreit, es aber einem Ideal der Allgemeinheit unterordnet. Es darf sich seine ethischen Orientierungen nicht selber zusammensuchen.

Daher bleibt nichts anderes, als vom Individuum aus ein Konzept von Bildung zu entwerfen. Denn viele individualisierte Bürgerinnen lassen sich Unterordnung nicht mehr gefallen. Nicht nur dass sie im Geheimen gegen die Regeln der Universalität verstoßen – wie man sich im Mittelalter katholischen Normen entziehen musste –, wiewohl selbstredend ohne schlechtes Gewissen – das den *Homo viator* womöglich noch plagte. Sie widersprechen heute vielmehr öffentlich einem hegemonialen Diskurs, wie überhaupt viele Minderheiten öffentlich das Wort ergreifen und ihre Lebensformen nicht mehr als angeblich unsittliche verbergen: z.B. den Gebrauch der Lüste mit dem eigenen Geschlecht. Das vom Universalismus nicht mehr bevormundete Individuum entwirft sich selbst und somit eine eigene Vorstellung von Bildung, eben wozu und wie es selber gerne gebildet sein möchte.

Dass man nur aus dem Gedachten denken kann, dass die Bürgerin ihr Selbst aus den angebotenen Ideen zusammenbastelt, versteht sich von selbst. So konstatiert Heidegger: „Was immer und wie immer wir zu denken versuchen, wir denken im Spielraum der Überlieferung. Sie waltet, wenn sie uns aus dem Nachdenken in ein Vordenken befreit, das kein Planen mehr ist. Erst wenn wir uns denkend dem schon Gedachten zuwenden, werden wir verwendet für das noch zu Denkende."[1] Derart eröff-

[1] Martin Heidegger, Der Satz der Identität (1957), in: ders., Identität und Differenz, 10. Aufl. Stuttgart 1996, 30

net die Überlieferung Spielräume, die nicht nur eine Wahl ermöglichen, sondern dazu zwingen. Das Individuum wählt seine ethischen Normen und bildet sein Selbst, auch wenn es als Kind längere Zeit nur von außen gebildet wird. Das Individuum ist selbst dann noch Wahl, wenn es nicht wählt bzw. wie Sartre bemerkte: „was auch unser Sein sein mag, es ist Wahl."[1]

Wenn die Begriffe Bildung und Politik keinesfalls als selbstverständlich vorausgesetzt werden können, dann gilt es die jeweiligen gegenseitigen Beziehungen zu eruieren – und zwar gemäß meiner Fragestellung mit besonderer Berücksichtigung der Medien. Welche Rolle spielt die Bildung für die Politik und umgekehrt? Und wie beeinflussen die Medien diese Prozesse? Welche Rolle spielen dabei die individualisierten Bürgerinnen? Inwieweit entziehen sie sich staatlichen Lenkungsbemühungen, der politischen Pädagogik?

[1] Jean-Paul Sartre, Das Sein und das Nichts (1943), Reinbek 1993, 817

I. Teil
MEDIEN UND POLITIK

Wenn Aristoteles immer noch recht haben sollte und die Politikwissenschaft im Staat die leitende Wissenschaft wäre, die vorgibt, welche Wissenschaften der Staat braucht – wiewohl sich heute die Politikwissenschaft ob ihrer technokratischen, antiphilosophischen Neigungen das sicher nicht einbilden sollte –, trotzdem hängt das Verhältnis von Bildung und Politik dann primär vom jeweiligen Politikverständnis ab. Im Rückgriff auf Rancière entwerfe ich vier verschiedene Modelle, aus denen sich verschiedene Bildungskonzepte ableiten lassen, die dabei auch auf politische Bildung abzielen bzw. dieser bestimmte Funktionen attestieren oder auch bestreiten. Die Grundfragen des vorliegenden Textes lauten dann: Was ist das politische Ziel von Bildung bzw. umgekehrt wie wirkt Bildung auf die Politik zurück? Und welche Rolle spielen dabei Individualisierungs- und Informatisierungsprozesse?

Wenn man indes dabei auch die Medien in den Blick nimmt, dann gilt es vorab zu fragen, welche Rolle die Medien in der Politik im Allgemeinen und in diesen vier verschiedenen Politikmodellen im Besonderen spielen. Welche Konsequenzen ergeben sich aus den medialen Bedingungen von Politik für die jeweiligen Bildungskonzeptionen auch hinsichtlich der politischen Bildung bzw. der Rückwirkung von Bildung auf die Politik? Welche

Rolle spielt die Medienbildung für die Politik, für die Bildung wie die politische Bildung? Die Antworten auf diese Fragen werden je nach Politikmodell unterschiedlich ausfallen.

Wenn sich dabei im zweiten Teil die Frage nach den politischen Zielen von Bildung, politischer Bildung und Medienbildung ergibt, dann muss man vor allem beachten, inwiefern sich der Prozess der Individualisierung darauf auswirkt und Konzeptionen verändern könnte. Bildung ist seit dem 19. Jahrhundert eine öffentliche, Aufgabe. Der Staat organisiert das Bildungswesen und verfolgt dabei einerseits eigene Zwecke und andererseits soziale. Gouvernemental betreibt er damit Biopolitik, die sich entweder auf bestimmte Wissenschaften oder Menschenbilder stützt. Dementsprechend wäre das politische Ziel von Bildung schnell bestimmt, nämlich entsprechend der biopolitischen Ziele, die Hegung der Bevölkerung, um die Macht des Staates zu stärken, die wiederum der Volkswirtschaft zu dienen hat. Doch im Zeitalter der Individualisierung kann man die Frage nach dem politischen Ziel von Bildung nicht mehr so leicht beantworten. Wie weit spalten sich die Antworten auf die Frage nach dem politischen Ziel von Bildung unter Individualisierungsbedingungen auf? Das Individuum verfolgt mit der Bildung eigene Zwecke und lässt sich nicht mehr ohne weiteres vom Staat bevormunden. Es bildet sich ein Stück weit selbst und manipuliert dabei die staatlichen oder sozialen Funktionen. Es holt sich die eigene Bildungskompetenz ein Stück weit vom Staat wieder zurück. Dadurch beeinflusst es die Politik durch diverse Aktivitäten und beteiligt sich auf diese Weise an der Politik.

Der individualisierte Zeitgenosse verlangt durchaus politische Teilhabe, ohne sich jedoch politischen Ordnungen einfach unterzuordnen und ohne diese revolutionär als Ganzes unbedingt umgestalten zu wollen. Er zielt statt auf Revolution, die sich auch als eine bestimmte

Ordnung präsentiert, auf Involution, auf partizipatorische Teilhabe immer dort, wo er sich ausgeschlossen fühlt. Der Begriff der Involution entwickelt mit und gegen Rancière den Anspruch der Teilhabe von jenen, die zumindest punktuell nicht aktiv an der Politik Anteil nehmen, was sich nicht durch staatliche Integration realisiert, sondern durch individuelle Partizipation in Bereiche hinein, die dem Individuum bisher verwehrt sind – also Partizipation unter Individualisierungsbedingungen, die sich grundsätzlich gegen Diskriminierung wehrt, dabei durchaus individuelle Interessen vertritt, die jedoch über diese Interessen hinausweisen und inkludierend und nicht exkludierend an die Interessen anderer anzuknüpfen vermögen. Involution hat nichts mit Fremdenfeindlichkeit, Rassismus, Nationalismus, Fundamentalismus bzw. Totalitarismus zu tun, sondern bemüht sich um die verbindenden Kräfte in einer pluralistischen, individualisierten Gesellschaft. Sie verabschiedet die Politik nicht wie gewisse libertäre oder neoliberale Konzeptionen, die Politik durch Ökonomie ersetzen wollen. Sie will an der Politik teilhaben, ohne aber der institutionellen Politik einen Primat einzuräumen. Politik entsteht durch die Kommunikation der Bürger selbst, individuell und nicht sich in eine Hierarchie einordnend, will somit Politik erweitern, nicht durch etwas anderes ersetzen wie Ökonomie, Religion oder Militär. Dieses Verständnis von Involution durchzieht den vorliegenden Text eingrenzend und ausgrenzend bezogen auf die unterschiedlichen Politikverständnisse.

Individualisierung und Involutionsbemühungen bereiten denn auch drei der vier Politikmodelle Schwierigkeiten, so dass sie diese Individualisierungsprozesse bekämpfen. Es geht diesen drei Modellen explizit entweder nicht oder bloß partiell um Involution. Allein das vierte Modell stellt die Fragen, wie Involutionsprozesse durch Bildung gefördert werden können – Fragen, die vor allem im dritten Teil beantwortet werden, in dem es dann darum geht, in welchem Verhältnis Politik, Bildung, Medien- und politische Bildung unter Individualisierungsbedingungen zueinander stehen.

1. Vorlesung
WAS IST POLITIK?

Was ist das politische Ziel von Bildung im Allgemeinen und von Medienbildung im Besonderen? Es ist nicht selbstredend Involution. Auch der politische Sinn von Bildung ist sowohl aus individueller als auch staatlicher Perspektive primär ein ökonomischer. Ein partizipatorisches Ziel der demokratischen Teilhabe bleibt dabei zumeist im Hintergrund. Das gilt selbst noch für die Medienbildung und entspricht auch der Wertehierarchie der meisten Zeitgenossen, die in einer neoliberalen Epoche leben, wenn die Ökonomie nicht nur gegenüber der Politik einen zunehmend hegemonialen Diskurs entfaltet und dabei auch für viele Zeitgenossen attraktiv ist – und sicher nicht nur für die Initiativen jener reichen Millionäre aus dem Silicon Valley, die versuchen, sich auf autonomen Inseln im Meer von jeglicher Staatlichkeit zu befreien. Colin Crouch sieht in dieser Entwicklung „eines der ernstesten Symptome für den Anbruch des postdemokratischen Zeitalters, da der Aufstieg der Wirtschaftseliten mit einem Schwinden der kreativen Dynamik der Demokratie einhergeht."[1]

Für jene, die wie Wolfgang Streeck und Oskar Negt diese Entwicklung im Sinn von Crouch für eine Gefährdung des Gemeinwesens halten, könnte sich die Frage

---

[1] Colin Crouch, Postdemokratie (2004), Frankfurt/M.2008, 70

Wozu Bildung und Medienbildung? mit *Als politische Bildung!* beantworten lassen, um dadurch dem Prozess der Ökonomisierung zu widerstreiten. Denn so Streeck: „Mit einem demokratischen Staat dagegen ist der Neoliberalismus unvereinbar."[1] Aber lässt sich das Problem so einfach wie allgemein lösen?

Offenbar nicht. Vertreter des Neoliberalismus werden diese Antwort bestreiten: Bildung wie Medienbildung brauchen die Zeitgenossen aus ökonomischen Gründen. Da die Neoliberalen den Staat minimieren wollen, ist die in Demokratien propagierte politische Bildung marginalisierbar, kann man auf sie eigentlich ganz verzichten. Sie hat mit Medienbildung im Besonderen und Bildung im Allgemeinen gar nichts zu tun. Dann zielt Medienbildung auf ein pragmatisches Wissen und technische Fertigkeiten, die primär ökonomisch verwertbar sind, damit sich die Zeitgenossen allemal viel stärker für Ökonomie als für Politik interessieren. Medienbildung hätte dann wie Bildung einen entpolitisierenden Sinn, soll nicht politisch, sondern unpolitisch bilden. Wie bemerkt doch Liessmann: „Die Ökonomisierung des Wissens hat seine Entschärfung zur Voraussetzung."[2] Das Unpolitische aber, ein Wissen, das politisch nicht mehr scharf zu unterscheiden vermag, wäre die richtige Politik, nämlich Ökonomie als Politik bzw. an Stelle von Politik. Dieses Verständnis ist heute weit verbreitet und keineswegs auf radikale libertaristische Kreise beschränkt. Vielmehr hat es unter anderem zur Ökonomisierung des Bildungs- und Sozialsystems sowie des Gesundheitswesens geführt. Politische Bildung wird nur von den engagierten Demokraten gefordert, zu denen man zwar viele Neoliberale

---

[1] Wolfgang Streeck, Gekaufte Zeit – Die vertagte Kriese des demokratischen Kapitalismus, Berlin 2013, 90
[2] Konrad Paul Liessmann, Theorie der Unbildung, 2006, 150

genauso zählen kann wie Konservative, die doch von politischer Bildung ein anderes Verständnis haben.

Einen ähnlichen Zweck der Bildung wie Neoliberale könnten auch Vertreter autoritärer Herrschaftsformen propagieren, für die politische Bildung höchstens das Ziel hat, den Bürgern zu vermitteln, dass Führung und Einheit für den Erfolg des Staates unabdingbar sind. Daher wird in solchen Regimen kaum von einer politischen Bildung gesprochen, die auf die Befähigung zur politischen Teilhabe abzielen soll. Dass die Medien dazu ihren Teil beitragen, sollte durch Medienbildung gleichfalls nicht unbedingt hervorgehoben werden. Unter autoritären Regimen entfaltet weder politische noch Medienbildung aufklärenden Charakter, um Mündigkeit zu fördern, sondern besitzt bestenfalls einen anpassenden Zweck. Entweder gibt es dabei Mündigkeit so wenig wie im Neoliberalismus, oder sie verlieren ob ihres affirmativen Charakters ihren politischen, transformiert sich das Unpolitische ins Politische. Bildung soll den Untertan hervorbringen, dem man das am besten beim Militär beibringt, während Volkshochschulen entweder der entspannenden Erbauung und Unterhaltung dienen, oder vielleicht noch der Fortbildung für berufliche Zwecke.

Für ein demokratisches Denken, das primär auf Konsens abzielt, soll politische Bildung dagegen über die Funktion demokratischer Institutionen und politische Zusammenhänge aufklären, sowie ein kritisches Denken fördern. Dem Mainstream der Philosophie entsprechend darf man noch eine analytische Kompetenz hinzu addieren, damit die Bürgerin das politische Geschehen systemadäquat und rational zu verstehen in der Lage ist und gegebenenfalls zu einem öffentlichen Vernunftgebrauch, den John Rawls propagiert. Dazu gehört Medienbildung nur soweit, wie sie die wichtige Rolle von Medien und Meinungsfreiheit für die Demokratie vermittelt. Den meisten Vertretern dieses Politikverständnisses reicht es völlig, wenn die Zeitgenossen der medialen Wirklichkeit mit einer objektivierenden Kritik begegnen, die politische Interessen unterscheidet, politische Institutionen auf ihre Funktionen hin abklopft und die politische Sprache weitgehend so nimmt, wie sie sich zu verstehen gibt. Dazu reichen dann allemal eine Analyse der Fakten und eine kritische Würdigung von Zusammenhängen, nimmt man Medien und Politik weitgehend, wie sie sich selbst präsentieren. So insistiert Klafki auf der von Marx abgeleiteten „Erkenntnis, dass die praktisch-werktätige Auseinandersetzung des Menschen mit der Wirklichkeit eine fundamentale Basiskomponente seiner personalen Entwicklung ist, sofern sie nicht zu früher Abrichtung degeneriert; zum anderen aber, dass dem Anspruch einer umfassenden allgemeinen Menschenbildung nur entsprochen werden kann, wenn von den frühesten Phasen an, wenngleich in einem gestuften Gang, die Perspektive künftiger beruflicher Tätigkeiten und Bewährungen im Bildungsgang selbst repräsentiert ist."[1]

Wie Handeln und im Besonderen politisches Handeln sich strukturieren, das spielt dabei kaum eine politische Rolle, geht es um eine inhaltliche Bestimmung der verfolgten bzw. der zu verfolgenden Zwecke. Da weder Bildung noch Medienbildung im deliberativen Zusammenhang die Aufgabe haben, die politische und mediale Konstruktion von Wirklichkeit zu analysieren, bleiben sie ein von der politischen Bildung getrennter Bereich.

Indes bemerkte Marshall McLuhan bereits 1967, dass das Medium hintergründig die Wirklichkeit stärker prägt als der Inhalt, den es transportiert: „Das Medium ist die Botschaft. Das Medium ist verborgen der Inhalt offensichtlich. Aber die eigentliche Wirkung rührt vom verbor-

[1] Wolfgang Klafki, Neue Studien zur Bildungstheorie und Didaktik (1985), 35

genen Grund her, nicht von der Figur.“[1] Das Medium konstituiert dadurch Wirklichkeit, dass es den Rezipienten anschließt, seine Vorstellungen prägt, nicht dadurch dass es Inhalte vermittelt.

Was in der medialen Welt inhaltlich passiert, mag Skandale auslösen, entscheidend ist, dass die Zeitgenossen sich freiwillig den medialen Systemen anheimgeben und die Welt medial verstehen. Das umschreibt Hoffmann mit dem Beispiel der Fotografie: „Das, was das Foto abbildete, existierte mit absoluter Sicherheit oder hatte existiert an irgendeinem konkreten Ort.“[2] Just derart objektivistisch verfehlt Medienpädagogik die Strukturen, die Medien welcher Art hintergründig und die Wirklichkeit konstituierend dem Bewusstsein der Zeitgenossen eingeben. Fotos sind nicht die Wahrheit, sondern können lügen, weil sie mit der Wahrheit lügen. Derart konstruieren sie die Wirklichkeit. Das gilt für die ersten Medien, Schrift und Sprache. Für Wesen ohne differenzierte Sprache, die Laute nur benutzen, um Schmerz und Leid auszudrücken, gibt es keine Wirklichkeit.

Wer die Politik daher nicht primär von den vermeintlich objektiven Inhalten her begreift, sondern von den sprachlichen Formen, der hinterfragt diese evidenten Zusammenhänge zwischen Medien und Politik: Konstruieren Medien die Wirklichkeit und auf diese Weise auch die Politik? Entfaltet umgekehrt die Politik ihre Macht primär dadurch, dass sie vermittels der Medien das Wirklichkeitsverständnis der Zeitgenossen prägt? Weniger durch Inhalte? Dazu braucht man medientheoretische Zugänge genauso wie konstruktivistische Differenzierungen der medial gestalteten Wirklichkeit, die das Denken der Zeitgenossen strukturiert, sofern man Politik aus

---

[1] Marshall McLuhan, Das Medium ist die Botschaft – ‚The Medium is the Message' (1967), Dresden 2001, 9
[2] Bernward Hoffmann, Medienpädagogik, 2003, 115

einer solchen Perspektive versteht. Dann präsentieren sich Bildung wie Medienbildung als politische Bildung bzw. braucht letztere die beiden anderen, um die Bürgerin dazu zu befähigen, sowohl die Wirklichkeit, die Politik wie die Medien in ihren konstruierenden Perspektiven zu erfassen.

Damit ist das Verhältnis von Medien- und politischer Bildung zunächst oberflächlich gemäß gewisser Vorverständnisse umrissen. Aus welchen Hintergründen das jeweils so ist und ob sich dabei begriffliche Schemata verschieben, das gilt es anhand gängiger Politikverständnisse genauer zu untersuchen. Dazu differenziere ich die Modelle von Politik doch noch etwas anders. Denn in der Tradition der politischen Philosophie wird vornehmlich aus politischer Perspektive gedacht, nicht aus ökonomischer. Sonst handelte es sich ja um politische Ökonomie, genauer um Volkswirtschaftslehre, also entweder um Neoliberalismus oder um Marxismus. Vielmehr möchte ich auf das platonische Modell der Politik als Polizei oder Verwaltung zurückgreifen; auf das konsensorientierte Modell im Anschluss an Rawls und Habermas; auf das am Krieg orientierte Modell von Carl Schmitt und Max Weber; auf das Konflikt-Modell im Anschluss an Dahrendorf, Lyotard und Rancière. Die beiden ersten Modelle unterstellen, dass sich politische Konflikte durch Ordnungs- und Verfahrensstrukturen lösen lassen. Die letzteren gehen von einem nicht konsentierbaren Konflikt aus. Das dritte Modell will den Konflikt daher gewaltsam bzw. durch den Ausnahmezustand beenden. Das vierte will ihn aufrechterhalten und auf verschiedene Weise moderieren. Das dritte und das vierte Modell unterscheiden sich voneinander vor allem durch unterschiedliche Rollen, die die Gewalt spielt. Für das dritte Modell besitzt Gewalt einen politischen Charakter, für das vierte ist sie strukturell unpolitisch: Wo sie anfängt, endet die Politik.

Beim ersten und beim dritten entfaltet sich Demokratie höchstens in elitärer Perspektive. Demokratie – besonders partizipatorische – ist für ihre Vertreter wie Leo Strauss und Carl Schmitt kein Wert an sich. Das zweite und das vierte betrachten sich selbst als originär demokratisch. Marx mit seiner Revolutionsperspektive ließe sich unter Umständen dem dritten Modell zurechnen, wobei sich aber der Zweck der Politik verschiebt, die sich bei Marx nach ihrer Vollendung in Ökonomie auflösen soll, während Politik als Krieg bei Schmitt Selbstzweckcharakter besitzt, was die Ökonomisierung der Politik gerade verhindern soll. Der Neoliberalismus lässt sich dem platonschen Modell zuordnen. Denn politische Probleme löst der Neoliberalismus autoritär durch das Gesetz des Marktes, das an die Stelle der Weisheit tritt, das ja die vermeintliche Weisheit verkörpern soll, nämlich die hintergründig lenkende unsichtbare Hand. In diesem Sinn entspricht auch der Neoliberalismus im doppelten Sinn den monokausal operierenden klassischen Utopien, die die Welt ähnlich hierarchisch ordnen und lenken. Die Weisen sitzen dann aber nicht mehr wie bei Platon in den Schaltzentralen der politischen Institutionen, sondern in denjenigen der Konzerne. Neoliberal wäre Platons untere Ebene des Nährstandes die wichtigste, während sich Wächter und Herrscher in Nachtwächter transformieren, abgesehen davon, dass manche Radikalliberalen wie Hans-Hermann Hoppe selbst die Nachtwächterfunktion des Staates privatisieren möchten, nicht nur aus den Wächtern Handwerker bzw. Berufssoldaten machen, vielmehr die Polizei in einen privaten Sicherheitsdienst umwandeln, so dass es am Ende keine Beamten und überhaupt keine Staatstätigkeiten mehr gibt.

1.1. Politik als Polizei und Pädagogik

Was ist das politische Ziel von Bildung im Allgemeinen und von Medienbildung im Besonderen für das Ordnungsmodell der Politik? Das platonsche Modell geht von einer straffen Ordnung aus, die nicht aus konfligierenden Interessen besteht. Es gibt eine Logik der Polis, der sich alle Mitglieder unterordnen müssen. Ja, eigentlich handelt es sich dabei um gar keine Unterordnung. Vielmehr besitzt jedes Mitglied seiner Natur gemäß bestimmte Fähigkeiten, die ihm seine Rolle in der Polis zuordnen. Diese hat er auszuführen und sich nicht in andere Angelegenheiten einzumischen. Wenn er beispielsweise ein Handwerker ist, dann darf er sich nicht in die Leitung der Polis einmischen. Er hat kein Recht, sich über politische Angelegenheiten zu äußern, keine Parrhesia, in der Politik die Wahrheit zu sagen. In der Politik ist der Handwerker anteillos. So sagt Sokrates in Platons *Politeia*: „wir haben ja festgesetzt und oftmals gesagt, (. . .) dass jeder nur eines betreiben müsse von dem, was zum Staate gehört, wozu nämlich seine Natur sich am geschicktesten eignet (. . .), dass das Seinige tun und sich nicht in vielerlei mischen Gerechtigkeit ist."[1] Der Staat ist dann gerecht geordnet, wenn jeder nur seine Funktion ausübt und sich nicht in Angelegenheiten einmischt, für die er keine Kompetenz besitzt. Es gibt keine Teilhabe der ungebildeten Schicht an der politischen Lenkung, die allein die Gebildeten übernehmen, genauer die Philosophen, die nach Platon die Könige sein sollen, da sie allein Einsicht

---

[1] Platon, Politeia, übers. v. Friedrich Schleiermacher, Werke Bd. 3, Hamburg 1958, 433a, 159

in die Welt der Ideen besitzen und damit in das wahre Wesen der Dinge, die die Wirklichkeit durchschauen, während der Nähr- und der Wehrstand dazu nicht in der Lage sind und die sich daher eben nur mit dem befassen sollen, was sie ihrer Natur nach können. Diese Lenkung durch die Gebildeten hat bereits eine Art biopolitischen Charakter, greift in das Leben ein und lenkt es in die gewünscht Richtung. Die Wächter leben ja nicht in Familien, besitzen kein Privateigentum und kennen auch ihre Kinder nicht, die den Müttern direkt nach der Geburt weggenommen und von der Polis erzogen werden. Dabei wird nicht nur im Sinne viel späterer Euthanasie-Fantasien bei den Nachkommen gesiebt. Die Leiter der Polis dürfen ihre Untertanen sogar belügen: So sagt wiederum Sokrates: „Es scheint, dass unsere Herrscher allerlei Täuschungen und Betrug werden anwenden müssen zum Nutzen der Beherrschten. (. . .) Bei den Hochzeiten nun und der Kindererzeugung (. . .) sollte jeder Trefflichste der Trefflichsten am meisten beiwohnen, die Schlechtesten aber den ebensolchen umgekehrt; und die Sprösslinge jener sollten aufgezogen werden, dieser aber nicht, wenn uns die Herde recht edel bleiben soll; und dies alles muss völlig unbekannt bleiben, außer den Oberen selbst, wenn die Gesamtheit der Hüter so viel möglich durch keine Zwietracht gestört werden soll"[1] Zum Wohle der Polis dürfen also die Könige lügen, nehmen die Beherrschten die Welt ja primär sinnlich wahr und verstehen daher die Realität bloß eingeschränkt, wie es Platon im Höhlengleichnis demonstriert. Nur die gebildeten Philosophen-Könige blicken in die wahren Zusammenhänge der Welt, was Ernährern und Wächtern nicht vergönnt ist, die von den Dingen in der Welt nur die Schatten, die Umrisse, nicht deren eigentlichen Kern bzw. Gehalt erfassen. Das soll sich für Platon auch gar nicht än-

---

[1] Platon, Politeia, 459c, 181

dern bzw. ist es auch gar nicht nötig, diese Menschen wie Philosophen zu bilden, wären dergleichen Bildungsprogramme eine überflüssige Investition, die sich die Polis gar nicht leisten kann, ja würde das womöglich Zwietracht in der Polis verbreiten. Involution spielt dabei also gar keine Rolle, ist sie im Gegenteil gerade zu vermeiden. Die politisch Anteillosen sind zurecht anteillos.

Damit die Polis gerecht und – das bedeutet für Platon auch – effizient organisiert werden kann, ist eine Hierarchie vonnöten, die politische Konflikte von vornherein vermeidet: die Gebildeten befehlen und die Ungebildeten gehorchen ohne jede Widerrede – prägt hier Platon das Modell des Gehorsams vor, wie es in den christlichen Mönchsorden genauso angewandt wird wie im militärischen und diktatorischen Denken seit dem ausgehenden 18. bis ins späte 20. Jahrhundert hinein, wiewohl sich manche Vertreter totaler Herrschaft wie Carl Schmitt nicht mehr so sicher sind, woher denn die Erleuchtung der Herrscher kommen soll und sich mit dem blinden Gehorsam zufrieden geben. Platons Gehorchender dagegen, weiß um die eigene Beschränktheit und um die Weisheit der Herrscher – haben diese schließlich eine entsprechende Bildung und der Untertan nicht. Das Verhältnis von Herrschern zu Untertanen entspricht dem Verhältnis der Schafhirten zu ihren Herden. Diesem Modell des Pastorats verdankt sich nach Foucault noch die moderne Regierungskunst der Gouvernementalität, also das Regieren gemäß der Logik der Bevölkerung und zwar an deren Lebendigkeit und nicht am Seelenheil orientiert, was er auch Biopolitik nennt. Derart können sich Schafe niemals anmaßen, die Rolle der Herrscher zu übernehmen. Dazu sind sie nicht in der Lage, haben sie dazu gerade keine hinreichende sprachliche, damit mediale Kompetenz.

Die Herrscher sorgen denn auch dafür, dass dieses Selbstverständnis der Gehorchenden in keiner Weise in

Frage gestellt wird. Die Dichter in der Polis unterliegen daher einem Kontrollregime, welches verhindert, dass Dichter etwa zu einer Mündigkeit der Untertanen beitragen, Bildung verbreiten, die zu involutiven Ansprüchen führen könnte, wenn sich Untertanen in Fragen der Gerechtigkeit einmischen. Auch durch Unklarheit oder Zweideutigkeiten dürfen sie den Untertanengeist keinesfalls schwächen, dürfen sie nicht das Böse, das Unanständige oder das Haltlose so darstellen, dass es der Polis schaden könnte. Üble Nachrede duldet die Polis auch nicht bei anderen. Dem entsprechend fordert Sokrates: „solche Künstler müssen wir suchen, welche eine glückliche Gabe besitzen, der Natur des Schönen und Anständigen überall nachzuspüren, damit unsere Jünglinge, wie in einer gesunden Gegend wohnend, von allen Seiten gefördert werden, woher ihnen auch immer gleichsam eine milde, aus heilsamer Gegend Gesundheit herwehende Luft irgendetwas von schönen Werken für das Gesicht oder Gehör zuführen möge und so unvermerkt gleich von Kindheit an sie zur Ähnlichkeit, Freundschaft und Übereinstimmung mit der schönen Rede geleitet."[1] Von vornherein werden Gegensätze und Widersprüche in der Polis ausgeschlossen. Sollte es jemand wagen, die Ordnung der Polis zu kritisieren, so stellt er sich selbst als ein Teil der Polis in Frage: das Schaf kann nicht widersprechen. Die Konsequenz zieht am Ende bereits Sokrates aus solcher Logik, die bei diesem indes noch etwas anders gelagert ist als bei Platon. Sokrates lehnt sich nicht gegen das Urteil der Polis auf, sondern nimmt es lieber hin, als gegen die Ordnung der Polis zu verstoßen: Sokrates als der erste bewusste Untertan – jedenfalls in der Darstellung von Platon.

Nach Jacques Rancière hebt Platon den politischen Konflikt unterschiedlicher Interessen, vor allem zwischen

---

[1] Platon, Politeia, 401b, 133

den Armen und den Reichen in einem originären Grund der Ordnung der Polis auf, der zugleich den Zweck der Ordnung realisiert. Das nennt Rancière: „Die Archi-Politik, von der Platon das Modell liefert, legt in ihrer ganzen Radikalität das Projekt einer Gemeinschaft vor, die auf der vollständigen Verwirklichung, der vollständigen Fühlbarmachung der Arche der Gemeinschaft gegründet ist, und so restlos die demokratische Konfiguration der Politik ersetzt."[1] Platons Metallmythos verabschiedet ein Herrschaftsverhältnis, das auf Gegensätzen beruht, und ersetzt es durch eine harmonische Ordnung, in dem jedem nur sein Eigenes zusteht, so dass sich die unteren Stände denn auch gar nicht um die Polis kümmern, was sie vielmehr dem ersten Stand überlassen. Dieses Modell gleicht einem Organismus, in dem für das Wohl jedes Gliedes entsprechend seiner originären Natur gesorgt ist – Rousseau wird mit diesem Modell das moderne Bewusstsein nachhaltig prägen. Die Ordnung der *Politeia* gründet in einem gemeinsamen Prinzip aller Glieder, das die gemeinsame Lebensweise entfaltet: „Die *Politeia*, so wie Platon diesen Begriff schmiedet," schreibt Rancière, „ist die Gemeinschaft, die ihr eigenes Innerlichkeitsprinzip in allen Manifestationen ihres Lebens wirken lässt. Damit wird das Unrecht unmöglich gemacht. Man kann einfach sagen: die *Politeia* der Philosophen ist die Identität der Politik und der Polizei."[2] Herrschaft oder Konflikte sind abgeschafft. Es regiert nur noch die Verwaltung, bzw. in den Worten Rancières die Polizei, die die Ordnung durchsetzt und kontrolliert. Polizei und Politik fallen in eins, weil es unter der Ordnung eines einheitlichen Prinzips ja keinen Streit mehr um Anteile an der Macht der Polis oder am Reichtum gibt.

---

[1] Jacques Rancière, Das Unvernehmen – Politik und Philosophie (1995), Frankfurt/M. 2002, 77
[2] Ebd., 76

Das gelingt nicht durch den Rückgriff auf eine alte mythische Ordnung, sondern durch die logische Lösung des Problems der demokratischen Machtverteilung und zwar so, dass die Polizei politisch wird. Die von der Politik Ausgeschlossenen erhalten keinen Anteil an der Politik, sondern dieser Anspruch wird auf ihre Funktion in der Polis reduziert und durch eine polizeiliche Ordnung realisiert, die sich den Anschein gibt, als handele es sich um Politik.

Rancière weist daraufhin, dass diese Position heute just von jenen vertreten wird, die die Demokratie eher restringieren wollen und stattdessen die Republik betonen, die eine gute Ordnung einer Demokratie vorziehen, in der der Konflikt an der Tagesordnung ist. 1959 schreibt Leo Strauss, der sich selbst als Platoniker versteht: „Das Ziel des politischen Lebens ist die Tugend, und die dazu dienlichste Ordnung ist die aristokratische Republik, (. .)."[1] Obgleich Strauss gemeinhin über andere schreibt, schimmert trotzdem immer etwas von seinen Beurteilungen durch.

Wenn es in der Politik primär um die Realisierung der guten Ordnung geht, dann präsentiert sich nach Rancière die Politik als Polizei und wird auch heute noch von ihren Verfechtern so verstanden. Der Bürger möchte sich nicht um politische Angelegenheiten kümmern und verlangt vom Fürsten eine gute Polizei. Wenn der Staat das leistet, dann gilt gute Polizei als gute Politik. Das Ordnungsmodell der Politik, in dem jeder politische Konflikt aufgehoben wird, möchte ich denn auch mit Ranciére Politik als Polizei oder polizeiliche Politik nennen. Dabei ist demokratische Partizipation ausgeschlossen, werden denn die Zeitgenossen auch als weitgehend unmündig oder dumm betrachtet, eben als Schafe. Die Zeitgenossen überschau-

---

[1] Leo Strauss, What is Political Philosophy? and other studies, New York, London 1959, 40 (eigene Übersetzung)

en ihre Lage nicht und folgen ihren egoistischen Interessen und Neigungen, womit sie letztlich dem Gemeinwesen wie sich selbst schaden. Das muss und kann der kluge und weise Fürst oder die wohl informierte Regierung verhindern. Daher dürfen sich die Zeitgenossen weder selber schädigen noch umbringen, sondern müssen die sittlichen, institutionellen oder rechtlichen Vorschriften befolgen.

In diesem Sinn kritisiert Leo Strauss das Naturrecht der Aufklärung, insbesondere Hobbes, für den die Zeitgenossen selber entscheiden, ob ihr Leben hinlänglich gesichert wird, weshalb sie sich ja dem *Leviathan* nur beinahe bedingungslos unterwerfen sollen. Eine Restkompetenz verbleibt selbst für Hobbes beim Einzelnen, die sich als gar nicht unerheblich erweist. Für Strauss ist das bereits zu viel, mangelt es den Zeitgenossen dazu sowohl an Weisheit wie an Urteilskraft: „Wenn aber jeder noch so törichte Mensch von Natur aus darüber richten kann, was für seine Selbsterhaltung notwendig ist, dann kann mit Recht alles als für die Selbsterhaltung unerlässlich angesehen werden: alles ist dann von Natur aus gerecht. Wir können dann von einem Naturrecht der Torheit sprechen."[1] Den Einzelnen mangelt es nicht nur an politischer Einsicht und kühlem Urteilsvermögen, das ihnen sagt, was sie vom Staat erwarten können und was nicht, so dass sie gewisse Einschränkungen ihrer Sicherheit nicht dem Staat zuschreiben dürfen. Weder sind sie darüber gemeinhin genügend informiert, noch besitzen sie die dazu nötigen Kompetenzen. Vor allem aber können die meisten Menschen sich selbst keineswegs hinlänglich zügeln, sondern sind ihren Trieben, Wünschen und Ängsten weitgehend ausgeliefert. Es fehlt ihnen schlicht die Selbstdisziplin: „Der Mensch ist so veranlagt,

---

[1] Leo Strauss, Naturrecht und Geschichte (1953), Frankfurt/M. 1977, 192

58

dass er die Perfektion seiner Menschlichkeit nur durch die Zügelung seiner niederen Impulse erreichen kann. Er kann seinen Körper nicht durch Überredung beherrschen. Allein diese Tatsache zeigt, dass sogar die despotische Herrschaft nicht *per se* naturwidrig ist."[1] Ergo können demokratische Partizipation oder Involution höchstens als mindere Werte betrachtet werden.

Unfähig ihre natürlichen Rechte selber zu vertreten, müssen sich die Bürger nach Strauss von den politischen Eliten lenken lassen, zur Not auch diktatorisch. Vielmehr werden ihnen wie bei Hegel Rechte vom Staat gewährt oder entzogen. In diesem Sinn schließt Strauss an die Antike an: „Nicht alle Menschen sind von der Natur in gleicher Weise für den Aufstieg zur Vollkommenheit begabt, oder: nicht alle 'Naturen' sind gute Naturen'. Alle Menschen, d.h. alle normalen Menschen haben die Fähigkeit zur Tugend; einige aber bedürfen der Führung durch andere, während andere ihrer überhaupt nicht oder in viel geringerem Maße bedürfen."[2] Just hier endet die Politik als Vertretung der eigenen Interessen oder als Konflikt, gibt es keine Involution. Wenn Politik indes Führung heißt, dann bedeutet sie primär Erziehung, dann darf man sie im Sinne von Rancière als Polizei verstehen oder etwas moderater: dann ist Politik primär Pädagogik, aber keine freundliche, sondern eine harte, die man wohl eher mit dem Wort Zucht umschreiben kann, mit der allein man die politische Ordnung sicherstellt. Platons Erziehungssystem animiert die Zöglinge nicht sanft, sondern schreibt einfach vor, wer was wann zu lernen hat. Und diese Pädagogik endet nicht mit dem Erwachsenwerden, sondern mit dem Tod.

Denn wenn man unterstellt, dass die Erziehung zur Wahrheit der Wahrheit des Erziehers entspricht, wenn

---

[1] Leo Strauss, Naturrecht und Geschichte (1953), 137
[2] Ebd., 138

nicht nur minderjährige Zeitgenossen Erziehung genauso brauchen wie Lenkung, ist das nicht nur dann möglich, wenn die Erzieher tugendhafter als andere Menschen sind. Vielmehr können sie das nur sein, wenn sie wissen, was gut ist, was das Gute ist. Während der Liberalismus im Anschluss an Rawls das Gute vom Gerechten trennt und es privatisieren möchte, insistiert das Modell der Politik als Polizei darauf, dass das Gute die notwendige und selbstverständliche Voraussetzung solcherart pädagogischer Politik ist.

Strauss ist Platoniker: „Alles politische Handeln richtet sich daher auf ein Wissen vom Guten aus: vom guten Leben oder von der guten Gesellschaft. Denn die gute Gesellschaft ist das vollständige politisch Gute."[1] Für Strauss haben sich die Vorstellungen vom Guten seit Moses denn auch keinesfalls geändert, beruhen sie alle letztlich auf der monogamen patriarchalischen Familie als Kern der sittlichen Werteordnung. Dabei gesteht er allerdings zu, dass es einen Konflikt zwischen Theologie und Philosophie gibt und dass einer rein philosophischen Begründung des Guten, von dem aus man das Sittliche und somit die Gesetze ableitet, an einer gewissen höheren Autorität mangelt. Die menschliche Ordnung situiert sich im Rahmen einer natürlichen Ordnung, die ihr das Fundament liefert und das Gute wie das Gesetz bekräftigt. Doch das Gesetz aus der Natur abzuleiten, bzw. die Ethik aus der Ontologie – das aristotelische Modell – das reicht Strauss nicht. Er überschreitet den Aristotelismus platonisch, wenn er 1948 schreibt: „Führt man die natürliche Ordnung auf die Götter zurück, dann tritt der Zwangscharakter der Gesetze in den Hintergrund. (. .) Das Ge-

---

[1] Leo Strauss, What is Political Philosophy? 1959, 10 (eigene Übersetzung)

setz erhält höhere Würde, wenn das Universum göttlichen Ursprungs ist."[1]

Platons Himmel der Ideen selbst braucht letztlich noch eine Stabilisierung, lösen sich ansonsten die festen Strukturen der Ideen auf, aus denen sich die wahre Welt ergibt – was eben die Sprachphilosophie des späten Wittgensteins im Spielerischen der Sprache umschreibt. Um den modernen Auflösungserscheinungen der Werte, der Realien und der Sprache zu widerstreiten, muss man auf eine göttliche Ordnung zurückgreifen – in seiner Regensburger Rede empfahl 2006 Benedikt XVI. dergleichen den Wissenschaften. Das soll eine Unterscheidung zwischen Gut und Böse, Gerecht und Ungerecht, Wahr und Falsch so festschreiben, dass Politik Führung, somit Pädagogik oder Polizei bedeutet. Insofern muss der Staat auch verhindern, dass sich im Volk eine demagogische Kritik entwickelt, dass vor allem berechtigte Kritik nicht in die Öffentlichkeit gelangt und Konflikte entfacht. Letztlich bedarf es in der Politik keiner emotionalen, sondern einer kühlen Betrachtungsweise und einer Reform, die sich von den Stimmungen im Volk nicht beeinträchtigen lässt. „Die legitimsten theoretischen Probleme werden in der politischen Arena zu ‚ärgerlichen Fragen' und rufen ‚Streitsucht' und ‚Fanatismus' hervor."[2] Den Konflikt gilt es zu vermeiden, wenn dieser in die Bevölkerung einzudringen droht.

Es verwundert nicht, dass für Strauss wie für Platon Politik keine Pädagogik des Konflikts darstellt. Der König ist dann ein Erzieher, so dass Strauss die Konsequenz ziehen kann: „Das überhaupt beste Regime würde die absolute Herrschaft der Weisen sein. Das praktisch beste Regime ist die Herrschaft der Vornehmen unter dem

---

[1] Leo Strauss, Über Tyrannis - Eine Interpretation von Xenophons 'Hieron' (1948), Neuwied, Berlin 1963, 144

[2] Leo Strauss, Naturrecht und Geschichte (1953), 324

Gesetz oder das gemischte Regime."[1] Sowenig wie Platon fragt Strauss indes, woher die Regierenden denn ihre Tugend und ihre Weisheit nehmen. Wahrscheinlich würde er sehr amerikanisch antworten: Von den Eliteuniversitäten. Demokratie als eine moderate Aristokratie hat dann den Zweck zu verhindern, dass die Ungebildeten und jene ohne Tugenden in der Politik eine Rolle spielen. Dann handelt es sich um einen Staat, der nicht die historische Sittlichkeit verkörpert, gerade nicht um den Staat Hegels, der in welcher Form auch immer die sittliche Substanz realisiert, jene die historisch gerade geboten ist.

Nein, es handelt sich um eine absolute und keine relative Sittlichkeit mit enormen Konsequenzen für die praktische Politik. Denn „eine wohlgesittete Gemeinschaft wird nicht in den Krieg ziehen, es sei denn, es handele sich um eine gerechte Sache."[2] Der tugendhaft gelenkte Staat führt gerechte Kriege – eine These, die indes nicht mal nur für die aristokratische Republik gilt, eine Einstellung, die außer unter Pazifisten eigentlich in allen politischen Lagern verbreitet ist. Liberale wären sich dabei aber der Relativität ihrer Werte und Tugenden bewusst und weniger selbstsicher als Vertreter absoluter Werte und Ordnungen. Deswegen greifen Platoniker auch auf eine simple Pädagogik des 19. Jahrhunderts zurück – es sei denn, auch sie haben dazugelernt, dass man Disziplinierung heute pädagogisch anders vermitteln muss, dass Politik eventuell auch einer anderen Pädagogik bedarf.

So könnte man die Pädagogik Eduard Sprangers in einem solchen grauen Zwischenbereich ansiedeln. Spranger – national eingestellt, wesentlicher Entwickler der Pädagogik als universitärer Wissenschaft – bindet das Individuum sowohl an einen objektiven kulturellen Geist, wie er es einem normativen Geist von Recht und Ord-

---

[1] Leo Strauss, Naturrecht und Geschichte (1953), 147
[2] Ebd., 165

nung unterordnet. Erziehung soll den Zögling geistig erwecken, das Wertvolle in ihm entfalten. Spranger schreibt: „Bildung ist die durch Kultureinflüsse erworbene, einheitliche und gegliederte, entwicklungsfähige Wesensformung des Individuums, die es zu objektiv wertvollen Kulturleistungen befähigt und für objektive Kulturwerte erlebnisfähig (einsichtig) macht."[1] Solche Kulturwerte realisieren sich in verschiedenen Lebenskreisen, nämlich der Familie, dem Beruf, der Nation und dem Staat. Sie verkörpern das Heimatprinzip, das in der Religion als höchstem Werterlebnis gipfelt. So kann es Sprangers Pädagogik selbstredend nicht um Involution gehen, sondern um eine kulturell fundierte sittliche Ordnung, in die die Zeitgenossen hinein erzogen werden. Das Individuum wählt seine ethischen Orientierungen nicht selbst, sondern wird gemäß einer traditionellen Vorstellung vom Menschen, also durch ein Prinzip der Allgemeinheit gebildet.

Das Ordnungsmodell der Politik als Polizei kann man daher auch als das pädagogische Modell bezeichnen, das die Zeitgenossen lenkt, ihnen politische Ansprüche verwehrt, somit Involution verhindern will. Aber das Ordnungsmodell lässt sich auch revolutionär interpretieren: Ob Robespierre oder Lenin, die Revolution setzt sich mit Polizei, Militär und Pädagogik durch, weist diskriminierend jedem seinen Platz in der Gesellschaft zu, auch noch im Kommunismus, in dem sich jeder frei entfalten kann, gemäß seiner Anlagen wie bei Platon. Nur geben sich bereits heute die Zeitgenossen damit nicht zufrieden, beispielsweise indem sie durch Bildung ihre Position verändern wollen oder indem sie durch Konflikte politische Partizipation betreiben und damit Involution anstreben, die anders als die Revolution jede polizeiliche

---

[1] Eduard Spranger, Grundlegende Bildung, Berufsbildung, Allgemeinbildung (1928), Heidelberg 1965, 24

oder pädagogische Ordnung sprengt. Der Revolution geht es nur darum, eine polizeiliche Ordnung durch eine andere zu ersetzen.

Jedenfalls erfährt bei Platon jeder Stand die entsprechende Erziehung, die er zur Ausübung seiner Funktionen benötigt. Interessanterweise ist Spranger ein Vordenker beruflicher Bildung, womit er ironischer Weise an Platons Ständemodell anschließt, selbst wenn er sich in der frühen Bundesrepublik mit der Demokratie versöhnt – in Weimar war er das noch nicht. Und im Sinn von beruflicher Bildung betrifft politische Bildung nur die führenden politischen Eliten und ist keine politische, sondern eine polizeiliche oder administrative Bildung, ist der Philosophenkönig als Herrscher über eine Herde ja kein Präsident von mündigen Bürgern: Platons Bildungsgang als Berufsbildung. Politische als polizeiliche Bildung der Herrscher hat als Inhalt die Philosophie, die Einblick in die wahre Wirklichkeit gewährt, in Platons Reich der Ideen, wie heute bei Russells analytischer Philosophie in die „Gewissheit, dass die Tatsachen immer der Logik und der Arithmetik gehorchen werden."[1] Wollen wir hoffen, dass das zumeist klappt. Allerdings wären es heute eher die Natur- oder die Rechtswissenschaften, die die Welt verstehen, versuchen sich Politikwissenschaftler immer etwas hilflos als Politikberater anzubieten.

Die heutigen Massenmedien – das wären die Vertreter der Sophisten, Geschichtsschreiber, das Theater, die Dichter und die Künstler – sind bei Platon keinesfalls frei, sondern werden genau kontrolliert. Sie haben einen Vermittlungs- bzw. Lenkungsauftrag, der auf keine selbstreflexive mediale Bildung abzielt, schon gar nicht auf demokratische Partizipation. Bei Strauss sieht das sicher etwas moderater aus. Aber die Medien sollten

---

[1] Bertrand Russell, Probleme der Philosophie (1912), Frankfurt/M. 1967, 77

wahrscheinlich ähnlichen Rücksichtnahmen wie die Philosophie gehorchen, die die Menschen nicht verführen dürfen, wirft Strauss Machiavelli unter anderem vor, dass er seine Thesen einer Öffentlichkeit zugänglich machte, anstatt sie bloß den Fürsten zu unterbreiten.

Auch Eric Voegelin sieht in der Medienwelt die große Gefahr für die abendländisch christlichen Traditionen, wenn er schreibt: „Ich würde sagen, die größte Gefahr für eine lebensfähige Restauration europäischer geistiger Ordnung sind die Massenkommunikationsmittel: die Presse, der Rundfunk, das Fernsehen, die illustrierten Zeitschriften usw. Und zwar deshalb, weil sie – wie ein eiserner Vorhang – die Bevölkerung in der breiten Masse von allem, was geistige Problematik der westlichen Welt ist, abtrennen. Niemand hat Zugang zu dem, was heute in der westlichen Welt vorgeht."[1]

In ähnlichem Sinn fordert Helmut Schelsky 1955 im Angesicht des *Kinsey-Reports*, dem er eine die sittliche Ordnung „erschütternde und verderbliche Wirkung"[2] zuschreibt, dass die Sexualmoral in der Öffentlichkeit nicht diskutiert werden dürfte. Für Traditionalisten, Platoniker und konservative Vordenker stellen bis weit ins 20. Jahrhundert die Medien eine Gefahr für die staatliche Ordnung dar – man könnte meinen wie heute die von Populisten okkupierten sozialen Netzwerke. Von Medienbildung ist unter den damaligen Konservativen nicht die Rede. Das ändert sich in den letzten Jahrzehnten zumindest insoweit, als diese Kreise längst über eigene Massenmedien verfügen und insofern eingesehen haben, dass sie die Massenmedien in den eigenen Dienst stellen

---

[1] Eric Voegelin, Die geistige und politische Zukunft der westlichen Welt (1959), Occasional Papers I, April 1996, hrsg. v. Eric-Voegelin-Archiv an der Ludwig-Maximilians-Universität München, 36
[2] Helmut Schelsky, Soziologie der Sexualität – Über die Beziehungen zwischen Geschlecht, Moral und Gesellschaft, Hamburg, 1955, 7

können – man denke an den US-Fernsehsender Vox. Die Massenmedien – selbstredend auch das Internet – bieten neue Formen der Lenkung der Bevölkerung, deren sich die Politik als Polizei dann nicht mehr enthalten darf. Aber in jedem politischen System – auch noch dem liberalsten – gibt es eine Ordnung für die Medien.

1.2. Das deliberative Modell der Politik

Was ist dagegen für das deliberative Politik-Modell das politische Ziel von Bildung im Allgemeinen und von Medienbildung sowie politischer Bildung im Besonderen? Ein zweites gängiges Politikverständnis denkt ähnlich wie das platonische von einem allgemeinen Standpunkt aus, allerdings etwas erweitert, genauer universalistisch, ist nicht ganz so auf eine bestimmte Ordnung fixiert, sondern stellt diese demokratisch den Beteiligten zum Aushandeln frei, also deliberativ, insistiert aber auf logisch abgeleiteten Grundprinzipien, die die Beteiligten akzeptieren müssen. Derart deduziert Rawls Grundprinzipien für die Grundstruktur einer Verfassung, auf die sich alle vernünftigen Mitglieder einer Gesellschaft zu einigen haben. Er schreibt in seinem frühen Hauptwerk *Eine Theorie der Gerechtigkeit* aus dem Jahr 1972: „Die Bezeichnung 'Gerechtigkeit als Fairness' (. .) drückt den Gedanken aus, dass die Grundsätze der Gerechtigkeit in einer fairen Ausgangssituation festgelegt werden."[1] Rawls greift auf die Sozialvertrags- und Naturzustandstheorien der Aufklärung zurück. So entwirft er eine logisch kontraktualistische Deduktion, der jeder Mensch, der sich

---

[1] John Rawls, Eine Theorie der Gerechtigkeit (1971), Frankfurt/Main 1979, 29

auf Vernunft und Gerechtigkeitssinn stützt, notwendigerweise zustimmt.

Das hat noch wenig mit Deliberation zu tun. Diese folgt erst danach, wenn es um konkrete politische Probleme geht. Wer sich darauf nicht einlassen mag – z.B. fundamentalistische Katholiken, Muslime oder Evangelikale, Marxisten und der eine oder andere Dekonstruktivist –, der gilt Rawls als unvernünftig. Allerdings darf man einschränkend hinzufügen, dass die gemäßigten Vertreter dieser Strömungen – sofern sie einen sozialen Pluralismus akzeptieren und sich nicht fundamentalistisch ausrichten – allgemeine Grundrechte und Verfassungsprinzipien anerkennen müssen, so dass sie zumindest der späteren Konzeption von Rawls' übergreifendem Konsens doch nicht so fern stehen.

Denn seit den 1980er Jahren unternimmt Rawls einige wichtige Umstellungen in seiner Theorie. Basierte diese zunächst auf philosophisch begründeten liberalen Vorstellungen, so erkennt er nun, dass diese den Vertretern anderer Weltanschauungen kaum zumutbar sind, so dass deren Anspruch auf Universalität in Frage steht: „Ich möchte daran erinnern, dass der Liberalismus (. . .) annimmt, dass es in einem modernen demokratischen Verfassungsstaat unter modernen Bedingungen zwangsläufig einander widersprechende und miteinander unvereinbare Konzeptionen des Guten gibt. Dies ist ein Merkmal moderner Kulturen seit der Reformation."[1] Daraus folgt, dass man von weltanschaulich gefärbten Vorstellungen vom Guten bei Grundfragen der Gerechtigkeit absehen muss, will man zu einer Übereinkunft zwischen Vertretern verschiedener Weltanschauungen gelangen. „Der Begriff der Gerechtigkeit ist unabhängig von dem

---

[1] John Rawls, Gerechtigkeit als Fairness: politisch nicht metaphysisch (1985); in: ders., Die Idee des politischen Liberalismus, Frankfurt/M. 1994, 284

des Guten und ihm gegenüber vorrangig in dem Sinne, dass seine Grundsätze die zulässigen Konzeptionen des Guten begrenzen."[1] Daher beschränkt er sein Konzept der Gerechtigkeit als Fairness auf einen übergreifenden Konsens, der nicht mehr philosophisch, sondern nur noch politisch gerechtfertigt werden muss, der auf der Kooperation verschiedener Weltanschauungen beruht, wie er diese überhaupt ermöglicht. „Aus diesem Grund sucht der politische Liberalismus nach einer Konzeption politischer Gerechtigkeit, von der wir hoffen, dass sie in einer durch sie geordneten Gesellschaft die Unterstützung eines übergreifenden Konsenses vernünftiger religiöser, philosophischer und moralischer Lehren finden kann."[2] Ein politischer Liberalismus will gerade nicht philosophisch begründet sein und sucht vielmehr nur nach einem für vernünftige Weltanschauungen akzeptablen übergreifenden Konsens über die Prinzipien der Grundstruktur der Verfassung. In einen derart öffentlichen Vernunftgebrauch müssen sich die Bürger einüben. Rawls insistiert auf einer Pädagogik der Vernunft, die die Bürger lenkt, dementsprechend die Bürger gebildet werden müssen bzw. sich selber bilden sollen, um zur konsensorientierten politischen Kooperation fähig zu werden. Dem späten Rawls des politischen Liberalismus geht es denn auch primär um die Überwindung von fundamentalen Konflikten zwischen miteinander konkurrierenden Weltanschauungen. Der übergreifende Konsens stellt damit eine schwache Variante der Konsenstheorie dar, die sich nicht auf ein absolutes philosophisches Fundament beruft.

Karl-Otto Apel und Jürgen Habermas vertreten dagegen ein starkes Modell des Konsenses. Für sie folgt aus

---

[1] John Rawls, Gerechtigkeit als Fairness: politisch nicht metaphysisch (1985), 290
[2] John Rawls, Politischer Liberalismus (1993), Frankfurt/M. 1998, 75

einer Ausbreitung der Vernunft keine bloße Rationalisierung wie für Max Weber, die der späte Rawls des politischen Liberalismus implizit doch anzuerkennen scheint. Nach Rawls zeichnen die westliche Gesellschaft seit den 1980er Jahren große kulturelle und weltanschauliche Konflikten, die Habermas in dieser Dimension nicht anerkennen will. So schreibt letzterer 1981 in seinem Hauptwerk *Theorie des kommunikativen Handelns*: „Weber geht zu weit, wenn er aus dem Verlust der substantiellen Einheit der Vernunft auf einen Polytheismus miteinander ringender Glaubensmächte schließt, deren Unversöhnlichkeit in einem Pluralismus *unvereinbarer* Geltungsansprüche wurzelt. Gerade auf der formalen Ebene der argumentativen Einlösung von Geltungsansprüchen ist die *Einheit* der Rationalität in der Mannigfaltigkeit der eigensinnig rationalisierten Wertsphären gesichert. Geltungsansprüche unterscheiden sich von empirischen Ansprüchen durch die Präsupposition, dass sie mit Hilfe von Argumenten eingelöst werden können. Und Argumente oder Gründe haben mindestens dies gemeinsam, dass sie, und nur sie, unter den kommunikativen Voraussetzungen einer kooperativen Prüfung hypothetischer Geltungsansprüche die Kraft rationaler Motivation entfalten können."[1] Daher führt die Vernunft auch zu humanen Verhältnissen, beherbergt somit eine humanisierende Kraft, nämlich sie überzeugt allein durch Argumente, denen sich Geltungsansprüche auf der sprachlich kommunikativen Ebene stellen müssen. Sie sehen sich also mit rationalen Argumenten konfrontiert – verbunden mit der Aufforderung besser zu argumentieren.

Denn die Vernunft präsentiert sich sprachlich, besitzt sie daher auch einen kommunikativen Charakter. So stellt Habermas fest: „Es gibt keine reine Vernunft, die erst

---

[1] Jürgen Habermas, Theorie der kommunikativen Handelns, Bd. 1, Frankfurt/Main 1981, 339

nachträglich sprachliche Kleider anlegte. Sie ist eine von Haus aus in Zusammenhängen kommunikativen Handelns wie in Strukturen der Lebenswelt inkarnierte Vernunft."[1] Vernünftige Diskurse befördern den friedlichen Umgang der Menschen miteinander, indem sie sich gerade nicht auf Gewalt stützen, sondern auf die sprachlich überzeugende Kraft des besseren Arguments, das dadurch keinen Zwang ausübt, das trotzdem anerkannt wird, wenn sich die Gesprächspartner auf den Dialog wirklich einlassen. Karl-Otto Apel formuliert vor diesem Hintergrund seinen kategorischen Imperativ folgendermaßen: „Man könnte versucht sein, daraus folgende vereinfachte Formel als *Prinzip einer Kommunikationsethik* abzuleiten: ‚Handle so, als ob du Mitglied einer idealen Kommunikationsgemeinschaft wärst!'"[2] Für Apel gründet das vernünftige Argumentieren, das auf jede Gewalt verzichtet, in einer transzendentalen Struktur, die eine Letztbegründung liefert, somit sich dem Relativismus entzieht, vielmehr einen absoluten letzten Grund liefert. „Der Philosophierende braucht demnach die Zugehörigkeit zu einer kritischen Kommunikationsgemeinschaft weder dogmatisch noch in einer ‚irrationalen Entscheidung' (K. Popper) zu wählen, wenn es um *Letztbegründung durch transzendentale Reflexion* geht; denn er hat als Argumentierender die Voraussetzung der unbegrenzten kritischen Kommunikationsgemeinschaft immer schon implizit anerkannt."[3] Damit konkurrieren Apel und Habermas durchaus mit religiösen oder platonischen Begründungsversuchen im Stile von Leo Strauss oder

---

[1] Jürgen Habermas, Der philosophische Diskurs der Moderne, Frankfurt/M. 1985, 374

[2] Karl-Otto Apel, Diskurs und Verantwortung – Das Problem des Übergangs zur postkonventionellen Moral, Frankfurt/M. 1988, 357

[3] Karl-Otto Apel, Transformation der Philosophie, Bd. 2, Frankfurt/M. 1973, 222

Eric Voegelin. Die kommunikative Vernunft beansprucht dieselbe Validität, d.h. Universalität, die sich jedem Relativismus entziehen möchte.

Habermas hat diese Konzeption bereits in seinem frühen Werk über den *Strukturwandel der Öffentlichkeit* entwickelt. In den Salons der Aufklärer im 18. Jahrhundert herrschte das gewaltfreie Gespräch, während auf den Straßen die Geheimpolizei des französischen Königs Meinungsäußerungen nachspürte und mit Inhaftierung, Folter und Hinrichtung drohte. Der Salon stellte somit eine Art Gegenöffentlichkeit dar, die sich der Repression entzog. Er wird zur Grundlage der bürgerlichen Öffentlichkeit in einer demokratischen Gesellschaft, die jedoch im Laufe des 19. Jahrhunderts beginnt niederzugehen. Habermas schreibt: „Gleichzeitig beansprucht, was unter solchen Bedingungen aus dem öffentlichen Räsonnement resultiert, Vernünftigkeit; ihrer Idee nach verlangt eine aus der Kraft des besseren Arguments geborene öffentliche Meinung jene moralisch prätentiöse Rationalität, die das Rechte und das Richtige in einem zu treffen sucht. Die öffentliche Meinung soll der ‚Natur der Sache' entsprechen."[1] Aus diesen Gründen aber beruht eine demokratische Öffentlichkeit gerade auf philosophischen Einsichten, der Kommunikativität der Sprache und daraus folgend der Vernunft, die Verbindung von Einsicht und moralischer Orientierung, einer friedensorientierten, gewaltfreien Kultur des öffentlichen Vernunftgebrauchs.

Daran schließt auch explizit eine Richtung der Pädagogik an. So schreibt Herbert Tschamler 1977: „Durch die Verbindung von Erkenntnis und Interesse nach J. Habermas integriert sie <die ‚Pädagogik als kritische Wissenschaft in Anlehnung an die Konzeption der Frankfur-

---

[1] Jürgen Habermas, Strukturwandel der Öffentlichkeit – Untersuchungen zu einer Kategorie der bürgerlichen Gesellschaft (1962), 8. Aufl., Neuwied/Berlin 1976, 73

ter Schule'> die nach ihrer Meinung für sie unzulänglichen <anderen pädagogischen> Ansätze in einer kritischen Erziehungswissenschaft über einen emanzipatorischen Erziehungsbegriff."[1] Einer kritischen Wissenschaft geht es um eine Pädagogik, die ein kritisches Bewusstsein fördert und die sich dabei an der universalistischen Idee einer Gattungsethik orientiert, wie sie von Habermas später entworfen wurde.

Ohne ein philosophisches Fundament in der modernen aufgeklärten Vernunft wird sich auch die Demokratie gegen die Anfeindungen des Irrationalismus von links, rechts oder aus dem religiösen Lager schwerlich erwehren können. „Philosophie und Demokratie verdanken sich nicht nur historisch demselben Entstehungszusammenhang, auch strukturell sind sie aufeinander angewiesen. Die öffentliche Wirkung philosophischen Denkens bedarf in besonderem Maße des institutionellen Schutzes der Gedanken und Kommunikationsfreiheit, während umgekehrt ein stets gefährdeter demokratischer Diskurs auch von der Wachsamkeit und Intervention dieses öffentlichen Hüters der Rationalität abhängt."[2] Damit widerspricht Habermas nicht nur dem späten Rawls, sondern vor allem Richard Rorty, der Philosophie und Demokratie strikt voneinander trennt und die Philosophie eher privatisieren möchte. Habermas gründet Demokratie damit konsensorientierter als die beiden amerikanischen politischen Philosophen, was auch an den unterschiedlichen Traditionen beider Kontinente liegen mag. Traditionell besitzt in den USA die Demokratie keine Alternative – es wird sich zeigen, ob das so bleibt. In Europa hat sie zwar seit dem zweiten Weltkrieg erstaunliche

---

[1] Herbert Tschamler, Wissenschaftstheorie – Eine Einführung für Pädagogen (1977), 3. erw. u. überarb. Aufl. Bad Heilbrunn 1996, 95
[2] Jürgen Habermas, Wahrheit und Rechtfertigung, Frankfurt/M. 1999, 331

Erfolge gefeiert, sieht sich trotzdem immer wieder mit neuen Herausforderungen konfrontiert, die auf ihre Abschaffung zielen oder sie zumindest ‚postdemokratisch‘ einschränken wollen – 2017 denkt man dabei an Polen, Ungarn, Russland oder die Türkei.

Für Apel stellt die transzendentale Letztbegründung des gewaltlosen vernünftigen Argumentierens die Basis des demokratischen Rechtstaates dar. Nur eine derartige Begründung der Freiheit schützt „vor der möglichen Regression auf Konsensbildungen im Sinne des ‚gesunden Volksempfindens‘ oder ähnlicher – auch religiösfanatischer – Suggestionen der ‚Binnenmoral‘ sozialer Selbstbehauptungssysteme. Und nur sie schützt den Politiker bzw. den politisch Handelnden vor der quasi-machiavellistischen Verführung einer bloßen ‚Realpolitik‘ im Sinne der Entlastung der strategischen von der moralischen Vernunft.“[1] Just solche Regressionen beherrschten Europa über lange Jahrzehnte, sie sind auch heute immer noch präsent und werden manchmal bedrohlicher, auch in den USA. So insistiert Apel denn auch darauf, dass sich viele Bürger solchen Regressionen hingeben – eine Wiederkehr aus der Nazi-Zeit bekannter Muster. Darauf bezogen kann man ihm sicher zustimmen, wenn er schreibt: „Die in modernen Rechtssystemen und in den Spielregeln der demokratischen Regierungsform implizierten Moralprinzipien repräsentieren sogar durchweg ein höheres, postkonventionelles Niveau des moralischen Bewusstseins als das von der Mehrzahl der Bürger erreichte.“[2] Freilich darf man einwenden, dass in vielen Bereichen viele Bürger ein höheres Bewusstsein haben als die institutionelle Politik. Die Demokratie beruht für Apel und Habermas jedenfalls auf der Philosophie, nimmt die Demokratie nämlich Schaden, wenn in

---

[1] Karl-Otto Apel, Diskurs und Verantwortung, 1988, 367
[2] Ebd., 364

ihr kein öffentlicher Vernunftgebrauch möglich ist, wenn die Vertreter der Vernunft nicht frei über Moral- und Rechtsprinzipien wachen, wie umgekehrt Philosophie sich nur unter der Bedingung der demokratischen Kommunikationsfreiheit entfaltet. Der normative Anspruch, dass in der Demokratie Philosophie nötig ist, nicht bloß Rechts- und Naturwissenschaften, hält an einer alten abendländischen Tradition fest. In gewisser Hinsicht ist Philosophie auch weit verbreitet, wiewohl sie kleine Spezialistenkreise dominieren und die interessierten Zeitgenossen bloße Rezipienten bleiben – die platonische Tradition.

Insofern lassen sich das pädagogische und das deliberative Modell der Politik nicht nur hinsichtlich eines klaren Fundamentes als auch des Anspruches auf Universalität parallelisieren. Aber auch eine Medienkritik verfolgen beide, die ähnliche Entwicklungen in Frage stellt, sich bei den Zielen jedoch deutlich unterscheidet. Platon geht vom Untertan aus, das deliberative Modell von einem rational aufgeklärten Bürger, der an politischen Prozessen auf demokratischem Wege teilnimmt. Platons Modell zielt auf keine Involution ab, sondern auf eine hierarchische Ordnung. Das deliberative Modell sucht nach Möglichkeiten rationaler Involution unter demokratischen Bedingungen – eher eine Form der Involution von oben, die sich auch als Inklusion bezeichnen ließe, wenn staatliche Institutionen und intellektuelle Eliten darüber beraten, welchen Bevölkerungsgruppen mehr Partizipation ermöglich werden sollte, während sie von Zeitgenossen, die ihrerseits Ansprüche der Involution erheben, verlangen, dass sie diese in der offiziell gepflegten Sprache formulieren. Aber mit dem Wort Involution möchte ich parallel zum Wort Revolution darauf hinweisen, dass Menschen nicht vom Staat etwas zugeteilt bekommen, sondern dass sich Bürgerinnen wie in der Revolution eine Teilhabe erkämpfen.

Eine deliberative und auf Konsens abzielende Demokratie sollte dementsprechend die öffentlichen, d.h. die medialen Diskurse geschickt hintergründig lenken – Habermas beklagt ja den Niedergang der bürgerlichen Öffentlichkeit. Au fond hat sich der öffentlich rechtliche Rundfunk als entsprechendes Modell erwiesen, bei dem Ein- und Ausschlussverfahren eine politisch gemäßigte mediale Elite stabilisieren, die eng mit den Wissenschaftseliten vernetzt ist. Das gewährleistet den Ausschluss konkurrierender Diskurse und sichert derart den gegenseitigen Einfluss. Vor diesem Hintergrund haben die Medien die Aufgabe politischen Konsens zu fördern, politisch zu informieren und auch ein Stück weit zu bilden. Das nennt Jacques Rancière daher Post-Demokratie. Demokratisch innovativ erscheint dieses Modell höchstens vor dem Hintergrund der patriarchalisch gestalteten, konservativ geformten Demokratie der fünfziger Jahre, von der heutige Linke wie Wolfgang Streeck, Colin Crouch oder Paul Mason wiederum träumen, was letztlich doch nicht so sehr verwundern muss, waren von Marx geprägte Intellektuelle – und das gilt mit erheblich geringerem Marx-Bezug auch noch für Habermas und Apel – doch nicht unbedingt Basisdemokraten.

Bildung, vor allem als politische zielt auf die Förderung eines kritischen Bewusstseins – hier unterscheidet sich das deliberative klar vom Ordnungsmodell. Kritisches Bewusstsein bleibt sich dabei seines rationalen Fundaments bewusst, kennt also Grenzen des öffentlichen politischen Diskurses zwischen Medien und Wissenschaft. Medienbildung klinkt sich hier ein, indem sie darauf abzielt, Nutzungsmöglichkeiten zu eröffnen und über die Rollen der jeweiligen Medien zu informieren – im Stile einer politikwissenschaftlichen Aufklärung. Der medial und politisch gebildete Bürger wird die politischen Diskurse rationaler gestalten. So bezweckt nach Hoffmann eine kritische Medienerziehung: „Das Globalziel hieß fortan: die eigenen Handlungsmöglichkeiten, die Selbständigkeit, die Subjekthaftigkeit erweitern durch kritische Aufklärung und durch aktiven eigenen Umgang mit Medien."[1] Wenn das Subjekt und die Selbständigkeit eher schwache Konturen erhalten, dann wäre das mit Derrida tendenziell kompatibel.

Medienbildung ist trotzdem nicht mit politischer Bildung gleichzusetzen, denn zu ersterer braucht man keine Philosophie, sondern PC- bzw. Internetkenntnisse und etwas Medienwissenschaften. Politische Bildung klärt über die Grundlagen der Demokratie auf. Bildung eröffnet neben ökonomischen vor allem kommunikative Chancen. Alle zusammen haben die Aufgabe, zu dieser Art rationaler demokratischer Lenkung der politischen Diskurse beizutragen. Und Klafki formuliert gar ein universalistisches Ziel kritischer Pädagogik im Stil des deliberativen Politikmodells: „Ich halte es für notwendig und mittelfristig, teils langfristig für möglich, in den Lehrplänen der Schulen aller Staaten und Gesellschaften einen Block von international bedeutsamen Rahmenthemen festzulegen und sie dann, der jeweiligen weiteren Entwicklung entsprechend, sozusagen fortzuschreiben."[2] Damit formuliert er jedoch einen starken Eurozentrismus, den europäische Pädagogik vielleicht besser vermeidet.

---

[1] Bernward Hoffmann, Medienpädagogik, 2003, 26
[2] Wolfgang Klafki, Neue Studien zur Bildungstheorie und Didaktik (1985), 81

1.3. Das Kriegs-Modell der Politik

Was ist für das Kriegs-Modell der Politik das politische Ziel von Bildung im Allgemeinen und von Medienbildung im Besonderen? Dieses dritte Politikverständnis orientiert sich weder an einer idealen Ordnung noch an einer demokratischen Konsensorientierung. Es erhebt auch keine universalistischen Ansprüche, jedenfalls keine normativen, höchstens deskriptive, was auch für seine theoretische Fundamentierung gilt. Denn es will realistisch sein, also die Tatsachen nehmen, wie sie sind, bzw. wie es sich diese vorstellt. So präsentiert sich Politik primär als irrationaler Konflikt, der sich grundsätzlich auf die Möglichkeit des Krieges ausdehnt und hier auch seinen Orientierungspunkt findet. Politik als Konflikt zu verstehen, der weder lösbar noch konsentierbar ist, verbindet dieses Modell mit dem vierten, das ebenfalls von Politik als Konflikt ausgeht, aber nicht als Krieg.

Die wichtigsten Protagonisten dieses Modells sind Max Weber und Carl Schmitt – die revolutionären Sozialisten kann man auch dazu zählen, allerdings nur beschränkt, lässt sich ja für die Marxisten der Konflikt final durch Gewalt lösen, und das nicht unbedingt erst am Ende der Geschichte, unterstellten die Realsozialisten sowjetischer Couleur, dass sich in ihrem Machtbereich die politischen Konflikte bereits gelöst hätten, so dass sie sich dann wieder Schmitt annäherten, wenn nämlich von der Politik primär der außenpolitische Konflikt als Krieg zwischen unterschiedlichen Gesellschaftssystemen bleibt.

Max Weber gilt zwar als Liberaler, doch in einem partizipatorischen Sinn lässt er sich keinesfalls als Demokrat verstehen, sondern höchstens im Sinn einer autoritären, gelenkten Demokratie, die man 2016 Putin, Orbán, oder Erdoğan zuschreiben könnte. So stellt Weber 1919 fest: „Aber es gibt nur die Wahl: Führerdemokratie mit ‚Maschine' oder führerlose Demokratie, das heißt: die Herrschaft der ‚Berufspolitiker' ohne Beruf, ohne die inneren, charismatischen Qualitäten, die eben zum Führer machen."[1] Die Demokratie braucht nach Weber charismatische Führer – Vorbild sind für ihn die angelsächsischen Demokratien –, die die schwerfälligen Bürokratien bewegen und dadurch den großen sozialen Krisen gewachsen sind. Von den Berufspolitikern wie von den Parlamenten erwartet Weber keine hinlänglichen Impulse, vom Volk schon gleich gar nicht, verlangt er vielmehr die Hingabe des Bürgers an der Front des ersten Weltkriegs. So berichtet Marianne Weber über eine Begegnung ihres Mannes mit Erich Ludendorff, dem Erfinder der Dolchstoßlegende, der Weber fragte: „'Was verstehen Sie dann unter Demokratie?' Weber: ‚In der Demokratie wählt das Volk seinen Führer, dem es vertraut, Dann sagt der Gewählte: ‚Nun haltet den Mund und pariert.' Volk und Parteien dürfen ihm nicht mehr hineinreden.' Ludendorff: ‚Solche ‚Demokratie' kann mir gefallen!'"[2] Eine solche Demokratie, eine Führer- oder gelenkte Demokratie, will wie im pädagogischen Politik-Modell jede Form der Involution – das Hineinreden – verhindern, also den politischen oder sozialen Einfluss der Nicht-Eliten bzw. von Bevölkerungsgruppen. Gelenkte Demokratie will eine hierarchische Ordnung stabilisieren und bedient sich dazu vor allem militärischer Mittel, zu denen natürlich auch pädagogische zählen. Ihr Orientierungspunkt ist der Krieg und

---

[1] Max Weber, Politik als Beruf (1919), Gesammelte politische Schriften, 3. Aufl. Tübingen 1971, 532
[2] Zit. bei Dirk Kaesler, Max Weber – Preuße, Denker, Muttersohn. Eine Biographie, München 2014, 885

der mit diesem verbundene Ausnahmezustand. Wenn Ivan Krastev darauf hinweist: „Der ungarische Ministerpräsident Viktor Orbán sprach für viele, als er erklärte: ‚Demokratien sind nicht notwendig liberal.'"[1] Dann kann man umgekehrt feststellen: Der Liberalismus ist nicht unbedingt demokratisch, jedenfalls nicht involutiv.

Immerhin begründet Weber die Verantwortungsethik, die er von der Gesinnungsethik unterscheidet. Doch Verantwortung tragen nur der Staatsmann und der Topmanager. Sie dürfen sich dabei nicht auf ihre Ideale berufen, sondern müssen sich an den Folgen ihres Handelns ethisch messen lassen. So schreibt Weber: „Ehre des politischen Führers, also: des leitenden Staatsmannes, ist dagegen gerade die ausschließliche *Eigen*verantwortung für das, was er tut, die er nicht ablehnen oder abwälzen kann und darf."[2] Revolutionäre Sozialisten wie Lenin und Trotzki in Russland betreiben entweder Symbolpolitik oder experimentieren mit ihren Völkern. Weisungsgebundene Bürger dagegen tragen für das, was sie tun, keine Verantwortung. „Ehre des Beamten," sagt Weber, „ist die Fähigkeit, wenn - trotz seiner Vorstellungen - die ihm vorgesetzte Behörde auf einem ihm falsch erscheinenden Befehl beharrt, ihn auf Verantwortung des Befehlenden gewissenhaft und genau so auszuführen, als ob er seiner eigenen Überzeugung entspräche: ohne diese im höchsten Sinn sittliche Disziplin und Selbstverleugnung zerfiele der ganze Apparat."[3]

Weber ist also ein Vertreter einer hierarchischen Politik, bei der Demokratie nur eine andere Legitimation elitärer Herrschaft darstellt. In diesem Sinne definiert er:

---

[1] Ivan Krastev, Auf dem Weg in die Mehrheitsdiktatur? in: Heinrich Geiselberger (Hrsg.), Die große Regression – Eine internationale Debatte über die geistige Situation der Zeit, Berlin 2017, 124
[2] Max Weber, Politik als Beruf (1919), 524
[3] Ebd., 524

„'Herrschaft' soll, definitionsgemäß die Chance heißen, für spezifische (oder: für alle) Befehle bei einer angebbaren Gruppe von Menschen Gehorsam zu finden."[1] Zwar betrachtet Weber den modernen bürokratisierten Staat durchaus als ein Ergebnis der Rationalisierung. Doch solche Verbreitung der Vernunft stellt für ihn keinen Fortschritt dar, was Habermas ja als einen verengten Vernunftbegriff kritisieren wird. Doch weder besitzt für Weber Rationalität einen kommunikativen Sinn, noch hat sie ein Fundament in der Natur- oder Welterkenntnis. Im Anschluss an Nietzsche begreift er die Rationalisierung als einen Prozess, der die Wiederkehr diverser Weltanschauungen erlaubt, was in den Krieg der Ideologien geführt hat. So bemerkt er: „Die alten vielen Götter, entzaubert und daher in Gestalt unpersönlicher Mächte, entsteigen ihren Gräbern, streben nach Gewalt über unser Leben und beginnen untereinander wieder ihren ewigen Kampf. Das aber, was gerade dem modernen Menschen so schwer wird, und der jungen Generation am schwersten, ist: einem solchen *Alltag* gewachsen zu sein. Alles Jagen nach dem ‚Erlebnis' stammt aus dieser Schwäche. Denn Schwäche ist es: dem Schicksal der Zeit nicht in sein ernstes Antlitz blicken zu können."[2] Damit kritisiert er seine Zeitgenossen, die sich im Angesicht der Schrecken des ersten Weltkriegs dem massiven staatlichen Druck nicht mehr beugen wollen und ihr Leben nicht nach den vermeintlichen politischen Notwendigkeiten, sondern nach den eigenen Wünschen ausrichten, was indes erst die Generationen nach dem zweiten Weltkrieg durchsetzen und insofern etwas von Involution realisieren werden.

---

[1] Max Weber, Wirtschaft und Gesellschaft (1925), 5. Aufl. Tübingen 1980, 122

[2] Max Weber, Wissenschaft als Beruf (1919), Aufsätze zur Wissenschaftslehre, 4. Aufl. Tübingen 1973, 605

Der Hauptvertreter des Kriegsmodells der Politik ist allerdings Carl Schmitt, ‚Kronjurist' der Nazis und Feind des Liberalismus wie der parlamentarischen Demokratie. Schmitt verschärft die Macht der Herrschaft und entmachtet jede individuelle Mündigkeit und Autonomie. Der Begriff des Politischen bestimmt sich durch die Freund-Feind-Unterscheidung. Nach Schmitt schreibt der Souverän einerseits seinen Untertanen vor, wer öffentlicher Feind ist, womit deren private Feinde nichts zu tun haben. Folgen Untertanen der souveränen Entscheidung nicht, stellen sie sich selbst auf die Seite des Feindes, dann können sie dementsprechend bekämpft werden. So gilt die Freund-Feind-Unterscheidung auch für den Bürgerkrieg. Schmitt schreibt 1927: „Die Unterscheidung von Freund und Feind hat den Sinn, den äußersten Intensitätsgrad einer Verbindung oder Trennung, einer Assoziation oder Dissoziation zu bezeichnen; sie kann theoretisch und praktisch bestehen, ohne dass gleichzeitig alle jene moralischen, ästhetischen, ökonomischen oder andern Unterscheidungen zur Anwendung kommen müssten. Der politische Feind (. . .) ist eben der andere, der Fremde, und es genügt zu seinem Wesen, dass er in einem besonders intensiven Sinne existenziell etwas anderes und Fremdes ist, so dass im extremen Fall Konflikte mit ihm möglich sind, (. . .)."[1] Damit orientiert Schmitt Politik nicht nur an dieser Unterscheidung, sondern gleichzeitig am Kriegsfall, der für ihn der Ernstfall ist. Politik bestimmt sich immer durch den möglichen Krieg, entwickelt Schmitt diese Konzeption nach dem ersten Weltkrieg, der daher in ihr nachhallt und seinen Schatten auf die Nazi-Herrschaft wirft.

Der Kriegsfall steht damit im unmittelbaren Zusammenhang mit dem zweiten wichtigen Begriff, durch den Schmitt die Politik bestimmt, nämlich mit dem Ausnah-

---

[1] Carl Schmitt, Der Begriff des Politischen (1927), Berlin 1963, 27

mezustand, über den der Souverän entscheidet. Das zeigt umgekehrt, was Souveränität heißt, nämlich ein Souverän, eine Person, ein Staatsmann, der die Macht hat, den Ausnahmezustand auszurufen. Schmitt schreibt: „Der Ausnahmefall offenbart das Wesen der staatlichen Autorität am klarsten. Hier sondert sich die Entscheidung von der Rechtsnorm, und (um es paradox zu formulieren) die Autorität beweist, dass sie, um Recht zu schaffen, nicht Recht zu haben braucht."[1] Souverän und Staat orientieren sich nicht an der Idee der Gerechtigkeit. Sie setzen das Recht vielmehr aus eigener unbeschränkter Machtvollkommenheit. Doch Schmitt ist Jurist. Den Ausnahmezustand will er an den Rechtszustand rückkoppeln. Die Aufhebung des Rechtszustandes hat den Zweck, das Recht und damit den Staat vor der Auflösung zu bewahren. „Weil der Ausnahmezustand", so Schmitt, „immer noch etwas anderes ist als eine Anarchie und ein Chaos, besteht im juristischen Sinne immer noch eine Ordnung, wenn auch keine Rechtsordnung. Die Existenz des Staates bewährt hier eine zweifellose Überlegenheit über die Geltung der Rechtsnorm. Die Entscheidung macht sich frei von jeder normativen Gebundenheit und wird im eigentlichen Sinne absolut."[2] So konstituiert sich der Staat jenseits des Rechts, während er doch in der Rechtsphilosophie gerade durch das Recht und durch die Orientierung an Gerechtigkeit bestimmt wird.

Aber Schmitt ist natürlich kein Hegelianer. Recht bedeutet Rationalisierung, die das Leben in geregelte Bahnen zwängt. Der Ausnahmezustand verkörpert dagegen einerseits das Leben, das nicht staatlich bzw. rechtlich geregelt ist – ein Reflex der zu jener Zeit populären Lebensphilosophie. Andererseits dringt damit auch ein

---

[1] Carl Schmitt, Politische Theologie – Vier Kapitel zur Lehre von der Souveränität (1922), 8. Aufl. Berlin 2004, 19
[2] Ebd., 18

Moment der Willkür, der Dunkelheit aus dem Leben in die Staatlehre, was die Entscheidung erforderlich macht und eine rechtliche Reflexion beendet. Für eine Entscheidung kann man zwar Gründe angeben, vollständig lässt sie sich jedoch nicht erklären, wäre eine reine Ableitung aus Informationen nun mal keine Entscheidung. Daher verdankt sich die Entscheidung dem unerforschlichen Willen des Souveräns, der wohl nicht zufällig göttlich verdunkelt wird. Das hat Schmitt durchaus begriffen; denn er schreibt: „Der Ausnahmezustand hat für die Jurisprudenz eine analoge Bedeutung wie das Wunder für die Theologie."[1] Wie durch die Aufhebung des Rechts der Rechtzustand gesichert werden soll, bleibt daher ein Widerspruch, ein Paradox, eben ein Wunder, das sich rational nicht erklären lässt. Wie es für eine Offenbarungsreligion kein nachvollziehbares Motiv für den Glauben gibt, gibt es für einen willkürlich ausgerufenen Ausnahmezustand keinen rationalen Grund. Nicht nur dass sich deshalb das Franco-Regime mit der katholischen Kirche blendend verstand, beide beruhen auf einem blinden Vertrauen oder Glauben und vor allem darauf, dass die Zeitgenossen nicht anfangen, sich eigene Gedanken zu machen und Thron und Altar zu kritisieren. Wenn Abgeordnete des türkischen Parlaments die Aktivitäten der Regierung und des Militärs gegen die Kurden kritisieren, machen sie sich selbst zur Feindpartei, die ja gerade mit allen Mitteln bekämpft werden darf – eine Chance, die sich Erdoğan nicht entgehen ließ.

Vor allem aber folgt aus dieser Konzeption, dass Demokratie für Schmitt bestenfalls Akklamation des Volkes bedeuten kann. Er schließt an die Tradition konservativen Denkens bei Joseph de Maistre an, der die sozialistische Umwertung aller Werte wieder rückgängig macht, die das Volk für gut und die Eliten für böse erklärt, wäh-

---

[1] Carl Schmitt, Politische Theologie (1922), 43

rend es doch in der antik christlichen Tradition umgekehrt war, auf die sich ja auch Leo Strauss beruft. Schmitt stellt fest: „Alle anarchistischen Lehren, von Babeuf bis Bakunin, Kropotkin und Otto Groß, drehen sich um das eine Axiom: le peuple est bon et le magistrat corruptible. De Maistre dagegen erklärt gerade umgekehrt die Obrigkeit als solche für gut, wenn sie nur besteht: tout gouvernement est bon lorsqu'il est établi."[1] Ähnlich wie für Strauss erscheint angesichts der bösen Natur des Menschen selbst die Tyrannei besser als die Herrschaftslosigkeit. Dieses Politikverständnis schließt politische Partizipation der Bevölkerung oder auch einen öffentlichen Vernunftgebrauch praktisch völlig aus oder reduziert beides auf ein Minimum. Angesichts ständig drohender innerer wie äußerer Konflikte ist das nötig, um einerseits die Einheit herzustellen, die für jede Form des Krieges erforderlich scheint. Andererseits liegt es, wie sich bei de Maistre bereits andeutete, am Volk selbst, auf das man sich nicht nur nicht verlassen kann, wenn selbst die Tyrannei legitimiert erscheint. Schmitt beruft sich vor allem auch auf Donoso Cortez, der ähnlich wie Strauss dem Volk mehr noch als Torheit vorwirft: „Seine <Donosos> Verachtung der Menschen", schreibt Schmitt, „kennt keine Grenzen mehr; ihr blinder Verstand, ihr schwächlicher Wille, der lächerliche Elan ihrer fleischlichen Begierden scheinen ihm so erbärmlich, dass alle Worte aller menschlichen Sprachen nicht ausreichen, um die ganze Niedrigkeit dieser Kreatur auszudrücken. (. . .) Die Stupidität der Massen ist ihm ebenso erstaunlich wie die dumme Eitelkeit ihrer Führer."[2] Involution, also wenn sich Ausgeschlossene um Anteilnahme an politischen oder sozialen Prozessen bemühen, wenn sie sich in solche

---

[1] Carl Schmitt, Politische Theologie (1922), 60
[2] Ebd., 63

Vorgänge hineindrehen, das hieße für Schmitt eigentlich Bürgerkrieg.

Die Eliten verkörpern für Schmitt dagegen Stärke und Vornehmheit, weniger Tugenden und die Sittlichkeit, die nicht die Grundlage der Macht oder gar des Ausnahmezustands ist. Das Volk bleibt dagegen allemal verkommen. Die Eliten erziehen ihre Kinder mit einer harten Pädagogik, stärken damit ihren Willen, zügeln ihre Lüste, so dass sich die Eliten über das Volk erheben – man denke nur an die britischen Eliteschulen oder an das autoritäre französische Schulsystem, das die Generation Sartres erlebte. Oder der Krieg selbst erzieht in diesem Sinn, so Max Scheler während des ersten Weltkrieges: „Gibt es (. .) im Laufe der Geschichte eine wahrhaft dauernde Erhöhung des moralischen Status und eine Steigerung der Innigkeit und Tiefe in der Einigung der Menschheit, so sind nicht der Weltfriede, sondern der Krieg und die kumulierten, aus seinen Traditionen und tiefen Erinnerungen fließenden moralischen Dauereffekte in der menschlichen Seele die konstruktive Auslösekraft für diese Erhöhung und Einigung."[1] Ernst Jünger formuliert es in seiner ner Kriegsliteratur ähnlich drastisch: „Hier gibt der Krieg, der sonst so vieles nimmt: er erzieht zu männlicher Gemeinschaft und stellt Werte wieder an den rechten Platz, die halb vergessen waren."[2] Vorbild für das soziale Leben ist das Militär, die militärische Disziplinartechnologie, die mit der Todesdrohung operiert und sich im Krieg als äußerliches, quasi naturzuständliches Erziehungssystem präsentiert: die Gewalt erzieht.

Dadurch dass der Krieg jene Tugenden erzwingt, die den einzelnen blind der Gemeinschaft unterordnen, er-

---

[1] Max Scheler, Der Genius des Krieges und der Deutsche Krieg (1917), Gesammelte Werke Bd. 4, Bern, München 1982, 77
[2] Ernst Jünger, Das Wäldchen 125 (1925), Werke Bd. 1, Stuttgart 1961, 338

zieht er den Menschen so, dass er seine Besonderheit, seine Individualität auflässt. So liest man bei Jünger 1932: „Was stirbt, was abfällt, ist das Individuum als der Vertreter geschwächter und zum Untergang bestimmter Ordnungen. Durch diesen Tod muss der einzelne hindurch, gleichviel ob seine dem Auge sichtbare Laufbahn durch ihn beendet wird oder nicht, und es ist ein guter Anblick, wenn er ihm nicht auszuweichen, sondern ihn im Angriff aufzusuchen strebt."[1] Nicht nur schweißt nach Arendt der Totalitarismus die Menschen zu einem einzigen Körper zusammen, wozu gerade die damals neuen Massenmedien beitragen. Eine solche Pädagogik realisierte bereits und auch nicht zum ersten Mal in der Geschichte der erste Weltkrieg; denn so Jünger: „Sie hatten den mehr oder weniger bürgerlichen Alltag verlassen und waren in den kurzen Ausbildungswochen zu einem großen, begeisterten Körper zusammengeschmolzen. Aufgewachsen in einem Zeitalter der Sicherheit, fühlten wir alle die Sehnsucht nach dem Ungewöhnlichen, nach der großen Gefahr. (. . .) Der Krieg musste es uns ja bringen, das Große, Starke, Feierliche. Er schien uns männliche Tat, ein fröhliches Schützengefecht auf blumigen, blutbetauten Wiesen."[2]

Bildung hat also für das Kriegsmodell nichts mit Involution zu tun, sondern mit Ordnung und unter marxistischen Umständen mit Revolution, da die revolutionären Sozialisten den Krieg nicht als Ausnahmezustand, sondern als normales Mittel sozialen Handelns verstehen. So finden sich unter ihnen auch nicht wenige, die das Schmittsche Denken rezipieren. Beide vereint eine Pädagogik des Opfers, die niemand besser auf den Begriff gebracht hat als Ernst Jünger: „Es ist das Geheimnis der echten

---

[1] Ernst Jünger, Der Arbeiter (1932), Stuttgart 1982, 117
[2] Ernst Jünger, In Stahlgewittern (1920), Werke Bd. 1, Stuttgart 1961, 11

Befehlssprache, dass sie nicht Versprechungen macht, sondern Forderungen stellt. Das tiefste Glück des Menschen besteht darin, dass er geopfert wird, und die höchste Befehlskunst darin, Ziele zu zeigen, die des Opfers würdig sind."[1]

Dementsprechend spielen die Medien im Kriegsmodell keine bildende Rolle, erfahren die Kinder der Eliten eine unmittelbare Bildung, die auf Massenmedien verzichten kann. Gegenüber dem Volk dienen die Massenmedien dagegen primär dazu, dieses zu lenken im Sinne einer massenmedialen Propaganda, wie sie das Nazi-Propagandaministerium verkörpert, das sich ja nicht scheute, sich selbst so zu nennen. Heute wären die Propagandisten etwas klüger. Zumindest aber war sich der Propagandaminister bewusst, dass Filme, die zu evident eine propagandistische Botschaft aussenden, den propagandistischen Zweck nicht hinlänglich erfüllen. Jedenfalls nehmen die staatlich kontrollierten und gelenkten Medien an einem Krieg teil, der alle Politik bestimmt bzw. an dem sich alle Politik ständig orientiert, gleichgültig ob er gerade tobt oder bloß schwelt, präsentieren sich die Massenmedien als Teil der Kriegsmaschinerie. Presse- oder gar Meinungs- und Kommunikationsfreiheit gibt es nicht – man denke an China. Politische Bildung im demokratischen Sinn ist nicht nötig und nicht möglich. Vielmehr gilt für die Untertanen der Satz Jacques Bénigne Bossuets: „Ketzer ist der, der eigene Gedanken hat."[2] Also derjenige, der sich außerhalb der herrschenden Traditionen oder Ideologien stellt, selber denkt, anstatt alles willig hinzunehmen, was der Souverän verlangt, und zu gehorchen – im Zweifelsfall mit dem Argument, man befinde sich ja im Krieg, der für Schmitt noch die Aus-

---

[1] Ernst Jünger, Der Arbeiter (1932), 81
[2] Zit. bei Albert Camus, Der Mensch in der Revolte (1951), Reinbek 1969, 156

nahme sein soll, der indes auch für Strauss seinen Schatten auf den Frieden wirft und der für Giorgio Agamben seit dem ersten Weltkrieg zum demokratischen Alltag gehört, wenn er schreibt: „Wie vorauszusehen war, setzte sich die Ausweitung der Exekutivgewalt auf den Bereich der Legislative nach Ende der Feindseligkeiten fort, und es ist bezeichnend, dass an die Stelle des militärischen Ausnahmefalls der ökonomische Ausnahmefall trat, wobei Krieg und Ökonomie stillschweigend gleichgesetzt wurden."[1]

Wenn politische Bildung zur Mündigkeit führen soll – gleichgültig ob gemäßigt oder intensiviert, und anderes kann sie unter demokratischen Bedingungen schwerlich bezwecken – dann wäre sie für das kriegerische wie das pädagogische Politikverständnis kontraproduktiv. Das gilt auch für die Medienbildung, die darüber hinaus noch weitere Einschränkungen erfahren müsste. Wie der Zugang zu Bibliotheken in diktatorischen Regimen häufig restringiert ist, so wird auch der Zugang zum Internet kontrolliert. Hier besteht also höchstens eine negative Gemeinsamkeit zwischen Medien- und politischer Bildung und zwar eine der jeweiligen Beschränkung und der Verhinderung von Mündigkeit oder gar Widerständigkeit, die das folgende vierte Modell zum Leitprinzip erheben wird. Wenn man von Medien- oder politischer Bildung beim Kriegsmodell der Politik überhaupt sprechen will, dann haben sie jeweils unterschiedliche und sehr beschränkte Funktionen, symbolisieren sie damit den Naturzustand im Internet, international und sozial, der für Schmitt ja überall und ständig droht und das Kennzeichen der Politik selbst ist. So ist das Internet heute Teil des Krieges, nicht nur eines Propagandakrieges, ist das Internet nicht bloß im schmittschen Sinn überhaupt

---

[1] Giorgio Agamben, Der Ausnahmezustand – Homo sacer II.1 (2003), Frankfurt/M. 2004, 20

Krieg. Bildung im Allgemeinen, Allgemeinbildung im Besonderen hat für das Kriegsmodell der Politik einen lenkenden Sinn, soll sie den Bürger in den ständig drohenden oder faktischen Ausnahmezustand einpassen. Allgemeinbildung tröstet wie Kunst über das schlechte Leben hinweg, wie Hölderlin im Tornister der Soldaten des ersten und Nietzsche des zweiten Weltkrieges. Der ökonomische Sinn von Bildung bleibt trotzdem sekundär, primär nur soweit wie die Ökonomie für die militärische Stärke eines Staates vonnöten ist.

1.4. Politik als Konflikt

Was ist für das Konflikt-Modell der Politik das politische Ziel von Bildung im Allgemeinen und von politischer und Medienbildung im Besonderen? Dieses vierte Politikverständnis geht wie das dritte davon aus, dass Politik sich dem Konflikt verdankt, der aber auf der politischen Ebene ausgetragen wird, ohne dass er wie im zweiten unbedingt gelöst werden oder im ersten unterdrückt und dritten kriegerisch ausgetragen werden müsste, um durch einen Sieg den Konflikt final zu lösen. Denn im Unterschied zum dritten Modell, das ja gleichfalls den Konflikt voraussetzt, ist Gewalt oder Krieg indes nicht das bestimmende Raster, ist der Krieg vielmehr das, was trotz Konflikt unter allen Umständen vermieden werden soll. Politik ist, wenn man auf den Krieg verzichtet, ist Krieg für das dritte Modell gerade keine Politik, sondern deren Ende: ergo ist Krieg nicht die Fortsetzung der Politik nur mit gewaltsamen Mitteln. Für das Konfliktmodell ist das die zentrale Aufgabe der Politik, das Politische überhaupt, während man für Schmitt damit das Ende der

Politik einläutete, würde man den Konflikt ohne eine existentielle Dimension, also ohne Krieg denken, den Konflikt also gewissermaßen domestizieren.

Im Unterschied zum zweiten Modell geht es in der Politik aber nicht um die Herstellung von Konsens, sondern darum, dass Politik sich mit Dissensen einrichtet, ohne dass diese in den Krieg abgleiten und ohne dass sie gelöst, d.h. konsentiert werden müssten. Dieses vierte Modell geht also davon aus, dass es Politik gibt, weil es Konflikte gibt, die in der Öffentlichkeit ausgetragen werden und bei denen es um Teilhabe an den öffentlichen Angelegenheiten geht. Natürlich kann das auch gelegentlich in einen Krieg abgleiten. Doch das vierte Modell verbindet mit dem zweiten, dass Gewalt vermieden oder minimiert wird. Aber der Konflikt wird nicht wie im ersten Modell von vornherein gewaltsam unterbunden oder kommt wie im dritten durchaus gewaltsam zum Austrag.

Einer der eher konventionellen Wegbereiter eines Konfliktmodells ist der Soziologe Ralf Dahrendorf, allerdings lange vor der Postmoderne-Debatte. Bereits in den sechziger Jahre ärgerte er damit Konservative wie Marxisten gleichermaßen, dementierten erstere ein solches Politikverständnis zugunsten einer Einheit, wollten letztere den Konflikt durch Revolution final lösen und ebenfalls nicht aufrechterhalten, während Dahrendorf in seiner Soziologie den Konflikt als ein soziologisches Konzept entwickelt, das den sozialen Frieden befördert. Er schreibt 1961 – postmoderne Theorien des Politischen frühzeitig antizipierend: „Im Konflikt sehen viele (. . .) vorzugsweise nicht die eigene Wirklichkeit, sondern die Krankheit der anderen. Dabei liegt in solcher Abweisung sozialer Konflikte ein doppelter folgenschwerer Irrtum: Wer den Konflikt als eine Krankheit betrachtet, missversteht die Eigenart geschichtlicher Gesellschaften zutiefst; wer ihn in erster Linie ‚den anderen' zuschreibt und damit andeutet, dass er konfliktlose Gesellschaften für möglich hält, liefert die Wirklichkeit und ihre Analyse utopischen Träumereien aus. Jede ‚gesunde', selbstgewisse und dynamische Gesellschaft kennt und anerkennt Konflikte in ihrer Struktur; denn deren Leugnung hat ebenso schwerwiegende Folgen für die Gesellschaft wie die Verdrängung seelischer Konflikte für den Einzelnen: Nicht wer von Konflikt spricht, sondern wer ihn zu verschweigen sucht, ist in Gefahr, durch ihn seine Sicherheit zu verlieren."[1] Der Konflikt soll Innovationskräfte freisetzen, die die soziale wie die ökonomische Entwicklung beschleunigen. 1992 bezeichnet er den Konflikt in seinem Werk *Der moderne soziale Konflikt* als ‚Summe seiner Sozialwissenschaft' – hier könnte er sich dann längst durch den postmodernen Zeitgeist bestätigt fühlen – und er umschreibt den Konflikt folgendermaßen: „Der moderne soziale Konflikt ist ein Antagonismus von Anrechten und Angebot, Politik und Ökonomie, Bürgerrechten und Wirtschaftswachstum. Das ist immer auch ein Konflikt zwischen fordernden und saturierten Gruppen, wenngleich die Entstehung einer breiten Mehrheitsklasse in jüngerer Zeit das Bild kompliziert hat. Die soziale Basis politischer Auseinandersetzungen ist ebenso unklar geworden wie die Parteienstruktur, in der die Konflikte ausgetragen werden."[2] Eine Entwicklung, die sich seither noch verschärft hat. Mit dem programmatischen Titel seines Buches *Bildung ist Bürgerrecht* wird er zum Vordenker der Bildungsreformen um 1970 herum, als man Bildung als Motor der sozialen und ökonomischen Entwicklung zu entdecken begann. So denkt Dahrendorf das Individuum auch nicht mehr primär vom Staat aus, sondern als mündiges soziales Wesen. Bildung hat primär

---

[1] Ralf Dahrendorf, Gesellschaft und Freiheit – Zur soziologischen Analyse der Gegenwart, München 1961, 197
[2] Ralf Dahrendorf, Der moderne soziale Konflikt. Essays zur Politik der Freiheit, Stuttgart 1992, 8

einen sozialen und individuellen Sinn, keinen staatlichen. Aber das gebildete mündige Individuum nimmt an den öffentlichen Angelegenheiten demokratisch teil. Insofern fördert Bildung denn auch die Involution, also die Fähigkeit, in soziale und politische Prozesse einzudringen.

Jean-François Lyotard begründet Politik als Konflikt aber nicht wie Dahrendorf mit den unterschiedlichen sozialen Interessen, die sich nicht einfach miteinander in Einklang bringen lassen, sondern mit unterschiedlichen Sprachen, die die an der Politik Beteiligten sprechen und die sich nicht adäquat ineinander übersetzen lassen: „die Politik ist die Drohung des Widerstreits."[1] Daher lassen sich Konflikte auch nicht konsentieren, jedenfalls nicht durch ein bestimmtes Mittel wie die kommunikative Vernunft bei Habermas, sondern höchstens zufällig, sollten sich die Konfliktpartner mal einigen. Dabei gibt es für Lyotard auch Diskurse, die nach Hegemonie streben, heute primär die Ökonomie. Doch im Gegensatz zu Neoliberalen wie Marxisten wird sich für das Konfliktmodell eine solche Hegemonie nicht nachhaltig durchsetzen, weil diese die sprachlichen Differenzen nicht aufheben kann. Für Lyotard bleibt die Politik vielmehr der Ort, wo der Konflikt ausgetragen wird, besitzt sie auch keine eigene Sprache, ist sie kein besonderer Diskurs, sondern der Ort, wo verschiedene Diskurse miteinander ringen. Lyotard avanciert damit zu einem Wegbereiter einer linguistischen politischen Philosophie.

Mag dergleichen, vor allem dass Hegemoniebestrebungen an der Sprache scheitern, auch etwas optimistisch und mechanistisch klingen, sich zu sehr auf die Sprachphilosophie des späten Wittgensteins stützen. Auch Jacques Rancière betrachtet Politik als einen sprachlichen Konflikt und zwar im Anschluss an Foucault zwischen Ausgeschlossenen und Eingeschlossenen, bei

---

[1] Jean-François Lyotard, Der Widerstreit (1983), München 1987, 230

dem die reale oder auch vermeintliche Sprachkompetenz die entscheidende Rolle spielt, so dass sich hier bereits Perspektiven in Richtung Bildung, Politik und Medien andeuten. Politik ist für Rancière nicht die Verwaltung durch Eliten gleichgültig nach welchem der zuvor angeführten Politikverständnisse. Weder die Archi-Politik Platons, noch die Post-Demokratie, wie Rancière das deliberative Modell bezeichnet, noch gar das Kriegs-Modell lassen Politik überhaupt zu. Alle drei Modelle sind für Rancière gar keine Politik.

Politik ist nämlich kein Interessenskonflikt zwischen anerkannten Interessengruppen, sondern entsteht dort, wo Marginalisierte ihre Marginalisierung in Frage stellen, wenn also die Anteillosen einen Anspruch auf Anteil erheben und somit die politische Aufteilung selbst in Frage stellen. „Der politische Streit (. . .) ist keine Diskussion zwischen Partnern, sondern ein Gespräch, das die Situation des Gesprächs selbst ins Spiel bringt."[1] Die herrschende Verteilung, die ausgrenzt mittels einer polizeilichen Logik, wird durch den Anspruch auf Anteil im Sinne von Gleichheit herausgefordert, verlangen die Anteillosen ein Gespräch, das sie involviert und nicht ausgrenzt. Politik ist nicht Ordnung wie für Platon so wenig wie Herrschaft für Schmitt. Politik entsteht erst, wenn die herrschende Ordnung als eine falsche Verteilung vorgeführt wird. Daher „verkörpert" für Rancière „die Partei der Reichen nichts anderes als die Antipolitik. Vom Athen des 5. Jahrhunderts vor Christus bis zu unseren Regierungen hat die Partei der Reichen nur eine einzige Sache gesagt: *es gibt keinen Anteil der Anteillosen*."[2]

Politik passiert vielmehr ausschließlich dann, wenn von der Politik oder dem Gemeinwesen Ausgeschlossene Anspruch auf Teilhabe daran erheben, was vor allem

---

[1] Jacques Rancière, Das Unvernehmen (1995), 110
[2] Ebd., 26

bedeutet, dass sie sich Gehör verschaffen, dass ihre Aussagen Anerkennung finden, dass sie also den herrschenden Diskurs in Frage stellen. Rancière schreibt: „Es gibt Politik, weil diejenigen, die kein Recht dazu haben, als sprechende Wesen gezählt zu werden, sich dazuzählen und eine Gemeinschaft dadurch einrichten, dass sie das Unrecht vergemeinschaften, das nichts anderes ist als der Zusammenprall selbst, der Widerspruch der zwei Welten, die in einer einzigen beherbergt sind: die Welt, wo sie sind, und jene, wo sie sie nicht sind, die Welt, wo es etwas gibt ‚zwischen' ihnen und jenen, die sie nicht als sprechende und zählbare Wesen kennen, und die Welt, wo es nichts gibt."[1]

Nach Platon herrscht Gerechtigkeit, wenn jeder Stand sich auf seine Aufgabe konzentriert, wenn also der dritte und der zweite Stand sich nicht in die Politik einmischen. Wenn dagegen im Sinn von Rancière der dritte Stand gegen diesen Ausschluss protestierte und erklärte, dass er sich ungerecht behandelt fühle, dann erscheint die zuvor noch als gerecht gehandelte Ständeordnung als ungerecht, und zwar als ganze, nicht bloß hinsichtlich eines bestimmten Aspektes, wird das Unrecht, dem sich der dritte Stand ausgeliefert sieht, zu einem allgemeinen Unrecht der Gemeinschaft. Folglich forderte dieser ausgeschlossene Stand den Einschluss, betreibt also die Involution. Der dritte Stand wollte zur politischen Welt dazugehören und nicht welt- bzw. sprachlos ausgeschlossen sein, wollte eine Beziehung zur politischen Welt hergestellt sehen, in der er bisher nichts zu sagen hatte, wo er nicht zählte. Er versuchte also eine Welt aufzuheben, in der es ihn gar nicht gibt, in der er ein Nichts ist. So formuliert Rancière die konfliktträchtige Alternative: „Wer ohne Anteil ist – die Armen der Antike, der dritte

---

[1] Jacques Rancière, Das Unvernehmen (1995), 38

Stand oder das moderne Proletariat -, kann in der Tat nur am Nichts oder am Ganzen Anteil haben."[1]

Dabei kommt es darauf an, dass die Ordnung der Gesellschaft in Frage gestellt wird, nicht darauf, dass die Anteillosen Widerstand leisten, wie beim Sklavenaufstand des Spartacus, der sich an die Stelle der Herren setzen wollte, die Sklaverei aber nicht abschaffen. Rancière wählt ein anderes Beispiel: Nach einer Fabel des Herodot pflegten die Skythen ihre Sklaven zu blenden, da diese nur Tätigkeiten auszuüben hatten, die man ohne Augenlicht vollbringen kann. Als die Skythen sich auf eine jahrelange Expedition begaben, waren Sklaven nachgewachsen, die sehen konnten und sich den rückkehrenden Skythen gewaltsam widersetzten, die aber aufgaben, als die Skythen ihnen mit der Peitsche drohten, die also die symbolische Ordnung nicht verstanden, vor allem nicht in Frage stellen konnten. „Es gibt Politik, wenn es einen Anteil der Anteillosen, einen Teil oder eine Partei der Armen gibt. Es gibt nicht einfach deshalb Politik, weil die Armen den Reichen gegenübertreten und sich ihnen widersetzen. (. . .) Die Politik existiert, wenn die natürliche Ordnung der Herrschaft unterbrochen ist durch die Einrichtung eines Anteils der Anteillosen."[2]

Hier schwingt durchaus ein marxistischer Impetus mit. Denn Politik präsentiert sich als ein fundamentaler Streit, den Rancière mit dem Klassenkampf vergleicht, der die polizeiliche Ordnung hinterfragt und ihre Ungerechtigkeit aufzeigt, also vorführt, dass die angebliche Gerechtigkeit nur auf einer Verzerrung bzw. metonymischen Verschiebung der Tatsachen beruht. Die politische Philosophie von Platon bis Carl Schmitt unterstellt die polizeiliche Ordnung als natürliche, was an sich schon eine Verschiebung darstellt. Aber damit wird der Streit

---

[1] Jacques Rancière, Das Unvernehmen (1995), 22
[2] Ebd., 24

aufgehoben, was ja beabsichtigt ist, gibt man die Polizei als Politik aus – macht bei Schmitts Ausnahmezustand und seiner Freund-Feind-Unterscheidung das Militär Politik, während es eigentlich nur weiß, wie man Gewalt anwendet. Dem widerspricht Rancière: „Es gibt Politik, wenn die Kontingenz der Gleichheit als ‚Freiheit‘ des Volks die natürliche Ordnung der Herrschaft unterbricht, wenn diese Unterbrechung eine bestimmte Gliederung produziert: eine Teilung der Gesellschaft in Teile, die keine ‚wirklichen‘ Teile sind; die Einrichtung eines Teiles, der sich mit dem Ganzen im Namen einer ‚Eigentümlichkeit‘ gleichsetzt, die ihm gar nicht eigen ist, und eines ‚Gemeinsamen‘, das die Gemeinschaft eines Streits ist."[1] Die Marginalisierten beanspruchen nicht nur ihren Anteil, sondern erklären sich als das Ganze – man denke an Marx, wenn das Proletariat die Interessen der ganzen Menschheit vertritt. Aber selbstredend wäre das Proletariat damit überfordert, eine metonymische Überdehnung, die in den Streit bzw. in den verschärften, nämlich revolutionären Klassenkampf führt. Nach Marx ergibt sich dieser Anspruch daraus, dass das Proletariat die einzig produktive Klasse ist, dass sie alleine Werte schafft. Doch just an dieser Stelle hat sich Marx‘ Ansatz als fragwürdig erwiesen. Welchen Teil trägt denn das Proletariat zum Ganzen der politischen Ordnung bei, wie die Sklaven nichts zur Polis beitragen und zwar in dem Sinn, dass sie ja keine Politik machen durften, also nichts für die Polis taten, also an der Politik wirklich anteillos waren. Auch die Proletarier waren an der Polizei und der staatlichen Bürokratie nicht beteiligt, tragen die Reichen zudem pro Kopf allemal mehr an Steuern zum Staat bei.

Natürlich hoffe ich Rancière nicht so zu verschieben, dass ich eine Antipolitik propagiere. Aber man kann diese Theorie von Rancière auch etwas verkürzen bzw. abwan-

---

[1] Jacques Rancière, Das Unvernehmen (1995), 30

deln, indem man den Anspruch auf das Ganze anders situiert, nämlich als einen Anspruch auf Anteil an der politischen Kommunikation, von der die Armen, Ungebildeten, Marginalisierten und besonders die Illegalen strukturell ausgeschlossen sind. Wenn diejenigen, die am politischen Gespräch, an der Kommunikation in der Öffentlichkeit keinen Anteil nehmen, Involution verlangen, wenn die kommunikative Ordnung in Frage gestellt wird, auf der die politische aufruht, wenn ein kommunikativer Streit bzw. Konflikt entsteht, sollte man von Politik reden, die mehr sein will als Krieg, Konsens oder Pädagogik, also primär dann wenn sich eine Gruppe von der Politik ausgeschlossen sieht und sich um Anteil bemüht.

Damit ergibt sich, dass Bildung Teil der Politik ist. Denn um gehört zu werden, muss man sich Gehör verschaffen, was nicht nur nicht einfach ist, weil die polizeiliche oder postdemokratische Ordnung – im Sinn von Rancière – darauf abzielt dieses Gehör zu verhindern. Zwar gelingt sich Gehör zu verschaffen manchmal durch Gewalt, häufiger jedoch und viel nachhaltiger durch außerinstitutionelle Formen der politischen Partizipation, die gewaltlos zumeist nur dann gelingen, wenn sich die Teilnehmer um originelle Kommunikationsformen bemühen und auf diese Weise in die öffentliche Kommunikation eindringen. Wenn Liessmann dem Wissen attestiert: „Allem Wissen ist so der Makel der Subjektivität eingeschrieben, es ist stets lückenhaft, inkonsistent und in hohem Maße von Kontingenz geprägt."[1] Dann unterstützt das Lyotards These von der Heterogenität der Diskursarten, die Hegemonie untergräbt und Wissen genau zu dem werden lässt, wie es Liessmann beschreibt. Die Zeitgenossen, die sich um Anteil bemühen, können sich auf Wissen wie auf Sprachstrukturen stützen, die die herrschende Verteilung nicht automatisch stärken. Dazu

---

[1] Konrad Paul Liessmann, Theorie der Unbildung, 2006, 31

braucht man aber Bildung, die Originalität erst erkennen und entwickeln lässt, weil das im medialen Zeitalter nicht so einfach ist, wenn sich zwar auch im Internet eine Art Öffentlichkeit entwickelt, die traditionellen Massenmedien aber noch eine zentrale Ausschlussfunktion innehaben. Die gängige politische Bildung soll die herrschende politische Ordnung stabilisieren, also primär im Sinn des deliberativen Modells. Bildung und politische Bildung erleichtern es, Ansprüche auf Teilhabe zu formulieren. Jene, die keine Stimme haben, nicht gehört werden, müssen lernen, sich auf vielfältige Weise auszudrücken, wollen sie Involution erreichen. Sie beherzigen regelmäßig das, was Schiller in seinen *Briefen über die ästhetische Erziehung des Menschen* konstatiert: „der Mensch spielt nur, wo er in voller Bedeutung des Wortes Mensch ist und er ist nur da ganz Mensch, wo er spielt."[1] Wer sich um Involution bemüht, der spielt mit den Medien, um an ihnen Anteil zu nehmen, der spielt mit der Bildung.

Als Sprachrohr der Inkludierten verteidigen die Medien den Status quo, verleihen den Exkludierten keine Stimme, sondern versuchen deren Involution, ihr Eindringen in den privilegierten Kreis zu verhindern. So bemerkt Noam Chomsky: „das Konzept einer ‚Demokratisierung der Medien' hat in der politischen Debatte in den Vereinigten Staaten eigentlich gar keinen Platz. Schon die Worte selbst haben einen paradoxen, irgendwie sogar subversiven Klang. Eine Partizipation der Bürger an den Medien würde als Beschneidung der Pressefreiheit, als Schlag gegen die Unabhängigkeit der Medien betrachtet, der diese nur bei der Erfüllung der von ihnen übernommenen Mission, unerschrocken und unparteiisch die Öffentlichkeit zu informieren, behindern würde."[2] In

---

[1] Friedrich Schiller, Über die ästhetische Erziehung des Menschen in einer Reihe von Briefen (1795), Werke Bd. II, München 1966, 481
[2] Noam Chomsky, Sprache und Politik (1988), Berlin, Mainz 1999, 79

diesem Sinne nehmen die Medien teil an einem verwaltenden Diskurs um einen Konflikt zu vermeiden, wenn Anteillose sich um Involution bemühen.

Indes bedarf die Transformation des verwaltenden Diskurses in einen politischen selbstredend der Medien, weil sich der Anspruch auf Involution medial generieren muss. Involution stellt immer eine mediale Angelegenheit dar, so dass Bildung Medienbildung bedeutet, weil der politische Sinn beider den Anspruch auf Involution jener formuliert, die an der politischen Kommunikation keinen Anteil haben. So begreift Hoffmann Medienpädagogik auch im folgenden Sinn: „Kompetenz schließt Begreifen durch eigenes Tun, Kreativität zu ästhetischer Gestaltung und zur Herstellung von ‚Gegen'-Öffentlichkeit ein."[1]

1.5. Das formale Verhältnis der vier Politik-Modelle zueinander

Dieses Schema von Politikmodellen lässt sich mit Platons Liniengleichnis erläutern, um die Verhältnisse und Bezüge zwischen den Modellen zu verdeutlichen. Nun, handelt es sich dabei natürlich um ein Gleichnis, nicht um eine transzendentale Deduktion. Es repräsentiert also nur eine beispielhafte, so metaphorische wie metonymische Erläuterung, deren interne Logik man nicht in Frage stellen kann, die ich somit auch einfach voraussetze. Dementsprechend hat mein Schema idealtypischen Charakter, indem die Modelle natürlich abstrakt bleiben und gegenüber den darunter zu subsumierenden Theorien eine gewisse Distanz aufweisen. Anstatt mit rationalen Argu-

---

[1] Bernward Hoffmann, Medienpädagogik, 2003, 31

menten massive Gründe anzuführen, handelt es sich um ein Spiel, das eine Angelegenheit verdeutlichen will, in etwa wie Wittgenstein mit seiner Konzeption von Sprachspielen umgeht. Also spiele ich mal das Spiel, eben ein Sprachspiel, genauer das Sprachspiel ‚Liniengleichnis'!

Zwar soll der folgende Platon-Vergleich keinesfalls ausschließen, dass man meinem Schema kein fünftes Modell hinzufügen kann. Trotzdem beansprucht mein Schema eine gewisse Subsumtionskraft, um die Verhältnisse zwischen verschiedenen politischen Philosophien beurteilen zu können, jedenfalls gemäß der vorausgesetzten hypothetischen Kriterien. Dieser Platon-Bezug soll dabei vor allem bestimmte Nähen und Fernen zwischen den einzelnen Modellen aufzeigen.

Platon vergleicht die Welt der Ideen mit der Welt der Realien anhand eines geometrischen Schemas. Man nehme eine gerade Linie zwischen zwei beliebigen Punkten, die man ungleich teilt – Platon gibt nicht an, welcher Teil größer ist. Jedenfalls unterscheidet Platon damit einen Bereich des Sichtbaren, also von wahrgenommenen Erfahrungsdaten, von einem Bereich des Denkbaren, also der formalen oder auch Wesensbestimmungen, die man transzendental nennen könnte. So fordert Sokrates Glaukon auf: „Wie nun von einer zweigeteilten Linie die ungleichen Teile, so teile wiederum jeden Teil nach demselben Verhältnis, das Geschlecht des Sichtbaren und das des Denkbaren."[1] So ergeben sich vier Teile, die sich proportional vergleichen lassen.

Platon baut sein Modell gemäß epistemologischer Gewissheit sozusagen von unten auf – oder auch von links nach rechts bzw. umgekehrt –, jedenfalls vom Unscharfen bis zur größten Schärfe: „vermöge des Verhältnisses von Deutlichkeit und Unbestimmtheit." (ebd.) Der unterste Bereich im Teil des Sichtbaren stellt die Welt der

---

[1] Platon, Politeia, 509 d, 221

Bilder bzw. Spiegelungen von Realien dar – jedenfalls beginnt Platon mit diesem seine Erläuterungen der einzelnen Teile: „Ich nenne aber Bilder zuerst die Schatten, dann die Erscheinungen im Wasser und die sich auf allen dichten, glatten und glänzenden Flächen finden, und alles dergleichen." (ebd.) Man hat nicht die Gegenstände selbst, sondern Bilder derselben, die man aber durchaus wahrnehmen kann, Zeichen die man sehen und deuten kann.

Die realen Gegenstände sind dem nächsten Teil des Sichtbaren zugeordnet, in dem also für Platon die Erfahrung schärfer, konkreter ist, der Sache selbst näher kommt: „Und als den anderen Abschnitt setze das, dem diese gleichen, nämlich die Tiere bei uns und das gesamte Gewächsreich und alle Arten des künstlich Gearbeiteten." (ebd.) Es handelt sich also um das, was die Materialisten materielle Dinge nennen, die eben nicht bloß einen Zeichencharakter haben, sondern sich aus dem Wesen der Materie ergeben, mit dem man vor allem körperlich in Berührung kommt. Die Welt der Bilder verkörpert verglichen mit den Körpern die Unwahrheit gegenüber der Wahrheit. Bilder stellt man sich vor, Dinge erkennt man, wie sie materiell gegeben sind. Die Bilder sind den Dingen bloß nachgebildet, also unwahrer, unschärfer als die Dinge selbst. Parallel dazu, d.h. nach derselben Proportion, wiederum ohne dabei anzugeben, welcher Teil der größere oder der kleinere ist, unterscheidet Platon nun auch den Bereich des Denkbaren, also des transzendentalen bzw. idealen.

Ähnlich würde ich nun auch mein Modell unterteilen: Die ersten beiden Modelle basieren auf transzendentalen bzw. idealen Annahmen, dasjenige Platons auf absoluten Wesensbegriffen, das von Habermas auf einer transzendentalen Struktur der Sprache. Die beiden letzteren Modelle sind dagegen mit der Welt des Sichtbaren vergleichbar, stützen sie sich primär auf empirische Daten. Das dritte Modell geht von den Realien aus, die im Tod und im Krieg ihre stärkste Präsenz haben. So schreibt Schmitt: „Der Krieg ist durchaus nicht Ziel und Zweck oder gar Inhalt der Politik, wohl aber ist er die als reale Möglichkeit immer vorhandene *Voraussetzung*, die das menschliche Handeln und Denken in eigenartiger Weise bestimmt und dadurch ein spezifisch politisches Verhalten bewirkt."[1]

Das vierte Modell rekurriert dagegen auf die Sprache, wie sie gesprochen wird, und lässt sich somit mit der Welt der Abbilder vergleichen, die man semiotisch als Zeichen verstehen würde, wie die Dinge selbst, so dass es Dinge nur als Zeichen bzw. als Sprache gibt. So belehrt William von Baskerville seinen Schüler Adson von Melk in Umberto Ecos Roman *Der Name der Rose*: „'Mein lieber Adson', antwortete er, ,schon während unserer ganzen Reise lehre ich dich, die Zeichen zu lesen, mit denen die Welt zu uns spricht wie ein großes Buch. (. . .) Aber das Universum (. . .) spricht nicht nur von den letzten Dingen (und dann stets sehr dunkel), sondern auch von den nächstliegenden, und dann überaus deutlich.' William vermochte nicht nur im großen Buch der Natur zu lesen, sondern auch in der Art und Weise, wie die Mönche gemeinhin die Bücher der Schrift zu lesen und durch sie zu denken pflegten (. . .)."[2]

Der Welt der Abbilder im Bereich des Sichtbaren entspricht in Platons Liniengleichnis proportional der untere Bereich des Denkbaren, der die bloß formalen mathematischen, insbesondere geometrischen Ideen beinhaltet, die von Axiomen abgeleitet werden, also nicht absolut gesetzt sind, sondern nur hypothetisch deduktiv: „Sofern den einen Teil die Seele genötigt ist, indem sie die nach-

---

[1] Carl Schmitt, Der Begriff des Politischen (1927), 34

[2] Umberto Eco, Der Name der Rose (1980), 22. Aufl. München, Wien 1983, 34

geahmten Erscheinungen des vorigen Abschnitts als Bilder gebraucht, zu suchen von Voraussetzungen aus, nicht zum Anfange zurückschreitend, sondern nach dem Ende hin."[1] Wie bestimmt man die Abbilder? Durch geometrische Figuren. Durch Bestimmung bzw. Berechnung der Welt. Jedenfalls durch formale Strukturen, die ob ihrer Formalität transzendental erscheinen. Man könnte auch allgemein von Formen oder Schematismen sprechen. Hiermit lässt sich denn auch das zweite, das Konsens-Modell vergleichen, das auf formale, wenn auch nicht direkt auf geometrische Strukturen zurückgreift.

Apel und Habermas unterstellen eine vorgegebene universelle Struktur der Sprache, von der aus die Politik bestimmt wird. Vor allem Rawls bedient sich konsequentialistischer Modelle der Logik in seinem frühen Hauptwerk und dekretiert: „Die Grundsätze der Gerechtigkeit werden hinter einem Schleier des Nichtwissens festgelegt."[2] Damit hypostasiert Rawls eine abstrakte Situation als Voraussetzung für die Wahl der Grundprinzipien für die politisch soziale Grundstruktur. Aus dem so konstruierten Urzustand lassen sich dann diese Grundprinzipien nach diversen entscheidungstheoretischen Axiomen ableiten.

Auch bei Platon sind in diesem Bereich der hypothetischen Ideen inhaltliche Bestimmungen jedenfalls ausgeschlossen. Diese finden sich im letzten und höchsten Bereich des Denkbaren, den Sokrates folgendermaßen erläutert: „den andern hingegen zwar auch von Voraussetzungen her, aber zu dem keiner Voraussetzung weiter bedürfenden Anfang hingehend, und indem sie ohne die bei jenem angewendeten Bilder mit den Begriffen selbst verfährt."[3] Hier gelangt Platon zu den reinen Ideen, die

---

[1] Platon, Politeia, 509 d, 221
[2] John Rawls, Eine Theorie der Gerechtigkeit (1971), 29
[3] Platon, Politeia, 509 d, 221

die Wesensbestimmungen aller Realien enthalten. Wer dieses Reich der Ideen schaut, der erkennt das Wesen der Dinge, wie sie wirklich sind, befindet sich somit in der wahren Wirklichkeit. Das entspricht dem ersten Modell, für das ich ja nicht nur Platon, sondern auch Leo Strauss reklamiere, der als Platoniker trotzdem natürlich nicht so naiv ist, von einem idealen Wesenskern der Tiere und der Pflanzen auszugehen.

Aber er überträgt dieses platonische Konzept auf die ethischen und politischen Ideen. So schreibt er: „Es ist für Aristoteles wie für Moses offensichtlich, dass Mord, Diebstahl, Ehebruch etc. unbedingt schlecht sind. Griechische Philosophie und die Bibel stimmen insoweit überein, dass der richtige Rahmen der Moral die patriarchalische Familie ist, die monogam ist oder dazu tendiert und die die Zelle der Gesellschaft formt, in der die freien erwachsenen Männer, und besonders die alten, vorherrschen. Was immer die Bibel und die Philosophie uns über die Vornehmheit gewisser Frauen erzählen mag, im Prinzip beruht beides auf der Dominanz des männlichen Geschlechts."[1] Die grundlegenden ethischen Werte, die auch die Politik bestimmen, sind unveränderlich und bleiben somit auch immer gleich, gibt es keinen Wertewandel.

Das drückt Eric Voegelin hinsichtlich der anthropologischen Vorstellung vom Menschen aus, der gerade keinem evolutionären Wandel ausgesetzt sein kann, der ähnlich wie bei Strauss seit Moses immer derselbe geblieben ist, während die modernen Ideologien just von einem neuen Menschen träumen. So entscheidet Voegelin: „Ein Ding kann seine Natur nicht verändern; wer versucht, seine Natur zu ‚ändern‘, zerstört das Ding. Der Mensch kann sich nicht zum Übermenschen wandeln;

---

[1] Leo Strauss, Progress or Return? (1952), in: ders., Jewish Philosophy and the Crisis of Modernity - Essays and Lectures in Modern Jewish Thought, Albany 1997, 105 (eigene Übersetzung)

der Versuch, den Übermenschen zu schaffen, ist der Versuch, den Menschen zu ermorden. *Auf den Gottesmord folgt im geschichtliche Prozess nicht der Übermensch, sondern der Menschenmord - auf das deicidium der gnostischen Theoretiker das homicidium der revolutionären Praktiker.*"[1]

Das erste Modell der Politik bestimmt Mensch, Politik und Ethik essentialistisch und zwar zumeist in absoluten Bestimmungen. Man könnte dergleichen idealistisch nennen. Nicht nur dass es damit die platonsche Ideenwelt wiederholt. Es geht vor allem von einem inhaltlich bestimmten Begriff der Politik bzw. der politischen Ordnung aus, die sowohl bei Strauss wie bei Voegelin polizeilich durchgesetzt wird, so dass Rancières Titulierung einer Politik als Polizei durchaus angemessen erscheint. Wenn man zudem bedenkt, dass Platon die erste Pädagogik geschrieben hat, würde ich eben lieber von einem pädagogischen Modell sprechen, und zwar durchaus gemäß jener unguten Metonymie, vor der Hannah Arendt zurecht warnt.

So lassen sich zwischen dem ersten Modell und dem dritten – wie durch die Proportionalitäten Platons – eine gewisse Nähe herstellen. Materialismus und Idealismus haben die Gemeinsamkeit, dass sie essentialistische Begriffe benutzen, mit denen die Welt jeweils realistisch bestimmt werden soll. Beide ordnen die Welt mittels polizeilicher bzw. pädagogischer Maßnahmen, bei Strauss durch Elitenbildung, bei Schmitt durch militärischen Drill. Die Medien stehen derart im Dienst der Stabilisierung der politischen Ordnung. Erdoğan führt es vor: Die Türkei befindet sich seit dem ersten Weltkrieg immer auf der Scheidelinie zwischen dem ersten und dem dritten Politikmodell, Atatürk als Kriegsherr und somit Vertreter

---

[1] Eric Voegelin, Der Gottesmord – Zur Genese und Gestalt der modernen politischen Gnosis (1958), München 1999, 98

des Kriegsmodells der Politik und der Islam als religiös ethische Fundierung der Politik als Pädagogik, als religiös polizeiliches Ordnungsmodell.

Eine andere Parallele verbindet das zweite Modell mit dem vierten. Beide stützen sich auf die Sprache, doch einmal konsentiv, das andere Mal dissentiv. Sicherlich spielt bei beiden die Sprache eine gewisse transzendentale Rolle, einmal als formales Apriori im Sinn von Kant, das andere Mal als semiotisches Apriori, dass eine gewisse Nähe zu Foucaults Begriff des historischen Apriori aufweist. Die Alltagssprache und ihre jeweiligen Strukturen – also von Einschluss- und Ausschlussverfahren – liegen der Politik ähnlich zugrunde wie die transzendentale Kommunikationsgemeinschaft bei Apel. Aber sie gehen von unterschiedlichen Funktionen der Sprache aus, das zweite Modell davon, dass Sprache durch formale Identitäten verbindet, das vierte Modell davon, dass Sprache durch reine Differenzen verbindet. Bei beiden jedenfalls geht es um Kommunikation, die die Politik prägt und niemanden grundsätzlich ausschließt, vielmehr Involution ermöglicht. Nicht von ungefähr stellen denn diese beiden Modelle die demokratischen, involutionären dar, während die beiden anderen die elitären bzw. hierarchischen formulieren, in denen Autorität eine lenkende Rolle spielt – so konservativ wie revolutionär. Ob Churchill oder Castro, beide weisen ihren Gesellschaften und Staatsgebilden den Weg, während die Bevölkerung dabei keine Mitsprache hat.

2. Vorlesung
POLITIK ALS PRODUKT VON MEDIEN: SPRACHE UND SCHRIFT

In welcher Beziehung stehen Politik und Medien zueinander? Welche Rolle spielt dabei die Bildung? Dass Politik immer schon medial verfasst wird, das ist just im Zeitalter der Massenmedien in Vergessenheit geraten. Als wenn ihre permanente Präsenz verhindert, dass diese Präsenz bemerkt werden kann! Dabei handelt es sich nicht um einen ideologischen, also essentialistischen Schleier, sondern um einen strukturellen bzw. transzendentalen. Als mögliche vierte Gewalt treten die Medien einerseits in den Kreis der politischen Institutionen ein, um dadurch gleichzeitig aus der Politik ausgegrenzt zu werden. Journalisten sind keine Politiker und die modernen Massenmedien werden als ein eigener Bereich verstanden, der von der Politik möglichst nicht beeinflusst werden soll, wie umgekehrt seit langem die Klage ertönt, die Demokratie verkomme zur Mediendemokratie. Wenn Regierungen ihre Medien an die politische Leine legen wie manche osteuropäische Regierung, dann ertönt schnell die Klage, dass die Demokratie darunter leide.

Wenn aber umgekehrt Politik mit Hannah Arendt Kommunikation über das Gemeinwesen in der Öffentlichkeit ist und selbst wenn man das dahingehend einschränkt, sie sei Kommunikation in der Öffentlichkeit über die Öffentlichkeit, dann zeigt sich, dass Politik im

Informationszeitalter massenmedial verfasst ist. Daraus ergibt sich ja gerade das Demokratie-Problem, dass nämlich in der Demokratie die politischen Eliten mit den Bürgern notorisch in Konflikt liegen bzw. dass in Demokratien politische Eliten größere Probleme haben, die Bürger aus der Politik fernzuhalten als in Diktaturen. Da die Medien indes zwischen Bürgern und Eliten vermitteln, versteht es sich beinahe von selbst, dass Eliten alles daran setzen, Einfluss auf die Massenmedien zu gewinnen, manchmal auch durch Anbiederungsprozesse, die den Medien ihrerseits erlauben, Einfluss auf die Politik zu nehmen: das Beispiel Berlusconi.

2.1. Politik als Sprache

Auch wenn ich diese unterschiedlichen Institutionen nicht in Frage stellen will, so besteht trotzdem eine strukturelle Einheit zwischen Politik und Medien und zwar nicht erst seit dem Zeitalter der Informatisierung oder gar der Massenmedien im Allgemeinen. Politik nämlich beruht insofern auf den Medien, wie Politik nicht ohne Sprache gedacht werden kann. So konstatiert auch Hoffmann: „Ein kulturphänomenologischer Medienbegriff versteht Medium als materiellen Zeichenträger: Danach kann jedes Zeichen, also auch ein Denkmal, ein Verkehrszeichen, ja die Sprache selbst als Medium angesehen werden."[1]

Der Machiavellismus und vornehmlich das Kriegsmodell der Politik haben diesen Zusammenhang weitgehend in Vergessenheit geraten lassen, wenn Politik entweder

---

[1] Bernward Hoffmann, Medienpädagogik, 2003, 14

als Krieg oder als Drill erscheint, die sich zwar auch der Sprache bedienen, aber höchstens als eine Form der Gewalt im Sinne des Drills oder als Beihilfe zur kriegerischen Entfesselung von Gewalt. Dieses Denken beherrscht sowohl soziales wie traditionelles politisches Denken, vom totalitären ganz zu schweigen. Dann hat Sprache nur die Aufgabe, ein Handeln zu verstärken, das im wesentlichen Gewalt produziert, um dadurch die Welt zu gestalten – die große Illusion im Denken des 19. Jahrhunderts, aber sicher ein revolutionärer Bruch, wie ihn Karl Löwith bezeichnete. Denn dieses gewaltsame Gestalten der Welt läuft leider notorisch auf ein Verunstalten hinaus.

Das erfasst auch noch ein Politikverständnis als Polizei, bei dem Sprache in etwa dieselbe Rolle spielt, nämlich eine bestimmte Ordnungsvorstellung zu organisieren und zu stabilisieren. Hier dient die Sprache als Instrument, was deren medialen Charakter verdrängt, dass das Wort nicht nur Botschaften sendet, bei der vielmehr das Senden selbst performativ wirkt: „The Medium is the Message." Die Idee bei Platon ist nicht ein schlichtes Wort, ein Signifikant, der seine Bedeutung durch den Bezug zu anderen Signifikanten erhält, sondern die Idee ist der wahre Kern einer Sache bzw. dessen, was das Wort angeblich so einfach bedeutet. So drückt für Platon das Wort eine Essenz aus, ein Wesen, das sich in die im Universum herrschende Ordnung einfügt. Das Wort erzeugt diese Ordnung nicht, indem es performativ ordnet. Das Wort repräsentiert nur die an der Ordnung teilhabende Idee. Handelte es sich bloß um ein Wort, dann fehlte ihm diese essentielle Bedeutung und es käme performativ zu Verschiebungen, die Platon ja unter allen Umständen vermeiden will. Die Ideen verändern sich nicht, bleiben vielmehr immer gleich, wie für Strauss die ethischen Werte und für Voegelin das Wesen des Menschen.

Dass Sprache Medium ist, das Politik überhaupt ermöglicht, diesen Zusammenhang hat als erster Aristoteles begrifflich formuliert. Er beschreibt damit einen politischen Prozess, der in der Moderne weitgehend in Vergessenheit geriet und erst in den sprachlich orientierten Politik-Modellen als Konsens oder Konflikt wiederkehrt. So bemerkt Hoffmann: die Sprache „ist für uns so selbstverständlich, dass wir sie eigentlich nicht mehr als ‚Medium' von Kommunikation wahrnehmen."[1] Aristoteles dagegen war das noch klar, denn er schreibt: „Dass ferner der Mensch in höherem Grade ein staatenbildendes Lebewesen ist als jede Biene oder irgendein Herdentier, ist klar. Denn die Natur macht, wie wir behaupten, nichts vergebens. Der Mensch ist aber das einzige Lebewesen, das Sprache besitzt. Die Stimme zeigt Schmerz und Lust an und ist darum auch den andern Lebewesen eigen (denn bis zu diesem Punkt ist ihre Natur gelangt, dass sie Schmerz und Lust wahrnehmen und dies einander anzeigen können); die Sprache dagegen dient dazu, das Nützliche und das Schädliche mitzuteilen und so auch das Gerechte und Ungerechte. Dies ist nämlich im Gegensatz zu den andern Lebewesen dem Menschen eigentümlich, dass er allein die Wahrnehmung des Guten und Schlechten, des Gerechten und Ungerechten und so weiter besitzt. Die Gemeinschaft in diesen Dingen schafft das Haus und den Staat."[2] Der Mensch ist für Aristoteles ein Staaten bildendes Lebewesen, weil er mit der Sprache die Frage der Gerechtigkeit zu stellen vermag, eine Frage, die gerade Carl Schmitt völlig verdrängt hat, darf man der politischen Philosophie in der Moderne bis heute eine massive Sprachvergessenheit attestieren. Da die politische Philosophie im 20. Jahrhundert primär von eher konservativ gestimmten Vertretern entwickelt wurde, hat

---

[1] Bernward Hoffmann, Medienpädagogik, 2003, 93
[2] Aristoteles, Politik, München 1973, 1253 a 9-18, 49

das wohl auch mit deren Essentialismus zu tun. Sie brauchen letzte Gründe, die ihnen die Sprache nicht zu liefern vermag.

Es geht dann in der Politik nicht schlicht alleine um eine effiziente Konstruktion eines Ameisenbaus, damit dieser Krieg führen kann, sondern es geht um die Rechte der Bürger, die ausgehandelt, vor allem diskutiert werden wollen. Die Bürger entwickeln ein politisches Bewusstsein, indem sie die Polis als ihre eigene Angelegenheit betrachten, was diese stabilisiert. Auch in der amerikanischen Revolution tauchen solche Motive wieder auf, schreibt Arendt: „Stimmt man Jefferson zu, so kann man nur folgern, dass die Kolonien der Neuen Welt von Anfang an ein Treibhaus für das gewesen sein müssen, was sich später als ‚revolutionärer Geist' enthüllte – nämlich die Erfahrung eines Glücks im Öffentlichen, in der Ausübung legitimer Macht, bzw. nach Jeffersons eigenen Worten in ‚der Anteilnahme an der Regierung und Leitung öffentlicher Angelegenheiten'."[1] Politik ist für die Aristotelikerin Arendt primär Kommunikation in der Öffentlichkeit, bei der die öffentlichen Angelegenheiten von den Bürgerinnen besprochen werden. In diesem Sinn bemerkt auch wiederum Hoffmann: „Gesellschaften werden nicht nur durch Kommunikation zusammengehalten, sie bestehen in gewissem Sinn aus Kommunikation."[2]

Just deswegen kritisiert man Arendt von marxistischer, konservativer wie katholischer Seite als Antikenromantikerin. Aber Arendt hat im Geiste des Aristoteles die Funktion der Sprache bzw. der Kommunikation erkannt, die die Politik fundiert, dass eben politisches Handeln nicht primär Schießen ist, sondern dass just Schießen eigentlich gar keine Politik darstellt, so dass auch der berühmte Satz des Carl von Clausewitz „Der Krieg ist

---

[1] Hannah Arendt, Über die Revolution, München 1963, 163
[2] Bernward Hoffmann, Medienpädagogik, 2003, 91

nichts als eine Fortsetzung des politischen Verkehrs mit Einmischung anderer Mittel."[1] schlicht falsch ist: Politik beruht auf der Sprache, nicht auf physischer Gewalt. Solche Gewalt ist auch Polizei oder Pädagogik. Wo die physische Gewalt oder gar der Krieg beginnt, wenn die Polizei gegen Demonstranten Gewalt anwendet, endet die Politik, die strukturell sprachlich verfasst ist, sich also medial der Sprache verdankt. Ergo ist dann eine Revolution oder auch nur eine Straßenschlacht gleichfalls keine Politik. In einem totalitären Regime kann es keine Politik geben, auch nicht von Seiten des Widerstands, dem gar nichts anderes als die physische Gewalt oder subversiver Widerstand übrigbleibt: im revolutionären Russland, im spanischen oder im syrischen Bürgerkrieg macht man keine Politik. Da wird vielmehr immer und überall Krieg geführt: durch das Militär, die Geheimpolizei, die Polizei und den Widerstand – eine Angelegenheit, die Untertanen, die der Sprache nur partiell mächtig sind und daher Politik als Sprache ablehnen, durchaus wünschen und die daher anstatt zu den Worten zu den Waffen greifen. Schießen mag im Zeitalter von Tarnkappenbombern ein hochkomplexes Geschäft sein, primitiver als Sprechen bleibt es notorisch, selbst wenn unendliche Großrechner sich zusammenschließen, um eine Rakete zu lenken.

Das Politische am Widerstand gegen diktatorische Herrschaft wäre nur die Diskussion innerhalb des Widerstandes – man denke an Camus' Drama *Die Gerechten*. Mit der Bombe den Großfürsten umzubringen, das ist au fond keine Politik, auch keine anarchistische, wiewohl Camus das anders sehen würde. Aber die Debatte darüber, warum Kaljajew die Bombe zunächst nicht warf, weil sich nämlich Kinder in der Kutsche des Großfürsten befanden, diese Debatte ist *große Politik*, aber nicht die Welt- und Gewaltpolitik, die Nietzsche im Habitus eines

---

[1] Zit. bei Carl Schmitt, Der Begriff des Politischen (1927), 34

unvollendeten Nihilismus so bezeichnet. Politik ist also nicht, wenn Wikinger Städte überfallen, wenn sich Trump und Kim Jong-un gegenseitig bedrohen, sondern wenn Kaljajew sagt: „Einem fernen Staat zuliebe, dessen ich nicht sicher bin, werde ich meinen Brüdern nicht ins Gesicht schlagen. Ich will nicht um einer toten Gerechtigkeit willen zur bestehenden Ungerechtigkeit beitragen. (. . .) Kinder töten ist wider die Ehre. Und wenn sich eines Tages die Revolution von der Ehre abkehren sollte und ich noch lebe, dann werde ich mich von der Revolution abkehren."[1] Vielleicht ist Politik gerade noch, wenn sich 1949 Cioran zusammen mit Gabriel Marcel über Camus' *Die Gerechten* mokiert, besuchten beide zusammen die Aufführung. Aber das Denken Ciorans dürfte man eher dem Kriegs-Modell zuordnen, während Marcel als Verfechter des Ordnungsmodells betrachtet werden muss, schließlich hofft er nach dem zweiten Weltkrieg auf die Wiederkehr einer theologisch fundierten Monarchie.

Vielleicht sollte man trotzdem mit der Ethisierung des Politischen vorsichtig sein. Nicht weil Machiavelli und Schmitt Moral und Politik trennen, um letztlich die Politik als physische Gewalt zu konstituieren, zu der noch die Sprache ihr Scherflein beiträgt, kann man schließlich auch mit der Sprache sehr kriegerisch oder polizeilich umgehen. Sondern weil das Gute längst nicht so selbstredend gut ist, wie die Ethik weismachen will. Und das nicht nur, weil es nach Nietzsche dem Bösen entspringt. Vielmehr stellt Moralisierung eben nur eine Rationalisierung und keine Humanisierung dar. Wie bemerkt doch Montesquieu „Wer hätte das gedacht: Sogar die Tugend hat Grenzen nötig."[2] Weil es also auch zu viel des Guten geben kann.

---

[1] Albert Camus, Die Gerechten (1949); in: ders., Dramen. Hamburg 1959, 206
[2] Montesquieu, Vom Geist der Gesetze (1748), Stuttgart 1965, 211

Weniger die Moralisierung ist der Sinn der Politik als Kommunikation, sondern weil allein durch Kommunikation die Welt entsteht, während der Krieg und das Lager gerade weltlos sind wie der Stein, über den Heidegger bemerkt, dass er nun mal keine Welt habe. Arendt beschreibt die Politik als Entstehen von Welt durch die Sprache: „wie schön auch immer die Welt der Dinge, die uns umgibt, sein mag, sie erhält ihren eigentlichen Sinn erst, wenn sie die Bühne für Handelnde und Sprechende bereitstellt, wenn sie durchwebt ist von dem Geflecht menschlicher Angelegenheiten und Bezüge und den Geschichten, die aus ihnen entstehen. Ohne von Menschen bewohnt und von ihnen andauernd besprochen zu werden, wäre die Welt nicht mehr als ein Haufen beziehungsloser Dinge, (. . .).“[1] Im Lager als Signum der Politik des 20. Jahrhunderts, wie es Agamben formuliert, endet dagegen alle Politik, beruht das Lager auf physischer Gewalt. Nichtsdestotrotz erhält es für Agamben einen rechtlichen Status, was ihn dazu veranlasst „das Lager nicht als eine historische Tatsache und als eine Anomalie anzusehen, die (wenngleich unter Umständen immer noch anzutreffen) der Vergangenheit angehört, sondern in gewisser Weise als verborgene Matrix, als *nómos* des politischen Raumes, in dem wir auch heute noch leben.“[2] Im Zeitalter der großen Flüchtlingsbewegungen, zu der auch die Wanderungsbewegungen in die Mega-Städte gehören mit ihren Slum-Bildungen, präsentiert sich das Lager beinahe als Alltag. Agamben ist Kritiker Schmitts!

---

[1] Hannah Arendt, Vita activa oder Vom tätigen Leben (1958), München 1981, 258

[2] Giorgio Agamben, Homo sacer – Die souveräne Macht und das nackte Leben (1995), 10. Aufl. Frankfurt/M. 2015, 175

2.2. Politik als Spracherwerb: Bildung

Welche Rolle spielt die Bildung, wenn die Politik sprachlich fundiert ist? Die Politik verdankt sich der Sprache, weil durch sie die Frage der Gerechtigkeit gestellt werden kann: Dann sind natürlich zur Politik letztlich nur jene Menschen befähigt, die sich der Sprache hinlänglich bedienen können, während jene, die die Sprache nicht so gut beherrschen ein Handicap haben. Sicher hat sich seit der Antike hier manches eingeebnet, kann gerade unter demokratischen Bedingungen womöglich auch ein Politiker Charisma entfalten, der die Sprache des Volkes und weniger diejenige der Gebildeten spricht, muss politische Rhetorik keineswegs immer differenziert und elaboriert erscheinen. Trotzdem besitzt gerade der Populist die Fähigkeit, Menschen in den Bann zu schlagen, was primär eine sprachliche Fertigkeit ist, allemal eine die mit den Zeichen zu spielen versteht.

Freilich gilt dergleichen mit umgekehrten Vorzeichen umso mehr. Wer mit den Zeichen nicht zu spielen versteht, wem es an Leichtigkeit im Umgang mit diesen mangelt, der kann sich politisch nicht nur schlecht ausdrücken. Er wird vielmehr weniger Einfluss auf die Politik nehmen können, letztlich eben gar keine Politik machen, bleibt er vom politischen System ausgeschlossen und greift dann gelegentlich zum Lkw. Ein Maß an Bildung ist zur Politik vonnöten, jedenfalls wenn der einzelne selber in den Institutionen sich an der Politik beteiligen will, wiewohl die höhere Schule dazu sicher nicht die alleinige Voraussetzung darstellt. Politisch relevante Bildung, die keineswegs mit politischer Bildung gleichzusetzen ist, kann auf vielen verschiedenen individuellen Wegen erworben werden. Ohne solche Bildung aber sind die Teilhabemöglichkeiten an der institutionellen Politik äußerst eingeschränkt. Das Wahlsystem in den demokratischen Systemen soll diese Unfähigkeit ausgleichen. Außerinstitutionelle Protestformen – Plakate, Sprechchöre auf Demonstrationen – bieten den sprachlich von der Politik Ausgeschlossenen zumindest eine Art von Ersatzhandlungen, die sie über ihre politische bzw. sprachliche Inkompetenz hinwegtrösten sollen.

Aristoteles attestiert denn auch den Sklaven, dass sie die Sprache nur unzulänglich beherrschen und daher zur politischen Teilhabe unfähig wären. Jacques Rancière beschreibt die Sachlage folgendermaßen: „Und der Sklave ist genau derjenige, der die Fähigkeit besitzt, den *Logos* zu verstehen, ohne die Fähigkeit des *Logos* selbst zu besitzen. Er ist jener besondere Übergang von der Tierheit zur Menschheit, den Aristoteles sehr genau definiert: (. . .) der Sklave ist derjenige, der an der Gemeinschaft der Sprache teilhat einzig in der Form des Verstehens (*Aisthesis*), nicht aber in jener des Besitzes (*Hexis*)."[1] Die Sklaven benutzen die Sprache primär noch ähnlich wie die Tiere, um durch sie nämlich Lust und Schmerz auszudrücken. Immerhin aber verstehen sie, was die Sklavenhalter sagen. Sie verstehen den Logos, über den nur die Vollbürger verfügen. Es handelt sich dabei auch um die Fähigkeit der Parrhesia, nämlich wahrzusprechen, eine Kompetenz, die im antiken Athen nur jene besaßen, die zur Politik befähigt und vor allem berechtigt waren. Die Fähigkeit zur Parrhesia fehlt heute immer noch vielen, nicht selten sogar Politikern.

Pierre-Simon Ballanche – davon berichtet Rancière – interpretiert 1829 die Erzählung des Titus Livius über den Aufstand der römischen Plebejer 494 v.Chr. auf dem

---

[1] Jacques Rancière, Das Unvernehmen (1995), 30

Aventin als einen Streit um die Partizipation an der Sprache. Menenius Agrippa hält den Plebejern die Fabel vom Bauch und den Gliedern entgegen, dass es letzteren nicht gutgehen muss, wenn es ersterem gutgeht. Doch die Plebejer lassen sich davon nicht beeindrucken. Sie greifen auch nicht zu den Waffen wie die Sklaven der Skythen. Sie greifen vielmehr zu Worten, wozu die Sklaven der Skythen offenbar nicht in der Lage waren, und bieten Agrippa einen Vertrag an. Die Patrizier sind entsetzt, dass Agrippa mit den Plebejern überhaupt redete, weil diesen der Logos der Sprache ja fehlt, sie sich politisch auch nicht äußern können. „Die Position der unbeugsamen Patrizier" – so Rancière – „ist einfach: es gibt keinen Ort, um mit den Plebejern zu diskutieren, aus dem einfachen Grund, weil diese nicht sprechen. Und sie sprechen nicht, weil sie Wesen ohne Namen sind, ohne *Logos*, das heißt ohne symbolische Einschreibung im Gemeinwesen. Sie leben ein rein individuelles Leben, das nichts überträgt, außer das Leben selbst, reduziert auf seine Reproduktionsfähigkeit. Derjenige, der ohne Namen ist, *kann* nicht sprechen. Es ist ein fataler Irrtum, dass der Abgeordnete Menenius sich eingebildet hat, es kämen *Worte* aus dem Mund der Plebejer, während logischerweise doch nur Lärm herauskommen kann."[1] Was verleiht denn für Platon Unsterblichkeit? Kinder oder unsterbliche Werke! Also Kinder oder Sprache! Oder nur ‚nackte Namen'.

Für Appius Claudius verfiel Agrippa einer Sinnestäuschung, als er glaubte, die Plebejer reden zu hören. Sie haben die Patrizier höchstens imitiert wie der Papagei den Menschen. In der Tat liegt die Mimesis nicht mal so fern, geben sich die Plebejer selber Namen, entwerfen eine neue Ordnung, in der sie durch Teilhabe am Logos der Sprache nicht mehr die ungezählten Zahl- und Namenlosen sind, sondern zum Gemeinwesen dazugezählt

---

[1] Jacques Rancière, Das Unvernehmen (1995), 35

werden, durch ihre Namen Teil von dessen symbolischer Ordnung werden, besitzen sie damit auch die Fähigkeit zu versprechen und Verträge zu schließen, was man ihnen vorher verwehrte. Damit heben sie die ungleichheitliche Aufteilung der Ordnung auf und fordern als Anteillose eine gleichheitliche Aufteilung dieser Ordnung. Für Rancière findet just in solchen Augenblicken Politik statt, die letztlich wirksamer ist als der Einsatz der Gewalt, eine Politik, die mit dem Anspruch auf Gleichheit die Wahrnehmung der politischen Wirklichkeit verändert. Agrippa wollte den Plebejern mittels Sprache durch die Fabel ihre Anteillosigkeit an derselben klarmachen und hat sie damit als sprechende Wesen anerkannt, so dass sie sich mit der Anteillosigkeit nicht mehr zufrieden geben.

Wenn Politik Partizipation am politischen Diskurs oder an der Kommunikation in der Öffentlichkeit bedeutet – und dafür kann man viele Beispiele aus den letzten Jahrzehnten anführen: wenn Bürgerinitiativen seit den siebziger Jahren politische oder soziale Forderungen stellen oder selber Strukturen aufbauen wie im Bereich der Ökologie; wenn Frauen ebenfalls seit dieser Zeit einerseits in die Arbeitswelt eindringen und andererseits Quoten in den politischen Institutionen verlangen – Spranger hatte noch 1908 geschrieben: „das Frauenstudium ist ein großer Unsinn; sie leisten alle nichts."[1]; wenn wenn Schwule öffentlich das Wort ergreifen und gegen ihre Diskriminierung kämpfen – dann erfordert das bestimmte vornehmlich sprachliche Fähigkeiten. Just dazu ist Bildung nötig, nicht nur politische Bildung, heute natürlich Medienbildung. Die Zeitgenossinnen müssen sich befähigen, an diversen Diskursen kompetent teilzuneh-

---

[1] Eduard Spranger zit. in: Karin Priem, Bildung im Dialog – Eduard Sprangers Korrespondenz mit Frauen und sein Profil als Wissenschaftler (1903-1924), Köln, Weimar, Wien 2000, 97

men. Oder sie ergreifen heute in den sozialen Netzwerken oder durch Blogs politisch auch als Individuen das Wort jenseits der institutionalisierten öffentlichen Diskurse. Das sind alles Bemühungen um Involution, also um Teilhabe am politischen Diskurs, Bemühungen die von den Ausgeschlossenen ausgehen, um an einem bestimmten politischen Diskurs teilzuhaben, involviert zu sein. Das Politikmodell, das sprachlich dazu passt, ist primär das Konflikt-, bzw. das linguistische Modell, aber sicherlich gleichfalls das deliberative. Bildung ist dann für die medial, nämlich sprachlich konstituierte Politik unabdingbar, um Involution zu ermöglichen, bzw. um überhaupt Politik zu konstituieren.

Aber auch das Kriegs- und das pädagogische Modell spielen dabei eine Rolle, allerdings eine ausgrenzende, und keine involutive. Rechtsradikale, rassistische und religiös fundamentalistische Strömungen bedienen sich des Internet und der sozialen Netzwerke, kritisieren lautstark eine Presse, die sie nicht zu Wort kommen lässt oder die ihre Ideologien nicht in ihrem Sinne propagiert. Auch hier findet ein Kampf um die Macht über den Diskurs statt, an dem diese diskriminierenden Gruppen nicht einfach teilhaben wollen, den sie vielmehr beherrschen wollen, um andere politische, religiöse oder ethnische Gruppen und Vorstellungen auszugrenzen, besteht für eine neue rechtsradikale Partei in Deutschland die Familie eben aus Vater, Mutter und Kind, was andere Lebensformen von der sozialen Grundstruktur des Staates im Sinne Hegels ausschließt. Ähnlich Ausgrenzendes gilt selbstredend auch für revolutionäre sozialistische Gruppierungen, die auf Revolution und nicht Involution abzielen, also andere soziale Gruppen, die Eliten, die herrschende Klasse ausgrenzen wollen, anstatt selber am Diskurs mit denselben teilzuhaben. Aber ihre Vorstellungen zielen auch nicht auf Partizipation ab, mit der sie sich

119

gerade nicht zufrieden geben wollen. Vielmehr wollen sie die Macht, die sie mit Gewalt verteidigen werden.

Jedenfalls wird hierbei deutlich, dass die Sprache keine kommunikative bzw. befriedende Funktion hat. Mit der Sprache wird selbst eine Art von Krieg geführt – man denke an die entsprechenden Videos radikaler Islamisten oder die Bedrohungen durch Mails, die nicht nur von Neonazis versandt werden. Die Sprache ist wie alle anderen Medien – je nach Haltung – eben auch der Ort des Krieges, der Beschimpfung, der Beleidigung und der Ausgrenzung – wenn Menschen beispielsweise mit Tieren verglichen werden. Bestimmten Gruppen, die an der öffentlichen Kommunikation nicht teilnehmen, geht es nicht um Involution, sondern um Besatzung bzw. Hegemonie, also um Diskriminierung. Sie wollen die bisher involvierten politischen Eliten oder auch die indirekt politisch beteiligte Gruppen eliminieren. Derart präsentiert sich die Differenz zwischen partizipatorisch involutiven auf der einen und auf der anderen Seite diskriminierenden Gruppen, die in der Öffentlichkeit auftreten, also der evidente Unterschied zwischen Pegida und Occupy. Manche Gruppen verwenden die Sprache involutiv bzw. kommunikativ, andere diskriminierend und somit nicht kommunikativ. Die einen sprechen, um den Anderen, den Fremden zu verstehen, die anderen um den Fremden auszuschließen. Die einen sprechen, um ihre Anerkennung des Anderen auszudrücken, die anderen sprechen, um dem anderen sprachliche Gewalt anzutun. Unterscheiden sich die Zeitgenossen also in solche, die mit Anderen sprechen, und solche, die Anderen das Gespräch verweigern? Diese Unterscheidung, die an Aristoteles erinnert, für den es Menschen gibt, die den Logos besitzen, und solche, die am Logos keinen Anteil haben, attestiert denjenigen, die diskriminierend sprechen, dafür die Verantwortung, also die Freiheit, auch anders zu sprechen.

Auch Vertreter des pädagogischen Politikverständnisses bedienen sich der neuen Medien wie auch der öffentlichen Bekundungen, die in Form von Demonstrationen seit den sechziger Jahren populär wurden, seien es Montagsdemonstrationen oder Rundfunkstationen wie der katholische polnische Propagandasender Radio Maryja. Wenn sich Vertreter des pädagogischen Politik-Modells in der Opposition fühlen, dann ergreifen sie medial umso aggressiver das Wort: die Tea-Party-Bewegung beispielsweise. Auch und vor allem geht es hier um die Herrschaft über die wichtigsten politischen Diskurse. Zumeist handelt es sich dabei gar nicht um am politischen Diskurs Anteillose, im Gegenteil, denke man nur an die katholische Kirche oder die Evangelikalen. Daher geht es auch nicht um eine neue Ordnung, die ihnen Anteil erlaubt, sondern um eine neue Ordnung, die andere vom öffentlichen Diskurs ausgrenzt: Schwule sollten als Schwule öffentlich nicht mehr das Wort erheben dürfen, ähnlich wie im Absolutismus Ludwig XV. eine öffentliche atheistische Bekundung den Kopf kosten konnte, also durch Gewalt unterdrückt wurde, als man solchen Menschen nicht mehr glaubhaft attestieren konnte, sie hätten keinen Anteil am Logos und könnten daher gar nicht richtig sprechen. Niemand soll mehr wie Simone de Beauvoir oder Alice Schwarzer bekunden dürfen, sie hätten abgetrieben. Just derart bietet das Involutions-Schema ein Raster, um innerhalb der Auseinandersetzungen um politische Partizipation zwischen involutiven und ausgrenzenden bzw. diskriminierenden Aktivitäten in der Öffentlichkeit zu unterscheiden, oder – in den Worten Carl Schmitts aber mit gegensätzlicher Intention – um zwischen politischen und antipolitischen Geltungsansprüchen differenzieren zu können.

Das Kriterium liegt dabei in der Verwendungsweise von Sprache und Medien. Sprache lässt sich zwar strukturell von physischer Gewalt abgrenzen. Allerdings birgt

Sprache auch ein erhebliches Gewaltpotential. Sich dessen zu bedienen, grenzt strukturell aus. Involution bedeutet aber gerade den Wunsch nach Teilhabe von jenen, die anteillos sind. Das erlaubt und ermöglicht die Sprache, nämlich Konflikte auszutragen, ohne dass sie in physische oder in sprachliche Gewalt abgleiten – die Übergänge bei letzterer sind fließend. Dabei kann auch Konsens eintreten, auf den man sich durchaus ausrichten darf. Aber wenn kein Konsens entsteht, dann sind die Politik so wenig wie die Sprache gescheitert, sondern in ihrem Element.

2.3. Politik und Schrift

Neben der Sprache als primärem Medium, das die Politik konstituiert, tritt historisch die Schrift auf, deren Bedeutung erst seit Derrida ins Rampenlicht getreten ist. Welche Rolle spielt die Schrift in der Politik und welche Konsequenzen hat das auf das Verhältnis von Bildung und Politik?

Nach Aristoteles gründet die Polis auf der Sprache. Doch Aristoteles verdrängt dabei das politisch beinahe noch wichtigere Medium, nämlich die Schrift, die mythologisch die Polis nicht nur schafft, sondern sichert. So stellt die Ödipus-Sage den Gründungsmythos der Polis dar, bei dem die Schrift die entscheidende Rolle spielt. Denn Ödipus kann Theben von der Sphinx nur deshalb befreien, weil diese zwar als Flugwesen alle Spuren lesen kann, nicht aber die Spur des Ödipus. So schreibt Rudolf Heinz: „Schein der Schriftarchaik: die Urschrift macht der Füßeabdruck beim Gehen, die Spur. (. . .) Nun aber sorgt die Fußverkrüppelung für das Rätsel einer Fußspur, unmenschlich und untierisch zugleich. Später die Spur des Teufels, des Doppelteufels. Und dieses indefinite Regressivum bedeutet nichts anderes als der erscheinende Übergang des Gehens ins Schreiben. Zwei Beine/zwei Füße auch, die in der ordentlichen Schriftkonstitution in einen Arm und eine Hand reduziert würden(. . .)"[1] Die Spur ist die Urschrift im Allgemeinen und die des Ödipus ob ihrer Kryptologie die Schrift, die die Polis stiftet. Ähnlich wie Odysseus bei seiner Heimkehr nach Ithaka sich nicht zu erkennen gibt, um gewaltsam die Stadt neu zu ordnen, schreibt auch Ödipus sich durch ein Versteckspiel gewaltsam in die Polis ein. Ohne Spur als erste Schrift, die die Erinnerung festhält, gäbe es keine Polis. Aber sie kündet nicht nur vom Schreiber, sondern auch von dessen List bzw. von der schicksalhaften Verschleierung einer Spur verkrüppelter Füße.

Allerdings hat die Schrift zunächst eine andere Herkunft, die wenig politisch aussieht. Max Weber beschreibt die abendländische Kulturentwicklung als einen Prozess der Entzauberung: von den homerischen Epen mit hintergründigen Naturgewalten zur rationalen kapitalistischen Buchführung. Doch Buchhalter benötigte man bereits vor über 5000 Jahren im Zweistromland, das heute im syrischen und irakischen Bürgerkrieg versinkt, während es neben Ägypten nicht nur die Wiege der orientalischen, sondern auch abendländischen Kultur war. Mesopotamien trug vor allem zur Entwicklung der Schrift maßgeblich bei. Dabei stand aber nicht die Dichtung im Vordergrund, sondern die Buchhaltung. Wie will man ansonsten Handel treiben, mit dem sich Sumerer, Assyrer und Babylonier auch schon über weite Entfernungen hinweg beschäftigten? Dazu brauchte man nicht nur Gewichte und Maße, beispielsweise standardisierte Gefäße

---

[1] Rudolf Heinz, Oedipus complex – Zur Genealogie von Gedächtnis, Wien 1991, 17

oder Längen- und Flächenmaße, ohne die man die großen Städte an Euphrat und Tigris nicht hätte bauen können, während Ägypten entlang des Nils vornehmlich aus kleineren Städten bestand – so dass auch der ökonomische und geometrische Sinn der Schrift deren politische Relevanz untermauert. Jedenfalls brauchte man zu solchen kulturellen Leistungen Methoden der Dokumentation, der Datenspeicherung wie der Statistik, die eine Buchführung ermöglichten. Hatte man sich bis ca. 3300 v. Chr. dazu primär kleinerer markierter Tonformen und Täfelchen mit Zahlen bedient, so begann man dann zu den Zahlen Bildsymbole hinzuzufügen, mit denen man weitere Angaben machte z.B. über Zeit oder Personen – der Anfang der Schrift: „Der Wunsch zu zählen, nicht zu erzählen, war also das ausschlaggebende Motiv für die Erfindung der Schrift in Vorderasien"[1]. So entstand in Mesopotamien die Keilschrift.

Dagegen verdanken sich die bilderreichen ägyptischen Hieroglyphen viel stärker religiös politischen Motiven. Vom alten Ägypten ist zudem eine Fülle unterschiedlicher Texte überliefert von Liebesgedichten bis zu Gerichtsakten, entstand hier auch eine Schreiberkaste, die schon eine bestimmte Ausbildung hatte, in der ihre Zöglinge einer monotonen Lehre ausgesetzt wurden. Doch die Tätigkeit des Schreibers konnte ihnen eine Art beamtete Anstellung einbringen, mit der man es zu Ansehen und Vermögen brachte. Die Schrift erzieht, übt Macht aus, wirkt durchaus als Gewalt, wie sie Gewalt erlaubt, während die gesprochene Sprache bei oberflächlicher Betrachtung vergleichsweise harmlos erscheint.

In der griechischen Antike verbreitet sich dagegen die phonetische Buchstabenschrift, die den abendländischen Schriften den Weg weisen wird. Für Aristoteles ist die

---

[1] Martin Kuckenburg, Eine Welt aus Zeichen – Die Geschichte der Schrift, Darmstadt 2015, 96

Schrift vom Sinn weiter entfernt als das gesprochene Wort, das für ihn den unmittelbaren Ausdruck der Seele darstellt. Mag es in den Anfängen der Polis auch Fragen der Gerechtigkeit gegeben haben. Doch in der Schrift liegt wie in Ödipus' Fußspur nicht nur eine stiftende Gewalt, sondern zugleich auch deren Verschleierung verborgen. Es sieht so aus, als gründet sich die Polis auf die Sprache, harmlos auf Gerechtigkeitsfragen. Doch in Wahrheit liegt das Fundament der Polis in der Schrift, durch die erst die Sprache entsteht bzw. sich stabilisiert und ausdifferenziert. So bemerkt auch Hoffmann: „Durch Verschriftlichung wird gesprochene Sprache standardisiert. Schrift verstärkt kulturelle Identität, (...)."[1]

1967 überrascht Jacques Derrida mit der These: „Die Schrift ist die Verstellung der natürlichen und ersten und unmittelbaren Präsenz von Sinn und Seele im Logos. Als Unbewusstes bemächtigt sie sich der Seele. Diese Tradition zu dekonstruieren kann jedoch nicht darin bestehen, sie umzukehren, die Schrift von Schuld reinzuwaschen; sondern vielmehr darin, zu zeigen, warum die Gewalt der Schrift nicht eine unschuldige Sprache überkommt. Es kann eine ursprüngliche Gewalt der Schrift nur geben, weil die Sprache anfänglich Schrift (...) ist (...)."[2] Der Logos liegt in der Schrift und nicht im gesprochenen Wort. Der Sinn erhält sich nur durch Aufschreibung. Aber das bleibt lange unbewusst und stört das Bewusstsein durch Einschreibungen: der Sinn liegt immer woanders. Mögen die römischen Plebejer sprechen können, der Schrift waren sie nicht mächtig, so dass sie sich in der Tat keine richtigen Namen geben konnten, Namen, die eindeutig waren, die eingeschrieben waren in das Gedächtnis der Polis. Denn die Schrift war das Vorrecht der Gebildeten, der Patrizier, im antiken Ägypten der Schrei-

---

[1] Bernward Hoffmann, Medienpädagogik, 2003, 95
[2] Jacques Derrida, Grammatologie (1967), Frankfurt/Main 1983, 66

ber, im Volk Israel der Schriftgelehrten. Durch die Schrift entsteht eine Macht, die sich der Einschreibung und somit der Gewalt verdankt, durch die die politische Ordnung stabilisiert wird, indem sie diese fremden Eingriffen entzieht – beispielsweise durch die Sklaven, die Plebejer oder die Fremden. Schreiben fixiert nicht nur, sondern schließt vor allem aus dem politischen Diskurs aus oder ein. So bemerkt Hoffmann weiter: „Schrift (. . .) hat aber auch sozial differenzierende Wirkung: nicht Schriftkundige werden deklassiert."[1] Menschen, deren Eltern in einem Land mit einer ihnen fremden Sprache leben, sprechen diese häufig sehr gut, haben aber gelegentlich noch ein Problem mit dem schriftlichen Ausdruck.

Hannah Arendt beschreibt ein damit vergleichbares Phänomen. Ohne Gedächtnis, ohne Erinnerung besitzt die Polis keine Stabilität. Sie braucht dazu die Schrift, zunächst in Form der Dichtung. Ohne Homer kein Odysseus! Ohne Medien keine Politik. Zunächst, so Arendt, sollen Schrift und Sprache das politische Handeln vor dem Vergessen bewahren, um dadurch eine politische Identität zu schaffen. Von den Patriziern sind Namen überliefert, von den Plebejern nicht, von den Gefährten des Odysseus auch nicht. Aber wenn Menschen politisch handeln, dann brauchen sie Beobachter, die Medien, die aufschreibenden Historiker, die den Sinn des Geschehens eruieren, au fond konstruieren, ein Sinn, der dem Handelnden selbst gar nicht bewusst ist. Das hatte auch mit persönlichem Ehrgeiz und mit dem Wunsch von politisch Handelnden zu tun, unsterblich zu werden. So schreibt Arendt: „Homer war nicht nur das leuchtende Beispiel für die politische Funktion eines Dichtens, das schließlich ganz Hellas ‚erzog', er konnte auch daran gemahnen, wie leicht selbst ein so großes Unternehmen wie der Krieg um Troja ohne jede Spur einer Erinnerung versinken kann,

---

[1] Bernward Hoffmann, Medienpädagogik, 2003, 95

wenn ihm nicht, gleichsam zufällig, nach Jahrhunderten, ein Dichter ersteht, um es unsterblich zu machen. Die Aufgabe der Polis war es, eine Stätte bereitzustellen, an der sich der unvergängliche Ruhm großer Taten und Worte ansiedeln und unter den Menschen verweilen konnte, um so das Handeln gleichsam von seiner Abhängigkeit von den herstellenden und dichtenden Künsten zu emanzipieren."[1] Der unsterbliche Ruhm großer politischer Taten hält diese nicht nur in der Erinnerung, sondern schafft allein dadurch Traditionen, aus denen heraus man erst Innovationen angehen kann, die für die Polis notwendig erscheinen, die aber ohne die Erinnerung, ohne die Traditionen die Polis auflösen würden. Im antiken Rom wurden die Jahre nach den Konsuln benannt, die damit sich und ihre Familie in die Erinnerung der Stadt einschrieben.

Der moderne Staat braucht diese Erinnerungen, um seine eigene Identität im Bewusstsein seiner Bürger zu erhalten. Archive und Museen sind gerade in der Moderne eminent wichtig, weil diese durch eine permanente Evolution gezeichnet ist, um nicht Revolution zu sagen. Wie schreibt doch Marx 1852: „Die Tradition aller toten Geschlechter lastet wie ein Alp auf dem Gehirne der Lebenden. Und wenn sie eben damit beschäftigt scheinen, sich und die Dinge umzuwälzen, noch nicht Dagewesenes zu schaffen, gerade in solchen Epochen revolutionärer Krise beschwören sie ängstlich die Geister der Vergangenheit zu ihrem Dienste herauf, entlehnen ihnen Namen, Schlachtparole, Kostüm, um in dieser altehrwürdigen Verkleidung und mit dieser erborgten Sprache die neue Weltgeschichtsszene aufzuführen."[2] Zunächst be-

---

[1] Hannah Arendt, Vita activa (1958), 247
[2] Karl Marx, Der achtzehnte Brumaire des Louis Bonaparte (1852), Marx Engels Werke (MEW) Bd. 8, Berlin 1978, 115

deutete Revolution wirklich Zurückdrehen, um eine goldene Vergangenheit wiederkehren zu lassen.

Der moderne Staat stützt sich auf die Schrift, längst auf das informatisierte Programm. Ohne Archive gibt es keinen Staat, auch wenn die Grundsätze und Akten nicht mehr in Stein gemeißelt sein müssen wie die Gesetze des Moses. Obgleich zwischenzeitlich in den westlichen Staaten die meisten Menschen schreiben können, so reicht das heute noch längst nicht zu politischer Teilhabe. Man muss gut und richtig schreiben können, was letztlich von der Anerkennung abhängt, die einem widerfährt oder verweigert wird. Um am öffentlichen Diskurs, an der politischen Kommunikation aktiv teilnehmen zu können, muss man Zugang zu den Medien haben, was ohne entsprechende Bildung und ohne Anerkennung durch die Etablierten nicht möglich ist. Immerhin hat das Internet für manche dabei einige neuen Türen geöffnet. Aber Politik bleibt selbstverständlich eine elitäre Angelegenheit. Im Sinn des pädagogischen Politik-Modells sollte es auch so bleiben, sollten die Tugendhaften herrschen und die Tugendlosen sich beherrschen lassen. Das bedeutet letztlich – darauf weist Rancière ja hin – die Reichen herrschen über die Armen, garantiert bis heute der Reichtum die Elitenbildung und den Eintritt in die entsprechenden elitären Netzwerke.

Im Sinn des linguistischen Modells findet Politik indes just dort statt, wo sich die Grenzen zwischen Ein- und Ausgeschlossenen verschieben – konsequenterweise und gegen Rancières Intention, auch dort, wo Eliten bisher Eingeschlossene ausschließen – man denke 2016 an die Rundfunkgesetze der konservativen Regierung in Polen. Oder eben dort, wo Ausgeschlossene ihren Einschluss erzwingen und sollte es nur vorübergehend sein, wenn Bürgerinitiativen ihre überschaubaren Interessen durchsetzen. Insofern möchte ich das Schema der Involution nicht auf die große Konfrontation zwischen Arm und

Reich beschränken. Politik findet auch dort statt, wo ein Ausschluss vielleicht sogar nur vorübergehend durchbrochen wird. Aber hier zeigt sich umso mehr, welche entscheidende Rolle dabei die Bildung spielt – selbstredend dort, wo es um die Verhinderung von Ausschlüssen geht. Politik in einem solchen Sinn ist Involution, wozu Bildung notwendig ist, im Kern vor allem Medienbildung. In diesem erweiterten Begriff der Medien heißt dann Medienbildung unmittelbar politische Bildung – aber selbstredend gilt das nicht für alle Vorstellungen von Politik.

2.4. Die Schrift als mikrologische politische Gewalt

Wie die Sprache verletzen kann, so birgt auch die Schrift ein Gewaltpotential, das sogar der physischen Gewalt nahekommt. Denn wo manifestiert sich die Schrift? Im Recht! Zwar erscheint vielen der moderne Rechtsstaat als der humane Kern moderner Demokratien. Doch das Recht gibt nur vor, Rechte zu gewährleisten, Rechte, die jemandem ob seiner Natur zustehen können, das Recht auf Leben beispielsweise. Was Leben indes heißt, was als Leben anerkannt wird und in welcher Form, das legen die Gesetze, somit die Schrift fest. Positivistisch betrachtet schafft das Recht erst das Recht. Derart tautologisch wird der performative Charakter des Rechts noch deutlicher. Das Recht erzeugt genau das, was es selbst aufschreibt – man lasse mal die dadurch entstandenen Ausgrenzungen und die sich daraus ergebenden Verwicklungen und unbeabsichtigten Nebenwirkungen beiseite. Das Recht legt fest, bestimmt, grenzt aus, gibt Recht.

Die Tautologie entwickelt mit ihrem performativen Charakter Ein- und Ausschlussverfahren, durch die sich ein politisch soziales System als Gewalt gegenüber den von ihm Betroffenen zeigt, somit eine aus- oder einschließende Gewalt: die eine wird gemeinhin bejaht, die andere abgelehnt. Aber auch Einschlüsse können abgelehnt werden, und erweisen sich als diskriminierend, wenn dergleichen Nichtbetroffene fordern. So schreibt Derrida: „Ist indes die Tautologie nicht die phänomenale Struktur einer bestimmten Gewalt des Rechts, das sich selbst setzt, indem es dekretiert, dass all jenes gewaltsam (ungesetzlich, dem Gesetz äußerlich) ist, was es nicht anerkennt? Performative Tautologie oder Synthese a priori, die die Struktur einer Gesetzesgrundlegung bildet – einer Gesetzesgrundlegung, die wie jede andere Grundlegung auch die Möglichkeit schafft, auf performative Weise die Konventionen zu erzeugen, die die Gültigkeit des Performativums sichern, dem sich die Mittel verdanken, über die Legalität der Gewalt zu entscheiden."[1] Die Performanz der Schrift – die viel nachhaltiger als die des gesprochenen Wortes wirkt – erzeugt die Bedingung des Rechts selbst. Dadurch wird Gewalt legalisiert oder illegalisiert.

Die Schrift des Gesetzes zeichnet und bestimmt gar nicht kommunikativ die Ein- und die Ausgeschlossenen. Das Gesetz schreibt sich dabei nicht nur in die Hirne der Lebenden ein. Manchmal zeichnet es auch ganz real, und nicht allein dadurch dass es allemal aufzeichnet, wie in Kafkas *Strafkolonie*. Die Schrift, die das Gesetz einbrennt, damit es in Erinnerung bleibt, gehört nach Nietzsche wesentlich zur Mnemotechnik, die den flüchtigen Menschen – Gilles Deleuze und Félix Guattari sprechen ja vom Schizo, der „unaufhörlich Rede und Antwort ste-

---

[1] Jacques Derrida, Gesetzeskraft – Der „mystische Grund der Autorität" (1989), Frankfurt/M. 1991, 73

hen muss"[1], wiewohl solche quasi-anthropologischen Bestimmungen allemal problematisch bleiben – auf die Dinge konzentriert, die die Gemeinschaft bzw. das Gesetz von ihm verlangen. So fragt Nietzsche: „'Wie macht man dem Menschen-Tiere ein Gedächtnis? Wie prägt man diesem teils stumpfen, teils faseligen Augenblicks-Verstande, dieser leibhaften Vergesslichkeit Etwas so ein, dass es gegenwärtig bleibt?' . . . Dies uralte Problem ist, wie man denken kann, nicht gerade mit zarten Antworten und Mitteln gelöst worden; vielleicht ist sogar nichts furchtbarer und unheimlicher an der ganzen Vorge-schichte des Menschen, als seine Mnemotechnik. 'Man brennt Etwas ein, damit es im Gedächtnis bleibt (. . .)."[2] Religionen sind für Nietzsche Systeme von Grausamkei-ten. Und wenn sie sich selbst ernst nehmen, wenn sie sich unter das erste Politik-Modell, das pädagogische stellen, dann sind sie es heute noch. Dazu muss man gar nicht an die Gotteskrieger denken. Religionen lieferten die frühes-ten Gesetze und wollen heute noch den Menschen vor-schreiben, wie sie zu leben haben, vor allem jenen, die sich nicht zur jeweiligen Religion zählen. Moses schreibt seine Gesetze in Stein, um sie den durch die Wüste zie-henden Juden einzuprägen. Vor allem aber erweisen sich diverse Verfahren, die Schmerzen bereiten, die leiden lassen, als Produktion von Gedächtnis, entweder als Schrift oder an der Stelle von Schrift. Das umreißt dann auch den grausamen Urgrund der Bildung.

So ruft die Schrift nicht nur wie der Laut. Vielmehr schreibt sie ein, kommt man dem Namen dann auch kaum mehr aus, vor allem hält man krampfhaft an ihm fest, weil man in ihm seine Identität zu fixieren glaubt.

---

[1] Gilles Deleuze, Félix Guattari, Anti-Ödipus - Kapitalismus und Schizophrenie, Bd. 1.(1972), 2. Aufl. Frankfurt/Main 1979, 21
[2] Friedrich Nietzsche, Zur Genealogie der Moral (1887), Kritische Studienausgabe (KSA) Bd. 5, München, Berlin, New York 1999, 295

Die Schrift schreibt auf und ein. Ohne sie kein Name, der nicht nur an seinem Träger haftet, der ihn vielleicht sogar überdauert. Wie heißt es doch am Ende von Ecos *Der Name der Rose*: „Die Rose von einst steht nur noch als Name, uns bleiben nur nackte Namen."[1] Ohne Schrift kein Gesetz und ohne sie keine Politik, keine Erinnerung, keine Tradition und keine Ordnung, keine Vernunft. Diese alle verdanken sich der Schrift, die dabei indes mehr wird als ein Mittel. Sie ist in der Tat selbst die Botschaft. In ihr materialisiert sich die Vernunft und versteckt sich dabei nicht nur hinter dem gesprochenen Wort. Vielmehr macht sie auch die Gewalt vergessen, die sie notorisch ausübt. So schreibt Nietzsche: „mit Hülfe dieser Art von Gedächtnis kam man endlich ‚zur Vernunft'! - Ah, die Vernunft, der Ernst, die Herrschaft über die Affekte, diese ganze düstere Sache, welche Nachdenken heißt, alle diese Vorrechte und Prunkstücke des Menschen: wie teuer haben sie sich bezahlt gemacht! wie viel Blut und Grausen ist auf dem Grunde aller ‚guten Dinge'!"[2]

Nietzsches berühmte These aus der *Genealogie der Moral* lautet ja, dass sich das Gute, wie man es heute in christlich abendländischer Tradition versteht, nur einer Umwertung gegensätzlicher Werte verdankt, also dem was man heute für Böse hält. So bemerkt er: „Die Juden sind es gewesen, die gegen die aristokratische Wertgleichung (gut = vornehm = mächtig = schön = glücklich = gottgeliebt) mit einer furchteinflössenden Folgerichtigkeit die Umkehrung gewagt und mit den Zähnen des abgründlichsten Hasses (des Hasses der Ohnmacht) festgehalten haben, nämlich 'die Elenden sind allein die Guten, die Armen, Ohnmächtigen, Niedrigen sind allein die Guten, die Leidenden, Entbehrenden, Kranken, Hässlichen sind auch die einzig Frommen, die einzig Gottseligen, für

---

[1] Umberto Eco, Der Name der Rose (1980), 645
[2] Friedrich Nietzsche, Zur Genealogie der Moral (1887), 296

sie allein gibt es Seligkeit (. . .)"[1] Die Welt lässt sich nicht mehr gemäß bestimmter Kategorien verstehen oder gar erklären. Diese verschwimmen vielmehr in dem ihnen anderen, so dass sich alles in der Welt gerade auch aus seinem Gegenteil her zu verstehen gibt.

Diese Form des genealogischen Denkens wird gerade der postmodernen Philosophie methodisch den Weg weisen – was sich auch noch deutlich zeigen wird. Die zentrale Bemerkung, mit der Foucault die Genealogie fortschreibt, lautet: „Man muss wohl auch einer Denktradition entsagen, die von der Vorstellung geleitet ist, dass es Wissen nur dort geben kann, wo die Machtverhältnisse suspendiert sind, dass das Wissen sich nur außerhalb der Befehle, Anforderungen, Interessen der Macht entfalten kann. Vielleicht muss man dem Glauben entsagen, dass die Macht wahnsinnig macht und dass man nur unter Verzicht auf die Macht ein Wissender werden kann. Eher ist wohl anzunehmen, dass die Macht Wissen hervorbringt (und nicht bloß fördert, anwendet, ausnutzt); dass Macht und Wissen einander unmittelbar einschließen; dass es keine Machtbeziehung gibt, ohne dass sich ein entsprechendes Wissensfeld konstituiert, und kein Wissen, das nicht gleichzeitig Machtbeziehungen voraussetzt und konstituiert."[2]

Nietzsche geht indes noch einen Schritt weiter. Die Erinnerung als Grundlage der Vernunft verdankt sich der gewaltsamen Einschreibung in Körper und Geist. Daraus entstehen die Strukturen der Gemeinschaft und damit die Politik. Au fond handelt es sich um eine Art Züchtung, die keineswegs in grauer Vorzeit stattfand und von der man heute schlicht absehen kann, da sich dadurch doch die gute Vernunft wie das gute Gesetz zu entwickeln ver-

---

[1] Friedrich Nietzsche, Zur Genealogie der Moral (1887), 267
[2] Michel Foucault, Überwachen und Strafen – Die Geburt des Gefängnisses (1975), Frankfurt/M. 1977, 39

mochte, von dem alle Menschen profitieren, das ihnen Rechte garantiert, die ihnen helfen, ihr Leben gut zu führen. Doch weniger als dass sich in jeder Erziehung die Geschichte der Menschheit im Schnelldurchlauf wiederholt – man denke an die Kulturtheorie Freuds. Letzterer hat vor allem Foucault widersprochen. Und in *Überwachen und Strafen* führt er vor, wie sich just im Anschluss an die Aufklärung die Mnemotechnik in ein Disziplinardispositiv transformiert. Die damals entstandene Pädagogik im weitesten Sinn – in der Schule, im Militär, im Gefängnis, im Spital – wirkt auf den Körper so ein, dass ein entsprechendes Bewusstsein entsteht, das den Körper selbst in die gewünschte Richtung lenkt. Die Pädagogik malträtiert den Menschen nicht mehr primär physisch, sondern psychologisch, wozu natürlich eine entsprechende Behandlung des Körpers gehört – Max Weber beschreibt ähnliche Wirkungen der Ethik des asketischen Protestantismus. Auch durch eine bestimmte Herrichtung des Körpers schreibt sich das Gesetz in die individuelle Seele ein: „Das physische Leiden, der Schmerz des Körpers selbst bilden nicht mehr die wesentlichen Elemente der Strafe. Die Züchtigung ist nicht mehr eine Kunst der unerträglichen Empfindungen, sondern eine Ökonomie der suspendierten Rechte."[1] Nur wer kooperiert, sich also so verhält, wie es die Pädagogen wünschen, dem werden wieder gewisse Rechte zuteil, auch durch den Trick der vorzeitigen Entlassung aus dem Gefängnis bei sogenannter guter Führung, d.h. Einsicht in das eigene Fehlverhalten und Kooperationsbereitschaft mit den Pädagogen. Nicht viel anders funktionierte auch die Psychiatrie im 19. Jahrhundert. Wenn sich das denn heute wirklich geändert hat?

Die Kontrolle gehört indes auch dazu, und zwar eine umfassende Kontrolle, der sich der Zögling permanent

---

[1] Michel Foucault, Überwachen und Strafen (1975), 18

ausgesetzt sieht, was zweifellos wirksamer ist als das religiös propagierte ständig und überall präsente Auge Gottes. Diese Idee galt es in die Tat umzusetzen und die Videoüberwachung sowie diverse andere Systeme schließen heute im Stile von Orwells ‚großem Bruder' fleißig daran an. Nur wenn der Zögling sich wirklich ständig beobachtet fühlen muss, wird er sein Verhalten nachhaltig entsprechend anpassen – was besonders für säumige Steuerzahler gilt. Jeremy Bentham erfindet daher ein Gefängnis als Panoptikum. So schreibt Foucault: „Die Durchsetzung der Disziplin erfordert die Einrichtung des zwingenden Blickes: eine Anlage, in der die Techniken des Sehens Machteffekte herbeiführen und in der umgekehrt die Zwangsmittel die Gezwungenen deutlich sichtbar machen."[1] Die Mnemotechnik, ständig daran zu denken, dass man beobachtet wird, schreibt sich so in das Bewusstsein des Zöglings ein, dass er das gewünschte Verhalten adaptiert und es selbständig reproduziert. Das Bewusstsein zu kontrollieren, wirkt viel nachhaltiger, als den Körper zu züchtigen. Das reflektierten zwar schon gewisse religiöse Vorstellungen von einem alles beobachtenden Gott. Doch dergleichen Proklamationen hatten bei vielen Bürgerinnen ihre Glaubwürdigkeit längst verloren.

Die dadurch erzeugte Disziplin will den Zögling indes nicht nur lenken, sondern bilden, wiewohl nicht unbedingt im Sinn von Goethes *Wilhelm Meister Wanderjahre*. Doch wie schon bei Nietzsches Mnemotechnik soll ein produktives Verhalten hervorgerufen werden. Der Zögling wird nicht nur einfach ausgebeutet. Wenn man ihn ausbildet, dann lässt er sich besser ausbeuten. „Die Zuchtgewalt ist in der Tat eine Macht, die, anstatt zu entziehen und zu entnehmen, vor allem aufrichtet, herrichtet, zurichtet – um dann allerdings umso mehr entziehen

---

[1] Michel Foucault, Überwachen und Strafen (1975), 221

und entnehmen zu können."[1] Das Disziplinardispositiv, auf dessen Grunde die Schrift und das Gesetz, die Erinnerung und die Vernunft ihr Wesen treiben, soll den Menschen züchten. Mit Zucht und Ordnung: begegnet der Staat im 19. Jahrhundert den diversen Emanzipationsbestrebungen und vor allem den Teilhabeansprüchen des vierten Standes. Insofern verdanken sich das erste wie das dritte Politik-Modell, die Pädagogik und der Krieg – selbstredend nicht nur diese – dem Zusammenspiel von Schrift und Politik, Schrift aber durchaus im semiotischen Sinn verstanden. Bildung heißt dabei dann primär Ausbildung und umgekehrt verlangt die Schriftlichkeit der Politik ein erheblich größeres Maß an Anpassung an die vorherrschenden Strukturen, um an der Politik teilhaben zu können.

Die Schrift fördert die Involution nicht, sie ist dafür vielmehr eine Hürde, die auch heute noch unabdingbar bewältigt werden muss, will man politisch partizipieren. Bildung ist also nicht nur zur Politik selbst, sondern auch zur Involution notwendig, wenn Zeitgenossinnen unter Individualisierungsbedingungen an sozialen bzw. politischen Gütern teilhaben wollen, von denen sie bisher ausgeschlossen sind. Das bedeutet indes noch lange nicht, dass staatliche und individuelle Bildung friedlich zusammenspielen. Momentan sieht es eher so aus, als spielten sie gegeneinander. Vielleicht lässt sich das auch gar nicht ändern bzw. wäre es gar nicht wünschenswert, wenn sie zusammenspielen.

---

[1] Michel Foucault, Überwachen und Strafen (1975), 220

POLITIK ALS PRODUKT VON MASSEN-MEDIEN

In welcher Beziehung stehen Bildung und Politik zueinander? Welche Rolle spielen dabei die Medien? Diese Fragen stellen sich zunächst vor dem Hintergrund der medialen Entwicklung. Sprache und Schrift als die Initiationsmedien der Politik zeigen, dass für die Politik Bildung konstitutiv ist. Politik braucht gebildete Politiker und Partizipation ist ohne Bildung derjenigen undenkbar, die auf Involution Anspruch erheben – das umso mehr, wenn dergleichen unter Individualisierungsbedingungen betrieben wird. Damit stellen sich die weiteren Fragen hinsichtlich der Massenmedien: Auf welche Weise prägen die Massenmedien die Politik und damit auch die Bildung?

Die antiken Verhältnisse, dass Bildung die Politik zu einer elitären Angelegenheit macht und damit einen Großteil der Bevölkerung davon ausschließt, ändern sich durch das Christentum keineswegs. Es herrscht eine Elite der Schriftgelehrten, die mit dem Adel als militärischem Arm und geschäftstüchtigen Patriziern um die Vorherrschaft ringt. Der Wandel der Medien zu Massenmedien hatte dabei damit zu tun, worauf geschrieben wurde, in der Antike zunächst außer durch Ritzen u.a. auf Ton primär auf Papyrusrollen. Pergament, das man aus Tierhäuten herstellte, trat seit dem 2. Jahrhundert v.Chr. in den

Vordergrund. An die Stelle meterlanger Rollen, in denen man natürlich nicht blättern konnte und die sich bei häufiger Benutzung auch leichter verbrauchten, traten handlichere und robustere Pergamentbücher. Das Papier – eine chinesische Erfindung – verbreitete sich im christlichen Abendland erst im Hochmittelalter, nachdem es durch die arabische Kultur nach Europa gelangt war.

Mit dem Buchdruck um 1450 verbreitert sich die Möglichkeit medialer und somit politischer Partizipation. Flugschriften und Zeitschriften öffnen im 18. Jahrhundert weiteren Kreisen die Teilhabe an der Bildung, die in diesem Jahrhundert als solche begriffen wird und bis ins 19. Jahrhundert zu einer zunehmend durchgesetzten allgemeinen Schulpflicht avanciert. Die Sozialbewegung des 19. Jahrhundert erkennt die Notwendigkeit der Arbeiterbildung und gründet dementsprechende Vereine: Wenn sich die Arbeiter emanzipieren wollen, wenn sie politischen Einfluss gewinnen sollen, dann müssen sie über das dazu nötige Wissen und die entsprechenden Kompetenzen verfügen, was ihnen das Schulsystem nicht liefert. Noch in den 1960er Jahren werden sich dann jene, die sich der Arbeiterbewegung anschließen wollen und denen dazu die nötige Bildung fehlt, diese entweder in Parteischulungen über Marxismus-Leninismus oder in mehr oder weniger privaten Kapital-Lese-Kreisen holen. In der Schule hat man ihnen das wohlweislich nicht beigebracht. Aber wollten wir Achtundsechziger wirklich Involution und nicht vielmehr Revolution?

Das Schulsystem differenziert sich außerdem immer weiter aus. Teilhabe an der Sprache ist nicht automatisch Teilhabe an der Information, zu der es Buch und Zeitung braucht – das erste Massenmedium, das zumindest den Anschein erweckt, dass damit niemand mehr ausgeschlossen würde. Abgesehen davon, dass Bildung auch seit dem Zeitalter der Aufklärung die soziale Hierarchie keinesfalls milderte, transformiert sie sich heute zunehmend in ein von ökonomischen und nicht von politischen Bedürfnissen gelenktes System, dass seine politischen Ein- und Ausschlussverfahren differenzierend verschärft, anstatt diese abzumildern. Wenn sich die Schere zwischen Arm und Reich immer weiter öffnet, dann verhindert das sich entsprechend ausdifferenzierende Bildungssystem Involution. Andererseits tritt zwischen Politik und Bevölkerung ein Stand der Journalisten, die professionell Politik beobachten und darüber berichten. Seither präsentiert sich Politik als eine von Journalisten erzählte Politik, was ihre Medialität nicht erzeugt, höchstens verschleiert und dabei den Anschein erweckt, als unterscheide sich eine wahre Politik von einer medialen.

3.1. Vom Buchdruck zur Revolution

Welche Rolle spielt der Buchdruck für das Verhältnis von Bildung und Politik? Die Französische Revolution hängt mit dem Buchdruck zusammen, der die Bildung breiterer Kreise ermöglicht. Bildung ist das Programm der Aufklärung, primär der französischen. Denis Diderot gibt zusammen mit dem Mathematiker Jean-Baptiste le Rond d'Alembert die *Encyclopédie francaise* heraus, deren erster Band 1751 erscheint und die bis 1780 insgesamt 35 Bände umfasst, ein Projekt, das in Paris . tausende von Arbeitsplätzen schuf. Die *Encyclopédie* soll das wissenschaftliche, künstlerische und handwerkliche Wissen der Zeit erfassen und zugänglich machen. Sie ist das Herzstück des Jahrhunderts der Aufklärung, die vom Absolutismus in Frankreich zusammen mit der katholischen Kirche vehement bekämpft wird. Man hofft, dass man das Bewusstsein der Menschen ändert, wenn man das gesamte Wissen der Zeit unters Volk bringt, es also bildet.

Rousseau gehört zu ihren Autoren, der 1762 weniger mit seinem politiktheoretischen *Du Contrat social* als vielmehr mit seinem Erziehungsroman *Emile* berühmt und angefeindet wird. Er betrachtet seine zeitgenössische Gesellschaft als einen Kulturverfall, während der natürliche Mensch im Naturzustand im Einklang mit sich und seiner Umwelt lebte. An ihm gilt es sich zu orientieren, wenn man die Welt verändern möchte. Dessen *amour de soi*, die Rousseau der *amour propre* entgegenstellt, wenn die Gesellschaft den Menschen eigensüchtig gemacht hat, soll durch die naturnahe und gesellschaftsferne Erziehung des Kindes wiederhergestellt werden: „Die Selbstliebe ist immer gut und entspricht immer der Ordnung. Da jeder speziell für seine Selbsterhaltung aufkommen muss, ist und muss die erste und wichtigste seiner Sorgen die sein, ohne Unterlass auf sie bedacht zu sein: und wie könnte er das, wenn er nicht das größte Interesse daran hätte?"[1] Derart soll der Mensch zur Tugend erzogen werden, ein asketisch militärisches Ideal, das angeblich die Römische Republik noch kannte, das aber nicht erst in der Welt des Absolutismus verloren ging, und ohne die keine gerechte Gesellschaft möglich ist.

Die radikalen Revolutionäre von 1789 hatten Rousseau gelesen und erhoben die Tugend zu ihrem Regierungsprogramm. Albert Camus verweist auf Louis Antoine de Saint-Just: „Die Staatskunst hat, wie er meint, nur Ungeheuer hervorgebracht, weil man vordem nicht der Natur entsprechend regieren wollte. Die Zeit der Ungeheuer ist vorbei, gleichzeitig mit der der Gewalt. ‚Das Herz des Menschen schreitet von der Natur zur Gewalt, von der Gewalt zur Moral. (...) Unser Ziel ist, eine solche

---

[1] Jean-Jacques Rousseau, Emile oder Über die Erziehung (1762), Stuttgart 1963, 441

Ordnung der Dinge zu schaffen, dass eine allgemeine Neigung zum Guten sich einstellt."[1] Schon Platon wollte der Natur der Menschen gemäß regieren lassen und schrieb eine Pädagogik. Rousseau verfolgt ein ähnliches Programm und wird zum Mitbegründer der modernen Pädagogik: Der Mensch muss richtig erzogen werden, zum tugendhaften Menschen, zum Bürger, der für das Allgemeinwohl eintritt, so dass eine gerechte Gesellschaft entstehen kann. Dazu muss er nur gemäß seiner Natur erzogen werden, mehr nicht. Dann identifizieren sich die Interessen der Allgemeinheit mit den Interessen der Bürger. Dann werden alle bereitwillig für den Staat in den Krieg ziehen, schreibt Rousseau bereits 1755: „Um im Dienste des Staates die Güter, die Hände, das Leben selbst aller ihrer Mitglieder einzufordern, ohne sie zu zwingen und ohne sie zu befragen?"[2]

Auch Kant wird die Pflicht als einen freiwilligen Akt betrachten. Saint-Just will dementsprechend gemäß der Natur regieren, um dadurch die Tugend durchzusetzen. Dann ist der Terror auch das legitime Mittel, wird er ausrufen: „Entweder die Tugend oder der Terror." Die Revolution depraviert zu einem Ausschlusssystem, das Involution geradezu vermeiden muss, zu einer Diktatur der Tugend, zu einem Erziehungssystem, das dann Foucault in *Überwachen und Strafen* genauer darstellt. Zwar berufen sich Rousseau und Saint-Just gemeinsam wie auch Platon auf die Natur. Doch im 18. Jahrhundert war man sich der eigenen Naturferne durchaus bewusst. Die *Querelle des Anciens et des Modernes*, der ästhetische Streit über das Vorbild für die Kunst, fordert vom Kunstschönen sich am Naturschönen zu orientieren. Doch ob der kulturellen Naturferne bleibt nichts anderes, als sich an

---

[1] Albert Camus, Der Mensch in der Revolte (1951), 100
[2] Jean-Jacques Rousseau, Abhandlung über die Politische Ökonomie (1755), Politische Schriften Bd. 1, Paderborn 1977, 19

den Antiken zu orientieren, da diese der Natur noch näher gewesen seien. Dann ist der Weg vom pädagogischen Modell der Politik zum Kriegsmodell von Carl Schmitt nicht mehr weit, der nun mal darum weiß, dass man Politik nicht mehr nachhaltig begründen kann – die Aufklärung hat die Metaphysik destruiert – ist man daher in der Politik auf nicht absolut begründbare Entscheidungen angewiesen, hat Schmitt von Saint-Just gelernt, wird Metternich Napoleon bewundern, weil er innenpolitisch für Disziplin gesorgt hat.

Die verbreiterte Herrschaft unter dem dritten Stand wird für die eigenen Kinder eine Schulbildung installieren, die von diesen vor allem eine harte Disziplin verlangt. Es sollte eigentlich nicht verwundern, wenn sich diese autoritäre Erziehung durchaus auf Rousseau berufen kann, wenn er schreibt: „Weit entfernt davon, Emile vor jeglicher Gefahr zu behüten, wäre es mir gar nicht recht, wenn ihm nie etwas zustieße und er aufwüchse, ohne zu wissen, was Schmerz heißt. Das erste was er lernen und unbedingt wissen muss, ist leiden zu können."[1] Erziehung an der Natur orientiert – das verrät Rousseau freiwillig – ist gerade nicht human, sondern eben natürlich, soll Kindern frühzeitig Leidensfähigkeit beibringen, die wohl auch der Naturmensch entwickelte. Nicht nur die Nazis wandeln das in den Spruch um: Gesund ist, was hart macht.

Der Buchdruck bestimmt die Politik des 18. Jahrhunderts, die der grausamen Genese der Schrift alle Ehre macht und diese nicht nur verlängert, sondern noch steigert und zwar pädagogisch, medial und politisch. Kaum hat sich die Pädagogik als Wissenschaft etabliert, reiht sie sich in jene Wissenschaften ein, die gerade nicht der Humanität dienen, denen man Humanität überhaupt erst wird abringen müssen – was dann vornehmlich die Sozi-

---

[1] Jean-Jacques Rousseau, Emile (1762), 182

albewegung des 19. Jahrhundert versuchen wird, dabei aber in ein falsches Fahrwasser just dieser autoritären Erziehung gerät. Der Buchdruck hat sicherlich die Bildungschancen verbreitert, bemühen sich die bürgerlichen Stände um Teilhabe letztlich durch Bildung. Sie setzten langfristig ihre Interessen durch unter gleichzeitigem Ausschluss des vierten Standes, dessen Partizipationsbestrebungen sie bis heute erfolgreich hintertreiben. Bildung als Mittel der Macht, gleichzeitig im Sinn der Partizipation als auch der Ausschließung. Bücher besitzen diese Ambivalenz in höchstens beschränkter involutiver Kraft bis zur Erfindung des Taschenbuches, zu dem es zwar sogar antike, aufklärerische und biedermeierliche Vorbilder gibt, das in seiner heutigen Form in der ersten Hälfte des 20. Jahrhunderts entwickelt wird, Karriere seit den 1950er Jahren macht und wesentlich zur Grundlage aller jener Selbstbildungsbemühungen avanciert, die sich seit den sechziger Jahren des letzten Jahrhunderts verbreiten. Zweifellos wenn etwas den Geist im letzten Jahrhundert befördert hat – hier werden mir viele widersprechen – dann war es das Taschenbuch, habe ich es bei der Reihe μετωνυμίες zum Vorbild genommen.

Hans-Magnus Enzensberger hatte sich noch vehement dagegen ausgesprochen, dass man so ehrenwerte wie schwergewichtige Philosophie in Billigausstattung verschleudern dürfte. Darunter würde der Geist leiden. So beschreibt Philipp Felsch die Entstehung der *Edition Suhrkamp*, „deren Regenbogenspektrum zum Emblem einer geistigen Ära werden sollte. Ihr Konzept, literarische und philosophische Titel im Taschenbuchformat zu bringen, war erst durch den Tod des Altverlegers Peter Suhrkamp möglich geworden, der sich zeitlebens dagegen gewehrt hatte, Geld mit Paperbacks zu verdienen. 1962 war dieser Schritt bei Suhrkamp immer noch umstritten. Unselds Berater, zu denen auch der Taschenbuchkritiker Enzensberger gehörte, diskutierten unter anderem darüber, ob sich eine ‚intellektuelle Reihe' ein buntes Cover leisten dürfe."[1] Offenbar wollten manche Linke der frühen Bundesrepublik gerade keine Involution, womöglich wirklich die Revolution, zu der die Arbeiter nicht allzu gut gebildet werden durften.

3.2. Spinozas Demokratiebegriff als Vorschein der Involution

Dabei gab es bereits im 17. Jahrhundert bei Baruch de Spinoza ein involutives demokratisches Denken, das einen ganz anderen Weg gewiesen hat, der erst von Denkern im 20. Jahrhundert aufgegriffen wurde – von Arendt und Foucault beispielsweise – und gegen Ende des Jahrhunderts auch politische Konsequenzen nach sich zog – im aktiven Bürger, dem es im weitesten Sinn um Involution und nicht mehr um Revolution geht. Daraus ergeben sich auch andere sowohl pädagogische als auch mediale Konsequenzen.

Bereits sein theologisches Denken weist moderne Züge der Involution auf. Spinoza schreibt ja vor dem Hintergrund der Religionskriege. Er vertritt eine undogmatische religiöse Einstellung, die andere Vorstellungen nicht bekämpft, sondern akzeptiert. Nach Spinoza dürfen religiöse Glaubensrichtungen kein Recht auf eine allgemeingültige Wahrheit mehr beanspruchen, auch Grundprinzip der Religionspolitik des Imperium Romanum, das die Christen vehement und nach Jahrhunderten auch erfolgreich bekämpften. Spinoza brachte diese Forderung die Feindschaft aller religiösen Parteien seiner Zeit ein. Da-

---

[1] Philipp Felsch, Der lange Sommer der Theorie – Geschichte einer Revolte 1960-1990, München 2015, 56

mit trennt er nicht nur Wissen und Glauben voneinander, sondern auch die Religion von der Politik, deren enge Verbindung schließlich in die religiösen Bürgerkriege geführt hatte. Der Staat verliert dadurch seine religiöse Grundlage und erhält eine naturrechtliche, der ein Gesellschaftsvertrag zugrunde liegt – das gängige Modell, mit dem Denker wie Thomas Hobbes und John Locke im 17. Jahrhundert den Staat legitimierten bzw. kritisierten.

In Spinozas wichtigster politischer Schrift *Tractatus Theologico-Politicus* aus dem Jahr 1670 gründet er die Politik statt auf die Religion auf die Demokratie, wenn er schreibt: „Auf diese Weise also kann sich ohne irgendwelchen Widerspruch gegen das natürliche Recht eine Gesellschaft bilden, und jeder Vertrag kann immer mit vollkommener Treue gehalten werden; es braucht eben nur jeder die ganze Macht, die er besitzt, auf die Gesellschaft übertragen, die damit das höchste Recht der Natur auf alles hat, d.h. die allein die höchste Regierungsgewalt innehat und der jeder aus freiem Willen oder aus Furcht vor der härtesten Bestrafung gehorchen muss. Das Recht einer derartigen Gesellschaft heißt Demokratie; sie ist demnach zu definieren als eine allgemeine Vereinigung von Menschen, die in ihrer Gesamtheit das höchste Recht zu allem hat, was sie vermag."[1] Das klingt zunächst Rousseau antizipierend. Wenn jeder seine Macht auf den Staat überträgt, dann muss er der Staatsmacht quasi als sich selbst auch gehorchen, die dadurch au fond eine noch weiterreichende Macht als der Absolutismus entfaltet.

Da aber die Demokratie – vertreten vornehmlich durch Parteien und Regierungsinstitutionen – ihre Interessen selbst bestimmt und durchsetzt, bleiben den Individuen keine Alternativen als ihre Interessen jenen unter-

[1] Baruch de Spinoza, Theologisch-politischer Traktat (1670), Sämtliche Werke Bd. 3, Hamburg 2010, 237

zuordnen. Nun gibt es indes genügend Beispiele dafür, dass auch in der Demokratie nicht zuletzt Minderheiten oder einzelne Interessen übergangen werden, weil sie nie mehrheitsfähig werden. Dazu könnten sexuelle Orientierungen genauso gehören wie Eigentumsinteressen. Mag die christliche Unterdrückung der Homosexualität einen religiösen wie kulturellen Hintergrund haben, handelt es sich bis heute trotzdem schlicht um die Unterdrückung einer Minderheit durch eine Mehrheit, die sich daran auch noch sexuell erregt, ähnlich wie bei der Steinigung einer Ehebrecherin heute in Iran. Deswegen kann man Demokratie auch nicht auf ein schlichtes Mehrheitsprinzip gründen – was auch für Volksentscheide gilt, die diskriminieren – sind Minderheitenrechte genauso unabdingbar wie der verfassungsmäßige Schutz von Institutionen – auch den Medien – vor dem Zugriff von parlamentarischen Mehrheiten oder diskriminierenden Bewegungen, die in der Regel darauf abzielen, mittels der Herrschaft über staatliche Institutionen ihre Interessen zu Lasten anderer durchzusetzen. Bis heute bleibt daher das vordringliche politische Problem, wie man Minderheiten vor diskriminierenden Mehrheiten schützt, was in der Frage gipfelt, wie man medial Involution befördert, also den Minderheiten Zugänge zur Macht verschafft, mit denen sie sich vor den Zugriffen diskriminierender Mehrheiten zu schützen vermögen – wenn denn das nicht bloß ein Akt individueller Selbstverteidigung sein kann.

Die demokratische Herrschaft der Mehrheit verändert sich bei Spinoza langsam, wiewohl anders als bei Thomas Hobbes der Staat nämlich nicht auf der Macht des Souveräns, sondern auf der Macht der Menge basiert. So denkt Spinoza schon pluralistisch, verdankt sich die Macht des Staates nicht seiner Einheit, sondern entsteht aus der Vielheit und Heterogenität des Volkes heraus. Das ist der entscheidende Punkt: Dann tragen auch die Minderheiten zum Staat bei, nicht nur die Mehrheit. Dann haben allein aus machtstrukturellen Erwägungen die Minderheiten auch Rechte am Staat.

Aber Spinoza geht noch einen Schritt weiter in die Richtung des späteren Existentialismus französischer Prägung. Nicht der braven Untertänigkeit unterworfener Menschen, sondern einer freien Menge, die ihr Leben selber gestalten will, entspringt die Macht. Freie Menschen leben nämlich aus der Hoffnung heraus, Untertanen aus der Furcht – die apokalyptische Pädagogik des Schreckens von Machiavelli und Hobbes, die Platon bereits antizipiert, allerdings archipolitisch moderiert, die Rousseau verlängert und an die später Hans Jonas und die Apokalyptiker Peter Sloterdijk und Paul Mason anschließen werden. Man versucht die Bürgerinnen zu lenken und auch zu erziehen, indem man ihnen zukünftige große Gefahren bis hin zu Weltuntergängen ausmalt, wenn sie nicht das tun, was die Apokalyptiker predigen – eine Pädagogik der Angstproduktion und des Schreckens, die ihren Ursprung im Christentum hat und die Geschichte des Abendlandes nachhaltig prägt, an die die modernen Wissenschaften anschließen, um die Zeitgenossen durch Furcht erregende Prognosen zu beherrschen – eine Philosophie jener, die sich rings um die Zentren der Macht ansiedeln und die mit der Apokalyptik versuchen, andere Zeitgenossen von Involution abzuhalten. Den Gipfel solcher Pädagogik der Angst besteigt Paul Mason, der seine Leser nach über dreihundert warnenden Seiten fragt: „Sind Sie bereits in rational begründete Panik geraten? Warten Sie, das Erschreckendste kommt noch.“[1] Die Angst, gar die Panik soll auch noch rational sein. Dergleichen Warnungen verdanken sich dem Dogmatismus. Wie stellte doch Mitterer fest: „Die Erziehung zur Wahrheit ist immer die Erziehung zur Wahrheit des

[1] Paul Mason, Postkapitalismus – Grundrisse einer kommenden Ökonomie (2015), Berlin 2016, 328

Erziehers."[1] Umberto Eco warnt davor, blind vermeintlichen Wahrheiten aufzusitzen und empfiehlt, Wahrheiten stattdessen zu metonymisieren: „Fürchte die Wahrheitspropheten, Adson, und fürchte vor allem jene, die bereit sind, für die Wahrheit zu sterben: Gewöhnlich lassen sie viele andere mit sich sterben, oft bereits vor sich, manchmal für sich. (. . .) Vielleicht gibt es am Ende nur eins zu tun, wenn man die Menschen liebt: sie über die Wahrheit zum Lachen bringen, die Wahrheit zum Lachen bringen, denn die einzige Wahrheit heißt: lernen, sich von der krankhaften Leidenschaft für die Wahrheit zu befreien."[2]

Freiheit heißt nach Spinoza, sich im Einklang mit der eigenen Natur zu befinden – was erst ein neuer Gedanke ist, wenn diese keine Allgemeinheit, sondern Besonderheit verkörpert. Solche Menschen begehren auf und erstreiten sich ihre eigenen Rechte, kämpfen somit für ihre Befreiung – der Grundgedanke im emanzipatorischen Existentialismus, würde ich Befreiung lieber als Involution bezeichnen, mit der aber die Revolution verabschiedet wird. Damit entzieht sich der einzelne indes nicht dem Einfluss anderer Menschen. Im Gegenteil aus dem Zusammenwirken folgt auch ein gegenseitiger Einfluss, so dass die politische Freiheit keineswegs absolut ist. Stattdessen heißt Freiheit Emanzipation, als langsamer Ausgang aus ideologischer Verblendung und Unterwürfigkeit, letztlich Selbstbildung, die man der staatlich angebotenen entgegensetzt, um dadurch Teilhabe dort zu erreichen, wo man sich ausgeschlossen fühlt.

Spinoza avanciert daher für Martin Saar zu einem Vordenker einer radikalen Demokratie, die gegen undemokratische Strukturen kämpft. Die Bevölkerung lässt sich Rechte nicht nur vom Staat verleihen, sondern be-

---

[1] Josef Mitterer, Die Hure Wahrheit, 1983, 273
[2] Umberto Eco, Der Name der Rose (1980), 624

greift sich selbst als Träger von Rechten. Vernunft verkörpert nicht nur die Logik des Staates, sondern auch die Logik der Bevölkerung, ist also nicht nur allgemein rationalisierend, sondern besonders individualisierend. Politik betreibt nicht nur die Regierung, sondern die Bürgerinnen beteiligen sich an ihr, ohne dass der Staat dies verhindern kann. Saar schreibt: „Demokratie, das heißt politische Herrschaft unter Bedingungen der Inklusion und Partizipation aller, *ist* die alternativlose, einzig legitime Form moderner Politik."[1] Denn an ihr partizipiert die Bevölkerung, so dass die Regierung auch eine Basis im Volk besitzt, die für einen stabilen Staat unabdingbar ist, bezieht dieser seine Macht letztlich aus der Bevölkerung. Der Staat vertritt daher auch nicht mehr wie im Mittelalter das göttliche Gesetz, um die göttliche Ordnung auf Erden vorzubereiten, auch keine natürliche wie bei Rousseau. Nein, er erhält nach Spinoza einen innerweltlichen Zweck: „Der Zweck des Staates ist in Wahrheit die Freiheit."[2] Ich erlaube mir zu transkribieren: die Involution, also Partizipation und Emanzipation, Teilhabe und Mündigkeit.

Nicht nur ebnet Spinoza damit einem modernen Staatsverständnis den Weg. Er geht auch von einem Menschen aus, der Affekte besitzt, die sich von der Vernunft nicht leicht kontrollieren lassen, die obendrein von der Umwelt beeinflusst werden, ohne dass sie sich dadurch einfach steuern ließen. Gleichzeitig besitzt der Mensch einen Selbsterhaltungstrieb, den Spinoza *conatus* nennt, der auf die Vergrößerung der eigenen Spielräume und darauf abzielt, die eigene Macht zu erhalten. Im Staat bieten sich dazu jedoch bessere Möglichkeiten als in einem Naturzustand. In seinem Hauptwerk

---

[1] Martin Saar, Die Immanenz der Macht – Politische Theorie nach Spinoza, Berlin 2013, 390
[2] Baruch de Spinoza, Theologisch-politischer Traktat (1670), 301

Ethica schreibt Spinoza 1775: „Ein Mensch, der sich von der Vernunft leiten lässt, ist freier in einem Staat, wo er nach einem gemeinsamen Beschluss lebt, als in einem Alleinsein, in dem er nur sich selbst gehorcht."[1] Der einzelne darf seinen Affekten keinen freien Lauf lassen und der Staat muss dazu beitragen, dass dies gelingt. Nicht ein autoritärer Staat ist dazu in der Lage, sondern ein demokratischer, der die einzelnen so indirekt lenkt, dass diese selber glauben frei zu sein. Daraus entwickeln sich Handlungsräume, wie sich auch Perspektiven der Kooperation ergeben. Just darauf müsste eine Politik Rücksicht nehmen, würde für Saar eine gute Regierung mit diesen individuellen Affekten und Reaktionen so geschickt umgehen, dass sie die Individuen gerade nicht zu Untertanen oder gar zu Maschinen macht. Politik und Bürger wirken gegenseitig aufeinander. So bemerkt Saar: „Die Freiheit der Bürger und des Volkes ist vielmehr immer schon auf die Macht des Staates bezogen und von ihr strukturiert; ebenso bemisst sich die tatsächliche Macht des Staates daran, wie erfolgreich er freie Bürger regiert."[2]

In gewisser Hinsicht darf die Macht nicht sichtbar sein, um mit der Freiheit der Bürger zusammenzuspielen. Bürger und Staat gehören zusammen, und zwar sowohl emotional als auch rational. So schreibt Spinoza 1676 in seinem *Tractatus Politicus*: „Die Seele des Staates sind nämlich dessen Rechtsgesetze. Bleiben sie erhalten, bleibt notwendigerweise der Staat erhalten. Aber sie können nicht intakt bleiben, wenn sie nicht in der Vernunft und in der den Menschen gemeinsamen Affektivität ihre Stütze haben. Ist es anders, stützen sie sich bloß auf die Hilfe der Vernunft, dann sind sie kraftlos und leicht auf-

---

[1] Baruch de Spinoza, Ethik in geometrischer Ordnung dargestellt (1775), Sämtliche Werke Bd. 2, Hamburg 1977, 111
[2] Martin Saar, Die Immanenz der Macht, 2013, 236

zuweichen."[1] Es kann in der Politik daher nicht um eine bloße Rationalisierung des Staates gehen, sondern auch darum, die Affekte und Emotionen der Bürger in den politischen Prozess miteinzubeziehen. Dann erst wird der Staat wirklich handlungsfähig. Zu den Affekten gehören auch die Vorstellungen und besonders die Bilder, die Affekte auslösen und ausdrücken. Mit Bildern werden nicht erst in der massenmedialen Welt direkt und indirekt politische Botschaften vermittelt. Indem sie die Bürger emotional berühren, binden sie diese an ihre Inhalte, politische Parteien oder staatliche Institutionen. Eine politische Philosophie sollte sich nach Saar im Anschluss an Spinoza daher bildtheoretisch und kulturwissenschaftlich orientieren.

Derart entwickelt Spinoza ein Machtverständnis, das zumeist erst im 20. Jahrhundert aufgegriffen wurde. Macht verdankt sich keiner hierarchischen Institution, sondern entfaltet sich in konkreten Strukturen, deren sich die einzelnen ausgesetzt sehen, die sie aber auch nutzen können. Macht ist nicht nur unterdrückend, sondern produktiv, gerade auch im Sinne der einzelnen. Die politische Macht von Institutionen braucht die freiwillige Zustimmung der Bürger, spielen bei Spinoza Macht und Freiheit zusammen. Saar schreibt: „In diesem Sinn ist (. . .) das Fundament aller politischen Strukturen demokratisch; denn es ist ein Grund in der Macht des Volkes, in der *potentia multitudinis*. Und dies ist in der Tat der provokante Kern von Spinozas Demokratietheorie, wenn nicht sogar ‚der Grundgedanke in Spinozas politischer Philosophie'."[2]

Die Medien spielen also eine vermittelnde Rolle für eine politische Pädagogik, die anders als jene Platons

---

[1] Baruch de Spinoza, Politischer Traktat (1676), Sämtliche Werke Bd. 5b, Hamburg 2010, 217
[2] Martin Saar, Die Immanenz der Macht, 2013, 349

oder diejenige Rousseaus die Bürger keiner Idee unterstellt, sondern die Vorstellungen und Wünsche der Bürger integriert, also zur Involution beiträgt. Das kann selbstredend manipulativ missbraucht werden. Aber die Bürger können das auch erkennen und sich dagegen zur Wehr setzen. So bereitet Spinoza dem vierten, linguistischen Politikmodell den Weg, bei dem es um fortschreitende Involution geht und nicht mehr um Revolution. Doch dergleichen verhallte lange folgenlos, spielt Spinoza höchstens die Rolle eines Außenseiters in der politischen Philosophie, die sich primär um souveräne Herrschaft und um Revolution kümmert – anstatt um Involution. So geht es mir im Anschluss an Saar auch darum, die politische Philosophie aus der konservativen Umklammerung zu befreien, um sie in einer sozialen und liberalen Perspektive zu entwerfen.

3.3. Von der Zeitung zum Klassenkampf

Welche Rolle spielen die Zeitungen für das Verhältnis von Bildung und Politik? Zeitungen diverser Art gab es spätestens seit dem 17. Jahrhundert. Das 18. war das Jahrhundert der Zeitschriften, erschienen im deutschen Sprachraum beispielsweise an die 400 Wochenschriften für die Bürgersfrau, um deren Moral zu heben, ließen sich die Gretchen ja gerne von den Adligen verführen. Das Bürgertum auf dem Weg zur politischen Teilhabe versuchte sich durch die Verbesserung der Moral politikfähig zu machen: das moralische Jahrhundert, das auf dem Buch beruht, im Terror Robespierres kulminiert und in die Disziplinardispositive des militarisierten 19. Jahrhunderts ausläuft. Vorher musste indes noch die Bürgersfrau monogamisiert werden, was dann bei *Effie Briest* und *Madame Bovary* enden und durch Simone de Beauvoirs Auflehnung konterkariert wird.

Im 19. Jahrhundert kommen dann die Tageszeitungen auf und mit ihnen der Klassenkampf. So bemerkt Nietzsche gegen Ende des Jahrhunderts in einem voller Idiosynkrasien steckendem Aphorismus aus *Jenseits von Gut und Böse*: „und vor allem die Einführung des parlamentarischen Blödsinns, hinzugerechnet die Verpflichtung für Jedermann, zum Frühstück seine Zeitung zu lesen."[1] Nietzsche wehrt sich gegen den Zug der Zeitung und damit gegen die Arbeiterbildung, den mit revolutionärem Pathos vorgetragenen Anspruch der Massen auf demokratische Partizipation. Im Sinn von Platons *Politeia* soll noch für Nietzsche der Nährstand seiner Arbeit nachgehen und braucht über das politische Geschehen gar nicht weiter informiert zu werden. Die Massenmedien gelten vielen konservativen Intellektuellen bis weit ins 20. Jahrhundert hinein als Gefährdung der sittlichen Ordnung. Sie fürchten sich vor der propagierten Revolution. Dabei wird es nicht die Revolution, sondern die Involution sein bzw. diverse Emanzipationsprozesse, die dazu führen, dass soziale Gruppen in die herrschende politisch soziale Ordnung eindringen und deren traditionelle Fundamente erschüttern, so dass man heute in der Postmoderne lebt.

Den ersten größeren Konflikt eines öffentlichen Intellektuellen mit einem frühen Massenmedium hatte denn auch ein Konservativer, der fromme Sören Kierkegaard, der wider Willen zum Wegbereiter von Nietzsches Wort ‚Gott ist tot' und dem emanzipatorischen Existentialismus von Camus, Sartre und de Beauvoir avanciert. Er kritisiert die dänische Amtskirche wie das zeitgenössische Christentum, aus Gott einen recht lieben gemacht zu

---

[1] Friedrich Nietzsche, Jenseits von Gut und Böse (1884-85), KSA Bd. 5, 208

haben. Überhaupt tritt Kierkegaard der Öffentlichkeit denn auch immer skeptischer gegenüber. Nicht nur sieht er im Fortschritt der Wissenschaften einen Zug der Objektivierung, die die Subjektivität und damit das Leben selbst aufhebt. Auch in der Ausbreitung eines sozialen Denkens, was sich durch die bürgerlichen Revolutionen in den Jahren um 1848 in Europa noch beschleunigt, droht für Kierkegaard ein Zug der Vermassung und somit ein weiterer Verlust an individueller Existenz: „Lass andre darüber klagen," ruft er 1843 aus, „dass die Zeit böse sei; ich klage darüber, dass sie jämmerlich ist; denn sie ist ohne Leidenschaft. Die Gedanken der Menschen sind dünn und zerbrechlich wie Klöppelspitzenwerk, sie selber bejammernswert wie Spitzenklöpplerinnen."[1] Während Linke die Unterdrückung anprangern, klagen Traditionalisten über den Hedonismus der Massen, der natürlich auch den Linken ein Dorn im Auge ist und der letztlich dazu führen wird, dass es den Arbeitern im 19. Jahrhundert um ein besseres Leben und damit um Involution geht und nicht um Revolution.

Im *Corsarenstreit* - so der Titel des Bandes in Kierkegaards *Gesammelten Werken*, der langjährige Auseinandersetzungen dokumentiert – führt er einen der ersten Konflikte eines Einzelnen gegen entstehende Massenmedien und deren Macht – also auch den Kampf um die individuelle Existenz, die von der medialen Öffentlichkeit bedroht wird; ein Kampf, bei dem es um unterschiedliche Auffassungen von Ethik geht. *Der Corsar* war eine weit verbreitete, kulturell und politisch durchaus wichtige Zeitschrift im überschaubaren Dänemark. In einem der Texte des *Corsarenstreits* schreibt Kierkegaard: „Es handelt sich nicht um ein Blatt, das in einem Provinznest sein kümmerliches Dasein fristet; es ist auch

---

[1] Sören Kierkegaard, Entweder / Oder, Zweiter Teil (1843), Gesammelte Werke 2. u. 3. Abteilung, Düsseldorf, Köln 1957, 29

nicht eine Zeitschrift, die, im Dienst der Ehre und Verantwortung befestigt, wissen muss, was sie schreibt und tut: nein, es handelt sich um ein Blatt, welches ohne Vergleich das unbedingt am meisten gelesene im Königreich ist - und das mit einer Hemmungslosigkeit schreibt, die ohne Beispiel und Vergleich ist."[1] *Der Corsar* hatte *Entweder / Oder* zwar noch begeistert aufgenommen. Doch nachdem Kierkegaard seit Ende des Jahres 1845 aus betont christlichen Motiven eine Polemik gegen den *Corsar* beginnt, stellt die Zeitschrift Kierkegaard 1846 durch eine Reihe bösartiger Karikaturen bloß. So trifft ihn das allgemeine Gespött. Kierkegaard kommentiert: „Also in einer kleinen Stadt, in engen Verhältnissen, unter den täglichen Berührungen des gemeinsamen Zusammenlebens, (. . .) gedeiht im Siegesbewusstsein mit einer geradezu unerhörten Abnehmerschaft ein Blatt, welches davon lebt, dass es alles sagen und alles tun darf, ein Blatt, das ohne Idee, im Dienste der Leidenschaft und des Vorteils glänzenden Gewinn zieht aus dem Vorrecht der Verächtlichkeit, völlig ungehemmt zu sein."[2] Kierkegaard reagiert auf die Angriffe mit einer Reihe von Artikeln, die den Konflikt natürlich noch weiter anheizen und zu einer jahrelangen unerträglichen Auseinandersetzung werden lassen. Er inszeniert sich dabei durchaus geschickt als leidendes Opfer. Aber in der Tat agiert die Massenpresse im *Corsarenstreit* bereits mit jener Perfidie, an die man sich heute bei Boulevard-Medien längst gewöhnt hat: „In Dänemark darf man frei über den König und die Obrigkeit sprechen: aber man nehme sich in acht, frei über den Corsaren zu sprechen."[3] Kierkegaard und Nietzsche wehren sich gegen den massenmedialen Zug der Zeit, die dem

---

[1] Sören Kierkegaard, Kleine Aufsätze 1842-51 - Der Corsarenstreit, GW 32. Abteilung, Düsseldorf, Köln 1960, 111
[2] Ebd., 109
[3] Ebd., 110

Individuum keine Entfaltungsmöglichkeit mehr lässt. Nur liegt das höchstens partiell an den Massemedien, vor allem aber an der Militarisierung. Konservative Intellektuelle sehen das gemeinhin anders und werden bis in die zweite Hälfte des 20. Jahrhunderts die Massenmedien für einen angeblichen kulturellen und moralischen Niedergang verantwortlich machen – findet dergleichen Medienschelte in der rechtspopulistischen Hetze bis hin zu Trump ihre heutige Verlängerung.

Auf der anderen Seite entstehen mit den Massenmedien auch die Massen, die von den Vertretern der Sozialbewegung geradezu verherrlicht werden. Und die Zeitungen repräsentieren eine bürgerlich liberale Öffentlichkeit, die angesichts des drohenden vierten Standes sich zunehmend konservativer gebärdet. Das werdende Proletariat kann sich dagegen auf ein schon jahrhundertealtes Massenmedium stützen, auf das überhaupt erste seiner Art, nämlich das Flugblatt und die Flugschriften. An diese Tradition schließt noch Georg Büchner 1834 in seinem revolutionären Manifest *Der hessische Landbote* an. Wie lautet doch sein Aufruf: „Friede den Hütten! Krieg den Palästen! (. .) Das Leben der Vornehmen ist ein langer Sonntag: sie wohnen in schönen Häusern, (. .). Das Leben des Bauern ist ein langer Werktag; Fremde verzehren seine Äcker vor seinen Augen, sein Leib ist eine Schwiele, sein Schweiß ist das Salz auf dem Tische des Vornehmen."[1] Das Proletariat wie die armen Bauern konsolidieren sich als Gruppe und verlangen einen Anteil an der Ökonomie, die damit zur eigentlichen Politik avanciert, zur politischen Ökonomie.

Die Printmassenmedien des 19. Jahrhunderts formen die Massen so, dass sie als Subjekte auf der Bühne der Politik erscheinen können. Dadurch dass sie die Armen

---

[1] Georg Büchner, Der Hessische Landbote (1834), Werke und Briefe, München 1965, 133

erreichen, konstituieren sie sie als Masse. Zunehmend lebten sie verelendet in den Städten, waren aber auch gleichzeitig weit über das Land verstreut. Die Massenmedien bildeten sie und gaben ihnen gleichermaßen indirekt eine Stimme, ohne dass sie selber hätten sprechen können. Beides zusammen schuf das Proletariat, die Partei der Armen, die auf der weltpolitischen Bühne auftauchen konnte, was in der Antike nur sehr selten gelang – man denke an die Plebejer auf dem Aventin. So stellt Rancière fest: „Es sind die Alten, weit mehr als die Modernen, die als Prinzip der Politik den Kampf zwischen Armen und Reichen anerkannt haben. Aber genau genommen haben sie in ihm die eigentlich politische Wirklichkeit erkannt – selbst wenn sie ihn auslöschen wollten. Der Kampf zwischen Reichen und Armen ist nicht die gesellschaftliche Wirklichkeit, mit der die Politik rechnen müsste. Er ist identisch mit ihrer Einrichtung.“[1]

Für ein gutes halbes Jahrtausend hat das Christentum versucht, diesen Kampf zu verdrängen, ihn wie Platon archi-politisch, polizeilich oder pädagogisch aufzuheben. Im Hochmittelalter entbrannte er durch die Bettelorden innerhalb des lateinischen Christentums. Erst im 19. Jahrhundert vor dem medialen und pädagogischen Hintergrund wird er manifest, gibt es jetzt eine Masse, der medial eine Stimme gegeben wurde und die sich durch Bildung identifiziert. Allerdings beschränkt sich die Bildung auf eine Form der Massenbildung, so dass die Armen ihre Stimme nicht selbst artikulieren und erheben können. Die Arbeiterbildung, die sich politisch gibt, erfüllt indes eher einen privaten Sinn, denn einen politischen. Es geht nicht wirklich um Involution – die wird sich vielleicht ein Jahrhundert später daran anschließen, sondern eben um Revolution oder um politische Ökonomie, um größere Teilhabe am gesellschaftlichen Reich-

---

[1] Jacques Rancière, Das Unvernehmen (1995), 24

tum, nicht um politische Teilhabe am Gemeinwesen und vor allem um den Ausschluss anderer Klassen von der Ökonomie wie aus der Politik, jedenfalls im revolutionären Sozialismus – wiewohl die Proletarier selber vermutlich eher auf Involution aus waren. Denn allein der gemäßigte Sozialismus strebt Involution an, allerdings ohne davon zu ahnen, geht es doch allen offiziell um eine Art Revolution.

3.4. Die Massenmedien im 20. Jahrhundert und die Medienkritik

Welche Rolle spielen Funk und Fernsehen für das Verhältnis von Bildung und Politik? Telefon und Telegraph entstehen noch im 19. Jahrhundert. Sie geben einen individualisierenden Impuls in die mediale Entwicklung breiterer Bevölkerungskreise, einen Impuls, den indes richtig zunächst nur die Reichen nutzen können. Um 1900 entsteht der Film und verändert das Leben auch der Armen, sogar das Sexualleben, wird das Kino zu einem Ort sexueller Handlungen, zunächst auf dem Jahrmarkt. Doch schnell entdeckt man auch den Nachrichtenwert von Bildern. Kriegsszenen aus dem Burenkrieg werden bei Paris nachgestellt – das Publikum ist begeistert. Nach dem ersten Weltkrieg konsolidiert sich der Spielfilm, diskutiert man in den Feuilletons, ob es sich dabei um eine Kunstform handelt. Mit den Nazis kommt der Tonfilm auf, den Walter Benjamin aus zwei Gründen ablehnt, hat er den Stummfilm noch für revolutionär gehalten. Doch der Tonfilm ist schwierig zu synchronisieren und er verliert damit seinen internationalen Charakter, der den Stummfilm für die Weltrevolution zu prädestinieren schien. Außerdem steigen dadurch seine Produktionskosten immens, so dass nur noch große Konzerne Filme finanzieren können. Derart verliert die Arbeiterklasse ein Medium, das zuvor die eigenen Hoffnungen ausdrückte.

Für Bernward Hoffmann hat bereits die Fotographie eine wichtige soziale und politische Funktion. Auch die Armen können von sich Bilder machen lassen und sich auf eine ähnliche Weise wie die Reichen ins kulturelle Gedächtnis einschreiben: „Das Massenmedium Fotografie, vor allem auch die Porträtfotografie, entspricht dem Aufstieg von Massenschichten zu größerer sozialer und politischer Bedeutung."[1] Die Massenmedien erlauben zumindest in manchen Bereichen, den bisher medial weitgehend Ausgeschlossenen eine wenn auch beschränkte Form der Involution. Gaben sich die Plebejer auf dem Aventin Namen, so machen die Arbeiter von sich Fotos.

Den Rundfunk nutzen in Deutschland zuerst die Nazis, durchaus mit großem Erfolg. Max Horkheimer und Theodor Adorno kritisieren in den Vierzigern nicht alleine das neue Massenmedium: „Der Schritt vom Telefon zum Radio hat die Rollen klar geschieden. Liberal ließ jenes den Teilnehmer noch die des Subjekts spielen. Demokratisch macht dieses alle gleichermaßen zu Hörern, um sie autoritär den unter sich gleichen Programmen der Stationen auszuliefern."[2] Nach dem zweiten Weltkrieg werden Radio und Fernsehen zu staatlichen Massenmedien, die den Massen keine Stimme geben, sondern diese ihnen geradezu verweigern und dabei eine Stimme halluzinieren, die den Massen im Zuge der Boulevardisierung untergejubelt wird, ein medialer Grundzug, der sich bis heute verschärft. Daher haben die Massen keine Stimme,

---

[1] Bernward Hoffmann, Medienpädagogik, 2003, 115
[2] Max Horkheimer, Theodor W. Adorno, Dialektik der Aufklärung (1947), Frankfurt/M. 1971, 109

nicht mal die eines Stellvertreters, avancieren ihre Vertreter zu ähnlichen Eliten wie jene der Medien.

Für Herbert Marcuse vertreten die Massenmedien letztlich nur partikulare Interessen, nämlich die der herrschenden Klasse, die den Nutzen aus der technischen Entwicklung zieht. Die Massenmedien tragen dazu bei, dass die Menschen von einem umfassenden Prozess der Verdinglichung beherrscht werden, schließt Marcuse damit an einen Begriff von Georg Lukács an, der damit auf den umfassenden Warencharakter hinweist, auf den der Mensch reduziert wird. Die Massenmedien beschleunigen diesen Prozess, vor allem dadurch dass sie ihn ideologisch verschleiern, genauer den zugrundeliegenden Prozess wissenschaftlicher Rationalisierung. Es sieht so aus, als wenn das, was passiert, durchaus sinnvoll und rational wäre, so dass die kritischen Argumente unglaubwürdig werden. So schreibt Marcuse 1964: „Die Welt tendiert dazu, zum Stoff totaler Verwaltung zu werden, die sogar die Verwalter verschlingt. Das Gewebe der Herrschaft ist zum Gewebe der Vernunft selbst geworden und diese Gesellschaft ist verhängnisvoll darein verstrickt."[1] Während Horkheimer und Adorno jedoch gar keinen Ausweg aus diesem Verhängnis erkennen, hofft Marcuse in marxistischer Manier auf den weiteren Fortschritt der Produktivkräfte.

Noam Chomsky erkennt in den Massenmedien vor allem einen undemokratischen Grundzug. Wer immer es sich zur Aufgabe machte, die Medien zu demokratisieren, wird daran scheitern. Jeder, der in ihnen mitarbeitet, wird sehr eilig deren interne Logik übernehmen müssen, verlöre er im anderen Fall schnell seinen Job. So erscheint Chomsky auch eher pessimistisch über die Rolle der Medien, wenn er schreibt: „Ganz allgemein gespro-

---

[1] Herbert Marcuse, Der eindimensionale Mensch (1964), Neuwied, Berlin 1970, 183

chen fällt den Medien und den gebildeten Klassen die Aufgabe zu, ihren ‚gesellschaftlichen Auftrag' zu erfüllen, indem sie im Rahmen der vorherrschenden Konzeption von Demokratie ihrer staatsnotwendigen Tätigkeit nachgehen."[1] Die Massenmedien Zeitung, Radio, Film und Fernsehen gaukeln bloß vor, den Massen eine Stimme zu verleihen. Vielmehr lässt sich deren Verhältnis am Modell des Motors verdeutlichen. Die Massenmedien vor dem Internet besitzen ein Zentrum und von dort aus bewegen sie die Glieder.

Chomsky, Marcuse und Adorno verbleiben bei ihrer Medienkritik im Horizont eines inhaltlichen Denkens. Sie haben Marshall McLuhans Einsicht nicht beachtet, dass es bei den Massenmedien weniger um die Inhalte, als vielmehr um die Medien selbst geht: „The Medium is the Message." Die Medien erzeugen die Wirklichkeit, so dass sie dabei dem Rezipienten gerade nicht auffallen. Das Medium, den Beobachter, den Berichterstatter übersieht die frühe Medienkritik weitgehend. Anders der Medientheoretiker Vilém Flusser, der auf die Macht der Bilder verweist, die ihrerseits politische Ereignisse mit einem Nachrichtenwert versehen und sie derart langfristig zu historischen Ereignissen machen. Für Flusser folgte die rumänische Revolution den Fernsehbildern. Er schreibt 1993: „Historische Ereignisse begannen dahingehend manipuliert zu werden, Bilder zu ergeben, die in ihren Empfängern ein magisches Verhalten im Interesse dieser Politiker hervorrufen sollten. Der Faschismus, zum Beispiel, wäre ohne einen solchen Gebrauch von Fotos und Film nicht möglich gewesen."[2] Die rumänische Revolution wurde dagegen von den Fernsehbildern ausgelöst, als der Diktator Nicolae Ceauşescu sich bei einer öffentlichen Rede mit Protesten konfrontiert sieht, die *life* im Fernse-

[1] Noam Chomsky, Sprache und Politik (1988), 108
[2] Vilém Flusser, Medienkultur (1993), Frankfurt/M. 1997, 139

hen übertragen wurde. So schreibt Flusser weiter: „Dies würde tatsächlich die rumänische Revolution zu einem Hauptereignis des ausgehenden Jahrhunderts machen, zu einer Einleitung des neuen Jahrtausends, das auf uns wartet."

Die klassischen Massenmedien, aber auch die neuen des Internet machen eine Theorie der Struktur- und Wirklichkeitsbildung nötig, wenn die Zeitgenossen die Welt weitgehend medial verstehen, und zwar durch eine audio-visuelle technisch erzeugte Medienwelt. Das muss aber nicht notwendig zur Einsicht führen, dass die Medien die große Gefahr sind. Seit Menschen politisch zusammenleben, stützen sie sich auf Medien. Aber die Massenmedien des 20. Jahrhunderts haben in der Tat häufig eine unrühmliche politische Rolle gespielt.

Gianni Vattimo sieht dagegen positive Tendenzen hinsichtlich der klassischen Massenmedien, und das noch vor dem Internet-Boom, nämlich Ende der achtziger Jahre. Er schreibt: „Was sich allerdings trotz aller Anstrengungen der Monopole und großen kapitalistischen Zentren tatsächlich ereignet hat, ist, dass Radio, Fernsehen und Zeitungen zu Elementen einer allgemeinen Explosion und Vervielfältigung von Weltanschauungen geworden sind."[1] Sie sind vielleicht nicht die Stimme der Ärmsten. Aber sie sind für Vattimo durchaus die Sprecher unterschiedlicher sozialer Gruppen, die durch die Medien sich öffentliches Gehör verschaffen konnten, politisch somit teilhaben. Die Massenmedien öffnen die politisch sozialen Diskurse in der Öffentlichkeit eher, als sie zu restringieren. Damit würden sie Partizipation und Involution zumindest indirekt fördern. Sie vertreten in diesem Sinn auch Interessen von Minderheiten. Trotzdem bleibt der involutive Charakter beschränkt, da die klassischen

---

[1] Gianni Vattimo, Die transparente Gesellschaft (1989), Wien 1992, 17

Massenmedien das Individuum nicht zu Wort kommen lassen.

Ganz so optimistisch schätzt der Medientheoretiker Friedrich Kittler die Entwicklung nicht ein. Für ihn haben vor allem die großen Kriege die mediale Entwicklung beschleunigt. Daraus ergeben sich dann die diversen skurrilen Abfallprodukte. Kittler schreibt: „Die Unfähigkeit der französischen Führung, ihre drei Panzerdivisionen über Funk zu steuern, machte es Guderian so leicht. Als Führer einer schweren Funkstation schon 1914 an der Marne hatte er zwischen 1923 und 1934 alles daran gesetzt, im Frankreichfeldzug seine zehn Panzerdivisionen mit einer technischen Neuerung aufzurüsten, dem UKW-Funk. Alle Autoradios, die uns zum Sound der Stones an ihre geliebte Cote d'Azur trugen, haben nur dieses Betriebsgeheimnis des Blitzkriegs übernommen. Die Popmusik wäre sonst jene monophone Sauce aus Venyl oder Mittelwellenradio geblieben, die ein Jahrzehnt zuvor unterm Namen Rock'n'Roll lief."[1] Insofern befördert eine Kriegstechnologie Individualisierungsprozesse. Die Rockmusik drückte die Stimmung jener Jugend aus, die sich in den Sechzigern aus den Zwängen der Kriegergesellschaft befreite, was die westliche Welt ja nachhaltig liberalisierte. Wahrscheinlich beschleunigte diese Musik diese Prozesse sogar. Überhaupt intensivieren die großen Kriege des 20. Jahrhunderts diverse soziale Entwicklungen, vor allem die Emanzipation der Frauen, aber auch der Farbigen wie der Proletarier. So demonstriert Kittlers Beispiel, wie stark sich die Welt medial verfasst und in welchem Maße die Politik mit den Medien verzahnt ist.

Jedenfalls spielen Funk und Fernsehen höchstens am Rande eine involutive Rolle im Sinne des Konflikt-Modells. Denn wenn sie mit Vattimo zwar bestimmten

---

[1] Friedrich Kittler, When The Blitzkrieg Raged; in: Albert Kümmel-Schnur (Hg.), Sympathy for the devil, München 2009, 139

Minderheiten eine Stimme verleihen, so äußern sich diese dadurch noch lange nicht selber, sondern werden höchstens durch die Medien repräsentiert. Das ließe sich eher im Sinn des deliberativen Modells interpretieren, dass auf diese Weise zumindest eine indirekte Form politischer Kommunikation stattfindet. Da ja die Grundlagen der Deliberation philosophischer Natur sind, entspricht das Modell der repräsentativen Demokratie, in die Marginalisierte auch nur indirekt integriert werden. Andererseits zeigt sich, dass Funk und Fernsehen für das Ordnungs- und das Kriegsmodell eine lenkende Funktion ausüben. Bildungsprozesse fördern sie kaum, jedenfalls höchstens en passant.

Bildung findet im 20. Jahrhundert primär in den Akademien statt. Dabei wird aber der Umgang mit den Massenmedien immer wichtiger, wie nicht nur die Erfahrung mit den Nazis demonstriert, die die medial noch naive deutsche Bevölkerung mit dem Radio leicht lenken konnten. Seither tritt die Medienbildung in den Vordergrund, um mediale wie politische Prozesse besser zu verstehen und dadurch auch eher zu Partizipation fähig zu sein. Damit avanciert Medienbildung zu einer wesentlichen Form politischer Bildung, obwohl dergleichen auch schon bei Sprache und Schrift, dem Buchdruck wie der Zeitung vonnöten gewesen wäre, aber in diesem Sinne noch keine Beachtung fand. Einblick in mediale Prozesse gehörte bis dahin höchstens zur Bildung im Allgemeinen.

4. Vorlesung
POLITIK IM ZEITALTER DES INTERNET

In welcher Beziehung stehen Bildung und Politik zueinander? Welche Rolle spielen dabei die Medien? Diese
Fragen stellen sich zuletzt vor dem Hintergrund der Entwicklung seit dem Buchdruck, also in Neuzeit und Moderne. Die klassischen Massenmedien verdrängen die
Relevanz der Bildung für die Politik eher – die Experten
vermitteln die Information, die dem Rezipienten keine
große eigene Bildungsanstrengung abzuverlangen scheint
–, während umgekehrt ihr politisches Gefährdungspoten-
tial im 20. Jahrhundert – die Menschen lassen sich medial massenhaft und vor allem zentralisiert lenken, was
zuvor den Kirchengemeinden oblag und nur dezentral
gelingen konnte – die Medienbildung provoziert. Politik
braucht Politiker, die mit den Medien umgehen können,
was aber nur wenig involutiven Charakter entfaltet und
mit dem Ordnungs- und dem Kriegsmodell adäquater
beschrieben wird. Für das Konfliktmodell präsentiert sich
gerade vor diesem Hintergrund Bildung indes als umso
dringender für Prozesse der Involution. Damit spezifizie-
ren sich die weiteren Fragen hinsichtlich der Rolle des
Internets: Auf welche Weise prägt das Internet die Politik
und damit auch die Bildung?

4.1. Das Internet als Welt in den Wellen

Wie verändert das Internet die Politik? Die Entwicklung der Kybernetik beginnt in den dreißiger und vierziger Jahren und wird wesentlich von Kriegsinteressen vorangetrieben. Auch den entscheidenden Impuls für die Entstehung des Internet kommt vom Militär, genauer vom Pentagon, das angesichts der Atomkriegsdrohung, ein Atomschlag könnte die Kommunikationszentren zerstören, eine dezentrale Organisation der militärischen Kommunikation in Auftrag gab. Joseph Weizenbaum gehörte dann zu den Entwicklern am MIT, die 1963 die erste E-Mail auf die Reise schickten, die damals noch eine Weile dauert, obgleich die Datenmenge relativ klein war. In den späten siebziger und frühen achtziger Jahren entsteht dann der Personal Computer, dessen Handlichkeit es ermöglicht, ihn in jedes Büro zu stellen. Anfang der Neunziger beginnt die Kommerzialisierung. Das Internet zieht ab den späten Neunzigern mit dem bedienerfreundlichen Web 2.0 in jeden Haushalt ein und transformiert sich mit dem Smartphone im neuen Jahrtausend zu einem ortlosen Kommunikationsmittel, das auch überall Zugang zum Netz gewährt. Wenn man nicht ‚dazugehören‘ will, hatte man früher entweder keine Kinder oder keinen Fernseher, heute kein Smartphone.

Marshall McLuhan spricht bereits 1962 vom globalen Dorf. Da war das Internet noch gar nicht angedacht. Recht behalten hat er trotzdem, vor allem auch mit seiner Diagnose: „Das globale Dorf sichert die absolut maximale Uneinigkeit in allen Punkten. (. .) Es ist boshafter und neidischer. Die Räume und Zeiten sind der zwischenmenschlichen Beziehung entzogen. Eine Welt, in der die Menschen sich ständig gegenseitig betroffen machen."[1] Schon mit Rundfunk und Fernsehen wurde man fast überall und ständig mit Nachrichten konfrontiert. Mit dem Internet hängt jeder ununterbrochen und fast überall an den Nachrichtenströmen – gerade auch den privaten, vor allem den beruflichen und den politischen –, Wellen, die zudem beinahe instantan berichten, so dass alle von allem ständig betroffen werden, was Mitleid, Schrecken, Furcht und Unsicherheit massiv intensiviert. Es ist nicht die Weltlage, die das sogenannte weitverbreitete Gefühl der Gefährdung und Verunsicherung erzeugt, nicht zuletzt, weil sich den Zeitgenossen schlechte Nachrichten besser verkaufen lassen, d.h. sich besser kommunizieren lassen, höhere Aufmerksamkeit und Interesse erwecken. Durch diese ungeheure Nachrichtendichte, durch deren Unübersichtlichkeit, also durch die Medien im Allgemeinen wird eine destabilierte Welt präsentiert – in negativer Anlehnung an Leibniz, der von prästabilierter Harmonie spricht.

Auch dadurch demonstriert das Internet die *Dialektik der Aufklärung*, zudem die Dialektik des Staates und die Dialektik des Anarchismus. Staatsfreie Räume öffnen sich jedweder Gaunerei – in der politischen Theorie nennt man das Naturzustand, der nach Hobbes ein Kriegszustand ist. Die Vorteile des Netzes paaren sich mit Gefahren. Versucht der Staat für Sicherheit im Netz zu sorgen, geht dadurch die individuelle Freiheit im Netz verloren, von der deren Verfechter schwärmen. Wenn es aber keine staatlichen Kontrollen gibt, wenn die Freiheit des Netzes das anarchische Glück verkündet, dann kostet dieses Glück den Preis, dass individuelle Vorsicht geboten ist, dass jeder für seine Sicherheit selber sorgen muss – wie

---

[1] Marshall McLuhan, Das Medium ist die Botschaft – ,The Medium is the Message' (1967), 73

im Naturzustand von Hobbes. Wenn sich die staatliche Polizei zurückzieht und die Plünderer kommen, dann bilden die Bürger Milizen und schützen sich selbst.

Umgekehrt nachdem eine neue *Welt am Draht* entstanden ist – Titel eines Fernsehfilms aus dem Jahr 1973 von Rainer Werner Fassbinder; heute müsste es wohl eher ‚Welt in den Wellen' heißen – nachdem für viele die Welt in den Wellen die wahre oder zumindest wahrere Welt ist, findet Politik zwischenzeitlich wesentlich im Himmel der Ideen statt, ist die technologische Welt des Internet zu einem wesentlichen Teil der Politik geworden, die noch die vermeintlich materielle Ökonomie aufsaugt. Das gilt für die Aktivitäten der Bürgerinnen genauso wie für institutionelle Organisationen. Wahlkämpfe finden seither intensiv im Internet statt, können Wahlkämpfer hier mit ihren Wählern auf vermeintlich direkte Art kommunizieren. Das Internet bietet insofern Chancen für demokratische Partizipation, wie der arabische Frühling vorführte, obgleich er trotz Internet fast überall scheiterte und in Libyen und Syrien in den Bürgerkrieg führte. Vielleicht wäre es ohne Internet zu diesen Aufständen und Bürgerkriegen nicht gekommen. Schließlich bietet das Internet auch genügend Spielräume für terroristische Aktion, für religiöse Mission und Disziplinierung, für ökonomischen Profit und ökonomische Ausbeutung in höchster Intensität, für Falschmeldungen und Verschwörungstheorien vor allem aber nicht nur aus dem rechtspopulistischen Lager, vor denen sich bis auf weiteres die Bürgerin selber schützen muss. Das liegt am Netz sowie an denen, deren Leben zu weiten Teilen dort stattfindet, bestimmt nicht an denen, die versuchen es zu verstehen – man denke an Jean-François Lyotards Bericht *Das postmoderne Wissen* aus dem Jahr 1979.

Außerdem sorgt der Staat zwar weniger für Sicherheit im Netz als für eine umfassende Kontrolle. Die Aktivitäten der amerikanischen Geheimdienste sind nur die Spit-

168

zen der Eisberge. Längst werden Kriminelle, Terroristen und politische Gegner im Internet verfolgt und überwacht, und nicht nur diese, sondern natürlich alle Bürger als eine Art Kollateralschaden. Die Bemühungen um Datenschutz scheinen weitgehend hinterherzuhinken. Ob es Deutschland und Europa dabei viel besser geht als den USA, ist fraglich, während Länder wie China und Russland das Internet als politisch gefährlichen Ort weitgehend stillgelegt haben. Mögen die technisch Versierten Internetsperren auch umgehen, vielen gelingt das kaum, werden sie dann vor allem nicht mehr einfach auf abseitige Ideen gebracht – zufällig beim Surfen im Netz. Das Internet macht dem Namen von Orwells Großem Bruders genauso viel Ehre wie Hobbes' Naturzustand oder dem Kriegsbegriff bei Carl Schmitt.

Es versteht sich von selbst, dass dadurch just in dieser Welt Medien, Bildung und Politik sich ineinander verschlingen. Alle Medien kehren hier wieder, das gesprochene Wort als Ausdruck der Seele, als stärkste Rhetorik, als charismatische Verheiligung – aufgezeichnet auf Video und auf YouTube aller Welt präsentiert. Der Gott könnte nicht mehr zu einem Helden auf dem Berg Sinai sprechen. Dieser würde alles sofort mit seinem Smartphone aufzeichnen. Auch die Schrift hat im Internet-Zeitalter mitnichten an Bedeutung verloren – nicht nur als Programmier-Schrift –, wie man angesichts der Durchseuchung aller Lebensbereiche durch das Telefon vorschnell meinen könnte. Im Internet wird gebloggt und gechattet oder in sozialen Netzwerken kommuniziert, und zwar schriftlich, hat sich weltweit die phonetische Schrift außer in China und Japan durchgesetzt. Andererseits wird diese Kommunikation auch zunehmend bebildert, nicht nur durch kleine Piktogramme, sondern Fotos aller Art: Ständig und überall wird alles fotografiert. So verliert die phonetische Schrift im Internet ihren asketisch abstrakten Charakter, schickt man Fotos oder gleich einen Film längst nicht nur aus dem Urlaub zu den zuhause Gebliebenen. Fast hieroglyphische Bilderwelten kehren wieder, die man längst für überwunden hielt, genauso wie die Götter, die in den Medien für viele sogar in einem neuen Glanz erstrahlen. Die Videos des IS frönen einer dramatischen Ikonophilie, der den islamischen Ikonoklasmus unterwandert. Bleibt der Gott auch noch eine Weile unsichtbar, seine Paradies-Jünger präsentieren sich in blühender Schönheit, die zärtlich kleine Katzen streicheln. Ikonoklasmus erlebt daher einen dramatischen Niedergang, während Ikonophilie um sich greift und mit ihr eine neue Ikonographie, die die phonetische Schrift unterwandert – man denke nur an die Power Point Präsentation. So stellt Hoffmann fest: „Unterstützt von anderen elektronischen, nicht auf dem gedruckten Wort beruhenden Medien, bringt das Fernsehen erneut Kommunikationsverhältnisse hervor, wie sie im 14. und 15. Jahrhundert bestanden haben."[1] Das Internet hat das noch intensiviert.

Diese Entwicklung erfasst die Politik und prägt sie nachhaltig. Nicht dass sie sich früher nicht durch Bilder verbreitet hätte, mit denen man auch Analphabeten erreichen konnte – die allerdings keinen Anteil an der Politik hatten und insofern natürlich auch keine politische Stimme. Heute ist das natürlich viel effektiver, fallen Politik und Bild beinahe zusammen: Die Kanzlerin ist das Bild von ihr wie ihre Stimme im Radio. So ist die Kanzlerin wie der allseits präsente Gott überall. Umgekehrt erhält die Bildung einen zunehmend ikonographischen Charakter. Man darf allerdings bezweifeln, ob dergleichen aufklärerisch wirkt: Das Bild, das notorisch verdichtet und verschiebt, behauptet die Wahrheit zu zeigen, und zwar auch noch eingängig. Ob dergleichen aber die Involution fördert, darf bezweifelt werden. Wenn man mit der

---

[1] Bernward Hoffmann, Medienpädagogik, 2003, 103

Bilderwelt des Internet Involution gar verhindern kann, wird dergleichen für das Ordnungs- und das Kriegsmodell der Politik interessant, könnten die Bilderwelten vom involutiven Bemühungen sogar ablenken.

4.2. Das Internet als Naturzustand

Damit ergibt sich die Frage: Welchem Politikmodell spielt das Internet zu? Die Ikonographisierung befördert sicherlich das Ordnungsmodell. Bilder schaffen mit ihrer performativen Wucht Ordnung. Bilder erleichtern aber auch die Kommunikation zwischen Menschen, die verschiedene Sprachen sprechen, was die Deliberation unterstützen könnte. Weil sich dabei immer offene Fragen ergeben – eine ikonographisch bestimmte Kommunikation bleibt notgedrungen unschärfer, interpretationsoffener – könnte dieser Zug der Internetzeit auch dem Konfliktmodell entsprechen. Es ist nicht gesagt, dass Bilder die Kraft der rationalen Argumentation stützen. Doch vor allem präsentiert sich das Kriegsmodell als die mögliche adäquate Verständnisform für Politik im Internetzeitalter.

Derrida schildert 1967 in der *Grammatologie* die Ausbreitung der Schrift in der modernen Welt, im Sport, beim Militär, in der Politik, der Biologie und in der Kybernetik, also lange vor dem Internet: „Ebenso gut könnte man von einer athletischen Schrift sprechen und, in Anbetracht der Techniken, die heute dieses Gebiet beherrschen, mit noch größerem Recht von einer Schrift des Militärischen oder des Politischen – all das mit dem Ziel, nicht nur das Notationssystem, das diesen Tätigkeiten sekundär zugeordnet ist, sondern auch das Wesen und den Gehalt der Tätigkeiten selber zu beschreiben. Im Hinblick auf die elementarsten Informationsprozesse in der lebenden Zelle spricht auch die Biologie heute von Schrift und *Pro-gramm.* Und endlich wird der ganze, vom kybernetischen *Programm* eingenommene Bereich – ob ihm nun wesensmäßig Grenzen gesetzt sind oder nicht – ein Bereich der Schrift sein."[1] Die Schrift setzt sich trotz Ikonographisierung weiterhin durch. Sie dreht sich in diverse Medien hinein bzw. es entwickeln sich aus ihr diverse Medien heraus, wie es ohne die Schrift keine moderne Technologie, ja nicht mal die mittelalterliche oder antike Technik gäbe. Kulturelles Leben findet im Medium der Schrift statt. Doch sie gibt die Welt nicht mehr wie zu Zeiten des Moses unmittelbar zu verstehen. Sie hat sich vielmehr in das Internet transformiert, aus dem heraus sich der moderne Zeitgenosse seine Welt schafft.

Das Internet ist das Super-Medium, besteht es aus diversen Medien, die es alle miteinander verbindet: die Sprache, die Schrift, die Zeitung, das Telefon, den Film, das Radio, das Fernsehen, die Navigation und Adressenlisten. Da es sich nicht an nationale Grenzen hält, ist es gerade in politischer Perspektive zu einem Ort der militärischen Konfrontation avanciert, wie es seinerseits die militärische Konfrontation prägt bzw. vom Militärischen her auch beschleunigt wird, wie es das Militärische immer aufdringlicher gestaltet. Die deutsche Bundesregierung warnt 2016 die Bevölkerung vor Cyber-Attacken großen Stils, die das öffentliche Leben lahmlegen könnten.

Kittler schildert den kriegerischen Übergang von der analogen zur digitalen Technologie: „Gegen die Radio-Fernsteuerung der Wehrmacht, das Betriebsgeheimnis ihrer Blitzkriege, half nur der Übergang von Analogma-

---

[1] Jacques Derrida, Grammatologie (1967), 21

schinen zu Digitalmaschinen. Zweckentfremdete Röhren mit nur noch zwei Schaltzuständen schlugen Radiofrequenzröhren. (. . .) Anstelle der selbständigen, aber ferngesteuerten Offiziere in UKW-Panzern oder U-Booten setzte der Weltkrieg selbstgesteuerte Maschinen: Computer, Raketen, Waffensubjekte. Und der Weg zu Star Wars war vorgezeichnet."[1] Hier darf man mit und gegen Kittler spekulieren, dass zumindest indirekt die Analogtechnik die digitale doch erst auf den Weg bringen musste.

Wenn sich seit den fünfziger Jahren immer mehr vornehmlich junge Leute dem gesellschaftlichen Druck der Kriegergesellschaft entziehen wollten, wenn sie gerade die Rock- und Pop-Musik darin bestärkte, die es nach Kittler ja ohne UKW nicht gegeben hätte, wenn daraufhin viele nach neuen Lebenschancen suchten, hätte es ohne diese innovativen, individualistischen antiautoritären jungen Leute das Web 2.0 womöglich nicht gegeben, beschleunigen sich technische Entwicklung der Digitalisierung und soziale Prozesse der Individualisierung gegenseitig, könnte die Digitalisierung den Individualisierungsprozess intensivieren, während Analogtechnik noch Schmitts und Jüngers untertänigen Soldaten produziert. Und beides existiert nach wie vor nebeneinander.

Dabei verdankt sich die Digitalisierung einem Paradigmawechsel, der, wie es Thomas S. Kuhn beschreibt, nicht vom etablierten Wissenschaftler ausgeht, sondern den die Nachwuchswissenschaftler, die Erfinder und Außenseiter befördern. Kuhn schreibt: „während der Revolutionen sehen die Wissenschaftler neue und andere Dinge, (. . .) Paradigmawechsel veranlassen die Wissenschaftler tatsächlich, die Welt ihres Forschungsbereichs anders zu sehen."[2] Nicht nur die Analogtechnik wird

---

[1] Friedrich Kittler, Unsterbliche, München 2004, 74
[2] Thomas S. Kuhn, Die Struktur wissenschaftlicher Revolutionen (1961), Frankfurt/M. 1973, 123

durch digitale ersetzt. Es entstehen neue Anwendungs-
weisen, die die Welt revolutionieren, werden Dinge entwickelt, die niemand bestellt hat und die doch ihre Ab-
nehmer finden: das Smartphone, das heute das Alltagsle-
ben fast aller Menschen beseelt.

Auch den Krieg intensiviert die Informatisierung, entsteht ein Wettlauf um die neuesten Entwicklungen, öffnet
das ortlose Internet einen künstlichen Naturzustand, der
dem Krieg ein unendliches Feld eröffnet, von dem vorher
niemand ahnte, wiewohl sich auch zuvor schon ein un-
endlicher Horizont für neue kriegerische Ideen abzeich-
nete.

Trotzdem darf man bezweifeln, ob die Digitalisierung
damals kriegsentscheidend war, wie es Kittler meint:
„Norbert Wiener als führender Mathematiker predigte
die längsten je angeschriebenen Integralgleichungen,
Vannevar Bush als führender Ingenieur (. . .) hatte einen
riesigen Analogcomputer am Laufen. Nur sein Doktorand
Claude Shannon begriff, dass es völlig analoge, also auf
stetigen Stromschwankungen beruhende Maschinen gar
nicht gibt. (. . .) Als Professor Wiener das hörte, war er
entsetzt: ‚Shannon's just crazy; he thinks digitally.‘ (. . .)
Aber als Leutnant Morituris Torpedoflieger die amerikanische Pazifikflotte (bis auf die Flugzugträger) versenk-
ten, war Mathematik mit einem mal kein Nebenberuf
mehr. Seit Dezember 1941 kann sie kriegsentscheidend
sein. Als Wieners Integralgleichungen vor lauter Komplexität daran scheiterten, die Feuerleitung der Bomberab-
wehr zu automatisieren, kamen Shannons robuste, da
digitale Maschinen zum Zug."[1] Der zweite Weltkrieg wurde trotzdem noch weitgehend analog ausgefochten, fallen
deutsche Armeen am Anfang des Krieges noch mit Pfer-
dewagen in fremde Länder ein. Aber selbstredend hat das
Internet mit der globalen Kultur auch die Militärtechno-

---

[1] Friedrich Kittler, Unsterbliche, 2004, 86

logie verändert, was speziell der US-Armee eine massive Überlegenheit eingebrachte, und zwar just dort, wo Hardware und Software zusammenspielen.

So dient die Informatisierung der Militärtechnologie, während das Internet nicht nur der Ort des großen Bruders, sondern der vielen großen Brüder ist, zu denen sich auch diverse kleine Brüder hinzugesellen, längst nicht nur um zu kontrollieren und sich zu informieren, sondern um zu schaden, also um einen richtigen Krieg zu führen, und nicht bloß deshalb weil durch Schäden im Internet Menschen sterben können. Wenn die Computer die Welt lenken, dann kann deren Störung fatale Folgen nach sich ziehen. Dann herrscht im Internet eigentlich ein permanenter Kriegszustand, wenn auch kein Ausnahmezustand, der ja gelegentlich unterbrochen werden müsste. Das richtige Politikmodell dafür sollte denn auch das Kriegsmodell sein, Carl Schmitt der Philosoph des Internet. Bildung dient der Ökonomie und der Technologie und beides zusammen unterstützt militärische Anstrengungen, während Dichtung höchstens den Kriegern Motivation oder Entspannung bescheren soll.

4.3. Antipartizipatorische Perspektiven des Internet

Welche antipartizipatorische Rolle spielt das Internet für das Verhältnis von Bildung und Politik? Inwieweit wirkt es exkludierend und damit revolutionär und nicht involutionär? Selbst wenn große Teile der Menschheit keinen Zugang zur modernen Informationswelt haben, ein anderer großer Teil ist sehr schnell und unglaublich intensiv daran beteiligt worden. Allein schon die Teilhabe an dieser Informationswelt scheint dafür zu sprechen, dass das Internet den Betroffenen Vorteile einbrachte.

Doch es ergeben sich auch antipartizipatorische Perspektiven. Joseph Weizenbaum kritisiert die politischen Hoffnungen auf das Internet: „Die Probleme, mit denen unsere Welt konfrontiert wird, ich meine Armut, Krieg, Umweltkatastrophen usw., gibt es nicht – umgangssprachlich formuliert –, weil uns gewisse Informationen fehlen. Es ist eine Illusion zu glauben, dass wir, wenn wir im Internet forschen, auf Informationen stoßen werden, mit deren Hilfe wir solche Probleme lösen können. (. . .) Wir haben politische, menschliche und soziale Probleme. Aber ich meine, dass bei deren Lösung die Macht, die wir durch die sogenannte Informationsverarbeitung bekommen haben, einfach irrelevant ist."[1] Durch das Medium selbst und gar alleine wird man in der Tat die politischen und sozialen Probleme schwerlich lösen. Es mag dazu beitragen. Aber genauso gut – das ist wiederum die Dia-

---

[1] Joseph Weizenbaum, Computermacht und Gesellschaft, Frankfurt/M. 2001, 13

lektik des Internet – erschwert oder verschiebt es den Umgang mit solchen Problemen.

Weizenbaum weist auf einen Sachverhalt hin, der gleichfalls einen ambivalenten Grundzug aufweist, weil das Internet verantwortliches Handeln nicht eben erleichtert. Die Entstehung großer gesellschaftlicher Systeme und Maschinen, z.B. die staatlichen Bürokratien, die ökonomischen Institutionen, die militärischen Hierarchien, erschweren bereits die Zuordnung von Verantwortlichkeiten, eine Tendenz, der das Internet nach Weizenbaum nicht gerade entgegenarbeitet: „Unser gesellschaftlicher Zustand ist charakterisiert durch Verweigerung von Verantwortung. Unsere Gesellschaft hat die Technik entwickelt, Verantwortung so zu verteilen, dass niemand sie hat."[1] Die Figur *Eichmann in Jerusalem*, wie Hannah Arendt sie schildert, repräsentiert den verantwortungslosen Untertan, als den sich zuvor die meisten Angeklagten der Nürnberger Kriegsverbrecherprozesse gleichfalls erklärten, selbst wenn sie höchste Ämter im Nazi-Staat bekleideten. Auf der unteren Ebene wurde dieses Argument umso mehr bemüht, um die Verantwortung auf Befehlshaber abzuwälzen – eine Haltung, die im Holocaust seinen grausigen Höhepunkt erlebte, aber natürlich ständig und überall wiederkehrt. Doch vielleicht gerade weil dem so ist, hat sich auch eine gegenläufige Tendenz entwickelt.

Die fortschreitende Vernetzung führt nach Rancière zu einer zunehmenden Erfassung und Kontrolle der Gesellschaft. Das soziale Geschehen wird immer stärker medial berechnet und das so Berechnete wird als Realität ausgegeben. Was die Sozialwissenschaft analysiert, was die Konsumentenbeobachtung feststellt, was ökonomisch erklärt wird, tritt an die Stelle der Alltagswelt, wenn sich die Betroffenen dementsprechend selber verstehen ler-

---

[1] Joseph Weizenbaum, Computermacht und Gesellschaft, 2001, 33

nen. Rancière schreibt: „Die Herrschaft des All-Sichtbaren, der unaufhörlichen Repräsentation für alle und jeden eines von seinem Bild untrennbaren Wirklichen, ist nicht die Befreiung der Erscheinung. Sie ist im Gegenteil ihr Verlust."[1] Dabei bezieht sich Rancière auf Gianni Vattimos These, dass in der modernen Medienwelt feste Strukturen der Realität verschwimmen, da man sich ständig mit unterschiedlichen Wahrnehmungen konfrontiert sieht. Für Vattimo befördern die Massenmedien daher eine Pluralisierung der Wirklichkeit und damit auch der Politik, die sich nicht mehr auf die Idee der Einheit berufen kann.

Dem widerspricht Rancière: „Der ‚Verlust des Wirklichen' ist tatsächlich ein Verlust des Erscheinens. Was er also ‚befreit', ist nicht eine neue Politik der kontingenten Vielheit, sondern die polizeiliche Gestalt einer Bevölkerung, die genau identisch mit der Aufzählung ihrer Teile ist. (. . .) Nichts kann sich nunmehr unter dem Namen des Volks ereignen, außer die Aufrechnung der Meinungen und Interessen seiner genau aufzählbaren Teile."[2] Doch Vattimo und Rancière sprechen von verschiedenen Aspekten der Informatisierung, die im Sinne von Vattimo durchaus die Pluralisierung und Individualisierung fördert. Rancière geht es indes darum, dass durch die fortschreitende Berechnung alles gesellschaftlichen Geschehens es für die Anteillosen schwieriger wird, ihre Anteillosigkeit als Ungerechtigkeit in einen politischen Konflikt zu überführen. Partizipation wie der Anspruch auf Involution wird auf diese Weise behindert, wird Teilhabe höchstens partiell in bestimmten Bereichen bzw. Kreisen möglich.

Außerdem trägt die Informatisierung nicht dazu bei, dass die Welt dem einzelnen näher kommt, dass die in-

---

[1] Jacques Rancière, Das Unvernehmen (1995), 114
[2] Ebd.

formatisierte Wirklichkeit das Erleben des Individuums wiederspiegeln würde. Je mehr man alles sichtbar machen kann, je mehr man zählen und berechnen kann, je bessere Modelle man von der Klima- oder der Wirtschaftsentwicklung entwerfen kann, umso weiter entfernen sie sich von der Alltagswirklichkeit oder entfremden diese vom sinnlichen Erleben, weil dieses immer stärker von der Bildschirmwelt unterwandert und durch diese ersetzt wird. Höchstens kann man umgekehrt bemerken, dass für viele die Alltagswelt heute primär aus der informatisierten Welt besteht, so dass die Unterschiede zwischen beiden verschwimmen. Die Welt der Körper transformiert sich in eine Welt der Bilder, eine mediale Tendenz seit Schrift und Sprache.

Rancière führt knapp 10 Jahre vor Colin Crouch den Begriff Post-Demokratie ein. Ihm geht es allerdings einerseits darum, dass die von Habermas vertretene Konsens-Demokratie den politischen Streit der Anteillosen um ihre Anteile verhindert. Andererseits hebt für Rancière auch die medial und sozialwissenschaftlich durch Umfragen produzierte öffentliche Meinung jeglichen politischen Streit auf, indem dadurch der Anschein erzeugt wird, dass die Meinungen der Betroffenen in den politischen Prozess eingehen, ihre Interessen folglich berücksichtig würden, während de facto diese nur auf eine bestimmte Weise gezählt werden, so dass aus einer Ungerechtigkeit, nämlich der Anteillosigkeit, ein angeblicher Anteil hergestellt wird, was die Gerechtigkeit des Systems ergeben soll. Rancière schreibt: „Als Herrschaft der *Meinung* hat die Post-Demokratie zur Aufgabe, die verstörte und verstörende Erscheinung des Volks und seiner immer falschen Zählung, hinter dem Verfahren einer allumfassenden Vergegenwärtigung des Volks und seiner Teile und des Harmonisierens der Zählung der Teile und des Bildes vom Ganzen, zum Verschwinden zu bringen. Ihre Utopie ist jene einer ununterbrochenen

179

Zählung, die das Ganze der ‚öffentlichen Meinung', als eins mit dem Volkskörper vergegenwärtigt."[1] Die empirische Soziologie erfasst die Gesellschaft gemäß ihrer Umfragen und bildet bestimmte Gruppen, die jeweils eigene Meinungen vertreten, und dann rechnet sich diese zu einer öffentlichen Meinung zusammen. Dass sie damit den Zeitgenossen nicht gerecht werden kann, versteht sich eigentlich von selbst. Vor allem aber schematisiert sie die Gesellschaft so, dass sie wie gewünscht politisch verstehbar und in diesem Sinne lenkbar wird.

Es geht nicht mehr um den einzelnen, so dass die empirische Soziologie gerade dem Prozess der Individualisierung nicht gerecht wird. Rancière schreibt weiter: „Was ist denn die Gleichsetzung der demokratischen Meinung mit den Umfragen und Simulationen? Sie ist eigentlich die Widerrufung der Sphäre der Erscheinung des Volks. Die Gemeinschaft wird darin unaufhörlich ihr selbst präsentiert. Das Volk ist darin niemals mehr ungerade, unberechenbar oder undarstellbar. Es ist immer zugleich vollständig anwesend und abwesend. Es ist ganz in einer Struktur des Sichtbaren gefangen, einer Struktur, in der man alles sieht und alles gesehen wird, und in der es daher keinen Ort mehr für das Erscheinen gibt." Wenn sich die Polizei mit einer überraschenden Situation konfrontiert sieht, dann blitzt noch etwas von der Unberechenbarkeit der Bevölkerung auf. Mittels diverser Informationstechnologien versucht man das zu verhindern: durch Videoüberwachung, durch Beobachtung der Kommunikation im Internet, durch das geheimdienstliche Datensammeln im Netz hat sich längst ein umfassendes System der Kontrolle hergestellt. Die Anteillosen berechnet man derart und teilt sie genauso ein, dass der Konflikt um die Anteile vermieden wird, also Ansprüche auf Involution nicht formuliert werden können.

---

[1] Jacques Rancière, Das Unvernehmen (1995), 112

Für Giorgio Agamben führt diese Entwicklung, die in der Informatisierung gipfelt, dazu, dass in den modernen Demokratien zunehmend mit dem Mittel des Ausnahmezustands regiert wird. Der erste Weltkrieg hat dieses Mittel weltweit verbreitet, die Faschismen haben darauf zurückgegriffen. Aber auch die Demokratien sehen sich keinesfalls vor die Aufgabe gestellt, den Ausnahmezustand gerade zu vermeiden. Der französische Präsident François Hollande hat sich seiner angesichts der Terroranschläge vom 13. November 2015 bedient. Agamben schreibt: „Ja, der Ausnahmezustand hat heute erst seine weltweit größte Ausbreitung erreicht. Der normative Aspekt des Rechts kann so ungestraft entwertet, ihm kann widersprochen werden von einer Regierungsgewalt, die im Ausland internationales Recht ignoriert, im Inneren einen permanenten Ausnahmezustand schafft und dann vorgibt, immer noch das Recht anzuwenden."[1] Wie die Enthüllungen von Wikileaks, Edward Snowden und Bradley Manning gezeigt haben, spielt das Internet dabei eine herausragende Rolle mit weitreichenden antipartizipatorischen Auswirkungen. Nicht nur die Macht der Ökonomie oder jene der Massenmedien – was Colin Crouch bei seiner Post-Demokratie-These betont – vor allem die Informationsgesellschaft erleichtert ein postdemokratisches Regieren mit dem Ausnahmezustand. Was ist dieser anderes als der Kriegszustand, zu dem das Internet fleißig beiträgt und neue Kriegsräume eröffnet. Anonyme Angriffe gegen Regierungsinstitutionen oder Firmen finden statt, an denen sich vermutlich alle Geheimdienste weltweit beteiligen. Da die Informatisierung heute das Leben weitgehend organisiert, kann ein Zusammenbruch des Internet erhebliche Folgen haben. Es ist nicht auszuschließen, dass sich ein solches Ereignis in ein Sarajewo 1914 transformieren kann. Wenn Carl Schmitt davon ausgeht, dass der Krieg der Orientierungspunkt der Politik ist, dann verschärft das Internet diese

---

[1] Giorgio Agamben, Der Ausnahmezustand (2003), 102

Situation. Im Internet herrscht ein Krieg mitten im Frieden und beeinträchtigt just jene Partizipationsmöglichkeiten, die es zu eröffnen schien, entfaltet somit das Internet gerade auch anti-involutive Kräfte.

4.4. Partizipatorische Perspektiven der Informatisierung

Doch gegenüber den Massenmedien Zeitung, Radio, Fernsehen hat das Internet auch jenen Vorteil, den Adorno noch dem Telefon gegenüber dem Radio zusprach, dass das Internet Aktivitäten der Peripherie zulässt – mögen diese auch nicht immer erfreulich sein. Manche Internetbegeisterte sehen darin ja das demokratische Potential des Internet.

Spielt daher das Internat auch eine partizipatorische Rolle, die das Verhältnis von Bildung und Politik herausfordert? Inwieweit widerstreitet es revolutionären Tendenzen und wirkt stattdessen involutiv? In der Tat fördert das Internet durch seine Peripherieorientierung auch die politische Partizipation der Bürgerinnen. Anders als bei den Massenmedien des 20. Jahrhunderts ist die Bürgerin nicht mehr bloß Empfänger von Botschaften, sondern auch Sender, kann sich selbst im Internet gegenüber einer relativ großen Öffentlichkeit äußern. Das unterliegt zwar weitgehend staatlicher Kontrolle, aber nicht der totalen. Wer technisch versiert ist, vermag Zensurmaßnahmen zu umgehen. Mit solchen Maßnahmen gelingt es Staaten trotzdem, den Informationsfluss zwischen den Bürgern ziemlich effektiv zu behindern. Jenseits solcher direkter staatlicher Eingriffe ermöglicht das Internet aber eine intensive öffentliche Kommunikation, damit auch eine Art Gegenöffentlichkeit gegenüber der medial präsentierten. Es könnte gewisse Praktiken direkter Demokratie befördern, so dass man sich durchaus auch partizipatorische bzw. involutive Effekte vom Internet versprechen darf.

Als Jean-François Lyotard 1979 seinen Bericht *Das postmoderne Wissen* vorlegt, entsteht gerade der Personal Computer, spielt das Internet aber noch keine Rolle, außer bei den daran beteiligten Experten. Trotzdem entwickelt Lyotard wegweisende Thesen, die das Internet-Zeitalter antizipieren. Er erkennt bereits, dass die Informatisierung dem Individuum Chancen eröffnet, die vor allem politische Relevanz erhalten werden. So fragt er: „Das postmoderne Wissen ist nicht allein das Instrument der Mächte. Es verfeinert unsere Sensibilität für die Unterschiede und verstärkt unsere Fähigkeit, das Inkommensurable zu ertragen. Es selbst findet seinen Grund nicht in der Übereinstimmung der Experten, sondern in der Paralogie der Erfinder. Die damit gestellte Frage ist folgende: Ist eine Legitimation des sozialen Bandes, ist eine gerechte Gesellschaft gemäß einem der wissenschaftlichen Aktivität analogen Paradoxon praktikabel?"[1] Die Bürgerinnen partizipieren an der Informatisierung, die ihnen unbekannte Perspektiven eröffnet, sie aber auch mit Widersprüchen und Gegensätzen konfrontiert, mit denen sie lernen müssen zu leben. Die Informatisierung ist dabei weniger Orientierungshilfe, als dass sie dazu beitragen kann, die Situation der Unbestimmtheit zu ertragen. Die Informatisierung dient nicht nur den Mächten, zu denen die Experten zählen.

Lyotards berühmte These verkündet das Ende der großen Erzählungen, die nicht mehr für das Wissen im Informationszeitalter grundlegend sein werden. Ihnen stellt er die kleinen Erzählungen entgegen, die das post-

---

[1] Jean-François Lyotard, Das postmoderne Wissen (1979), 3. Aufl. Wien 1994, 16

moderne Wissen legitimieren, bei dem es nicht mehr alleine um Reduktion von Komplexität, um logische Stringenz oder um objektive Grundlagen geht, sondern darum der Komplexität gerecht zu werden, die Widersprüche auszuhalten und mit relativem Wissen zu operieren, das nicht durch Begründung, sondern durch Wirksamkeit bzw. Performanz glänzt. Das schließt negative Effekte indes nicht aus.

Den Begriff der Performanz führt John Austin 1962 ein: Sprechen ist selbst auch eine Weise des Handelns, was sich schon an einfachen Beispielen zeigen lässt. Austin schreibt: „Wenn ich vor dem Standesbeamten oder am Altar sage ‚Ja', dann berichte ich nicht, dass ich die Ehe schließe; ich schließe sie. Wie sollen wir Sätze oder Äußerungen dieser Art nennen? Ich schlage als Namen ‚performativer Satz' oder ‚performative Äußerung' vor. (. . .) Der Name stammt natürlich von ‚to perform', ‚vollziehen': man ‚vollzieht' Handlungen. Er soll andeuten, dass jemand, der eine solche Äußerung tut, damit eine Handlung vollzieht (. . .)."[1] Vom bloßen Reden hält man selbst heute in manchen Kreisen nicht viel. Schießen erscheint effektiver, so dachten es sich viele im 19. Jahrhundert. Im späten 20. verblasste diese Auffassung langsam, wiewohl sie in rechtspopulistischen und islamistischen Kreisen heute verstärkt wiederkehrt. Kommunikation avanciert jedoch zu einer wichtigeren Tätigkeit, die für Hannah Arendt sogar Selbstzweckcharakter besitzt, im Internet jedoch auch zum Krieg benutzt wird.

Performanz im Sinn von Lyotard tritt an die Stelle von Objektivität, wenn absolute Grundlagen des Wissens zunehmend fraglich wurden und sich Wissen dadurch legitimiert, dass es gewünschte Folgen nach sich zieht. Für Lyotard verknüpft dieser Sachverhalt das Wissen

---

[1] John Langshaw Austin, Zur Theorie der Sprechakte (How to do things with Words, 1962), Stuttgart 1972, 27

umso stärker mit der Politik, die zum Machterhalt wie auch Machterwerb just solches performatives Wissen benötigt. Lyotard stellt dementsprechend fest: „Die Frage des Wissens ist im Zeitalter der Informatik mehr denn je die Frage der Regierung."[1] Anders als Rancière stellt das für Lyotard keine notorische Ausgrenzung der Anteillosen, kein zwangsläufiges Ende der Politik dar. Das Individuum gewinnt im Zuge der Informatisierung durchaus auch Spielräume – eine bis heute umstrittene These, wenn ein Mainstream gerade des sozialen Denkens immer nur Prozesse diagnostiziert, die das Individuum entweder entfremden oder atomisieren, allemal dessen Machtlosigkeit demonstrieren. So bemerkt Mason: „Der Konservatismus und sogar der Faschismus hatten eine andersartige Solidarität angestrebt, eine die den Interessen des Kapitals diente. Aber es war immer noch Solidarität. Den Neoliberalen schwebte etwas anderes vor: die Atomisierung."[2]

Doch Lyotard sieht durchaus individuelle Chancen durch das performativ gewordene postmoderne Wissen. Er verlängert dabei Ansätzen aus dem Existentialismus, wenn er schreibt: „Das Selbst ist wenig, aber es ist nicht isoliert, es ist in einem Gefüge von Relationen gefangen, das noch nie so komplex und beweglich war. Jung oder alt, Mann oder Frau, reich oder arm, ist es immer auf ‚Knoten' des Kommunikationskreislaufes gesetzt, seien sie auch noch so unbedeutend."[3] Dadurch dass alle Nachrichten an Individuen gerichtet werden, die sie rezipieren, entsteht die Möglichkeit bei dieser Rezeption in die Nachrichten einzugreifen. Ein negatives Beispiel davon sind natürlich die im Netz verbreiteten Verschwörungstheorien. Wenn das Individuum Spielräume erhält, dann

---

[1] Jean-François Lyotard, Das postmoderne Wissen (1979), 35
[2] Paul Mason, Postkapitalismus (2015), 134
[3] Jean-François Lyotard, Das postmoderne Wissen (1979), 55

überschätzt es gerne seine Möglichkeiten oder informiert sich nur noch aus Quellen, die seine Vorurteile bekräftigen. Trotzdem beeinflusst das Individuum als Sender die Nachricht im Internet in einem stärkeren Maße als bei den Massenmedien, sowohl positiv involutiv wie negativ revolutionär oder terroristisch.

Die mit dem Informationszeitalter verbundenen Emanzipationsbestrebungen eröffnen Spielräume, die auch Vattimo sieht – die beim Modell von Rancière gegenüber massiven Ansprüchen von Anteillosen eher verwässernd wirken, weil sich auf diese Weise nicht die Anteillosen insgesamt, sondern einzelne Individuen um Anteile bemühen könnten, die ihnen ansonsten verwehrt sind. Dabei handelt es sich um Perspektiven, die sich für Lyotard maßgeblich dem Informationszeitalter verdanken. 1979, zu einem Zeitpunkt als der Zugang zu Datenbanken höchstens sehr wenigen offenstand, prophezeit er: „Die Enzyklopädie von morgen, das sind die Datenbanken. Sie übersteigen die Kapazität jeglichen Benutzers. Sie sind die ‚Natur' für den postmodernen Menschen.“[1] Das Internet hat die Funktion des second life beinahe längst hinter sich gelassen und ist der Wohnort der modernen Bürgerin geworden, wo sich viele täglich stundenlang aufhalten, von der Arbeitswelt wie den politischen Institutionen ganz zu schweigen. Wahrscheinlich ist das Gerät, mit dem sich die Zeitgenossinnen am meisten befassen, mehr als mit anderen Geräten oder auch mit anderen Menschen, das Smartphone, das ihnen die Wirklichkeit liefert, und zwar so, dass das Individuum in einem bislang ungekannten Maße ihm unliebsame Informationen ausblenden kann.

So stellt Lyotard zwar eine illusionäre Forderung auf, die sich trotzdem in einem Maße realisiert hat, das nicht zu erwarten war. Das Internet bietet jedem unendliche

---

[1] Jean-François Lyotard, Das postmoderne Wissen (1979), 150

Mengen an Daten an, die er nicht bezahlen muss, jedenfalls nicht mit Geld, eher schon mit Informationen, was
im Informationszeitalter durchaus den Rang einer alternativen Währung einnimmt. Lyotard fordert also: „Die
Öffentlichkeit müsste freien Zugang zu den Speichern
und Datenbanken erhalten."[1] Wenn ein Informationsvor-
teil einen Machtvorteil ergibt, dann wird man das nutzen.
Nicht nur dass mit Informationen im Internet Geschäfte
gemacht werden und Krieg geführt wird, verlangen die
USA von Apple im Krieg gegen den Terror den Zugang
zum Code ihres Smartphone, Ähnliches hätte auch der
deutsche Bundesinnenminister 2016 gerne. Aber die Bürgerin zieht aus der Internet-Kommunikation eigene Vorteile, manchmal sogar politisch partizipatorische, so dass
der freie Zugang zu den Datenbanken gar nicht das Problem ist. Entscheidend bleibt die peripherieorientierte
Anwendungsweise, die Teilhabe von anteillosen einzelnen Bürgerinnen ermöglicht, mag das für Rancière auch
keine Politik sein, fördert es doch die Involution.

Lyotards Konsequenz, die er zieht, ist denn auch gar
keine pessimistische, sondern ähnelt eher derjenigen
Vattimos: „Es zeichnet sich eine Politik ab, in der der
Wunsch nach Gerechtigkeit und der nach Unbekanntem
gleichermaßen respektiert sein werden."[2] In einer pluralistischen Gesellschaft, die zunehmend unter Globalisie-
rungsdruck steht, wie allein die Wanderungsbewegungen
zeigen, spielt das Unbekannte eine zunehmend wichtige
Rolle, mit dem sich die Zeitgenossen auseinandersetzen
müssen, mit dem sie jedenfalls konfrontiert werden. Wer
diskriminierende Reaktionen vermeiden möchte, der
muss diesen mit Bildung entgegenarbeiten. Das Kriegsmodell der Politik hat dieses Problem natürlich nicht,
auch nicht das Ordnungsmodell, eher das deliberative

---

[1] Jean-François Lyotard, Das postmoderne Wissen (1979), 192
[2] Ebd.

und das Konfliktmodell. Für letzteres zeigt sich hier die politische Perspektive der Medienbildung, für das delibarative eher die der politischen Bildung. Aber es geht auch um Bildung im Allgemeinen, die gleichermaßen hinsichtlich der Politik, der Medien wie der Alltagswelt vonnöten erscheint, umso mehr als sich die Anhänger des Identitarismus wie deren Führer dem verweigern: Trumps Pressekonferenzen und seine Schelte der Medien, diese seien außer Kontrolle, führt das vor.

II. Teil
BILDUNG UND POLITIK

Der Blick auf die Mediengeschichte zeigt, dass Ordnungs-
und Kriegsmodell auf dem medialen Auge weitgehend
blind sind, und dass selbst das Konsensmodell Medienbildung nur am Rand tangiert. Nur im Konfliktmodell
werden die Medien als konstitutiv für die Politik betrachtet. Alle vier Sichtweisen spielen aber im Weiteren bei der
genaueren Bestimmung des Verhältnisses von Bildung
und Politik auch vor dem historischen Hintergrund eine
wichtige Rolle. Bildung hat sich bisher schon für jede
Form der Involution als nötig erwiesen, Bildung die man
nicht selbstredend vom Staat erwarten kann, weil sie im
Falle von Partizipationsanstrengungen nicht unbedingt
im Sinne des Staates ist, wenn Anteillose ihre Situation
verändern wollen. Hier wird wieder die Sichtweise auf die
Politik entscheidend, besitzt ja Bildung gemäß der jeweiligen Politikmodelle unterschiedliche politische oder
nichtpolitische Funktionen, werden den Individuen auch
unterschiedliche Rollen attestiert So stellt sich hier etwas
fokussiert erneut die Grundfrage: Was ist das politische
Ziel von Bildung bzw. umgekehrt wie wirkt Bildung auf
die Politik zurück, wenn man dabei auf die Medienentwicklung im Allgemeinen achtet? Und welche Rolle spielen dabei Individualisierungsprozesse im Besonderen?
Wie wird die Bürgerin gebildet, um welche politische

Rolle auszufüllen? Welche Bildung könnte dem Zeitgenossen nützen, will er an der Politik partizipieren?

5. Vorlesung
BILDUNG ALS ANTWORT AUF DIE MEDIEN-ENTWICKLUNG: VOM IDEALISMUS ZUM EMPIRISMUS

Zunächst gilt es nochmals den Blick zurück zu werfen und die Frage zu stellen: Inwiefern reagiert Bildung immer schon auf die Medienentwicklung und was bedeutet das für die Politik? Nicht nur, aber besonders im Internet-Zeitalter präsentiert sich Medienbildung als für die Politik dann notwendig, wenn die Bürgerinnen nach Involution streben. Doch es ging immer schon um Medienbildung, wenn es um Bildung ging. Bildung heißt jedenfalls Umgang mit Medien. Wer Sprache und Schrift beherrscht, der ist fähig Politik zu machen, während jene Unkundigen dazu nicht in der Lage sind: Sie können nicht hinlänglich kommunizieren, sondern schießen lieber.

Zwar sieht es heute in ausdifferenzierten Gesellschaften so aus, als wären bestimmte Fähigkeiten zur Politik unabdingbar, die man eher unter dem Begriff der Verwaltung zusammenfasst. Doch es gibt weiterhin immer noch einen kleinen, aber feinen Unterschied zwischen Verwaltung und Politik, den Max Weber mit dem Unterschied zwischen bürokratischer und charismatischer Herrschaft beschreibt. Auch Heilserwartungen spielen immer noch eine Rolle – man denke an Obamas ersten US-

Präsidentschaftswahlkampf. Die reine Rationalisierung des Staates, wie sie Hans Kelsen unterstellt, wird immer noch begleitet von Einbrüchen des Lebens in die staatliche Sphäre, aber nicht im Sinne des Ausnahmezustands von Carl Schmitt, sondern im Sinn der Intervention und Partizipation durch die mündige Bürgerin und nicht durch eine verbitterte Pegida-Anhängerschaft. Das könnte man zwar mit Carl Schmitt auch im Sinn des Ausnahmezustands interpretieren, nämlich als ein Individuum, das sich nicht einfach in den vorgegebenen rechtlichen Rahmen einführt und vor allem die Rolle des Untertanen verweigert, die ihm nach Schmitt im Sinne seiner Politikbestimmungen zusteht. Das Lebendige der Politik, das ist jedoch die Kommunikation, wie sie Arendt beschreibt, wenn Staat und Gesellschaft mehr als nur Rechtssphären darstellen, sie vielmehr durch den Streit entstehen und aus ihm heraus auch getragen werden, wenn um mit Rancière zu sprechen, die Ungezählten Anspruch auf Zählung erheben oder anders formuliert, wenn die Ungehörten durchsetzen, dass sie gehört werden, während diese eben für Schmitt keine Stimme haben. Kommunikation war und ist immer schon eine mediale Angelegenheit, originär vermittelt durch Sprache und Schrift, dann durch das Buch, dann die Massenmedien und heute das Internet. So gibt es denn eine lange Geschichte der Auseinandersetzung und der Kritik mit den Medien und ihrer politischen Rolle, die sicherlich mit Homer, Herodot und Sokrates beginnt und bis zur heutigen Medienkritik reicht.

5.1. Philosophie als Antwort auf Sprache, Schrift und Buch

Inwiefern reagiert Bildung immer schon auf die Medienentwicklung und was bedeutet das für die Politik? Lange Jahrhunderte blieb die Philosophie die zentrale Antwort auf die jeweilig dominierenden Medien von Sprache, Schrift und Buch, ohne dass sie die Medien als Medien besonders thematisierte. Die Sprache als Sprache hat denn auch erst Ferdinand de Saussure um 1900 analysiert. Trotzdem waren Sprache, Schrift und Buch das Fundament der Politik, der Bildung der einzelnen, der Menschlichkeit überhaupt. Sprache und Schrift machen die Polis möglich und den Menschen zu einem politischen. Der Staat erweist sich derart als ein mediales Produkt, was ihn vom Ameisenstaat abgrenzt, der weder Sprache noch Schrift braucht, der die Frage der Gerechtigkeit ausblendet, wie es sich das Kriegsmodell bei Carl Schmitt vorstellt. Oder wie es Ernst Jünger von einem Gespräch mit Jorge Luis Borges berichtet: „ich meinte, der Weltgeist hätte bei den Insekten die politische Ordnung besser als die unsrige gelöst. Dazu Borges: ‚Wohl hinsichtlich des Staates, aber die einzelne Ameise gilt nichts.' Es ist aber, könnte man einwenden, für alle gesorgt. Sie haben Wohnung, Nahrung und Arbeit vollauf, auch einen langen Winterschlaf. Die meisten sind vom Geschlechtsleben ausgeschlossen, was vielleicht sogar eine Entlastung ist."[1]

---

[1] Ernst Jünger, Tagebuchnotiz von 1985; in: Jochen Hörisch (Hrsg.), Das Tier, das es nicht gibt – Eine Text- & Bild-Collage über das Einhorn, Nördlingen 1986, 180

Damit stellt sich die Frage: Wozu philosophische Bildung? Denn wenn man von Jünger und Borges absieht, gründet nicht die Gewalt den Staat und alle politischen Theorien, die wie der unvollkommene Nihilist Nietzsche – nicht der Nietzsche der Wiederkunfts- und Übermensch-Lehren –, Weber oder Carl Schmitt argumentieren, gehen fehl. Nietzsche behielte nur dort Recht, wo er die Mnemotechnik auf den Schmerz gründet, Medien als Gewalt erscheinen, die ein Gedächtnis schafft, ein Medium aus Sprache und Schrift – ähnlich wie Freuds Kulturtheorie, nach der die Kultur auf Triebunterdrückung beruht. Wenn im Ödipus-Mythos die Sphinx ihre Herrschaft auf die Technologie des Spurenlesens gründet, dient die Schrift der Herrschaft des Menschen über den Menschen. Wenn Ödipus die Sphinx dadurch stürzen kann, weil die Sphinx die Spur seiner verkrüppelten Füße nicht zu entziffern vermag, dann dient die Schrift, insbesondere die Kryptologie auch dem Kampf gegen Tyrannei: die unlesbare Fußspur des Ödipus.

Dann könnte Nietzsche mit seiner Schmerzthese eventuell Unrecht haben – und in seinem Gefolge auch Freud. Jedenfalls betrifft seine Theorie der Mnemotechnik nicht unbedingt die Schrift als weniger gewalttätige Erinnerung. Wenn der Staat auf Schrift und Sprache beruht, wenn nach Aristoteles die Sprache insbesondere die Frage nach der Gerechtigkeit aufwerfen lässt, dann mildert die Sprache die Staatsgewalt. Und sehr schnell werden Kulturkritiker wie Rousseau, Nietzsche oder Voegelin den Niedergang des Militärischen beklagen: Kultur – Sprache und Schrift – verweichlichen – wie etwas vereinfacht schon im Byzantinischen Imperium: waren die Ikonophilen an der Macht ging es außenpolitisch schlecht, bei den Ikonoklasten gut. Solche Kulturkritik ist auch ansonsten weit verbreitet, an der Polis, die sich dem Wohlstand hingibt, an Menschen, die dem Diesseits und der sogenannten Sünde hedonistisch verfallen sind – so die heutige ökologische Kulturkritik, die die Rolle des christlichen Sündenbewusstseins übernommen hat. Wie lamentiert doch Sloterdijk: „Darum überrascht es nicht, wenn wir in der gegenwärtigen Welt eine progressive Infantilisierung beobachten, die von einer alleserfassenden Erotisierung, einem einseitigen Denken in Kategorien der Libido, einem invasiven Therapeutismus, einem umfassenden Kult des Konsums (. . .) begleitet wird."[1] Schon die die Geschichte von Sodom und Gomorrha warnt vor dem Untergang, glüht ein präapokalyptisches, jüdisches, noch kein alles verbrennendes christliches Feuer, sondern eher ein gezieltes, um den Tugendhaften Vorteile zu verschaffen.

Das Neue Testament gipfelt derart in der Offenbarung des Johannes, eines kleinasiatischen radikalen Wanderpredigers etwa um 100 herum. Jesus von Nazareth konnte selbst offenbar nicht schreiben und kritisierte die jüdischen Schriftgelehrten. Die frühen Christen prophezeien den baldigen Weltuntergang und das nahe Gottesreich, das wahrscheinlich nicht auf Recht und Gesetz, somit der Schrift beruht, sondern auf dem Zorn und der Gnade des Erdenschöpfers: Kann jener Gott lesen und schreiben? Mit der Apokalypse müsste die Sprache in jeder Form enden. Doch dann könnte das Jüngste Gericht Gerechtigkeit nicht walten lassen, mit der Sprache aber auch nicht.

Rousseau verlängert ein derartiges apokalyptisches Denken auf zivilisatorische Weise, also ganz im Sinn frühchristlicher Erwartungen. Nicht eine Stadt, nicht ein Imperium sind dem Untergang geweiht. Der Prozess der Zivilisation als solcher folgt einer Niedergangsrichtung. Moderne Ökologen werden von der Katastrophe sprechen, haben die modernen Wissenschaften schließlich vermittelt, dass man sowohl Gefahren aus dem Weltraum

---

[1] Peter Sloterdijk, Was geschah im 20. Jahrhundert? Unterwegs zu einer Kritik der extremistischen Vernunft, Berlin 2016, 156

als auch Gefahren aus dem Erdinnern ausgesetzt ist. Trotzdem erscheint Rousseau weniger illusionär als die Protagonisten der Ökologie, sofern sie eine kulturelle Umkehr fordern. Denn Rousseau ist sich dessen bewusst, dass es keine Rückkehr zur Natur geben kann, schreibt er bereits im *Zweiten Diskurs* 1755: „Muss man die Gesellschaften zerstören, Mein und Dein beseitigen, zu einem Leben mit den Bären im Walde zurückkehren? Das ist eine Folgerung in der Art meiner Gegner."[1]

Letztlich müsste man aufhören zu schreiben, ja zu sprechen. Der Weg der Kultur bleibt auch unter schwierigen Bedingungen ein anderer, ein medialer, der Sprache und vor allem der Schrift, des Programmiercode der Kybernetik, des Verbreitens schriftlicher Nachrichten durch die diversen Internet-Dienste. Menschliche Kultur wird sich dabei immer auf die Kommunikation und somit auf die Medien stützen, die Philosophie wird dergleichen begleiten. Totalitäre Denker möchten die Sprache auf das Kommando und die deutsche ‚Gemütlichkeit' reduzieren. Die Digitalisierung fördert sowohl den Raketenflug als doch auch die Kommunikation.

Platons Ideenlehre erklärt die Ideen für wahrer als die Realien, letztlich also die Sprache für wichtiger als die Dinge. Radikale Semiotiker werden die Dinge selbst zu Zeichen erheben wie umgekehrt die Sprache längst nicht nur folgenloses Sprechen verheißt, sondern originär Handeln, besitzt sie eine performative Dimension, sogar wenn sie vermeintlich bloß bezeichnet: die Macht – die Performanz – des Verstehens, der Hermeneutik und zwar sowohl in theoretischer, praktischer als auch ästhetischer Neigung.

---

[1] Jean-Jacques Rousseau, Über den Ursprung der Ungleichheit unter den Menschen (1755: Zweiter Discours), Schriften zur Kulturkritik, 2. Aufl. Hamburg 1971, 125

Bildung heißt dann originär immer schon Medienbildung, was sich allerdings weiter ausdifferenziert. Zunächst verlangt Bildung Schreiben lernen, dann Sprechen lernen, dann den Rechner bedienen, dann Netzkommunikation. Mögen Zivilisationskritiker bis zu Sloterdijk, den Taliban oder Boko Haram die westliche Bildung auch geißeln, weil sie Hedonismus und Individualismus befördert, sie hat doch so manche klugen und nützlichen Einblicke verschafft, die zur antimetaphysischen Einsicht verhelfen, dass die relativ runde Erde drehend durch die Gegend treibt – und Sloterdijk möchte den Planeten auch noch steuern – und ringsherum sich weit und breit keine anderen Lebewesen ausmachen lassen so wenig wie von Menschen bewohnbare Planeten, so dass letztlich nur das selbstbestimmte Leben des mündigen Individuums zählt. Bildung als Medienbildung heißt dann auch im Anschluss an Rancière, dass die Ausgeschlossenen mit der Medialität zugleich den Anspruch auf Teilhabe erheben. Dabei fördert staatliche Bildung höchstens indirekt die Involution, während sich die Bürgerinnen dazu besser selber um die nötige Bildung kümmern müssen.

Das lässt sich weniger radikal denn als Kants Programm der Aufklärung interpretieren, gleichgültig, was man denn unter Verstand versteht. Kant schreibt: „Aufklärung ist der Ausgang des Menschen aus seiner selbst verschuldeten Unmündigkeit. Unmündigkeit ist das Unvermögen sich seines Verstandes ohne Leitung eines anderen zu bedienen. Selbstverschuldet ist diese Unmündigkeit, wenn die Ursache derselben nicht am Mangel des Verstandes, sondern der Entschließung und des Mutes liegt, sich seiner ohne Leitung eines andern zu bedienen. *Sapere aude!* Habe Mut dich deines eigenen Verstandes zu bedienen! Ist also der Wahlspruch der Aufklärung."[1]

---

[1] Immanuel Kant, Beantwortung der Frage: Was ist Aufklärung (1784), Akademie-Textausgabe (AA) Bd. 8, Berlin 1968, 35

Wenn man Kant radikal interpretiert, dann ruft er damit zum Widerstand gegen Bevormundung auf – beinahe als Frühexistentialist. Er fordert, sich Medien anzueignen, die bisher von anderen gesellschaftlichen Kräften und politischen Institutionen monopolisiert wurden. Dabei geht es nicht um Pädagogik, aber um Bildung, die man sich selber aneignen muss, will man den Anspruch auf Mündigkeit realisieren. So bemerkt Kant 1765/66 in seiner *Vorlesung über Pädagogik*: „Wir leben im Zeitpunkte der Disziplinierung, Kultur und Zivilisierung, aber noch lange nicht in dem Zeitpunkte der Moralisierung. Bei dem jetzigen Zustande der Menschen kann man sagen, dass das Glück der Staaten zugleich mit dem Elende der Menschen wachse."[1]

Wenn Rassisten oder sonstige Vertreter antiaufklärerischer Ideologien, die allesamt nicht den Verstand schärfen, sondern ihn schwächen, den Anspruch auf Mündigkeit erheben, dann lösen sie diesen ja gerade nicht ein, zeigen sie sich unmündig, wenn sie die Presse angreifen, haben sie offenbar deren Rolle nicht verstanden, oder wenn sie sich zum Volk erklären, kann weder eine Masse und schon gar kein Volk mündig sein, sondern immer nur die einzelne Bürgerin. Unmündigkeit diskriminiert andere Menschen und Diskriminierung macht unmündig, und zwar den Diskriminierer, nicht den Diskriminierten, der vielmehr immer Widerstand leisten kann.

Dabei heißt Unmündigkeit natürlich nicht, dass der Unmündige keine Rechte hätte, die vielmehr allen Menschen im Rechtsstaat gleichermaßen zustehen unabhängig von seiner Mündigkeit. Unmündigkeit heißt stattdessen, dass man nicht fähig ist, sich selbsttätig seines eigenen Verstandes zu bedienen. Eichmann, wie ihn Arendt beschreibt, oder der Untertan im Allgemeinen – sei es im Kapitalismus oder im Sozialismus, im Faschismus und im

---

[1] Immanuel Kant, Pädagogik (1765/66), AA Bd. 9, Berlin 1968, 451

Islamismus allemal – ist nicht mündig, befolgt Befehle, ohne sich über deren Berechtigung und Moralität Gedanken zu machen. Er verweigert die Mündigkeit, möchte auch nicht verurteilt werden, wiewohl ihm heute Unterwürfigkeit als freiwillig angenommen unterstellt wird, für die er verantwortlich gemacht wird. Doch zur Mündigkeit gehört ein Bildungsprozess, den das Individuum eigeninitiativ durchführen muss, den man auch nicht staatlich verordnen kann, höchstens Institutionen bereitstellen, die individuelle Bildungsprozesse befördern – im Wesentlichen die alte Philosophische Fakultät vor der Einführung der Bachelor-Studiengänge – also alle jene Fächer, die brotlose Künstler als Absolventen haben. Wie schreibt doch Liessmann: „Das Wissen der Wissensgesellschaft definiert sich vorab aus seiner Distanz zur traditionellen Sphäre der Bildung; es gehorcht aber auch nicht mehr den Attitüden der Halbbildung. Das, was sich im Wissen der Wissensgesellschaft realisiert, ist die selbstbewusst gewordene Bildungslosigkeit."[1]

Insofern hat denn auch Foucault Recht, wenn er schreibt: „Die Philosophie als Askese, die Philosophie als Kritik, die Philosophie als widerstrebende Exteriorität gegenüber der Politik, das ist, glaube ich, die Seinsweise der modernen Philosophie. Jedenfalls war das die Seinsweise der antiken Philosophie."[2] Bildung zur Mündigkeit, die den Weg der Involution und nicht der Revolution ebnet, bedarf der Medienbildung. Sie führt zu keinem hohen Einkommen, erhält sie vielmehr einen asketischen Grundzug, der aber die Erotik keineswegs ausschließt. Derart hinterfragt Bildung zur Mündigkeit sowohl die Politik als auch die Medien und versucht politisch jenseits der institutionellen Politik demokratisch zu partizi-

---

[1] Konrad Paul Liessmann, Theorie der Unbildung, 2006, 73
[2] Michel Foucault, Die Regierung des Selbst und der anderen, Vorlesung am Collège de France 1982/83, Frankfurt/M. 2009, 445

pieren. Aber das gilt für große Teile der modernen Philosophie gerade nicht, die sich vielmehr der institutionellen Politik anpasst und dieser Ratschläge gibt, wie die Politik sie sich wünscht.

5.2. Die volkswirtschaftliche Kritik an Erziehung und Bildung

An die Stelle der Philosophie tritt im 19. Jahrhundert die Kritik der politischen Ökonomie. Es beginnt das Zeitalter der Massenmedien. In gewisser Hinsicht scheint es nicht mehr um Bildung zu gehen, sondern um Arbeit, um die Währung Geld, die auch vermittelnd, aber nicht kommunizierend funktioniert, und nicht mehr um die Sprache oder die Schrift. Nach der Religion avanciert die Ökonomie zur neuen Metaphysik, die weiterhin herrscht und medial taub und blind ist. Nicht die neuen Massenmedien, nicht das Buch und nicht die Zeitschrift werden Gegenstand des Interesses. An ihre Stelle tritt die Ökonomie und mit ihr das Geld.

Es sieht so aus, als könnte man die Bildung durch Arbeit ersetzen, genauer durch Geld. Der Arbeiter strebt nicht nach Bildung wie einstmals der Bürger, bis dieser anfing dem Arbeiter nachzueifern. Der Arbeiter fordert Lohn, höchstens eine Vorform der Ausbildung, um Lohn bekommen zu können. Aus proletarischer Perspektive erweist sich die Bildung als sinnlos. Wenn nicht zuletzt achtundsechziger Studenten forderten, dass das Studium praxisnäher gestaltet werden soll, wenn sie die klassischen Inhalte als bürgerliche Wissenschaft disqualifizierten, dann ebneten sie den Weg zum Bachelor bzw. zu praxisnahen Studiengängen, die nicht nur zur Verschulung führten, sondern vor allem das Denken an den Rand drängten. Dazu bemerkt Liessmann: „Allmählich greift die Einsicht um sich, dass nicht die Humboldtschen Bildungsideale, sondern die seit den sechziger Jahren in rascher Abfolge initiierten Bildungsreformen für die derzeitigen Schwächen des Bildungssystems verantwortlich sind."[1] Immerhin haben die Achtundsechziger die Sexualisierung mitbefördert, deren Wert man nicht hoch genug einschätzen kann und zu der umso mehr Bildung notwendig ist – ein Zusammenhang, den Sloterdijk nicht versteht. Wie bemerkt doch Hans Blumenberg: „Dass sie <die Wissenschaft> Freiheiten verschafft, ist unbezweifelbar; ich erinnere an die einzige wirklich bedeutende Veränderung des menschlichen Verhaltens in unserem Jahrhundert durch die Kontrazeptiva."[2] Dagegen bemerkt Norbert Bolz über die Pille: „In der Geschichte des Eros ist sie das wichtigste Stück Anti-Natur."[3] Aber wer möchte zu den Bären im Walde zurück? Rousseau nicht!

Die Wissenschaften orientieren sich einerseits empirischer und andererseits transformiert sich Bildung in Ausbildung. Marx und Engels denken diesen Weg voraus: „Man hat eingewendet, mit der Aufhebung des Privateigentums werde alle Tätigkeit aufhören und eine allgemeine Faulheit einreißen. Hiernach müsste die bürgerliche Gesellschaft längst an der Trägheit zugrunde gegangen sein; denn *die* in ihr arbeiten, erwerben nicht, und *die* in ihr erwerben, arbeiten nicht. Das ganze Bedenken läuft auf die Tautologie hinaus, dass es keine Lohnarbeit mehr gibt, sobald es kein Kapital mehr gibt."[4] Zwischen-

---

[1] Konrad Paul Liessmann, Theorie der Unbildung, 2006, 52

[2] Hans Blumenberg, Beschreibung des Menschen – Aus dem Nachlass, Frankfurt/M. 2006, 479

[3] Norbert Bolz, Die Helden der Familie, München 2006, 31

[4] Karl Marx, Friedrich Engels, Manifest der Kommunistischen Partei (1848), MEW Bd. 4, Berlin 1972, 477

zeitlich versuchen sich auch die Erwerbenden als Arbeitende auszugeben. Sie haben womöglich die marxschen Frühschriften gelesen: Der Sinn des Leben liegt in der Arbeit.

Es bleibt jedoch ein fundamentaler Unterschied zwischen der schlecht bezahlten Arbeit und der gut bezahlten, der viel mehr bedeutet, als dass die Reichen länger als die Armen leben. Marx und Engels schreiben weiter: „Alle Einwürfe, die gegen die kommunistische Aneignungs- und Produktionsweise der materiellen Produkte gerichtet werden, sind ebenso auf die Aneignung und Produktion der geistigen Produkte ausgedehnt worden. Wie für den Bourgeois das Aufhören des Klasseneigentums das Aufhören der Produktion selbst ist, so ist für ihn das Aufhören der Klassenbildung identisch mit dem Aufhören der Bildung überhaupt. Die Bildung, deren Verlust er bedauert, ist für die enorme Mehrzahl die Heranbildung zur Maschine." Hier argumentieren Marx und Engels noch mit dem Entfremdungsbegriff der *Ökonomisch- philosophischen Manuskripte* aus dem Jahr 1844. Für den Arbeiter gibt es keine Bildung, sondern nur Entfremdung und Veräußerung.

Es verwundert nicht, wenn die bürgerliche Bildung abgeschafft werden soll, schließlich ist das die Bildung einer unproduktiven Klasse, die zwar erwirbt aber nicht arbeitet und die daher vom Proletariat insgesamt abgeschafft werden soll. So fordern Marx und Engels eine öffentliche Erziehung und keine private mehr. Die angebliche Idylle häuslicher Erziehung bedeutet für das Proletariat nur, dass deren Kinder zur Kinderarbeit geschickt werden, die die Armut der Eltern lindern soll und gleichzeitig den Kapitalisten einen zusätzlichen Ausbeutungsfaktor beschert. Marx und Engels wollen in der Tat die traditionellen Verhältnisse privater Erziehung aufheben, die nur die traditionellen Werte vermittelt im Dienst der herrschenden Klassen.

Die derart propagierte gesellschaftliche Erziehung stellt eine Modernisierung dar, die verhindern soll, dass sich die traditionellen Mentalitäten und Glaubensvorstellungen fortschreiben, so dass die Klassenherrschaft abgeschafft werden kann. Doch Marx und Engels erwarten letzteres keinesfalls durch Erziehung, sondern durch die ökonomischen Krisen und das Erstarken des Proletariats, durch Revolution statt Involution. Sie sind beide keine Pädagogen, bleibt die Erziehung dabei nur ein begleitendes Element. Sie schreiben: „Werft ihr uns vor, dass wir die Ausbeutung der Kinder durch ihre Eltern aufheben wollen? Wir gestehen dieses Verbrechen ein. Aber, sagt ihr, wir heben die trautesten Verhältnisse auf, indem wir an die Stelle der häuslichen Erziehung die gesellschaftliche setzen. Und ist nicht auch eure Erziehung durch die Gesellschaft bestimmt? Durch die gesellschaftlichen Verhältnisse, innerhalb derer ihr erzieht, durch die direktere oder indirektere Einmischung der Gesellschaft, vermittelst der Schule usw.? Die Kommunisten erfinden nicht die Einwirkung der Gesellschaft auf die Erziehung; sie verändern nur ihren Charakter, sie entreißen die Erziehung dem Einfluss der herrschenden Klasse."[1]

Eine gesellschaftliche Erziehung bedeutet letztlich erstens eine Kritik der bestehenden ökonomischen Verhältnisse. Nicht mehr die Philosophie beherbergt solch kritisches Denken, sondern die politische Ökonomie, aus der heraus die soziale Prägung der Erziehung transformiert, also deren Medialität verändert werden soll, indem man die private in eine öffentliche Erziehung transferiert. Die privaten Schriften werden durch öffentliche ersetzt, was den bildungsfernen Schichten Zugang zur Bildung ermöglichen soll. Man kann das durchaus mit der Entwicklung des Internet vergleichen, wenn Menschen ohne Zu-

---

[1] Karl Marx, Friedrich Engels, Manifest der Kommunistischen Partei (1848),478

gang zu den Massenmedien die Möglichkeit erhalten, sich gegenüber einer Vielzahl von Menschen zu äußern.

Für Marx soll Bildung zumindest indirekt dazu führen, dass die bisher Ungezählten, die nicht politisch dazu gehören bzw. von politischer Macht ausgeschlossen sind, zu dieser Macht Zugang bekommen. Das geschieht aber nicht primär, sondern höchstens hintergründig durch Bildung selbst, also nicht durch Involution, sondern durch die gewaltsame Herausforderung der herrschenden Klassen, somit durch Revolution. Die Bildung bringt den Arbeiter einerseits von seinen subjektiven Interessen ab, so dass er sich andererseits dem Revolutionskrieg zur Verfügung stellt, weil er schießen gelernt hat: Die ökonomische Macht des Proletariats muss sich doch auf die militärische stützen, nicht auf die mediale, kann man für Marx die Welt primär nicht durch Reden, sondern durch Schießen verändern.

Für Rancière stellt das zumindest einen politischen Akt dar, wenn nämlich die herrschende politische Ordnung, die einen Großteil der Bevölkerung von der Politik ausschließt, von dieser Gruppe in Frage gestellt wird. So schreibt Rancière: „Für die Gründer der ‚politischen Philosophie' drückt sich die Unterordnung der Tauschlogik unter das Gemeinwohl in einer ganz bestimmten Weise aus: sie ist die Unterordnung der arithmetischen Gleichheit, die den Warenaustausch und die gerichtlichen Strafen beherrscht, unter die geometrische, proportionierende Gleichheit; für die gemeinsame Harmonie, wo die Anteile der gemeinsamen Sache von jedem Teil der Gemeinschaft zu dem Anteil besessen werden, den sie zum Gemeinwohl beitragen. Aber dieser Übergang von der vulgären Arithmetik zur idealen Geometrie impliziert selbst einen sonderbaren Kompromiss mit der Empirie, eine eigenartige Zählung der ‚Teile' der Gemeinschaft."[1]

---

[1] Jacques Rancière, Das Unvernehmen (1995), 18

Die geometrische Ordnung der Ungleichheit, bei der nur die steuerzahlenden Klassen Zugang zur Politik haben, soll durch eine arithmetische der Gleichheit ersetzt werden, die die Macht auf die Seite der ungezählten Armen verschiebt, der überwältigenden Mehrheit – so die Vision des *Kommunistischen Manifestes*. Doch das ist eben nicht als Bildungsprogramm gedacht, sondern als ein Akt der Gewalt, der dann allerdings eine neue Form der Bildung nach sich ziehen wird. So entspricht Marx' Konzeption dem Politik-Modell Platons – die kommunistische Ordnung – und demjenigen Carl Schmitts – die Diktatur des Proletariats als Krieg gegen die Reste der bürgerlichen Klasse.

Dagegen hat ein weitgehend reformistisch eingestelltes Proletariat versucht, sich der Bildung zu bemächtigen, um bestimmte Formen der Involution zu erreichen, ging es ihm darum, ihre Anteillosigkeit zu vermindern. So schreibt Paul Mason: „Der Marxismus hat sich in Bezug auf die Arbeiterklasse getäuscht. Es stimmt, dass die menschliche Gesellschaft nie etwas hervorgebracht hat, das einem aufgeklärten, kollektiven historischen Subjekt näher gekommen wäre als das Proletariat. Aber die Erfahrung in den letzten 200 Jahren zeigt, dass es dem Proletariat nicht darum ging, den Kapitalismus zu stürzen. Vielmehr wollte es ‚trotz des Kapitalismus leben'."[1] Die Arbeiterbewegung gründete zuhauf Arbeiterbildungsvereine, die die Arbeiter so bilden sollten, dass sie sich zur politischen Partizipation befähigen und um ihre ökonomische Lage zu verbessern. Sie entdeckten, dass man politisch die Ökonomie beeinflussen kann, gerade die gegenteilige Perspektive, die Marx entwickelt, dass man nämlich die Politik ökonomisch verstehen muss. Während also die revolutionären Sozialisten noch von der Revolution träumten, hatte das Proletariat diese Idee

---

[1] Paul Mason, Postkapitalismus (2015), 241

längst verabschiedet, ging es ihm jenseits davon um Involution. Dementsprechend betreiben die Gewerkschaften eine weitgehend ökonomistische Politik und die Sozialdemokraten eine reformorientierte. Das haben dann Bildungspolitiker im 20. Jahrhundert fleißig aufgegriffen, um solche Bildungsprozesse aus staatlicher Perspektive zu befördern.

5.3. Sozialphilosophische Kritik der Bildungspolitik

Wie hängen Bildung und Politik vor diesem politisch ökonomischen Hintergrund zusammen? Fördert Bildung die Involution? Marx weist darauf indirekt hin, dass Bildung und Politik zusammengehören, dass Bildung vom Staat im Dienst der herrschenden Klassen bestimmt wird. Pierre Bourdieu führt diesen Zusammenhang mikrologisch vor. Er prägt den Begriff des kulturellen Kapitals, das ihren Besitzern wirtschaftliche Vorteile verschafft. Allerdings hängt dieses Kapital wesentlich davon ab, wie der Staat Bildung organisiert und bewertet. Durch die enge Verzahnung zwischen Staat und Bildung heißt Bildung zwar nicht automatisch politische Bildung, doch jede Bildung entwickelt selbst einen politischen Charakter, den sich indes gerade der Staat zunutze macht. So schreibt Bourdieu: „Die legitime Bildung ist die vom Staat garantierte Bildung, garantiert von jener Institution, die die Bildungstitel gewährt und die Zeugnisse vergibt, die den Besitz einer garantierten Bildung garantieren. Die Lehrpläne sind eine Angelegenheit des Staates: einen Lehrplan zu verändern heißt, die Verteilungsstruktur des Kapitals zu verändern, das heißt, bestimmte Kapitalformen zu entwerten. Streicht man zum Beispiel den Latein-

und den Griechisch-Unterricht, so treibt man eine ganze Kategorie von Kleinbesitzern sprachlichen Kapitals in den Poujadismus."[1]

Letzterer geht auf Pierre Poujade zurück, der 1955 eine Partei des Kleinunternehmertums mit antisemitischen und rechtsgerichteten Zügen gründete, die 1956 mit ca. 11 Prozent in die französische Nationalversammlung einzog, unter den Abgeordneten Jean-Marie Le Pen. Diese Partei trat für die Algerienfranzosen während des Krieges ein. Bourdieus Bemerkung weist daraufhin, dass ein Großteil der Lehrer traditionell eher konservativ eingestellt war, nicht zuletzt weil ihr Kapital nun mal völlig von staatlichen Entscheidungen abhängt. Die Entwertung ihres kulturellen Kapitals entfremdet sie jedoch der wirtschaftlichen Modernisierung im Sinne der kapitalistischen Entwicklung und treibt sie in die Hände faschistoider politischer Bewegungen.

Gerade Vertreter klassischer Bildungsfächer sind in der zweiten Hälfte des 20. Jahrhunderts davon immer stärker betroffen. In Bayern wurde im Laufe der siebziger und achtziger Jahre der Sozialkundeunterricht minimiert, was gerade Soziologen – traditionell damals links eingestellt – ihres kulturellen Kapitals beraubte. So formuliert Bourdieu die dramatisch klingenden Worte: „Meine ganze soziologische Arbeit hat darin bestanden, Probleme diesen Typs verständlich zu machen, einleuchtend zu machen, dass es bei der Abschaffung des Geographieunterrichts, bei der Verkürzung der Gymnastik um eine Viertelstunde, bei der Ersetzung einer Viertelstunde Musik durch eine Viertelstunde Mathematik um Einsätze auf Leben und Tod geht, dass ihre unmittelbaren Interessen (. . .) oder ihre mittelbaren Interessen in Frage gestellt sind, und das ist noch schlimmer, weil dabei ihre

---

[1] Pierre Bourdieu, Über den Staat – Vorlesungen am Collège de France 1989-1992, Berlin 2014, 184

Identität auf dem Spiel steht."[1] Lehrer, die die betreffenden Fächer vertreten, verlieren dadurch an Bedeutung, haben politische Entscheidungen für sie weitreichende Konsequenzen. In Bayern waren nicht nur Gymnasiallehrer der klassischen geistes- und sozialwissenschaftlichen Fächer seit Jahrzehnten von Arbeitslosigkeit bedroht, was umso schlimmer ist, weil sie womöglich zum Schuhverkäufer umschulen müssen – ein Angebot einer Schuhladenkette um 1980 herum – wo sie gerade nicht enden wollten, was man höchstens durch Unterwürfigkeit hätte vermeiden können.

Der Staat bestimmt die Bildung, indem er sich auf sie stützt und sie auch nach seinen Interessen entsprechend umgestaltet. Damit ist Bildung in jeder Hinsicht politisch, selbst wenn man ihr das auf den ersten Blick nicht ansieht. Genau diejenige Bildung wird befördert, die dem Staat opportun erscheint. Privatschulen, selbst wenn sie religiöse Träger haben, müssen sich dieser Entwicklung anpassen, verlieren sie ansonsten den Anschluss an die allgemeinen Bildungsrichtungen, weil ihnen die Schüler wegbleiben. Aus dieser Perspektive präsentiert sich Bildung umso mehr als von Seiten des Staates bestimmt. Er hat daran natürlich ein besonders großes Interesse.

Das erfasst auch die Medienbildung. Eine reflektierende Bildung ist für den Staat dabei kaum von Belang. „Eine Schule," schreibt Liessmann, „die aufgehört hat, ein Ort der Muße, der Konzentration, der Kontemplation zu sein, hat aufgehört, eine Schule zu sein. Sie ist eine Stätte der Lebensnot geworden."[2] Just mit dieser machen die Traditionalisten Politik. Dass die Entwicklungen der Medien und der Technologien zum Gegenstand von Bildungsgehalten werden, könnte indes die staatliche Macht über jede Form der Bildung in Frage stellen. Diese Form

---

[1] Pierre Bourdieu, Über den Staat, 1989-1992, 216
[2] Konrad Paul Liessmann, Theorie der Unbildung, 2006, 62

der Bildung muss also von unabhängigen Vertretern der Bildung gegenüber dem Staat durchgesetzt werden. Sehr zweifelhaft bleibt, wer das letztlich sein wird, ob überhaupt jemand solche Positionen nachhaltig vertreten kann. Was Bourdieu diagnostiziert, reduziert Medienbildung auf Bildung mit einer politischen Implikation, die dem Ordnungsmodell der Politik entspricht. Das ist die bis heute weit verbreitete Struktur. Medienbildung wie politische Bildung als solche stellen als reine Bildung ein kulturelles Kapital dar, das einen ökonomischen Sinn hat, keinen politischen, schon gar keinen medialen, damit gerade keinen involutiven.

5.4. Soziologische Analyse der Bildungspolitik

Nach der sozialphilosophischen Kritik als Antwort auf Bildung vor dem Hintergrund der Schrift- und Buchkultur stellt sich die Frage „Wie hängen Bildung und Politik vor diesem soziologischen Hintergrund zusammen?" zunächst aus der Perspektive der Betroffenen und ihrer Reaktion auf die Bildungspolitik, um daran anschließend einen soziologischen Vorschlag aufzugreifen, wie der Staat individuelle Interessen lenken könnte. Wenn sich also bisher herausgestellt hat, dass die Bildungspolitik sozial differenzierend und gerade nicht involutiv wirkt, stellt sich die Frage, ob es darauf individuelle Antworten gibt, die Involution unterstützen.

Für den Soziologen Heinz Bude ist Bildung ein Platzicrungsgut innerhalb der sozialen Struktur. Bildungsabschlüsse erlauben Ansprüche auf bestimmte soziale Positionen. Solcherart Platzierungsgut stellt einen sozialen Besitzstand bestimmter Bevölkerungsgruppen dar, die selbst schon einen bestimmten sozialen Status durch Bildung erworben haben – ähnlich wie es Bourdieu beschreibt. Darauf insistieren nach Bude heute in Deutschland insbesondere gewisse Teile der Mittelschichten vornehmlich im Dienstleistungssektor, aber auch im technologischen Bereich oder dem neuer Medien. Viele von ihnen sind erst einerseits durch eine gewisse soziale Öffnung der Bildungsinstitutionen und andererseits durch neue Technologien aufgestiegen. Grundlage dazu war das Bildungssystem der Bundesrepublik, das in den achtziger Jahren nach Bude das durchlässigste in ganz Europa war, bot es durch die Einführung der Fachhochschulen vielen Menschen aus bildungsferneren Schichten überraschende Aufstiegsmöglichkeiten.

Seit den PISA-Studien hat man besonders in der Bundesrepublik die Bildung als einen wesentlichen Faktor erkannt, der die nationale Konkurrenzfähigkeit im globalen Wettbewerb stärken soll. Das gab – so Bude – jenen Kritikern des deutschen Bildungssystems Auftrieb, die immer schon das dreigliedrige Schulsystem aus Haupt-, Real- und Oberschule als vornehmlich sozial ungerecht kritisieren. Die Hauptschüler, so die Kritik, werden abgehängt. Daher sollen alternativ die leistungsschwachen Schüler zusammen mit den stärkeren erheblich länger als heute gemeinsam beschult werden in der Hoffnung, dass die stärkeren die schwächeren dadurch motivieren und ihnen gegebenenfalls auch ein wenig weiter helfen. Ergo plädieren viele Experten für ein zweigliedriges Schulsystem, wie es in vielen anderen Ländern mit erheblich besseren PISA-Ergebnissen vorhanden ist.

Doch dann kam 2010 der zweite Schock, als die Hamburger Bürgerschaft durch ein Referendum die entsprechende Reform ablehnte, die praktisch von allen Parteien in Hamburg befürwortet wurde. Offenbar hatte die grüne Klientel die Reform abgelehnt, eine Klientel, die sich vornehmlich aus jenem Bildungsmittelstand rekrutiert, der Nutznießer der Reformen der siebziger Jahre war und dessen Kinder 2010 auf die Schule gehen. Bude weist auf eine bekannte Tatsache hin, dass Bildung eine trügerische Angelegenheit ist, wenn sie im Sinne einer emanzipatorischen Bildungspolitik immer mehr Menschen zugutekommt. Dann nimmt nämlich ihre Bildungsrendite ab, so die Bildungsökonomen. Das lässt sich schwerlich verhindern. In den frühen siebziger Jahren machten etwa 10% eines Jahrgangs Abitur, heute sind es ca. 40%. Es darf nicht verwundern, dass damit das Abitur an Wert verliert. Bildung eignet sich also nicht besonders gut dazu, die Schere zwischen Arm und Reich positiv zu beeinflussen, also sie etwas zu schließen, anstatt sie sich immer weiter öffnen zu lassen. Es geht ja solcher Bildungspolitik auch gerade nicht um Involution, sondern um sozialen, genauer ökonomischen Aufstieg.

Davon sind nun gerade jene Bildungsmittelschichten aus dem Dienstleistungssektor und dem Sektor der neuen Technologien und Medien betroffen, die auf keine lange Generationenkette zurückblicken können, weil sie erst in dieser Generation aufstiegen. Sie haben durchaus einen hohen Lebensstandard. Aber sie vererben keine Firma. Das einzige, was sie tun können, ist die Kinder mit denselben Bildungschancen zu versorgen, die sie selbst hatten. Doch das ist heute um einiges schwieriger geworden. Für dieselben Bildungszertifikate, wie sie die Elterngeneration erwarb, bekommt man heute – so Bude – weniger an sozialen Gütern zurück. Wenn die Kinder den Bildungsstatus der Eltern erhalten wollen, dann reichen daher die normalen Abschlüsse heute längst nicht mehr. Dann brauchen sie vielmehr Zusatzqualifikationen. Dazu muss man eventuell heute an eine Exzellenz- oder gar eine amerikanische Privatuniversität. Dann reicht aber auch nicht mehr ein normaler sehr guter Abiturdurchschnitt, muss dieser vielmehr von bestimmten Elite-Schulen stammen, auf die dann Eltern sich genötigt sehen, ihre Kinder zu schicken. Daran denken heute viele Eltern schon bei der Wahl des Kindergartens. So halten sie beispielsweise jene private Grundschule mit genereller Unterrichtsprache in Englisch, Yoga-Kursen und Biomittagessen von den Herrmannsdorfer Landwerkstätten für notwendig. Die Zeitgenossen reagieren also individuell auf die Bildungspolitik und suchen nach eigenen Lösungen, die am Ende die Ziele der staatlichen Bildungspolitik hintergehen, was selbstredend nicht im Sinn dieser Politik sein kann.

Um dem entgegenzuarbeiten, greift Bude auf die dabei entstehenden individuellen Schwierigkeiten zurück. Denn er sieht diese Eltern regelmäßig als überfordert an, braucht man auf der Suche nach eigenen Wegen jede Menge an Informationen, die man gründlich studieren muss. Das bereitet nicht nur schlaflose Nächte, sondern nächtelange Diskussionen unter den Eheleuten und lässt sie am Ende für Bude panisch reagieren. Das nennt er *Bildungspanik*, die durchaus nachhaltige negative Konsequenzen hatte, nämlich sogar zur Weltfinanzkrise 2008 beigetragen haben soll. So schreibt Bude: „Hier liegt eine der sozialen Ursachen für die *subprime crisis*, die die weltweit schwerste Wirtschaftskrise nach 1945 hervorgerufen hat. Nach der Analyse von Katherine S. Newman und Victor Tan Chen war es gerade die *missing class* von aufstiegsbestrebten Amerikanern, die nicht mehr *working poor*, aber noch nicht solide *middle class* war, die sich im Dienste der Zukunft ihrer Kinder für horrende Summen verschuldet haben. Sie haben sich so verhalten, wie man es sich für unterprivilegierte Gruppen erhofft, die nach oben kommen wollen, und hätten damit um ein Haar alles in den Abgrund gerissen."[1] Bude fährt also schweres Geschütz auf, um individuelle Ansprüche zu

---

[1] Heinz Bude, Bildungspanik – Was unsere Gesellschaft spaltet, München 2011, 99

hinterfragen. Allerdings soll Bildungspolitik keinen Systemwechsel erreichen, sondern die Sorgen jener mildern, die sich auf individuelle Abwege begeben, so dass sie von diesem Unterfangen ablassen können. Individualisierung bedeutet in diesem Kontext keine Ansprüche auf Involution, sondern Ansprüche, den sozialen Status fortzuschreiben oder zu verbessern. Bildung hat somit primär nur noch ökonomischen Sinn wie im Neoliberalismus.

So sieht sich nach Bude diese an sich gut verdienende Mittelschicht mit dem Problem konfrontiert, wie sie ihren Kindern die notwendige Bildung zukommen lassen können, um den sozialen Verteilungskampf adäquat zu überstehen. Sie fühlt sich dabei nicht nur gestresst und überfordert, sondern häufig auch bedroht. Es ist nicht nur äußerst schwierig, sondern wird auch immer teurer, die Kinder in die richtige Schule zu schicken. Da wird denn in den entsprechenden Gegenden wie Berlin Prenzlauer Berg oder Hamburg Winterhude schon mal 600-800 Euro pro Monat für eine Grundschulausbildung hingelegt. Aber auch nicht alle, die sich zu dieser Gruppe zählen, verfügen wirklich über so ansehnliche Mittel, um sich die privaten Schulen einfach nach Gutsherrenart aussuchen zu können. Sie würden sich manchen Euro dabei durchaus gerne sparen und ihre Kinder doch noch eine Weile auf öffentliche Schulen schicken. Umso mehr fühlten sie sich von besagter Hamburger Reform bedroht. Angesichts des verschärften Konkurrenzkampfes, der sinkenden Bildungsrendite sehen sie gar nicht ein, warum ihre Kinder den schwächeren weiter helfen sollen. So entwickeln sie für Bude eine besonders starke sozialmoralische Ansteckungsangst. Unter solchen Umständen fühlen sie ihre Kinder im öffentlichen Schulsystem nicht mehr richtig beschult.

Daher sieht Bude in diesem Trend sogar eine Gefahr für die deutsche Gesellschaft und ihr Bildungssystem, was institutionelle Antworten notwendig macht. Denn am

Ende könnten öffentliche Schulen nur noch von den Kindern jener besucht werden, die sich Privatschulen nicht leisten können. Das erweist sich vor allem deshalb als problematisch, weil das Bildungssystem nicht nur die Leistungsfähigkeit des Einzelnen wie der Gesellschaft insgesamt steigern soll, sondern wesentlich zur Sozialisation und damit auch zur politischen Bildung beitragen. Auf der Schule soll schließlich nicht nur technisches Wissen vermittelt werden. Vielmehr soll man auch lernen, dass die Familie, aus der man kommt, nicht die einzige mögliche Welt darstellt, dass es vielmehr viele verschiedene Welten in der Gesellschaft gibt. In der Schule soll man nach Bude vor allem lernen, in einer komplexen Gesellschaft mit verschiedenen Vorstellungen vom Glück und vom ethisch Guten zu leben.

Daher entwickelt Heinz Bude ein durchaus überraschendes Konzept, das viele Probleme gleichzeitig lösen möchte. Er will nämlich die berufliche Bildung gegenüber der Allgemeinbildung stärken. Die Verteilung von Sozialchancen durch Bildungsabschlüsse erscheint – so empirische Untersuchungen – doch weitgehend durch die Herkunft vorgeprägt. Die Familie bestimmt letztlich den Bildungserfolg. Wer aus einer Journalistenfamilie kommt, wird dort auch erfolgreich unterkommen etc. Wem diese Herkunft indes mangelt hat gerade im akademischen Milieu kaum Chancen angesichts des harten Konkurrenzkampfes.

Auf dem Markt dagegen zählen nicht nur Bildungspatente, sondern vor allem auch persönliche Geschicklichkeit und gute Ideen, die vielen, die aus bildungsfernen Schichten stammen, erheblich bessere Aufstiegsmöglichkeiten eröffnen und somit wirtschaftliche Erfolge bieten, ohne dass sie dazu unbedingt einen Universitätsabschluss brauchen würden. Auf dem Markt jedenfalls – so Bude – ist weniger vorab entschieden als in den Institutionen, die Bildungszertifikate voraussetzen. Der Markt stellt insofern vor allem auch die größte Chance für Einwanderer dar, die sich in einer für sie neuen Gesellschaft erst etablieren müssen und die auf dem Markt mit den Etablierten besser konkurrieren können als mittels Bildungspatenten.

Dabei orientiert sich Bude nicht nur an der polytechnischen Bildung der DDR, sondern greift auch auf einen Klassiker der siebziger Jahre, nämlich auf Fred Hirschs *Die sozialen Grenzen des Wachstums – Eine ökonomische Analyse der Wachstumskrise* zurück. Dieser stellt nämlich in Frage, ob es wirklich einen notwendigen Zusammenhang zwischen Kompetenzen und Zertifikaten gibt, hört man auf allen Ebenen die Klage, dass Mitarbeiter, die von welchen Schulen auch immer kommen, jene Fähigkeiten noch lernen müssen, die man im jeweiligen Berufsalltag braucht. Damit stellt Bude jenen bildungspolitischen Gemeinplatz in Frage, dass eine Erhöhung der Bildungsausgaben unbedingt notwendig ist, damit die Bundesrepublik den globalisierten wirtschaftlichen Konkurrenzkampf weiterhin bestehen kann.

So möchte Bude mit dem Plädoyer für berufliche Bildung verschiedene Probleme des deutschen Bildungssystems lösen. Wenn mehr Menschen aus bildungsfernen Schichten auf höhere Bildung verzichten und die berufliche vorziehen, dann sinkt der Druck auf jene Mittelschichten im Dienstleistungsbereich, deren wesentliches Gut diverse Bildungszertifikate sind. Sie werden für ihre Kinder weiterhin Zusatzqualifikationen zu den üblichen Zertifikaten benötigen. Doch diese sind natürlich dann leichter zu bekommen, wenn die Konkurrenz nachlässt. Die Menschen aus eher bildungsfernen Schichten, bzw. auch Zuwanderer in der zweiten oder dritten Generation, die jetzt verstärkt auf den Bildungsmarkt drängen, werden durch die berufliche Bildung von vornherein auf einen Weg gebracht, der chancenreicher ist. D.h. sie erleben mit größerer Wahrscheinlichkeit einen beruflichen

Aufstieg, werden somit nicht nur zufriedener. Vor allem bewahrt man sie vor der enttäuschenden Erfahrung, ein hohes bzw. universitäres Bildungszertifikat erlangt zu haben, dann aber keine adäquate Position dafür einlösen zu können. Man erinnere sich daran, dass die Unruhen in Tunesien mit der Selbstverbrennung eines verzweifelten arbeitslosen Akademikers begannen. Oder solche Menschen investieren in Aufstiegsperspektiven, die sich irgendwann als auf Sand gebaut erweisen, man denke an jenen Hinweis, dass die Weltfinanzkrise einen solchen Hintergrund habe.

Des Weiteren entfällt die gesellschaftliche Notwendigkeit, die Bildungsausgaben immer wieder erhöhen zu müssen bzw. zu wollen und angesichts der angespannten Finanzlage aller Länder nach der Finanzkrise das letztlich doch nicht zu können. Politiker müssen dann ständig Versprechungen machen, mit deren Nichteinlösung sie ihre Wähler enttäuschen und dadurch die Politik als handlungsunfähig vorführen. Das könnte nicht nur die Politikverdrossenheit fördern, sondern auch ein antidemokratisches Denken. Letztendlich wird durch Budes Konzept auch die kulturelle bzw. die soziale Integration gefördert. Denn wenn nicht mehr so viele Eltern aus den Bildungseliten sich gemüßigt sehen, ihre Kinder bereits in der Grundschule privat beschulen zu lassen, dann treffen zunächst im momentan noch vorherrschenden dreigliedrigen Schulsystem Kinder aus verschiedenen sozialen Schichten weiterhin aufeinander und können auf diese Weise andere Welten kennen lernen. Die Eltern werden sich dann auch nicht so sehr gegen eine Reform und damit gegen ein zweigliedriges Schulsystem wehren, weil der Druck auf sie ja nachlässt. Sie werden nach Bude eher bereit sein, ihre Kinder zu einem Bildungsexperiment herzugeben, nämlich durch leistungsstarke auch leistungsschwächere Kinder motivieren zu lassen. Wenn das gelingt und sich die Erwartungen bestätigen, so werden auch die Zahlen derjenigen sinken, die ohne Abschluss das deutsche Schulsystem verlassen, die Industrie wird am Ende also auch über mehr gut ausgebildete Arbeitskräfte verfügen, was noch den Immigrationsdruck senken, politischen Populisten das Wasser abgraben sowie politische und soziale Verwerfungen mildern könnte.

Budes Konzept, das an ein Patentrezept erinnert, stützt sich dabei auf das Ordnungsmodell der Politik, das den Zeitgenossen ihren Ort in der Gesellschaft anweist und Ansprüche auf Involution zurückweist. An die Stelle natürlicher Anlagen treten die sozialen Beziehungen: Wie bringt man den Anteillosen bei, auf Anteile freiwillig zu verzichten, eine Gesellschaft als gerecht anzuerkennen, die bildungsfernen Schichten und Zuwanderern beispielsweise den Zugang zu Positionen verweigert, die neben einem entsprechenden Hochschulstudium auch die Einbindung in die entsprechenden sozialen Gruppen voraussetzt. Budes Konzept sichert außerdem den sozialen Standard von Mittelklassen, damit sich diese dem Lenkungsbemühen der diversen staatlichen und wissenschaftlichen Institutionen bereitwilliger als bisher fügen und folglich darauf verzichten, individuelle Wege zu beschreiten, die die Systemlogik in der Ökonomie stören könnten.

Bude weiß natürlich, dass sich die Zeitgenossen nicht mehr einfach unterordnen, dass man sie höchstens mit der Güterverteilung lenken kann. Wenn sich bestimmte soziale Gruppen im Prozess der Individualisierung gegen Bildungsreformen zur Wehr setzen, kommt es von Seiten des Staates darauf an, wie man diesen Widerstand brechen kann, ohne die staatlichen Finanzen zu sehr zu belasten. Damit bestätigt Bude die sozialhistorische Analyse Bourdieus. Bildungspolitik lenkt die Gesellschaft gerade an den Stellen, wo Standesgrenzen instabil werden, was sich in der Gesellschaft der neuen Medien beschleunigte, wie es Bude analysiert. Dann kann man gerade von staatlicher Bildung schwerlich involutive Effekte erwarten, sind die Zeitgenossen auf sich selbst verwiesen, wenn sie sich mit welcher Anteillosigkeit auch immer nicht zufrieden geben wollen, die nicht freiwillig auf das Literaturstudium verzichten, und lieber gleich Schuhverkäufer werden – wobei das Argument ja auch aus einer Zeit stammt, als nicht mal die Schuhindustrie selbst noch glaubte, dass man mit Schuhen noch Geld verdienen kann, weil sie einfach nicht so viel hermachen würden. Dabei gibt es sicher individuelle Wege, die wenig Aufsehen erregen und die auch zunächst wenig verändern und emanzipative Wege von sozialen Gruppen, die sich in die Öffentlichkeit begeben und Involution fordern – man denke an die Frauen.

6. Vorlesung
BILDUNG DER NATUR DES MENSCHEN: DIE SCHWÄCHE DES ESSENTIALISMUS

Wenn Bildungspolitik weitgehend darauf ausgerichtet ist, Involution zu verhindern, dann stellt sich die Frage: Ist Bildung doch nur ein staatliches Mittel, um die Bevölkerung zu lenken? Verschiedene Denker berufen sich auf die Natur des Menschen, die vom staatlichen Bildungssystem unterdrückt wird und die es daher davon zu befreien gilt. Kann man durch Bildung den Menschen von staatlichen Zwängen befreien, somit die Bildung gegen die Politik so in Stellung bringen, dass das Individuum zu einem mündigen Menschen gebildet wird? Welche Subjektivierungsprozesse finden statt und welche Rückwirkungen hat das auf das Verhältnis von Bildung und Politik?

6.1. Bildung in der hierarchischen Ordnung

Wie hängen Bildung und Politik vor dem Hintergrund der Frage nach der Natur des Menschen zusammen? Fördert Bildung der Natur des Menschen die Involution? Auch das Ordnungs- und das Kriegsmodell berufen sich auf die menschliche Natur, während sie Involution zu verhindern suchen. Platon, der strukturelle Feind jeder Involution, kennt sowohl eine Bildung als auch eine politische Bildung, die im Stand der Herrscher zusammenfallen. Dabei entwickelt er ein umfassendes Erziehungssystem für alle drei Stände. Nur sind der dritte wie der zweite Stand von der Politik gänzlich ausgeschlossen, werden sie dementsprechend auch nicht politisch gebildet, sondern nur hinsichtlich ihres wirtschaftlichen bzw. militärischen Beitrags zur Polis und der Einsicht darein, dass diesen Ständen selbst das Wissen fehlt, das zur Leitung der Polis notwendig ist. Der dritte Stand erhebt daher selbstredend keine politischen Ansprüche. Der zweite Stand der Wächter nimmt nur insofern an der politischen Bildung teil, wie aus ihm ja die politisch Leitenden rekrutiert werden: Die Einheit von Intellektuellen und Militärs, muss der Intellektuelle, der zum Präsidenten avanciert, zuvor eine militärische Karriere gemacht haben, so dass die Politik von den Militärs bestimmt wird, eine historisch weit verbreitete Herrschaftsform.

Dabei entwickelt Platon eine beinahe moderne Pädagogik, wenn er schreibt: „Was nun zum Rechnen und zur Messkunde und zu allen den Vorübungen gehört, die vor der Dialektik hergehen sollen, das müssen wir ihnen als Knaben vorlegen, indem wir jedoch die Form der Belehrung nicht als einen Zwang zum Lernen einrichten. – Warum nicht? – Weil, sprach ich, kein Freier irgendeine Kenntnis auf knechtische Art lernen muss."[1] Platon kennt noch nicht den Disziplinierungswahn moderner Gesellschaften zwischen Menschenrechten, protestantischer Ethik und Militarisierung. Eine disziplinierende Pädagogik verbietet sich ohne diese Erfahrungen eigentlich von selbst, obgleich bereits die Schreiber im antiken Ägypten einem solchen Drill ausgesetzt waren.

Die Zöglinge müssen zur Bildung indes animiert und ihre Neugier soll geweckt werden. Andererseits handelt es sich ja auch nur um eine überschaubare militärische Kaste, die bekannter Weise massive Privilegien genießt, nämlich kein Privateigentum, keine Familien, keine Kindererziehung – mag das auch für moderne Ohren merkwürdig klingen: Doch welchen Vorteil hat es, sich um sein Eigentum zu sorgen, mit immer demselben Ehepartner zu reden und sich gar um nervende Kinder zu kümmern. Der alte französische Adel hatte in der Tat besseres zu tun, wie man von Marquis de Sade weiß, die reiche französische Bourgeoisie heute auch, die sich aber umso mehr um ihr Vermögen sorgen muss, während dergleichen der alte Adel höchstens am Rande betrieb. Und jede arme bürgerliche Familie, die es sich leisten kann, hat heute mindestens ein Au-pair-Mädchen. So kümmert sich der zweite Stand nach Platon gemeinsam um die Güter, muss sich um keine Vererbung sorgen und die Kinder werden öffentlich erzogen. Die Frauen, die den Männern gleichgestellt sind, gebären „nur" die Kinder, was sich damals nicht vermeiden lässt, da die Polis Kinder braucht. So bemerken Harriet Taylor und ihr Mann John Stuart Mill im gemeinsam geschriebenen, aber erst nach ihrem Tod erschienen Buch *The Subjection of Woman*: „Die Frauen aus regierenden Familien sind die einzigen Frauen, de-

---

[1] Platon, Politeia, 536d, 242

nen dieselben Interessen und Freiheiten zur Entwicklung erlaubt werden wie Männern."[1] Welche Errungenschaft wird folglich bereits in der *Polieia* erahnt! Heute darf sich jede Frau mit der englischen Königen vergleichen und selbstredend dieselben Ansprüche erheben.

Die Ausbildungswege zwischen Wächtern und späteren Herrschern trennen sich allerdings relativ bald. So entwickelt Platon ein konzentriertes Programm für die Bildung der Herrscher, das eine politische Bildung weit überschreitet, denn es geht ja um die Einsicht in das wahre Sein, das wahre Wesen aller Dinge „Nach dieser Zeit aber," schreibt Platon, „von zwanzig Jahren an, sollen die vorzüglichen größere Ehre vor den anderen genießen und die den Knaben zerstreut vorgetragenen Kenntnisse müssen für sie zusammengestellt werden zu einer Übersicht der gegenseitigen Verwandtschaft der Wissenschaften und der Natur des Seienden."[2] Die künftigen Herrscher brauchen also eine philosophische Ausbildung, die ihnen ein umfassendes Wissen beschert und zwar vor allem durch eine Systematik, die jene nicht benötigen, die nur für den Waffendienst taugen.

Aber es geht nicht allein um Systematik, sondern auch um Dialektik, also um eine dialektische Schulung, die dialogisch erfolgt und dadurch befähigt, Zusammenhänge zu erkennen, die nicht auf der Hand liegen – ein Gedanke, an den noch Hannah Arendt das Denken anschließen wird. Die Polis-Bürger, die zur Philosophie fähig sind, müssen das beweisen. Platon geht es um „die stärkste Probe, wo eine dialektische Natur ist und wo nicht. Denn wer zur Zusammenschau fähig ist, ist dialektisch; wer nicht, ist es nicht."[3] Die Ausbildung dauert Jahrzehnte

---

[1] John Stuart Mill, The Subjection of Women (1861/1869), Arlington Heights, Illinois 1980, 56 (eigene Übersetzung)
[2] Platon, Politeia, 537b, 242
[3] Ebd., 537c, 242

und wird durch ein letztes Auswahlverfahren beendet, das die Herrscher von den Verwaltern der Polis scheidet. Platon verlangt für die Verwalter wie für die Führer eine ständige Bildung, die man nicht mit heutiger Fortbildung verwechseln sollte, geht es doch um eine umfassende Bildung, die auch noch durch praktische Tätigkeit ergänzt wird, während heute plötzlich die beschränkten, einseitigen und abstrakten Fähigkeiten eines Managers oder eines Immobilien-Hais politische Probleme lösen sollen. So heißt es in der *Politeia*: „Welche unter ihnen dieses am meisten sind und beharrlich im Lernen, beharrlich auch im Kriege und in allem Vorgeschriebenen, diese wiederum, wenn sie dreißig Jahre zurückgelegt haben, aus den Auserwählten auswählen und zu noch größeren Ehren erheben, um indem du sie durch Dialektik prüfst, zu sehen, wer von ihnen Augen und die anderen Sinne fahrenlassend auf das Seiende selbst und die Wahrheit loszugehen vermag."[1] Die Herrscher besitzen nun als gebildete Philosophen Einblick in das wahre Sein, nämlich in die Welt der Ideen, durch die man die Zusammenhänge in der Welt erkennt. Daher sollen sie sich abwechselnd um die Angelegenheiten der Polis und um die Ideenschau kümmern. In der Polis werden sie dringend gebraucht, würden aber ihre Weisheit verlieren, wenn sie sich auf Dauer nur um die Polis kümmerten. Umgekehrt ist es für die Philosophen eine Art Pflicht, sich der Staatslenkung zu widmen.

Platon versammelt alle Attitüden des Alleinherrschers, die diesen auf dem Weg durch die Geschichte bis heute legitimieren werden: der weise Herrscher – primär durch Bildung, aber auch durch genetische Anlage – der dem Staat aufopferungsvoll dient, obwohl das eigentlich Unbequemlichkeiten mit sich bringt. Er hat gelernt, was für Staat und Menschen gut ist, und er besitzt die Intuiti-

---

[1] Platon, Politeia, 537d, 243

on, dieses im wechselvollen Spiel der Zeit durchzusetzen. Deswegen darf es natürlich keine Auflehnung gegen ihn geben. Vielmehr werden die Untertanen den Herrscher bewundern und achten. Interessensgegensätze gibt es nicht, kann es dann auch keine Interessenskonflikte geben – ein Argument, das bis heute Nationalisten, Konservative und Vertreter politischer Religionen vertreten, also jene, die aus ihrer Religion heraus Politik machen wollen. Eric Voegelin versteht dagegen unter politischen Religionen säkulare Ideologien, die er mit Religionen auf eine Stufe stellt und damit zumindest indirekt einer medialen Betrachtungsweise gar nicht so fern steht, wiewohl er die Massenmedien für den Anfang vom Ende des Abendlandes hält.

Der Herrscher kontrolliert bei Platon auch die Erziehung – ein sehr moderner Gedanke, kann man bei Platon überhaupt sehr viele pädagogische Anweisungen finden, die sich bis heute fleißig realisiert haben. Die Erziehung erscheint Platon überhaupt die Grundlage der Staatsbildung zu sein. Sie geht gerade nicht einfach davon aus, welche Menschen zufällig in einer Polis leben und versucht gute und schlechte geschickt auszubalancieren. Nein, der Herrscher setzt in der Erziehung an und lässt jene Kinder erziehen, die einen Hang zum platonschen Guten zeigen. Nicht bloß alle Vertreter der Erziehungsdiktatur werden ihm folgen, auch die modernen Erziehungssysteme sind auf Selektion angelegt, selbst wenn es Bemühungen gibt, das zu mildern bzw. zu verschleiern.

Allemal beruht für Platon die Politik auf der Bildung wie umgekehrt die Bildung von der Politik bestimmt wird. So schreibt Platon im *Politikos*: „Ebenso scheint mir auch die königliche Kunst selbst die Oberaufsicht zu führen über alle gesetzlichen Erzieher und Lehrer und ihnen nicht zu gestatten, etwas zu üben, außer wenn einer im Hinblick auf ihre Mischung wirkend eine dieser angemessene Gesinnung hervorbringt, sondern darin allein zu unterrichten befiehlt sie; und die, welche nicht vermögen, an tapferer und besonnener Gesinnung teilzunehmen, und was sonst zur Tugend führt, sondern in Gottlosigkeit, in Frevel und Ungerechtigkeit durch die Gewalt einer bösartigen Natur hineingestoßen werden, diese stößt sie aus durch Todesstrafen und durch Verweisungen oder züchtigt sie durch die härtesten Beschimpfungen."[1] Von der Erziehung führt der diskursive Weg direkt zur Bestrafung, also zum Gericht und zum Gefängnis – bis heute Alltag.

Albert Camus schildert in seinem Roman *Der Fremde* 1942, wie eine präfaschistische Justiz einen offenbar nicht hinlänglich erzogenen Außenseiter zum Tode verurteilt, nicht weil er einen Menschen umgebracht hat, was auch als Versehen oder als Unfall hätte bewertet werden können, sondern weil er seine Mutter ins Altersheim brachte. So vergleicht der Richter den *Fremden* mit einem verurteilten Vatermörder: „Seiner Meinung nach stellte sich ein Mann, der seine Mutter moralisch tötete, genauso außerhalb der menschlichen Gesellschaft wie derjenige, welcher die mörderische Hand gegen seinen Erzeuger erhebe."[2]

Platons Staatsverständnis realisiert sich somit durchaus im modernen Staat, gleichgültig ob dieser totalitär oder demokratisch ausgerichtet ist. Auch in der modernen Demokratie geht es ständig und in jeder Hinsicht politisch um Erziehung und Bildung, längst nicht nur der Kinder, sondern auch der Erwachsenen und natürlich längst nicht nur bei Zugewanderten aus fremden Kulturen.

Leo Strauss würde dieser Interpretation sicher nicht folgen. Für ihn macht der Liberalismus nämlich den Fehler, dass er von der Mündigkeit der Individuen ausgeht.

---

[1] Platon, Politikos, Werke Bd. V, Hamburg 1959, 308e, 69
[2] Albert Camus, Der Fremde (1942), Reinbek 1961, 101

Das kann natürlich nicht im Sinne Platons sein und für Leo Strauss folgt daraus, dass nicht die Vernunft regiert, die um das Gute weiß. Wenn das nicht der Fall ist, kann man höchste Grundsätze nicht mehr begründen. So beschreibt er 1953 die liberale conditio humana: „Unsere letzten Prinzipien beruhen lediglich auf unseren willkürlichen und daher blinden Bevorzugungen. Somit sind wir also in der Lage von Wesen, die in trivialen Angelegenheiten vernünftig und nüchtern handeln, aber wie Wahnsinnige um das Glück würfeln, wenn sie sich ernsten Problemen gegenübersehen - Vernunft im kleinen und Wahnwitz im großen."[1] Aus diesem Grunde ist die aristokratische Republik die sinnvollste Staatsform, in der die Gebildeten die Ungebildeten leiten.

Doch für Strauss hat die Moderne diese Hierarchie dadurch aufgelöst, weil sie sich von den Wurzeln der abendländischen Traditionen abgekehrt hat, deren Grundlage aus Religion, Recht und Moral besteht. Michel Foucault beschreibt in *Überwachen und Strafen* just den Übergang zur Disziplinargesellschaft, den Abschied von den Hoffnungen auf die Moral, die die Aufklärung indes noch massiv vertreten hatte. Doch das wissenschaftsgläubige 19. Jahrhundert betrachtet die Moral als schwach und steht doch vor großen sozialen Herausforderungen, die man nur durch massive Disziplinierungen unter Kontrolle bringen kann. Das geschieht auch nach Foucault nicht nur durch Kontrolle, sondern durch Anreize. Für Strauss spielt beides eine Rolle, schreibt er 1952: „Was im modernen Zeitalter stattfand, war eine fortschreitende Zersetzung und Zerstörung des Erbes der westlichen Zivilisation. Die Seele der modernen Entwicklung ist, könnte man sagen, ein eigentümlicher 'Realismus', die Vorstellung, dass moralische Prinzipien und die Beschwörung moralischer Prinzipien – in Belehrung und

---

[1] Leo Strauss, Naturrecht und Geschichte (1953), 4

Predigt – wirkungslos sind, und dass man daher nach einem Ersatz für moralische Prinzipien zu suchen hat, nach etwas, das wirkungsvoller ist als die wirkungslose Belehrung. Solchen Ersatz fand man beispielsweise in Institutionen oder in der Ökonomie."[1] Die Institutionen von Schule, Militär, Gefängnis und Polizei sorgen für Disziplin, die Ökonomie fördert die Disziplinierung durch die entsprechenden Anreize.

Doch überall spielen Erziehung und Bildung eine zentrale Rolle. Nur dass sie sich nicht mehr auf die Religion und auf traditionelle Vorstellungen vom Guten stützen, will Strauss schließlich auch erklären, warum sich die Totalitarismen ausgebreitet haben, warum sich die Demokratien auch in der Mitte des Jahrhunderts bedroht fühlen. Seine Konklusion lautet implizit, dass der allgemeinen Pädagogik die religiöse Orientierung fehlt, ohne die die richtige Ordnung, die das Gute repräsentiert, nicht wiederhergestellt werden könnte, die Interessenskonflikte aufhebt, indem sie für eine gute und daher gerechte Verteilung sorgt. Man könnte ergänzen, dass an die Stelle des religiösen Fundaments der pädagogischen Belehrung der Bürgerinnen durch öffentliche Diskurse ein Fundament aus Medizin, Psychologie und Bildung getreten ist, das sich primär auf das Prinzip Furcht stützt, wie es Hans Jonas vorschlägt, um das Verhalten der Menschen zu lenken.

So sieht es Bude natürlich nicht, spricht er indes von Panik, genauer *Bildungspanik*. Aber die Parallele zwischen seinem soziologischen Vorschlag und dem Ordnungsmodell ist offensichtlich. Zwar geht es ihm nicht wie Strauss und Platon um die Natur des Menschen, sondern um eine jeweilige Situation in der Gesellschaft. Diese sollte gerade nicht durch Bildung, sondern wenn überhaupt durch Ökonomie verändert werden, während die

---

[1] Leo Strauss, Progress or Return? (1952), 100 (eigene Übersetzung)

Bildung die vorhandene Verteilung der Anteile unangetastet lässt, weil die Bildungsrendite sinkt, wenn man Bildung sozial verbreitet. Die Bildung soll sich zurücknehmen, die Gesellschaft nicht verändern, auch wenn sie im öffentlichen Diskurs bei der Lenkung der Zeitgenossen eine zentrale Rolle spielt. Wenn man sie entsprechend verteilt, ähnlich wie Platon, dass sie die verschiedenen Stände auf jene Wege führt, die die Güterverteilung nicht in Frage stellen, dann stabilisiert sie die politische Ordnung – die Perspektive von Budes Modell. Bei Platon bekommt jeder Stand das Seinige, also die ihm zustehende Bildung, die er braucht, um seine Funktion in der Polis zu erfüllen und die ihn nicht befähigt, die Ordnung in Frage zu stellen. In beiden Fällen wird mit einer gewissen Faktizität argumentiert, die Platon allerdings auf die menschliche Natur zurückführt, Bude natürlich nicht. Letztlich winkt der öffentliche Diskurs den Benachteiligten mit der Bildung als Aufstiegschance, damit sie die soziale Ordnung nicht in Frage stellen, nicht nach Involution trachten, während Bude verrät, dass es sich dabei um eine Illusion handelt. Bude ist Aufklärer. Doch die Bürgerinnen sollen sich wie bei Platon, aber freiwillig in die gesellschaftliche Ordnung und die Verteilung der Anteile einfügen. Bude winkt mit ökonomischen Vorteilen, um bestimmte Bürgerinnen aus bildungsfernen Schichten beispielsweise mit Migrationshintergrund von Bildungsansinnen abzubringen.

Dass für manche Leute ein ökonomisches Leben ein verrödeltes ist, daran denkt er nicht. Vielleicht gibt es davon auch nur noch sehr wenige. Und dass just vor diesem sozialen Aufstieg die totale Entfremdung steht, nämlich irgendetwas lernen zu müssen, mit dem man nur Geld verdienen kann, ist schon lange kein Argument mehr. Das nennt man Leistung und wird in den Katalog einer Leitkultur integriert.

6.2. Die Natur als Orientierung der Bildung

Wie hängen Bildung und Politik vor dem Hintergrund der Frage nach der Natur des Menschen zusammen? Fördert Bildung der Natur des Menschen die Involution, wenn man von Rousseaus Naturverständnis ausgeht? Rousseau greift ähnlich wie Platon auf die Natur des Menschen zurück, wie ersterer überhaupt viele Parallelen zu letzterem aufweist. Aber Rousseau will mit der Natur des Menschen, an der sich die Bildung zu orientieren hat, nicht die gesellschaftlichen Verhältnisse stabilisieren, sondern verändern, vielleicht sogar revolutionieren. Mit der Religion will sich Rousseau dabei nicht zufrieden geben. Stattdessen orientiert er sich am Naturmenschen, den er im Naturzustand als unverdorben betrachtet, der noch der natürlichen Selbstliebe folgt, aber noch nicht den kulturierten Egoismus besitzt. Rousseau kritisiert ja Hobbes, dass er den Naturzustand als Kriegszustand betrachtet: Das werde er nur, wenn man den heutigen Menschen in ihn versetzt. Aber nach Rousseau muss man von einem völlig anderen Menschen ausgehen, ist der heute lebende Mensch nun mal von der Kultur und der Gesellschaft verdorben worden.

Jüngst hat Michael Tomasello diesen Rousseauschen Ansatz durch die Primatenforschung untermauert: „Die Frühmenschen wurden an einem bestimmten Punkt durch ökologische Umstände zu kooperativeren Lebensweisen gezwungen, (...)"[1] weil diese ihnen einen höheren Nutzen brachten. Damit will er die Kommunikationsthe-

---

[1] Michael Tomasello, Eine Naturgeschichte des menschlichen Denkens. Berlin 2014, 18

orien von Apel und Habermas stützen. Die Frühmenschen vor ca. 200.000 Jahren lernten denken und sprechen, nicht weil sie anderen befahlen, sondern weil sie mit ihnen kommunizieren mussten. Sie entwickelten also soziale Eigenschaften, nicht hierarchische, wie man sie ansonsten fleißig aus dem Tierreich her kennt. Das macht die Nähe zu Rousseau aus, der schließlich auch von einem Menschen ausgeht, der zwar nicht kooperiert, aber zumindest gelegentlich freudig kommuniziert. Damit erhält die kritische Philosophie einen Rousseauschen bzw. anthropologischen Grundzug: der Naturmensch ist freundlich und technisch geschickt, nur dass diese Vernunft bei Rousseau noch keinen moralischen Charakter entfaltet, bei Tomasello schon.

Beinahe ist die Natur ja die eigentliche Moralität, die Kooperationsbereitschaft, will der Wille durch Natur das Gute für den Körper, will nach Rousseau der im Staatskörper entstandene Gemeinwille, „der immer auf die Erhaltung und auf das Wohlbefinden des Ganzen und eines jeden Teiles zielt,"[1] das Gute und das Richtige für das Gemeinwohl. Der Naturmensch lässt sich zwar nicht mehr wiederherstellen, bleibt aber die Richtschnur, hat Rousseau dementsprechend eine Naturnähe der Kindheit skizziert und macht das Kind zum Orientierungspunkt des Pädagogen. Rousseau entdeckt damit nicht nur die Kindheit als eine eigene Lebensphase – das Kind als der noch unverdorbene Mensch, also als ein anderer als der Erwachsene –, betrachtete man zuvor das Kind als kleinen Erwachsenen. So schreibt Karlfriedrich Herb: „Das Kind ist nicht länger ein Mängelwesen, dessen Defizite durch Erziehung kompensiert werden. Die Kindheit muss dem fragwürdigen Maßstab des Erwachsenseins entzogen

---

[1] Jean-Jacques Rousseau, Abhandlung über die Politische Ökonomie (1755), 15

und als eigenständige Form menschlicher Existenz begriffen werden."[1]

Rousseau gibt auch konkrete Anweisungen für den Pädagogen. Man muss das Kind kindgerecht erziehen, weil sich im Kind ja noch etwas von der ursprünglichen Natur präsentiert. Daher bewahre man es vor zu frühen kulturellen Bildungen, um noch möglichst viel und möglichst lange etwas von der kindlichen Natur zu erhalten. So schreibt Rousseau im *Emile*: „Schränkt also den Wortschatz der Kinder so sehr wie möglich ein. Es ist ein großer Nachteil, wenn es mehr sagen kann, als es zu denken vermag. Ich glaube einer der Gründe, warum die Menschen vom Land im Allgemeinen einen gesünderen Geist haben als die Stadtmenschen, ist der, dass ihr Vokabular weniger reich ist. Sie haben wenig Vorstellungen, aber sie setzen sie gut in Beziehung."[2]

Man muss das Kind also von der verkommenen Gesellschaft fernhalten, die sich für Rousseau in der städtischen Gesellschaft und der Dekadenz der adligen Höfe präsentiert. Kinder sollten also primär auf dem Land erzogen werden – taucht der Gedanke einer Erziehungskolonie in Goethes *Wilhelm Meister* wieder auf und wird sich in der Gründung von ländlichen Internaten realisieren. Die Erziehung selbst soll sich zudem primär auf die Natur konzentrieren, wodurch Rousseau offenbar hofft, dass gleichfalls vom Naturmenschen etwas regeneriert wird. „Lenkt die Aufmerksamkeit eures Zöglings auf die Naturphänomene und bald macht ihr ihn wissbegierig. Um aber seine Wissbegier zu schüren, beeilt euch nicht, sie zu befriedigen. Stellt ihm Fragen, die seiner Fähigkeit entsprechen, und lasst ihn sie selbst lösen. Er soll nichts wissen, weil ihr es ihm gesagt habt, sondern weil er selbst

---

[1] Karlfriedrich Herb, Anthropologie und Pädagogik, in: Karlfriedrich Herb, Bernhard H.F. Taureck, Rousseau-Brevier, München 2012, 123
[2] Jean-Jacques Rousseau, Emile, 179

es verstanden hat."[1] Der Bildungsprozess soll also vom Kind selber ausgehen und von diesem, von der Natur in die Gesellschaft strahlen, sie gesunden lassen. So schreiben Winfried Böhm und Michel Soëtard über den Erzieher, „dass man seine Aktivität darauf beschränkt, die natürlichen Lern- und Entwicklungsbedürfnisse des Kindes und des Heranwachsenden sorgfältig zu beobachten und gründlich zu studieren, um – wie es bei Maria Montessori heißt – die Dinge in der Umgebung des Kindes bereitzustellen und so arrangieren zu können, dass der Zögling in jedem Augenblick sowohl glücklich die Gegenwart genießt als auch in seiner natürlichen Entwicklung voranschreitet."[2]

Das hat auch Konsequenzen für die Auswahl des Pädagogen. Er soll nicht nur nicht zu sehr gebildet sein. Ja, als 1763 der spätere Herzog von Württemberg Rousseau nach Erscheinen des *Emile* anfragt, wie die Erziehung seiner Tochter gestaltet werden soll, gibt Rousseau bezüglich der Erzieherin folgenden Ratschlag: „Sorgen Sie dafür, dass Ihr Kind jemanden hat, der es liebt. (. . .) Keine gefühlvolle Frau, noch weniger eine schöngeistige. Sie sollte so viel Verstand haben, um Sie zu verstehen, nicht aber, um Ihre Anordnungen etwa noch zu verbessern (. . .) Suchen Sie im Übrigen in ihrem Geist keine Bildung. Wenn sie nicht lesen kann, umso besser, dann wird sie es mit ihrem Zögling lernen."[3] Just hier wird deutlich, in welch starken Maße Rousseau auf die Unverbildetheit des Kindes in dessen Erziehung setzt. Es scheint beinahe so, als solle die Natur des Menschen gerade nicht gebildet werden. Damit löst Rousseau zugleich die Grundfrage

---

[1] Jean-Jacques Rousseau, Emile (1762), 356
[2] Winfried Böhm, Michel Soëtard, Jean-Jacques Rousseau – Der Pädagoge, Paderborn 2012, 31
[3] Jean-Jacques Rousseau, „Ich sah eine andere Welt" – Philosophische Briefe, München 2012, 171

jeder Erziehungsdiktatur wie bei Platon: Wer erzieht den Erzieher? Nein, gerade nicht die Weisheit! Nicht die Vernunft! Und schon gar nicht die Unvernunft! Auch wenn es den Anschein erwecken könnte. Denn die Antwort lautet: Das Kind! Oder die Naturanlage des Menschen, nämlich seine natürliche Selbstliebe und Freundlichkeit bzw. Kommunikativität, der natürliche Wille, der das Gute für den Körper will und auch für jene, die ihm begegnen, für die anderen Menschen: der Nukleus des Gemeinwillens. Letztlich die Natur! Bildung muss einer depravierten Gesellschaft wie deren Staat entzogen werden, um den Menschen richtig zu erziehen. Bildung kann nur vom einzelnen ausgehen, war damals auch weitgehend Privatsache.

Freilich wird der Erzieher, der ja auch von einer verdorbenen Gesellschaft ausgebildet wurde, zum Befehlsempfänger, einerseits vom Zögling, aber selbstredend in viel stärkerem Maße vom Auftraggeber, sei dieser ein Privatmann oder der Staat. Der Erzieher soll sich in die Vorstellungen seines Auftraggebers nicht einmischen, soll so tumb und ungebildet sein, dass er keine eigenen Gedanken entwickelt, was sich logisch einerseits aus der Rolle des Kindes ergibt, die von Seiten des Erziehers nicht beeinflusst werden soll und umgekehrt von einem Bildungsgefälle zwischen Auftraggeber und Erzieher zeugt. Der Auftraggeber schafft die Voraussetzungen für eine gelungene Erziehung, womit Rousseau die Mündigkeit der Zeitgenossen verabschiedet und den Weg in die autoritäre Untertanengesellschaft des 19. Jahrhunderts ebnet, werden solche Regeln nicht erst die totalitären Staaten des 20. Jahrhunderts beherzigen. Bis heute lehrt der Lehrer in der Schule, was der Lehrplan vorschreibt. Aber man stelle sich vor, er würde lehren, was ihm beliebt! Es ist klar: Rousseau hat sich nicht nur durchgesetzt, sondern die heutigen Zeitgenossen gehen davon aus, dass das Individuum über nicht so viel Vernunft verfügt, wie die Institutionen.

Das derart den Erzieher richtig erziehende und dadurch richtig erzogene Kind wird indes zum ordentlichen Bürger, der den Allgemeinwillen als seinen eigenen Willen anerkennt, der sich selbst als Teil des politischen Körpers versteht. Dabei spielen denn die Frauen noch eine wichtige Rolle. Das natürliche Bedürfnis verwandelt sich in ein gesellschaftlich erzeugtes Begehren, das die Frauen jedoch durch ihre Scham kontrollieren. Daher sind Frauen ihrem Begehren nicht hilflos ausgeliefert, jedenfalls erheblich weniger hilflos als Männer. Wenn die weibliche Scham schwächelt, wenn Frauen sich erotisch offensiv benehmen, dann haben sie sich diese Schamlosigkeit und ein solches entborgenes Begehren durch Verbildung und gesellschaftlichen Konkurrenzkampf angeeignet. Dagegen Frauen gemäß ihrer schamhaften Natur erzogen entwickeln somit dieses Begehren auch nicht. Der Mann ist ohne diese Scham seinem Begehren viel hilfloser ausgeliefert. Just die Frau, auf die sich ja dieses Begehren richtet, muss das männliche Begehren daher zügeln. In der Phase der Werbung weckt und lenkt sie durch Zurückhaltung, Scham und Passivität das Begehren des Mannes. Im 19. Jahrhundert musste der Mensch in bürgerlichen Kreisen jahrelang um eine Frau werben, wobei er primär seine Moralität und seine ökonomische Stärke zu beweisen hatte. Die züchtige Ehefrau beherrscht das Begehren ihres Mannes, befreit ihn davon, so dass dieser ein tugendhafter Bürger wird, also ein Mitglied des Staatskörpers, das diesem ob des von der Frau gezügelten Begehrens freiwillig dient: von der Frau durchgesetzte Askese nicht mehr im Dienst des christlichen Seelenheils, sondern im Dienst des Gemeinwesens: die spartanische Mutter, die den Sieg des Vaterlands feiert, obgleich dabei ihre fünf Söhne umkamen. 1998 formuliert Steven Spielbergs Film *Saving Private Ryan*

(USA) das Gegenteil. Magdalena Scherl analysiert die *Geschlechterordnung und Republik bei Rousseau* in ihrem Buch *Ersehnte Einheit, unheilbare Spaltung*: „Die tugendhafte Ehefrau hat es in der Hand, ihren Gatten zur bürgerlichen Tugend anzuhalten (. . .). Der Einfluss der Frauen entfaltet sich ganz zum Wohle der Republik, wenn er in der Ehe ausgeübt wird; ein guter Ehemann wird seiner liebenswürdigen Gattin nichts abschlagen. So liegt es in der Macht der Ehefrauen, bürgerliche Eintracht zu stiften, die republikanischen Sitten aufrechtzuerhalten und die Liebe zu den Gesetzen zu erwecken."[1]

Dann ist der Bürger vom Egoismus frei und erhält von einem Staat seine Rechte und Freiheiten, die dieser – wenn er nicht von egoistischen Sonderinteressen verfremdet wird – auf der Grundlage einer allgemeinen Gesetzgebung durch den Allgemeinwillen dem Bürger verleiht. Die Natur – verkörpert durch die Frau – gibt im Willen die Regel vor, die die politische Ordnung begründet. So soll die Bildung den Staat neu aufbauen und endlich gerecht gestalten – ein durchaus revolutionäres Programm, das einmal umgesetzt die neue Ordnung nachhaltig stabilisiert, gegen die der einzelne natürlich nicht verstoßen darf, es auch nicht tun wird, und wenn doch, wird er sich selbst bestrafen.

Das hat bei Rousseau damit einen scheinbar involutiven Sinn, wird der einzelne zu einem Glied des politischen Körpers, den Rousseau sich als organischen vorstellt. Anders als im Gleichnis von Menenius Agrippa betrifft das Wohlsein des Körpers auch das Wohlsein des einzelnen Gliedes. Damit hat Rousseau der platonischen polizeilichen Politik ein modernes Fundament geliefert, das ob dieses Hangs zur gleichheitlichen Ordnung auch noch dem deliberativen Modell dienen kann, wenn der

---

[1] Magdalena Scherl, Ersehnte Einheit, unheilbare Spaltung – Geschlechterordnung und Republik bei Rousseau, Bielefeld 2016, 153

Mensch von Natur aus ein kommunikatives Wesen ist. Rawls bestimmt den Menschen durch Anlagen zur Vernunft und: „Die Fähigkeit zu einem Gerechtigkeitssinn (...) dürfte eine Bedingung der Gemeinschaftsfähigkeit des Menschen sein."[1] Nur dass bei Rousseau diese Form der Involution von Seiten des Staates organisiert wird, einen ordnungspolitischen Sinn erhält und somit nicht von den Individuen ausgeht, höchstens von der züchtigen Gattin. Damit wird jedoch der individuelle Sinn von Involution verfehlt. Die Anteillosen erhalten von der Gemeinschaft ihren Anteil. Es fragt sich nur, ob sich die Bürgerin damit zufrieden gibt.

Einerseits hat Rousseau durchaus richtig vermutet: die zwischenmenschlichen Probleme beginnen mit dem Grundeigentum, genauer mit Ackerbau und Viehzucht gewalttätig zu werden. Das geschah vor ca. 10.-12.000 Jahren: „Tatsächlich dürften die ersten ‚Kriege' der Menschheit zwischen sesshaften Ackerbauern und nomadischen Jägern und Sammlern stattgefunden haben."[2] Selbst wenn fast 200.000 Jahre paradiesisch rationale Kommunikation vorherrschte – Rousseaus und Tomasellos Naturzustand – die letzten 10.000 dürften alles kaputt gemacht haben, vor allem die Menschen psychisch so depraviert, dass für diese Zeit dann wohl eher Hobbes recht hat. Der Staatsgründung gelingt es allerdings seither langsam relational die Opferzahlen von Gewalt langsam zu senken, war es für den einzelnen vor vielleicht 1000 Jahren deutlich gefährlicher als heute, allen Massenvernichtungen in den letzten 100 Jahren zum Trotz.

---

[1] John Rawls, Eine Theorie der Gerechtigkeit (1971), 247
[2] Ilja Steffelbauer, Der Krieg – Von Troja bis zur Drohne, Wien 2017 23

6.3. Der befreite Mensch

Die Bildung soll nach Rousseau den Menschen von der gesellschaftlichen Verderbtheit befreien: Also Bildung als Befreiungsprozess, der in eine neue gesellschaftliche und politische Ordnung führt. Die Orientierung an einer unverbildeten Natur des Kindes beseelt noch A.S. Neill mit seiner berühmten Schule in Summerhill, die in den späten sechziger Jahren der antiautoritären Bewegung namentlich behilflich war. Neill will das Kind möglichst ohne Lenkung durch den Pädagogen leben lassen. Wenn es frei wäre von pädagogischen Maßnahmen, dann entfaltet es sich am besten. So hat sich das Rousseau bestimmt nicht vorgestellt, der ironischerweise ziemlich genaue pädagogische Anweisungen erteilt und den Spielraum des Erziehers massiv einschränkt. Aber der Befreiungsprozess muss ja gegen eine bestehende Ordnung durchgesetzt werden und das sollte wohl überlegt sein, bedarf somit der Vernunft, die im Sinn von Rousseau indes das natürliche Gefühl befreien soll.

Fördert Bildung der Natur des Menschen die Involution, wenn man von A.S. Neills antiautoritärer Erziehung ausgeht? Auch der neillsche Ansatz beruht auf der Vorstellung einer bestimmten Natur des Menschen, die sich stark an Rousseau anlehnt. Mit der Schule in Summerhill wird auch ein Arrangement festgelegt, das einen Rahmen der Erziehung liefert. Das ist natürlich unabdingbar. Nur wenn man jedoch dem Kind eine Natur unterstellt, aus der heraus es sein Leben selber entwickeln kann und dies auch noch auf eine humane Weise – gleichgültig, was immer das heißen mag – , lässt sich aus einer antiautoritären Konzeption auf eine humane Entwicklung schließen ähnlich wie bei Rousseau, bei dem ‚human' allerdings ‚natürlich' heißt. Eine solche humane Natur oder natürliche Humanität entgeht den zivilisatorischen Umständen so wenig wie der Zögling der Selbstsucht, dem *amour propre*, der folglich primär durch die Ehefrau kontrolliert und gelenkt werden soll.

Neill sieht das etwas anders, wenn er bereits 1959 in seinem berühmten Buch *Theorie und Praxis der antiautoritären Erziehung* schreibt: „Nach meiner Ansicht ist das Kind von Natur aus verständig und realistisch. Sich selbst überlassen und unbeeinflusst von Erwachsenen entwickelt es sich entsprechend seinen Möglichkeiten. Logischerweise ist Summerhill eine Schule, in der Kinder mit der angeborenen Fähigkeit und dem Wunsch, Gelehrte zu werden, Gelehrte werden, während jene, die nur zum Straßenkehren geeignet sind, Straßenkehrer werden. Bisher ist jedoch aus unserer Schule noch kein Straßenkehrer hervorgegangen. Ich sage das ohne Snobismus; denn ich sehe eine Schule lieber einen glücklichen Straßenfeger hervorbringen als einen neurotischen Gelehrten."[1] Ein sehr moralischer, christlicher, genauer naiver Wunsch! Neill spricht ja realistischer Weise auch nicht vom Wunsch Straßenkehrer zu werden.

Die Natur liefert dem Kind nicht nur Verständigkeit und ermöglicht eine eigene Entwicklung – bei Rousseau lenkt der Wille die Vernunft, der Wille, der das Gute für den Körper will – eine intuitive, keine gedankliche Anlage. Neill ist weniger vernunftpessimistisch, entspringt die Vernunft offenbar der Natur. Zudem hallt hier sogar noch ein platonischer Gedanke nach, dass Kinder durch ihre Anlagen bestimmt werden. Die Natur des Kindes verbindet Verstand und Anlage. In einer idealen familiär oder

---

[1] Alexander Sutherland Neill, Theorie und Praxis der antiautoritären Erziehung – Das Beispiel Summerhill (1959), Hamburg 1970, 22

sozial unbeeinflussten Entwicklung könnte man vielleicht davon ausgehen. Aber da es immer äußere Einflüsse gibt, selbst wenn man versucht, sie zu reduzieren, so darf man doch hinterfragen, ob es überhaupt so etwas wie eine starke Vorbestimmtheit gibt, ob sich ein Kind nicht vielmehr anhand der Einflüsse entwickelt, denen es ausgesetzt ist. Zu viele machen das nach, was ihre Eltern vorleben. Andererseits warum sollen Kinder keine spontanen Interessen entwickeln. Auch die Feministin Shulamith Firestone konstatiert 1970 in der heißen Phase, als 68 die Gehirne der jungen Revoltierenden antrieb und die neuere Frauenbewegung ihren Take off erlebte: „Der beste Weg ein Kind zu erziehen, ist, es in Ruhe zu lassen."[1] Womit sie Neill verlängert.

Eine Erziehung, bei der die Kinder weitgehend ihren eigenen Wünschen und Bedürfnissen folgen, hält Neill trotzdem vielleicht nicht ganz zu Unrecht für kulturell wirksam. Er dreht damit das gängige Verhältnis um, wie es in der politischen Philosophie betrachtet wird. In letzterer geht man zumeist davon aus, dass die staatlichen Institutionen die Erziehung vorgeben. Will man diese ändern, um den Menschen zu ändern, muss man also zuerst die staatlichen Institutionen ändern. Neill dreht dieses Verhältnis gegen den damaligen Zeitgeist zu einem historisch frühen Zeitpunkt um, als in den fünfziger Jahren die Kriegergesellschaft noch weitgehend ungebrochen herrschte. Und er unterstellt, was damals die allermeisten für absurd gehalten hätten: „Es gibt so wenige Kinder, die nach eigenen Gesetzen leben dürfen, dass jede Beschreibung nur ein Versuch sein kann. Beobachtet man solche Kinder, so weisen sie auf den Beginn einer neuen Kultur hin, deren Beschaffenheit eine radikalere Veränderung

---

[1] Shulamith Firestone, Frauenbefreiung und sexuelle Revolution (1970), Frankfurt/M. 1975, 87

aufweist als jede neue Gesellschaft, die von den politischen Parteien versprochen wird."[1]

Auch hier ist er Rousseau nicht so fern, der politisch eher pessimistisch war und wenn auch nicht gerade allzu hoffnungsfroh doch auf die Erziehung setzt. Für Rousseau – so könnte man seine Logik implizit anlegen – müsste erst der Mensch erzogen werden, bevor sich die Kulturentwicklung ändert. Das kann aber schwerlich von den staatlichen Institutionen ausgehen, die Produkt einer depravierten Kultur sind. Dann kann es eigentlich nur von einzelnen ausgehen, war Erziehung im 18. Jahrhundert weitgehend Privatangelegenheit, konnten sich nur der Adel und das reiche Bürgertum Hauslehrer leisten. Allemal aber ging die Erziehung von der Familie aus, nicht vom Staat. Das lässt sich mit dem Feminismus vergleichen, in dem diskutiert wird, wer den Prozess der Emanzipation am meisten fördert, so lautet häufig die Antwort *the state* auf die Frage: Who is the girl's best friend? Rousseau müsste auf die Frage *Who ist he boy's best friend?* antworten: the family! Auch Neill bliebe eigentlich kaum eine andere Antwort übrig. Staatliche Erziehung zielt keinesfalls auf die Freiheit des Kindes. Da das Kind die Bedingungen seiner Erziehung nicht selber schaffen kann, bleiben neben dem Staat nur die Eltern übrig. Robespierre hat dieser Logik direkt widersprochen: Ein paar tugendhafte Herrscher können das angeblich allein auf den Weg bringen. Damit hätte Rousseau womöglich kein Problem gehabt, war sein Vorbild ja gerade die für ihn quasi militarisierte römische Republik.

Vor dem Hintergrund der Totalitarismen und vielen Familien, die diese totalitäre Struktur reproduzierten – nämlich höchste Kontrolle der Mitglieder, um maximal egoistische Gemeinschaftsinteressen durchzusetzen – erweisen sich beide Optionen, Familie und Staat für Neill

---

[1] Neill, Theorie und Praxis der antiautoritären Erziehung (1959), 113

als schwer annehmbar. Denn gerade darauf, auf die seit dem 19. Jahrhundert immer militarisierteren Erziehungsmethoden waren Neills Ansätze 1959 eine Antwort, die mit der Schwierigkeit zu kämpfen hatten, dass die traditionellen Erziehungsinstitutionen für sein Konzept unbrauchbar waren. So darf es auch nicht verwundern, dass es sich nicht durchsetzte. Nicht die kriegserfahrene Elterngeneration und nicht der antikommunistische Staat fördern solche Ideen. Es werden deren Kinder selber sein, just die, die schon falsch erzogen wurden, die sich von Neill inspirieren lassen: die Jugend der sechziger und siebziger Jahre, die der militarisierten Gesellschaft zu entgehen versuchte. Man kann durchaus davon ausgehen, dass diese Inspiration nachhaltig wirkte, dass sie die Intentionen der Achtundsechziger Generationen tiefgreifend verändert hat, ohne dass Neills Ideen unmittelbar umgesetzt worden wären. Aber Schulen und Universitäten entwickelten seit den siebziger Jahren ein verändertes Selbstverständnis und Erziehungsklima, auch und gerade in der Erziehungswissenschaft, wiewohl diese natürlich einem gewissen elitären Lenkungshang schwerlich entgeht, so sehr sie sich auch um alternative Modelle in der Erziehung und Bildung bemühen mag. Obendrein unterliegt sie auch den vielfältigen Reformprozessen seit jenen Jahren.

Vor allem aber fingen viele aus individuellen Motiven heraus an, ihr eigenes Leben gegenüber dem ihrer Eltern zu verändern, versuchten es somit anders zu entwickeln: Mit Charles Taylor gewinnt seit den sechziger Jahren die Ethik der Authentizität Breitenwirksamkeit. In gewisser Hinsicht widerlegten sie damit Rousseau und Neill: der Mensch muss nicht erst anders erzogen werden, das Individuum muss vielmehr selbst anfangen sich zu verändern – was nicht folgenlos bleibt, obwohl nicht die Erziehung dergleichen auf den Weg bringt, sondern die Selbstbildung der Erwachsenen, meistens jüngeren. Jedes Individuum darf sich aus den vorgegebenen gesellschaftlichen Anschlüssen lösen und nach anderen Beziehungen, nach anderen Involutionen suchen. Auf dieser individuellen Ebene tangieren sich Involutionsbestrebungen und Individualisierungsprozesse und bringen dabei Bildung gegen die klassischen Erziehungsinstitutionen in Stellung, sicherlich mit beschränkter Aussicht auf Erfolg, aber keineswegs folgenlos, gerade für die Erziehung, wenn die postachtundsechziger Generationen auch ihre Kinder anders erziehen. Vor allem wirken sich solche Bemühungen denn auch auf das Leben derjenigen aus, die sich solchen Anstrengungen unterziehen. Und auch darüber hinaus. Nicht nur Marxisten, sondern die weit verbreiteten Vertreter einer Elitenherrschaft werden dem widersprechen bzw. dergleichen für wirkungslos oder gefährlich erklären.

Dass dergleichen auch auf Abwege geraten kann, darf nicht verwundern, wenn eine Mehrheit der Hamburger Bürger, Kinder der Achtundsechziger, eine möglichst weitreichende gemeinsame Erziehung ablehnte, die auf Involution abzielte. Im familiären Dienst an den eigenen Kindern vergisst man seine Prinzipien im Laufe der Zeit, weshalb Aristoteles die Polis ja gerade nicht auf die Familie, sondern auf die Freundschaft gründet, Platon indirekt auf die Familie, nämlich die Brüderlichkeit, die familiäre Motive entfaltet. Für die Erziehung wie für die Bildung erweisen sich sowohl der Staat als auch die Familie als problematisch, wenn größere politische Partizipation und in einem weiteren Sinn Involution erreicht werden soll. Dann vertritt der Staat auch keine höhere postkonventionelle Ethik, wie es sich Apel vorstellte, sondern schlicht die eigenen Interessen der Verhinderung von Konflikten, eine Logik die die Wissenschaften empfehlen – wie die Vorschläge von Heinz Bude vorführen, aber eine antiinvolutionäre Logik. Dagegen spielen Selbstbildungskonzepte im Konflikt-Modell der Politik durchaus eine wichtige Rolle, obgleich sie natürlich nicht die staatliche Erziehungs- und Bildungsinstitutionen ersetzen können. Aber wenn Politik Konflikt ist, bei der man Gewaltanwendung minimieren will und wenn das nur unter Bedingungen der Involution erfolgreich klappen kann, dann muss man zumindest in einer Bildungsphilosophie den Aspekt der Selbstbildung beachten, ohne den Involution schwerlich möglich ist. So muss man mit Aristoteles Republik, Demokratie und sozialen Pluralismus auf die Freundschaft gründen. Who is he girl's best frend? The friend!

6.4. Die Rückkehr zum einfachen Leben

Wenn also Familie wie Staat durch Erziehung und Bildung Involution höchstens indirekt und am Rande befördern, wenn das primär die Individuen selber in die Hand nehmen müssten, könnte eine kulturelle Umkehr zum einfachen naturnahen Leben Involution beschleunigen? Das hängt theoretisch davon ab, von wem diese Umkehr ausgeht, vom Staat, der seine Untertanen entsprechend lenkt, oder von den Individuen, die beispielsweise nach einem mutmaßlichen Zusammenbruch staatlicher Strukturen ihre Lebenssicherung selber in die Hand nehmen müssen.

Ein anderer radikaler Theoretiker, Ivan Illich, formuliert eine kulturelle Kritik an der modernen Zivilisation, welche gerade keine Gleichheit realisiert, die Herrschaft gerade nicht abbaut, wenn sie von persönlichen Herrscherfiguren auf Bürokratien übertragen wird. So schreibt er: „Ich schlage vor, dass wir die Mitte des 20. Jahrhunderts die Epoche der entmündigenden Expertenherrschaft nennen. (. .) Sie verweist (. .) auf den antisozialen Charakter der Funktionen von Leuten, deren Wert für die Gesellschaft kaum je angezweifelt wird – Erzieher, Ärzte, Sozialarbeiter, Naturwissenschaftler."[1] Damit folgt Illich implizit der Depravationstheorie der Kultur von Rousseau, kritisiert Illich doch damit das vorherrschende Fortschrittsverständnis, einen Fortschritt, den Illich für einen Niedergang hält. Natürlich richtet sich die Kritik nicht mehr wie bei Rousseau gegen die monarchischen Höfe, sondern gegen Eliten, die an deren Stelle getreten sind. Sie beschränken sich aber nicht auf politische Eliten, sondern beherbergen auch Mittelschichten und Gruppen von Experten.

Was als bürokratische und technische Herrschaft angeblich eine Unabwendbarkeit besitzt und die Politik nach Helmut Schelsky versachlicht, damit gibt sich Illich nicht zufrieden, sondern kritisiert scharf die Folgen einer solchen ökonomischen und politischen Struktur als illusionär, entsteht gerade keine nivellierte Mittelstandsgesellschaft, wie es sich heute global zeigt. Die ungleiche Verteilung von Reichtum mildert sich nicht, sondern verschärft sich – ein Trend, den man seit Jahrhunderten beobachten kann, den es aber auch in anderen Epochen gab, trug beispielsweise die zunehmende Ungleichverteilung von Reichtum zum Ende der römischen Republik bei. Heute hat das für Illich natürlich andere Hintergründe: „Wir müssen die Tatsache erkennen, dass die Spezialistenverbände, die heute Macht über die Schaffung, Zuweisung und Befriedigung von Bedürfnissen haben, ein neuartiges Kartell bilden. (. .) schon sehen wir, wie der neue Biokrat sich in der Maske des guten alten Arztes tarnt, die pädagogische Aggression wird verharmlost als

---

[1] Ivan Illich, Entmündigung durch Experten – Zur Kritik der Dienstleistungsberufe (1977); in: ders., Fortschrittsmythen, Reinbek 1983, 30

Übereifer des engagierten Lehrers (. .). Die neuen Spezialisten, die nichts anderes tun, als solche menschlichen Bedürfnisse zu befriedigen, die ihre Zunft erst erfunden und definiert hat, kommen gern im Namen der Liebe daher und bieten irgendeine Form der Fürsorge an. Ihre Zünfte sind tiefer verfilzt als eine byzantinische Bürokratie, internationaler organisiert als eine Weltkirche und stabiler als jeder Gewerkschaftsbund, dazu ausgestattet mit umfassenderen Kompetenzen als jeder Schamane und rücksichtsloser in der Ausbeutung ihrer Schützlinge als die Mafia."[1]

Weder der Sozialismus noch der Neoliberalismus werden diese Helfersyndrom-Mafia zurechtstutzen, die strukturell jedenfalls Involution eher verhindert als befördert. Höchstens einzelnen Engagierten gelingt das jenseits von institutionellen Strukturen. Wenn hier das Wort vom Biokraten fällt, so ist das insofern bemerkenswert, weil etwa zur selben Zeit Foucault den Begriff der Biopolitik entwickelt, allerdings vor dem Hintergrund der Entstehung der modernen Medizin und der liberalen Regierungskunst seit dem 16. Jahrhundert. Aber auch Illich bemerkt um diese Zeit: „Intensive Erziehung macht, dass der Autodidakt keine Beschäftigung findet; intensive Landwirtschaft zerstört die Lebensgrundlage der Subsistenzbauern, (. .). Die (. .) Ausbreitung der Medizin hat vergleichbare Folgen: sie macht die gegenseitige Pflege und den selbstverantwortlichen Gebrauch von Heilmitteln zum Delikt."[2] Foucault hat Illich durchaus wahrgenommen, folgt ihm aber nicht in dessen rousseauianischer Hoffnung. Nach Foucault entgeht auch eine alternative Medizin dem medizinischen Paradigma nicht, das den Zeitgenossen zum Patienten degradiert. Aber es

---

[1] Ivan Illich, Entmündigung durch Experten (1977), 37
[2] Ivan Illich, Die Nemesis der Medizin – Von den Grenzen des Gesundheitswesens (1975), Reinbek 1981, 50

gibt durchaus Parallelen zwischen Illich und Foucault, wenn letzterer sich auf *Die Nemesis der Medizin* beziehend schreibt: „Man könnte behaupten, dass erst in unserer Zeit deutlich geworden ist, was sich in Wirklichkeit seit dem 18. Jahrhundert in Vorbereitung befand, und das ist eben keine Theokratie, sondern eine ‚Somokratie'. Wir leben unter einer Herrschaftsform, für die die Pflege des Körpers, die körperliche Gesundheit, die Beziehung zwischen Krankheit und Gesundheit usw. zu den Zielsetzungen des staatlichen Eingreifens gehört." [1]

Illich könnte man auch den konservativ christlichen Kritikern der Moderne zuordnen, die im technischen Fortschritt einen Wertezerfall sehen. Doch so christlich ist der abtrünnige katholische Priester denn auch wieder nicht. Denn Illich geht es um individuelle Entwicklungschancen, die weder der Katholizismus noch der Marxismus mit ihren kommunitarischen Programmen anbieten. Das Individuum wird auch nicht wie bei Rousseau von der Gemeinschaft aufgehoben. Wenn Illich einen individualistischen Grundzug entwickelt, unterscheidet er sich klar von Rousseau. Teilhabe – Involution – wird nicht institutionell und insofern immer hierarchisch organisiert, sondern geht von den Zeitgenossen aus.

Doch implizit muss auch Illich einen rousseauianischen Gedankengang voraussetzen, nämlich dass der Mensch, wenn er in seiner Erziehung weniger Einflüssen ausgesetzt ist, sich besser entwickelt. Wenn Illich 1971 die *Entschulung der Gesellschaft* fordert, geschieht das vor dem Hintergrund einer autoritären Gesellschaft, aber einer, deren Jugend sich schon im Jahrzehnt zuvor in der westlichen Welt massiv aufgelehnt hat. Vor allem geht er dabei von den Erfahrungen in Lateinamerika aus, leitete

---

[1] Michel Foucault, Krise der Medizin oder Krise der Antimedizin? (1976), Schriften in vier Bänden – Dits et Ecrits Band III 1976–1979, Frankfurt/M 2003, Nr. 196, 58

er in den späten sechziger Jahren eine Schule für Entwicklungshelfer in Mexiko. So schreibt er bereits 1968: „Nirgends in Lateinamerika gelingt es mehr als 27 Prozent irgendeiner Altersgruppe, über die sechste Klasse hinauszukommen, und nicht mehr als ein Prozent absolviert eine Universität. (. .) Die allgemeine Schulbildung, wie man sie heutzutage in Industriegesellschaften versteht, überfordert offensichtlich die vorhandenen Mittel."[1] Seine Kritik an der Schule richtet sich zunächst also gegen die Übernahme von Modellen aus den Industrieländern in nicht derart industrialisierten Ländern.

Dabei entwickelt Illich auch ein Konzept des individuellen Lernens, das sich von institutioneller Bevormundung befreien möchte. Er schreibt: „Nicht nur die Erziehung, sondern die gesellschaftliche Wirklichkeit ist verschult worden. (. .) Reiche und Arme sind gleichermaßen auf Schulen und Krankenhäuser angewiesen, die ihr Leben lenken, ihr Weltbild gestalten und festlegen, was für sie legitim ist und was nicht. Reiche und Arme halten es für unverantwortlich, wenn man sich selber kuriert; halten es für unzuverlässig, wenn man auf eigene Faust lernt; und betrachten ein Organisieren des Gemeinwesens, wenn dafür nicht die Behörden zahlen, als eine Form von Aggression oder Staatsfeindlichkeit. (. .) Überall bedarf nicht nur das Bildungswesen, sondern die Gesellschaft als Ganzes der ‚Entschulung'."[2] Gerade seine Kritik passt in einen Zeitgeist, der erst in den folgenden Jahrzehnten aufgehen und die westlich säkulare Welt dramatisch verändert, wiewohl das Bildungs- und Erziehungssystem eher nur am Rande. Insofern entbehrt es nicht einer gewissen Ironie, dass sich Heinz Bude mit seinem Plädoyer für die berufliche Bildung auf Illich beruft. So antiinvolutiv und staatstragend hat sich Illich das

[1] Ivan Illich, Schulen helfen nicht (1968), 94
[2] Ivan Illich, Entschulung der Gesellschaft (1971), 18

bestimmt nicht vorgestellt. Aber man kann sich seine Freunde ja nicht unbedingt raussuchen, schon gar nicht nach dem Tod.

Nicht dass Illich unbedingt dadurch bestätigt würde, dass die Privatschule in den letzten Jahrzehnten Karriere machte! Auch so hat er das bestimmt nicht gemeint. Aber die Aneignung von Wissen gemäß eigener individueller Wünsche erfährt durch PC und Internet eine gewisse Beschleunigung. Auch das wird nicht seinen Vorstellungen entsprechen. Trotzdem auf sehr indirekte Weise verbreiten sich seine Ideen, sind zwar nicht der Mainstream, aber durchaus eine wirksame Minderheit. So entwirft er ein Konzept, dass sich bestimmt nicht institutionell durchsetzte, aber doch ähnlich wie Neill viele inspirierte, die sich nach eigenen – allemal keinen sozialistischen – Vorstellungen auf Bildungsabenteuer begeben und die sich von der Medizin nicht fürsorglich betreuen lassen wollen. Illich schreibt: „Wir stehen vor einer klaren Wahl. Entweder glauben wir weiterhin, dass institutionalisiertes Lernen ein Produkt sei, welches schrankenlose Investitionen rechtfertigt, oder wir entdecken, dass Gesetzgebung, Planung und Investitionen, falls sie im Bildungswesen überhaupt etwas zu suchen haben, hauptsächlich dazu dienen sollten, die Schranken einzureißen, die heute dem Lernen im Wege stehen, das nur eine persönliche Tätigkeit sein kann."[1] Bude möchte mit einem ähnlichen Argument einfach die Kosten im Bildungswesen deckeln, mehr nicht und die Gesellschaft stabilisieren, aber nicht involutiv.

So ist es anders gekommen, als Illich das erhoffte. Höchstens auf der symbolischen Ebene genießt Bildung im politischen Diskurs einen hohen Stellenwert. Bildung ist immer stärker durch eine Herrschaft der Diplome eine staatlich organisierte Institution geworden, bei der Eltern

---

[1] Ivan Illich, Entschulung der Gesellschaft (1971), 76

und Kinder begeistert mitmachen, während sich in jenen Jahren, als Illich das schrieb, viele dem verweigern wollten. Trotzdem kann man Illich durch die Entwicklung von Gymnasien und Universitäten im knappen halben Jahrhundert seither indirekt widergelegt sehen. Nicht nur dass die Universitäten immer verschulter wurden. Bildung steht insgesamt unter einem neoliberalen Primat. Zumindest aus einer genealogischen Perspektive erscheint diese Entwicklung nicht unbedingt den Zöglingen zu dienen. Aber wahrscheinlich wird sie von den Zeitgenossen gewünscht, ein Argument, an dem man nicht einfach vorbeikommt. Wer Karriere vorzieht, dem sind Alternativen gleichgültig, Alternativen, die er selber erfinden müsste. Und wer weiß schon, was er erfinden soll. Just daher haben staatliche Bildungsinstitutionen gegenüber individuellen Bemühungen immer einen massiven Vorteil für die meisten Zeitgenossen, wird die individuelle Bemühung um Involution durch Bildung immer eine Randerscheinung bleiben, aber durchaus keine belanglose – eine die sich so hintergründig wie langfristig bemerkbar macht und die die Disziplinarmacht verunsichert, indem sie das Normalisierungsdispositiv unterwandert. Vielleicht sollte man an ihr den Fortschritt zur Humanität im Sinne Hegels messen, wenn sich Bürgerinnen eigeninitiativ um Involution bemühen.

Trotzdem klingen Illichs Worte reichlich utopisch, da Engagement als solches auch gegen Involution gerichtet sein kann: „Ein gutes Bildungswesen sollte (. .) allen, die lernen wollen, zu jedem Zeitpunkt ihres Lebens Zugang zu vorhandenen Möglichkeiten gewähren; es sollte allen, die ihr Wissen mit andern teilen wollen, Vollmacht geben, diejenigen zu finden, die von ihnen lernen wollen; (. .) Lernende sollten nicht gezwungen werden, sich einem pflichtmäßigen Curriculum zu unterwerfen, noch sollten sie danach unterschieden werden, ob sie ein Zeugnis oder

Diplom besitzen oder nicht."[1] Illich ist nicht bloß durch die Ausbreitung des Islamismus widerlegt worden. Rechtsradikale wie religiöse Fundamentalisten möchten häufig ihre Kinder einer staatlichen Erziehung entziehen, um die Entwicklung von involutionären Neigungen zu verhindern. Wie das Internet nicht zur Aufklärung, sondern zur Verwirrnis beiträgt, so würden private Erziehungsformen nicht nur den Ideologien behilflich sein, sie würden auch jene schwache Form des sozialen Bandes unterminieren, die durch eine allgemeine staatliche Erziehung wenigstens rudimentär gefördert wird.

Umgekehrt behält Illich mit einer These recht, die an Rudi Dutschkes langen Marsch durch die Institutionen erinnert: „Ich bin für eine Revolution in den Institutionen. Ich sehe die Aufgabe nicht unmittelbar darin, die politische Macht zu verändern oder zu erobern. Kein Machtwechsel kann die Unterentwicklung Lateinamerikas stoppen. Ob wir westliche oder sowjetische Entwicklungshilfe erhalten, ist kaum von Bedeutung. Ich sehe die Aufgabe der Revolution darin, das Bewusstsein zu verändern. Nur die Selbstbefreiung von eingelernten Notwendigkeiten öffnet den Weg in die Zukunft. Das können Sie übrigens bei Marx ebenso nachlesen wie beim heiligen Johannes vom Kreuz, der sich 400 Jahre zuvor ähnlich äußerte."[2] Die politischen Rahmenbedingungen sind gleichgültig, wenn sie nicht zu totalitär ausarten – würde man heute ergänzen, während man 1970 eine primär totalitäre und eine primär patriarchalische Gesellschaftsstruktur zu gewärtigen hatte, konnte man daher letztere durchaus in vieler Hinsicht mit ersterer vergleichen.

In weitgehend konservativ regierten Ländern wie Deutschland seit dem zweiten Weltkrieg haben viele Zeit-

---

[1] Ivan Illich, Entschulung der Gesellschaft (1971), 109
[2] Ivan Illich, Kann Gewalt christlich sein? Spiegel-Gespräch, Der Spiegel Nr. 9 1970, 104

genossinnen daher ein politisches Selbstbewusstsein entwickelt, das völlig konträr zu den Regierenden steht. Das wird auch nicht durch eine Reform der Bildungsinstitutionen beschleunigt. Es wirkt höchstens darauf zurück und verändert auf diese Weise Staat und Gesellschaft. Aber die Bürgerin, die sich individuell engagiert, kann die politische Dimension nicht einfach missachten. Sie muss und wird sich mit ihr auseinandersetzen, aber nicht unbedingt immer so wie es sich die politisch medialen Eliten wünschen, die gemeinhin den Status quo erhalten wollen, während revolutionäre Eliten den Status quo diskriminierend verändern wollen.

So könnte man in diesem Sinne durchaus Ivan Illich folgen, der die bürokratische Herrschaft an vielen Stellen, gerade auch im Gesundheitswesen scharf kritisiert: „Lebenslange ärztliche Beaufsichtigung (. . .) macht das Leben zu einer ununterbrochenen Folge gefährlicher Altersstufen, von denen jede ihre eigene Form der Bevormundung braucht. Von der Wiege bis ins Büro, vom Ferienlager des Club Méditerranée bis ins Leichenschauhaus wird jede Alterskohorte durch ein Milieu konditioniert, das definiert, was für die einzelnen Altersgruppen als Gesundheit zu gelten hat. (. .) Für Arme wie Reiche wird das Leben zu einer Pilgerfahrt, deren Kreuzwegstationen – Sprechzimmer und Wartezimmer – zurück zum Ausgangspunkt führen: in die Krankenstation."[1] Gerade die vermeintlich humanen Systeme bergen massive Potentiale der Bevormundung und damit der Diskriminierung – die biopolitische Perspektive, die auch Foucault beschreibt.

---

[1] Ivan Illich, Die Nemesis der Medizin (1975), 95

6.5. Genealogie des Erziehungsregimes

Die Genealogie des Sozialen entbirgt den fürsorglichen, nächstenliebenden, solidarischen Charakter als Konstruktion des Nächsten. Humanismus und Anthropologie können daher nur im Sinn von Sartre als Dekonstruktion jeder Konstruktion des Menschen gedacht werden – eine schwierige Aufgabe für die Erziehungswissenschaft.

Die Berufung auf die Natur des Menschen präsentiert ihre Beliebigkeit. Daher taugt sie weder zur Begründung der Bildung noch der Politik. Von der Natur des Menschen bleibt höchstens die Differenz, die Berufung darauf, dass alles möglich ist, wenn man von keiner festen Struktur mehr ausgehen kann. Zwar nicht mit Notwendigkeit aber mit einer gewissen Relativität kann man daraus folgern, dass übergreifende politisch soziale Ordnungsvorstellungen illusionär sind, dass daher eine Vielfalt unterschiedlicher individueller wie kultureller Vorstellungen von einer politischen Grundstruktur ermöglicht werden muss.

Doch gerade deshalb bemühten sich die Regime spätestens seit der Französischen Revolution umso mehr, ihre Ordnungsvorstellungen bereits im Erziehungs- und Bildungssystem durchzusetzen, weil sie sich nicht von selbst verstehen und weil sie sich auf keine Natur stützen können. Erst im letzten halben Jahrhundert stieß diese Bemühung auf zunehmenden individuellen Widerstand. Doch weder die Rückkehr zum einfachen Leben noch die Idee einer antiautoritären Erziehung kann man als Bildungskonzeption staatlichen Lenkungsbemühungen entgegensetzen, um die individuelle Mündigkeit zu verteidigen. Denn welches politische System wäre bereit, Bildung so zu institutionalisieren, dass Involution befördert wird, also eine Teilhabe, die nicht von oben erlaubt wird, sondern von den Bürgerinnen erzwungen? Es sieht für das Individuum beinahe so fatal aus, wie es Georg Simmel um 1900 diesem ins Stammbuch schrieb, dass es gegenüber der Kulturentwicklung immer unterliege. Dabei wird das Individuum ethisch und moralisch diszipliniert, wird von ihm mehr verlangt. Simmel schreibt: „Indem die fließende Gestaltung des Lebens als Sollen auftritt, indem das Absolute der Forderung in diesem Sinne ein absolut historisches wird, steigt die normierende Strenge tief unter die Schicht herunter, in der die Ethik bisher die Verantwortung des Menschen allein suchte: ob er nämlich dem bestehenden Sollen gemäß wirklich handle. Aber nun reicht dies nicht aus, weil schon das Sollen unser eigenes Leben (unter der Kategorie der Idealität) ist und, wie es entsprechend unter der Kategorie der Realität der Fall ist, an jedem aktuellen Sollen jedes Moment des bisher gelebten Lebens mitgeformt, mitbedingt hat. *Schon in dem Gesolltwerden jedes einzelnen Tuns liegt die Verantwortung für unsere ganze Geschichte.*"[1]

Kann man also durch Bildung den Menschen von staatlichen Zwängen nicht befreien, somit die Bildung nicht gegen die Politik so in Stellung bringen, dass sich das Individuum zu einer mündigen Bürgerin bildet, die selbstredend an die sozialen Umstände und die staatlichen Institutionen rückgekoppelt bleibt? Oder gibt es doch bestimmte Subjektivierungsprozesse, mit denen sich die Bürgerin erfolgreich gegen staatliche Bevormundung just auch durch das Bildungs- und Erziehungssystem wehren kann, obgleich es wohl nichts Relativeres gibt

---

[1] Georg Simmel, Das individuelle Gesetz (1913), Frankfurt/M. 1987, 228

als die Idee der Befreiung? Aber vielleicht ist die Freiheit just daher durchaus beliebt, weil sie sich absoluten Ansprüchen verweigert, gleichgültig ob diese religiös oder rational begründet werden.

Abgesehen davon, dass sich in vielen Ländern die Bildungssysteme nach wie vor auf eine rigide Disziplinierung stützen, mit der Bildung vermittelt wird, dient umgekehrt die Bildung selbst auch der Disziplinierung und damit verbunden dem Festhalten an Traditionen, die solche Disziplinierung verkörpern passend zum Kriegsmodell der Politik. Die militarisierte Gesellschaft in Preußen hielt an einem klassischen Bildungsideal fest, mit dem Autorität und Hierarchie legitimiert werden, indem den Zöglingen ein elitäres Bewusstsein vermittelt wird, das die strenge Disziplin befördert und ihrerseits untermauert – man denke auch an das britische System von Eliteschulen sowie an das dazu passende Pathos antiker Klassiker. So bemerkt Bourdieu: „Im Fall Japans bildet sich der Staat, indem er die legitime Definition der Kultur bildet und diese Definition systematisch mit Hilfe zweier Instrumente durchsetzt: Schule und Armee. Man hält die Armee oft für ein Zwangsinstrument, doch die Armee ist ebenso ein Mittel zur Einimpfung kultureller Modelle, ein Dressurinstrument. Im Fall Japans sind Schule und Armee mit der Aufgabe betraut, eine Tradition von Disziplin, Opfer und Loyalität zu verbreiten und einzuimpfen."[1] So spielen Bildung und Militarisierung fleißig zusammen. Sie avancieren zu kulturellen Trägern und Vermittlern, die dabei militärische Gesellschaftsvorstellungen implantieren – eine Entwicklung, die durch die Französische Revolution keineswegs gehemmt, sondern beschleunigt wird. Die Revolutionäre verlangen vom Volk, für dessen Rechte sie vorgeblich eintreten, Gefolgschaft und Disziplin, realisieren sie ja schließlich die richtigen Ideen.

---

[1] Pierre Bourdieu, Über den Staat, 1989-1992, 280

Dieses Modell wird von allen Revolutionären fortgeschrieben, heißen diese Lenin, Stalin, Mao oder Guevara. Wie bemerkt Camus doch treffend: „Die Proletarier haben gekämpft und sind gestorben, um die Macht Militärs oder Intellektuellen, zukünftigen Militärs, zu geben, die sie ihrerseits knechteten."[1] Also wieder das Zusammenspiel von Intellektuellen und Militärs. Was ist Platons *Politeia* anderes als eine Militärdiktatur? Nicht nur die konservative Militarisierung in Preußen stützt sich auf die Bildung, sondern auch jedes revolutionäre Regime, das ja durchaus Bildung auf seine Fahnen geschrieben hat. Aber diese Bildung dient nicht der individuellen Mündigkeit, fördert Involution gerade nicht, sondern erzeugt diskriminierend treue Untertanen, werden gesellschaftliche Gruppen unterdrückt oder revolutionär gänzlich ausgeschlossen. In dieser Hinsicht spielen denn im Kriegsmodell Bildung und Erziehung nur eine disziplinerende Rolle, während sie im Ordnungsmodell obendrein eine zuordnende Funktion haben.

Zwar unterscheidet sie das vom Faschismus und Islamismus. Die Ideologie in faschistischen Regimen beherrscht die Bildung in noch stärkerem Maße als in kommunistischen – mal abgesehen von Nordkorea. Aber der Marxismus verengt nur den aufklärerischen Anspruch auf Mündigkeit mal stärker mal schwächer, während faschistische Ideologien einen solchen Anspruch völlig auflassen und insofern mit der ethischen Tradition des Abendlandes brechen. Der Islamismus lässt sich sowohl mit dem Nationalsozialismus wie mit der Inquisition vergleichen. Die Bildung, die er erlaubt, kulminiert in der Koranschule. Westliche Bildung wird als Sünde qualifiziert, schließlich fördert sie verglichen mit islamisti schen Vorstellungen die individuelle Selbständigkeit, die traditionelle Gesellschaftsstrukturen auflöst. Doch gerade

---

[1] Albert Camus, Der Mensch in der Revolte (1951), 177

die Nazis haben just solche traditionellen Strukturen in Deutschland aufgelöst: Rausgekommen ist eine totalitär gleichgeschaltete durchmilitarisierte Gesellschaft. Wo der Islamismus regiert, bewirkt er nichts anderes. Er zerstört nämlich alle anderen islamischen Traditionen.

Für Foucault tangieren sich revolutionäre Visionen und konservative Gesellschaftsvorstellungen und zwar im Militär, was noch für den arabischen Sozialismus der fünfziger und sechziger Jahre gilt, der in den Militärschulen entstand, vom Militär getragen wurde und Generäle oder Offiziere zu Diktatoren machte. Foucault bemerkt: „Der Traum von einer vollkommenen Gesellschaft wird von den Ideenhistorikern gern den Philosophen und Rechtsdenkern des 18. Jahrhunderts zugeschrieben. Es gab aber auch ein militärisches Träumen von der Gesellschaft; dieses berief sich nicht auf den Naturzustand, sondern auf die sorgfältig montierten Räder einer Maschine; nicht einen ursprünglichen Vertrag, sondern auf dauernde Zwangsverhältnisse; nicht auf grundlegende Rechte, sondern auf endlos fortschreitende Abrichtungen; nicht auf den allgemeinen Willen, sondern auf die automatische Gelehrigkeit und Fügsamkeit.“[1] Die Philosophen waren und sind die wahren oder die hintergründigen Militärs.

Der Nietzsche des unvollkommenen Nihilismus wird just solche Programme verkünden. Napoleon hatte es vorgemacht, die revolutionären Militärs von Trotzki bis Che werden es kopieren. Abrichtung und Drill avancieren zu den Grundpfeilern der Erziehung zum Realsozialismus, die auf diese Weise die Zöglinge mit Goethe oder Hölderlin im Tornister ins Selbstopfer treiben. Vorläufer des Selbstmordattentäters sind jene, die soweit gedrillt waren, dass sie sich für ihr Vaterland in Verdun oder Stalingrad gebildet und freiwillig geopfert haben. Bildung

---

[1] Michel Foucault, Überwachen und Strafen (1975), 218

heißt dann, Einsicht in die Notwendigkeit, was unter Marxisten gar als Freiheit gehandelt wird. Blanke Indoktrination wie bei Gotteskriegern reicht bei gebildeten Offizieren nicht aus. In allen Fällen solcher Opfer wird auf die Zivilbevölkerung keine Rücksicht genommen, was niemand klarer als der von Bruno Ganz verkörperte langjährige Nazi-Kanzler in Bernd Eichingers *Der Untergang* (Deutschland 2004) als Illusion entlarvt, dass es nämlich in diesem Krieg keine Zivilisten gäbe – eine richtige Einschätzung: seit dem zweiten Weltkrieg, genauer seit dem Luftkrieg, den die Deutschen nicht nur in Guernica anfingen, gibt es keine Zivilbevölkerung mehr, was durch den Terrorismus insbesondere von Selbstmordattentätern auf Wochenmärkten oder in Bussen in den Frieden hinein untermauert wird: Damit endet nicht der Frieden – und man kann gemäß des Kriegsmodells endlich alleine mit dem Ausnahmezustand regieren –, aber der Friede ist unsicherer geworden, was Staaten einerseits im Sinn von Hobbes delegitimiert, andererseits aber auch just von dieser Pflicht etwas entlastet, für die Sicherheit der Bürgerinnen zu sorgen. Dazu tragen sie auch selber bei, was dort zum Problem wird, wo sie damit andere gefährden.

Für das Ordnungsmodell der Politik und das Kriegsmodell beruht der Staat auf Zwangsverhältnissen, die durch Erziehung und Bildung in die Köpfe gepflanzt werden. Nicht nur die Körper werden hergerichtet, auch und vor allem der Geist. Denn ohne diesen, ohne seine Fügsamkeit und seine Unterwürfigkeit funktioniert der militärische Traum nicht. Foucault schreibt: „Die Geschichte dieser ‚Mikrophysik' der Strafgewalt wäre also eine Genealogie oder ein Stück der Genealogie der modernen ‚Seele'. In dieser Seele wäre also nicht ein wiedercbclcbtcs Relikt einer Ideologie zu erblicken, sondern der aktuelle Bezugspunkt einer bestimmten Technologie der Macht über den Körper. Man sage nicht, die Seele sei eine Illusion oder ein ideologischer Begriff. Sie existiert, sie hat eine

Wirklichkeit, sie wird ständig produziert – um den Körper, am Körper, im Körper – durch Machtausübung an jenen, die man bestraft und in einem allgemeineren Sinn an jenen, die man überwacht, dressiert und korrigiert, an den Wahnsinnigen, den Kindern, den Schülern, den Kolonisierten, an denen, die man an einen Produktionsapparat bindet und sein Leben lang kontrolliert."[1]

Alle wissen das, die Religiösen, die Revolutionäre, die Konservativen, die Militärs, die Achtundsechziger: man muss das Bewusstsein der Menschen kontrollieren und lenken. Bildung, politische Bildung, Medienbildung können dazu dienen, ja selbst das Konfliktmodell der Politik ist davon nicht frei, wenn man seine Ansprüche auf es selbst anwendet. Es gibt keine Auswege in eine wirkliche Welt und selbst Politik als Konflikt und Partizipation jener, die zu den Ausgeschlossenen zählen, produziert ein bestimmtes Bewusstsein, das sich weder als richtig beweisen, noch sich auf eine Natur berufen kann, sondern immer nur auf ein fragiles gegenseitiges Interesse an bestimmten Verhältnissen, zu denen – das ist die Tragik – die Menschen erzogen und gebildet werden müssen – selbst und gerade wenn sie diese Bildung selber vorantreiben.

Es verwundert folglich nicht, wenn man sich in den sechziger Jahren gegen die traditionelle Kultur und Bildung zur Wehr setzte. Das hat natürlich auch die jeweilige klassische Bildung desavouiert, die im Sinn von Marx nichts weiter als die Klassengesellschaft reproduzierte. Das dabei vermittelte Elitebewusstsein beförderte in Frankreich indes auch den Widerstand, trug nämlich wesentlich zur Entwicklung des Existentialismus bei. Sartre musste Absolvent der ENS sein, sonst hätte es ihn als Theoretiker nicht gegeben. Bildung und Elite spielen nicht nur zusammen, sondern befördern auch ihre Kriti-

---

[1] Michel Foucault, Überwachen und Strafen (1975), 41

ker. Man musste erst lernen, dass sich aus klassischer Bildung auch ein Widerstandspotential ableiten lässt, so dass heute diese Form der Bildung umso mehr vonnöten wäre, wenn die Bildung zunehmend in naturwissenschaftlich technischer Ausbildung aufgeht, sich viele Menschen aber gegen Bevormundung wehren. Angesichts dieser Entwicklung legt Wolfgang Klafki bereits 1985 ein Plädoyer für die Allgemeinbildung ab: „Aber wir werden nur das Arsenal von Mitteln, die neue Abhängigkeiten, neue Parzellierungen, neue Konfliktpotentiale, neue naturzerstörende Folgewirkungen, nicht zuletzt kumulierte Möglichkeiten der Vernichtung der gesamten Menschheit vergrößern, wenn es nicht gelingt, die Entfaltung der instrumentellen Rationalität unter die Kontrolle reflexiver Vernunft zu bringen, jener Vernunft, die sich freilich selbst wissenschaftlich, rational-argumentativ, auf Einsicht und intersubjektive Mitvollziehbarkeit gerichtet darstellen muss und die doch zugleich mit der moralischen Verantwortlichkeit des Menschen vermittelt bleibt. Allgemeine Bildung müsste den jungen und den erwachsenen Menschen Voraussetzungen vermitteln, damit sie an der Bewältigung dieser Gegenwarts- und Zukunftsaufgaben mitwirken können."[1]

Eine Bildung, die die Mündigkeit der Individuen befördern soll, muss sich allemal von dem befreien, was Bourdieu skizziert: „So hat man eine Art artifizieller Staatskultur, die von den volkstümlichen Traditionen abgeschnitten ist. Zum Beispiel sind die Schauspiele des japanischen Theaters völlig unzugänglich: Die Zuschauer müssen Zusammenfassungen lesen, bevor sie ihnen folgen können. Das Artefakt wird völlig artifiziell – was nicht heißt, dass die Zuschauer nicht ein aufrichtiges Vergnügen daran hätten; es heißt nur, dass diese soge-

---

[1] Wolfgang Klafki, Neue Studien zur Bildungstheorie und Didaktik (1985), 32

nannten traditionellen Künste entpopularisierte Künste sind, die nur mit Unterstützung des Schulsystems am Leben gehalten werden können. Das ist nichts weiter als der Grenzfall des klassischen Theaters in Frankreich: Würde das Schulsystem aufhören, Corneille und Racine im Unterricht zu behandeln, so würde ein beträchtlicher Teil des Repertoires vollständig verschwinden, und das Bedürfnis, das Vergnügen, die Lust, es zu konsumieren, verschwände ebenfalls. Die japanische Verschulung der Kultur wirkt sich auf deren Inhalt aus und ist zugleich das, was den Konsum einer derart transformierten Kultur überhaupt erst ermöglicht."[1]

Wenn es indes nicht mehr um einen revolutionären Widerstand geht, wenn es vielmehr um Involution geht, um die Entwicklung von individuellem Selbstbewusstsein, dann kann die klassische philologische Bildung durchaus eine Rolle spielen, die zum Denken anregt, wie Heidegger mit Hölderlin dem technischen Denken begegnen will oder wie für Adorno die atonale Musik oder Samuel Beckett vom gesellschaftlich bedingten Leiden Zeugnis ablegt. Die jeweiligen Rezipienten lernen damit ein anderes Weltverständnis als jenes bloß technisch performative. Klafki verspricht sich davon sicherlich noch mehr, wenn er Bildung folgendermaßen beschreibt: „als Befähigung zu vernünftiger Selbstbestimmung, die die Emanzipation von Fremdbestimmung voraussetzt oder einschließt, als Befähigung zur Autonomie, zur Freiheit eigenen Denkens und eigener moralischer Entscheidungen."[2]

Die Schwierigkeit solcher Ansprüche, die sich einem kritischen Denken im Anschluss an die von Marx inspirierte Gesellschaftskritik verdanken, bleibt indes, dass

---

[1] Pierre Bourdieu, Über den Staat, 1989-1992, 280
[2] Wolfgang Klafki, Neue Studien zur Bildungstheorie und Didaktik (1985), 19

man sich auch dazu nicht auf eine Natur des Menschen berufen kann, die in diesen Denkrichtungen indes zumeist nicht ausgeschlossen wird. Der Mensch, der zur Mündigkeit gebildet wird, verkörpert keinen natürlichen Menschen, der durch Bildung von den gesellschaftlichen Zwängen befreit werden müsste, wie es sich Rousseau noch vorstellt. Der Mensch hat keine unveränderbaren Uranlagen, allemal nicht die Sexualität so wenig wie sein Bewusstsein. Dessen sollte sich die Vorstellung von Allgemeinbildung eingedenk sein. Konzeptionen der involutiven Selbstbildung entgehen vor dem Hintergrund des Konfliktmodells der Politik einer solchen Einschränkung gleichfalls nicht. Bildung zur Mündigkeit entfaltet keine Natur, sondern zivilisatorische Errungenschaften. Mündige Menschen tauchen auch in der bekannten Geschichte nur gelegentlich auf, zunehmend häufiger in den letzten Jahrhunderten. Worauf sich das stützt, ob auf eine Anlage der Evolution, oder ob es sich einer zufällig entdeckten Option verdankt, die manche Bürgerinnen dann entwickelten, das spielt zunächst keine Rolle. Gegen Sartre darf man bezweifeln, dass Menschen ohne jegliche Bildung jene Fähigkeit des Bewusstseins besitzen, sich zu entwerfen. Was prägt den heutigen Menschen noch: die friedliche Zeit des Frühmenschen oder die kriegerische, die mit dem Sesshaftwerden begann? Alle Naturanlagen kann man ihrerseits auch als evolutionäre Entwicklungen begreifen, die sich verändern. Wie lange braucht eine Anlage, um Anlage zu werden? Wie lange dauert es, bis sie wieder verschwindet? Es gibt bestimmte menschliche Lebensweisen in bestimmten evolutionären Phasen. Wie vielleicht spätere Generationen diese heutige Mündigkeit oder Sartres Transzendenz weiter entwickeln, lässt sich schon gar nicht voraussagen.

Das einzige auch nicht ganz allgemeine, das man dabei über das Bewusstsein sagen kann, ist, dass es zwar zur Untertänigkeit befähigt, aber gleichermaßen auch zum

Widerstand. Und selbst für den Widerständigen gelten noch die Worte Foucaults: „Der Mensch, von dem man uns spricht und zu dessen Befreiung man einlädt, ist bereits in sich das Resultat einer Unterwerfung, die viel tiefer ist als er. Eine ‚Seele' wohnt in ihm und schafft ihm eine Existenz, die selber ein Stück der Herrschaft ist, welche die Macht über den Körper ausübt. Die Seele: Effekt und Instrument einer politischen Anatomie. Die Seele: Gefängnis des Körpers."[1] Der Mensch ist immer schon – jedenfalls seit ein paar tausend Jahren – ein evolutionär zivilisatorisches Konstrukt, spätestens seit er kulturell versucht, seine Erziehung zu regeln, oder wenn er versucht, dem gesellschaftlichen Druck zu widerstehen.

Trotzdem kann man nicht von Züchtung reden, ist der Mensch nicht Herr seiner diversen Technologien, sowenig wie seiner Medien, mag er sich auch noch so viel Mühe geben. Dazu hat die Kraft der Politik nicht ausgereicht, worüber sich schon Platon und erst recht Campanella mokieren: Dem *Sonnenstaat*, so berichtet Campanellas Reisender von der fernen Insel, „obliegt vor allem die Sorge für die Fortpflanzung, damit Männer und Frauen so miteinander verbunden werden, dass sie den besten Nachwuchs hervorbringen. Sie <die Insulaner> spotten über uns, weil wir der Fortpflanzung der Hunde und Pferde unsere eifrige Sorge widmen, die der Menschen aber vernachlässigen."[2]

Derartige Züchtungsphantasien verfolgen der vom Nationalsozialismus inspirierte Arnold Gehlen und dessen Schüler Peter Sloterdijk, der *Regeln für den Menschenpark* erlassen möchte. Gehlen hält den Menschen grundsätzlich für ein schwaches Wesen, das Hilfe

---

[1] Michel Foucault, Überwachen und Strafen (1975), 42
[2] Tommaso Campanella, Sonnenstaat (1637); in: Der utopische Staat, hg. v. Klaus J. Heinisch, Hamburg, 1960,119

braucht. Die nachhaltigste Hilfe erfährt der Mensch, wenn er von vornherein entsprechend gezüchtet auf die Welt kommt. Dagegen kritisiert Gehlen das instrumentelle liberale Denken genauso wie das geisteswissenschaftlich gebildete, die beide nicht in der Lage seien, autoritäre Institutionen zu gründen, die die Zeitgenossen anerkennen und sich von ihnen entlasten lassen. Er schreibt 1940, als er noch hoffen konnte, dass die Nazis ihren Krieg gewinnen werden: „Es lässt sich weiter schon jetzt wahrscheinlich machen, dass weder das instrumentelle Bewusstsein, noch eines seiner Derivate, also auch nicht das historisch-psychologische fähig ist, dauerhafte und stabile Institutionen zu begründen. Alle Apologien der Geisteswissenschaft führen zwar zu einer Selbstverklärung des Gelehrtenstandes, aber nicht zu neuen Formen der sozialen Ordnung. (. . .) Jeder Fortschritt der menschlichen Kultur ist auch daran erkennbar gewesen, dass er eine neue Form der Zucht stabilisiert hat."[1] Sloterdijk folgt Gehlens Einschätzung, dass der Mensch ein Mängelwesen wäre. Wenn man die Barbarei verhindern will, dann muss man den heutigen Menschen auch gentechnologisch entsprechend züchten. Die Grundlage dazu sowie letztlich die Zielvorstellung, einen Menschen zu entwickeln, der sich unterordnet, also einen Untertanen, rekurriert auf Gehlens Grundgedanken. „Die Kompensation geschieht mit Hilfe von Systemen der symbolischen Führung, die Instinkte durch Autoritäten ersetzen – ein Motiv, das um die Mitte des 20. Jahrhunderts in den Schriften Arnold Gehlens entfaltet wurde. Die symbolischen Ordnungssysteme entlasten jedes einzelne Menschenjunge von der von ihm allein unmöglich zu lösenden Aufgabe, die Erfahrungen und Erfindungen seiner Vorfahren allein aus sich selber noch einmal zu erzeu-

---

[1] Arnold Gehlen, Der Mensch – Seine Natur und seine Stellung in der Welt (1940), 7. Aufl. Frankfurt/M., Bonn 1962, 404

gen."[1] Die Bürgerin als ein etwas hilfloses Menschenjunges, das Halt sucht! Nicht ausgemacht ist, dass sich Regelungen verstärken. Ob sie halten, was sich manches Menschenjunges von ihnen verspricht, erscheint mehr als fraglich. Die Bürgerinnen werden sich nicht so einfach züchten lassen und sich unterordnen, also symbolisch entlasten lassen, wollen sie nicht unbedingt Sloterdijks Rolle als Menschenjunges nachahmen. Ja, würden Gehlen und Sloterdijk sagen: dann geht die Welt unter. Fakt ist, dass die, die das Züchten massiv probierten, untergingen. Ein Hoffnungsschimmer?

Die Prägung und Konstruktion des Menschen setzt anders und früher an, struktureller und doch viel weniger planbar und geplant, viel stärker durch das Individuum selbst übernommen und durchgeführt, was doch, wie der späte Foucault vorführt, gleichfalls einer gewissen Hoffnung auf das Individuum Raum lässt, von dem besagte Züchtungsphantasten wenig wissen mögen. Diese folgen einem materialistischen Essentialismus, während Bildung auch vom Individuum benutzt werden kann, um nicht der Zucht ausgeliefert zu sein. Es handelt sich um einen Selbstgestaltungsprozess, um eine Selbstkonstruktion parallel zur gesellschaftlichen Erziehung, obgleich sie sich mit dieser konfrontiert sieht. Insofern unterscheidet sich eine Kultur eines involutiven Individualismus von der einer diskriminierenden Gemeinschaft, wie sie wohl Gehlen und Sloterdijk vorschwebt, die einen bestimmten Menschentypus züchten möchte.

---

[1] Peter Sloterdijk, Was geschah im 20. Jahrhundert? 2016, 49

7. Vorlesung
BILDUNG DES POLITISCHEN MENSCHEN ZWISCHEN AUFKLÄRUNG UND MODERNE: VOM ESSENTIALISMUS ZUM FORMALISMUS

Nach Platon ordnet Bildung dem Bürger seinen sozialen Platz in einer hierarchischen Ordnung zu. Rousseaus Rückgriff auf eine Natur des Menschen kritisiert zwar kulturelle Depravationsprozesse in durchaus revolutionärer Perspektive, ordnet den Menschen dann aber genauso in einen homogenen politischen Körper ein. Es geht also nicht um Involution. A.S. Neill möchte durch eine antiautoritäre Erziehung den Menschen von gesellschaftlichen Zwängen befreien, was am Ende weniger erzieherisch wirkt, als dazu beizutragen, dass sich viele Zeitgenossen der militärisch geprägten Gesellschaft des Untertanen widersetzen und damit einem ca. 200 Jahre währenden sozialen Disziplinierungsprozess, bei dem Intellektualismus und Militarismus einträchtig zusammenspielen.

Foucault verwirft den Rückgriff auf die Natur des Menschen und eröffnet Perspektiven, dass das Individuum an Bildungsprozessen selbstbildend teilnimmt. Auch die Pädagogik entsteht in diesen Jahrhunderten, in denen ein Grundkonflikt das politische Denken seit der Neuzeit durchzieht, nämlich der Konflikt zwischen Staat und Individuum oder darum ob der Staat einen Primat gegenüber dem Individuum hat oder ob das Individuum Grundrechte besitzt, die der Staat nicht antasten darf, gleichgültig ob diese sich nun der Widerständigkeit des Individuums verdanken oder ob letztlich auch solche Grundrechte vom Staat verliehen und gesichert werden müssen. Der Konflikt entsteht in der Aufklärung und wird im 19. Jahrhundert zunächst für den Staat mit besagter Disziplinarmacht entschieden. Hegel, Comte und Marx gehen vom Primat des Staates bzw. der Gemeinschaft gegenüber dem Individuum aus. Wenige wehren sich dagegen, es sind Kierkegaard, Stirner und Nietzsche. Im 20. Jahrhundert wird sich diese Debatte im Anschluss an John Rawls' *Eine Theorie der Gerechtigkeit* erneut entzünden. Liberale, die vom Primat des Individuums ausgehen, sehen sich mit den Kommunitaristen konfrontiert, für die das Individuum von der Gemeinschaft wie vom Staat abhängt.

Dann stellt sich die Frage, ob Bildung primär dem Individuum zu dienen hat, oder ob Bildung das Individuum in die Gemeinschaft integriert, allerdings nicht als schlichten Untertan, sondern als Staatsbürgerin und in welchem Verhältnis Bürgerin und Staat zueinander stehen. Wie gestaltet sich eine Gemeinschaft, die sich aus mündigen Bürgerinnen zusammensetzt? Wie wird die Bürgerin gebildet, um welche politische Rolle auszufüllen? Wie bemüht sich die Bürgerin selbst um Bildung, um an der Politik zu partizipieren?

7.1. Der Mensch als politisches Wesen

Die Natur des Menschen steht auch dabei zur Debatte, allerdings weniger als individuelles Wesen, dem die Liberalen Naturrechte attestieren, als vielmehr im Sinn des Aristoteles, der den Menschen grundsätzlich als soziales Wesen begreift. So stellt sich die Frage: Welche Rolle spielt die Bildung für den politischen Menschen? Gerade die Kommunitarier berufen sich auf Aristoteles, der dadurch als ein Vordenker der Demokratie, der politischen Partizipation und der Gleichheit der Bürger gilt. Von der Sprachbegabung des Menschen schließt er darauf, dass der Mensch ein staatenbildendes Lebewesen ist, dass also der Mensch gemäß seiner Natur auf die Gemeinschaft ausgerichtet und dieser somit auch unterworfen ist. So folgert Aristoteles: „Daraus ergibt sich, dass der Staat zu den naturgemäßen Gebilden gehört und dass der Mensch von Natur ein staatenbildendes Lebewesen ist."[1] Der Mensch kann nicht alleine leben, wozu nur wilde Tiere oder Götter in der Lage sind. Menschen bilden vielmehr immer schon Gemeinschaften, die sich von tierischen durch den ja bereits erläuterten Gebrauch der Sprache unterscheiden. Zur Gemeinschaftsorientierung und zur Staatenbildung befähigt den Menschen die Sprache, hat er dadurch für Aristoteles Anteil am Logos. Aus dem Menschen als derart medialem Wesen ergibt sich sein politischer bzw. sozialer Charakter. Die Polis, somit die Politik, beruht auf der Sprache.

---

[1] Aristoteles, Politik, 1253 a 2, 49

Je nach Politikmodell folgt daraus entweder die Unterwerfung unter staatliche Institutionen oder die Partizipation an politischen Prozessen im Sinn des deliberativen Modells. Im Sinn des Kriegs- und des Ordnungsmodells muss der Mensch unterworfen, d.h. letztlich gedrillt werden, wie es Foucault in *Überwachen und Strafen* demonstriert. Das Individuum ist Untertan und wird demnach zum Untertan erzogen, darf dazu auch erzogen werden, wenn er nun mal nicht alleine leben kann. Bildung hat dann primär den Zweck der Indoktrination, da das Individuum ja nicht etwa dazu erzogen werden soll, dass es sich eigene Gedanken macht, sondern die vorgegebenen Gedanken übernimmt, also den vom Souverän bestimmten öffentlichen Feind auch als einen solchen begreift. Doch in dieser Hinsicht darf man bezweifeln, ob man den Untertan wirklich als politisches Wesen bezeichnen soll, denn dazu müsste er an der Politik partizipieren. Er ähnelt doch wohl eher der Biene oder der Ameise, bzw. dem Sklaven und hat wie dieser nach Aristoteles nicht wirklich Anteil am Logos der Politik.

Aristoteles näher erscheint hier der demokratische Kommunitarismus, der zumindest von einer aktiven Partizipation ausgeht, der zwar nicht auf der Widerständigkeit aufruht, aber doch zumindest Bildung und Mitdenken im demokratischen Sinn verlangt, die Bürgerin also durchaus Anteil an der Sprache bzw. dem Logos hat. Wenn man Aristoteles so interpretiert, dass sich die Bürgerinnen an ihrem Gemeinwesen orientieren sollen, dann verlangt das im Sinn von Hegel, weniger den neuesten Moden der Internettechnologie nachzuhecheln, als vielmehr sich auf die Traditionen zu besinnen, die das heutige Gemeinwesen prägen. Trotz gewisser unübersehbarer Probleme wie die Sklaverei, die Rassentrennung und religiösem Missionsgeist primär von Evangelikalen fällt das in den USA sicherlich leichter als in Deutschland. So schreibt Amitai Etzioni 1993: „Unsere immer normloser, egozentrischer werdende, von Habsucht, Partikularinteressen, kaltschnäuzigem Machtstreben beherrschte Gesellschaft muss den moralischen Stimmen all der Traditions- und Solidargemeinschaften Amerikas Gehör schenken."[1] Daraus ergibt sich ein pädagogischer Anspruch, die die Zeitgenossen zu bestimmten Verhaltensweisen anzuhalten, beispielsweise sich um die eigenen Kinder zu kümmern oder Zeitgenossen in Not zu helfen, Steuern zu zahlen wie auch bestimmte öffentliche Ämter zu übernehmen. Als auf die Gemeinschaft Angewiesene darf man sie auch dazu verpflichten, dieser Gemeinschaft zu dienen, beispielsweise in der Form des Kriegsdienstes. Zur Wiedereinführung einer Wehrpflicht riefen in den USA manche Kommunitaristen in den 90er Jahren auf, um das Gemeinschaftsbewusstsein zu stärken, das just in der Reagan-Ära gelitten hatte, als sich ein rigider monetaristischer Neoliberalismus durchsetzte.

Doch es bleibt eine Gratwanderung, inwieweit es erlaubt erscheint, die Zeitgenossen auf diese Weise zu indoktrinieren – schließlich darf man dann von ihnen ihr Leben verlangen – oder ob man sich auf den langen Marsch mühsamer Überzeugungsarbeit macht und diesen in Verbindung mit einer aufklärenden politischen Bildung bringt. Dabei kommt es entscheidend darauf an, inwieweit man davon ausgeht, auf letzte Argumente zurückgreifen zu können oder ob man sich darüber im Klaren ist, dass diese notorisch fehlen, wie es der Kommunitarist Benjamin Barber, späterer Berater von US-Präsident Bill Clinton, bereits 1984 festhält: „Das Feld des Politischen ist durch Bedingungen umschrieben, die öffentliches Handeln und infolgedessen vernünftige, öffentliche Entscheidungen notwendig machen, wenn Un

[1] Amitai Etzioni, Die Entdeckung des Gemeinwesens – Das Programm des Kommunitarismus (1993), Frankfurt/M. 1998, 183

einigkeit vorliegt und persönliche oder unabhängige Urteilsgründe fehlen."[1]

Gründe gibt es nur in einem Diskurszusammenhang, im Kontext einer Weltanschauung. Verallgemeinerbar sind höchstens formale Prinzipien, die dann doch in einen konkreten Zusammenhang überführt werden müssen, in dem sie ihre Unabhängigkeit verlieren. Sobald man Kants Moralgesetz umsetzt und konkrete kategorische Imperative formuliert, haben sie ihre Allgemeingültigkeit dadurch verloren, indem sie sich auf bestimmte umfassende Lehren beziehen. Dagegen verlangt Barber, dass Vernunft gerade nicht heißen kann, auf seine eigenen Interessen zu verzichten, sondern zu erkennen, dass man seine eigenen Interessen nur abhängig von anderen Menschen bzw. dem Gemeinwesen realisieren kann. Vernunft vermittelt zwischen Individuum und Gemeinschaft so, dass beiderlei Interessen gewahrt werden können. Doch just dazu wäre wiederum eine Einsicht in eine übergreifende Lehre nötig, die durch politische Bildung vermittelt werden muss. So schreibt Charles Taylor 1985 beim Versuch, die Freiheit inhaltlich zu bestimmen: „Wir müssen nicht nur diejenigen Praktiken und Institutionen verteidigen, die die Freiheit sichern, sondern auch diejenigen, die das Verständnis der Freiheit aufrechterhalten. Dies bedeutet nämlich die (soziale) Perspektive zu akzeptieren, der zufolge die eigentliche Fähigkeit zum Guten (hier zur Freiheit) mit einer bestimmten Form der Gesellschaft verknüpft ist."[2]

Dergleichen sollte mindestens relativiert werden. Ansonsten läuft der Kommunitarismus Gefahr, in den Krieg der Ideologien zu geraten. Letztlich sucht der Kommunitarismus nach Argumenten, die Menschen überzeugen könnten, sich als soziale und politische Wesen zu verste-

---

[1] Benjamin Barber, Starke Demokratie (1984), Hamburg 1994, 104
[2] Charles Taylor, Negative Freiheit (1985), 176

hen, was für sie eine Unterordnung unter den Staat bedeutet, einen Verzicht darauf, im Zweifelsfall staatliche Regelungen in Frage zu stellen. Daher hält der Kommunitarismus anders als der Liberalismus im Anschluss an John Rawls daran fest, dass es allgemeine Vorstellungen vom Guten gibt, die somit auch den Zeitgenossen vermittelbar sind, au fond die zentrale Aufgabe einer politischen Bildung, die im Sinne des Kommunitarismus unabdingbar ist, damit das Gemeinwesen funktionieren kann. Auch wenn sich die Kommunitaristen anders als Habermas und Apel nicht auf letzte Prinzipien berufen, so muss man die liberal orientierten dem deliberativen Modell der Politik zuordnen, werden die fundamentalen Gemeinsamkeiten unter Rücksicht auf die Tradition durchaus ausgehandelt. Konservative Kommunitaristen wie MacIntyre vertreten dagegen eher das Ordnungsmodell, während man die radikalen Libertarians wie Hans-Hermann Hoppe wohl dem Kriegsmodell à la Weber oder Schmitt zuschreiben sollte, sehen sie weder einen Sinn in der politischen Kommunikation, noch möchten sie sich auf eine bestimmte politische Ordnung festlegen lassen, sondern nur auf eine private, hält Hoppe die Diskriminierung jener für gerechtfertigt, die sich der privaten Ordnung nicht anpassen.

Richard Rorty hält denn auch moralische und politische Grundprinzipien zwar nicht für universalisierbar, aber zumindest für allgemein gültig innerhalb eines Staates. Diese sollte die Bürgerin denn auch anerkennen. Es versteht sich von selbst, dass in diesem Sinn der Mensch auch als politisches Wesen Bildung im Allgemeinen und insbesondere politische Bildung braucht. Welche dazu genau nötig ist, das gibt nach Aristoteles die politische Wissenschaft vor, die die Bildung bestimmt, die der Mensch in der Polis benötigt: „Man wird wohl an die wichtigste und leitendste Wissenschaft denken wollen. Dies scheint die politische Wissenschaft zu sein. Denn sie bestimmt, welche Wissenschaften in den Staaten vorhanden sein müssen, welche ein jeder lernen muss und bis zu welchem Grade man sie lernen muss. Wir sehen auch, dass die angesehensten Fähigkeiten ihr untergeordnet sind: Strategik, Ökonomik, Rhetorik und andere."[1] Die Polis ist nun mal der empirische Rahmen und die gemeinsame Grundlage, an dem sich die Bürger orientieren, der ihnen vorgibt, was sie politisch zu tun haben, wie weit sie der Polis dienen müssen und wie sie sich dazu politisch bilden müssen. Die Polis verkörpert das Gute im Sinn des Guten für alle Bürger, das zu analysieren wiederum Aufgabe der politischen Wissenschaft ist. Die Polis ist das Gemeinsame der Bürger, das sie gleichzeitig trägt, weil sie ja nicht alleine leben können. Für Aristoteles in einer überschaubaren Stadt und einer Gruppe von gleichen Bürgern, aus der die Mehrheit der dort Lebenden ausgeschlossen war, ist das noch relativ einfach. Und doch hat er Ausschlussschwierigkeiten. Heute erweist sich das als noch viel komplizierter, was indes nichts an der weiten Verbreitung von ausschließenden Strukturen ändert und daran, dass immer wieder diskriminierende Ideologien auftauchen.

Die politische Wissenschaft legt auf diese Weise die Perspektiven der Pädagogik fest, vor allem die Bildung des politischen Standes der Athener Bürger. So schreibt Aristoteles weiter: „Da sie sich also der übrigen praktischen Wissenschaften bedient und außerdem Gesetze darüber erlässt, was man zu tun und zu lassen habe, so dürfte wohl ihr Ziel die Ziele aller anderen mit umfassen; dann wäre also dieses das Gute für den Menschen. Mag nämlich auch das Gute dasselbe sein für den Einzelnen und den Staat, so scheint es doch größer und vollkommener zu sein, das Gute für den Staat zu greifen und zu be-

---

[1] Aristoteles, Die Nikomachische Ethik, München 1972, 1094 a 27 ff, 56

272

wahren; erfreulich ist es zwar schon bei einem einzigen Menschen, schöner und göttlicher aber für Völker und Staaten."[1] Bürger und Staat haben keine unterschiedlichen Vorstellungen vom Guten, wie es seit dem Liberalismus durchaus üblich geworden ist, solche Differenzen zu unterstellen. Die Aporie zwischen Staat und Individuum entsteht denn auch erst in der Aufklärung. Entspannen wird sich diese Konfrontation nicht, gleichgültig ob Putin die patriarchalische Familie befördert oder Orbán Universitäten schließen möchte.

An derartige gemeinsame Vorstellungen vom Guten schließen denn auch die Kommunitarier an, die diese Gemeinsamkeit zumindest im politischen Bereich gleichfalls diagnostizieren. Während für Aristoteles die politische und die philosophische Tätigkeit die einzigen sind, bei denen der Mensch glücklich wird, erscheinen ihm die Bereiche der Lüste und der ökonomischen Tätigkeit als minderwertig. Die Kommunitarier haben längst erkannt, dass sich viele Menschen bereitwillig ihr Glück just in Lust und Arbeit suchen, dass also Politik und Philosophie ihre herausragende Position verloren haben. Gleichzeitig besitzt zwar jeder Mensch dieselben politischen Rechte in demokratischen Rechtsstaaten, kann diese aber zumeist nur in Abhängigkeit zu seiner sozialen Lage nutzen. Die formale rechtliche Gleichheit hat keine politische Gleichheit bewirkt, so dass kein gemeinsamer politischer Erfahrungshorizont mehr existiert. Man muss daher heute den Zeitgenossen den Sinn der Politik immer erst nahe bringen. Die Bildung wie die politische Bildung erhalten dadurch einen zusätzlichen interventionistischen Impetus. Die Bürgerin als politisches Wesen folgt nicht selbstredend dieser Bestimmung, begibt sich häufig lieber auf individualistische Abwege. Just in dieser Hinsicht muss sie über ihre wahren Interessen aufgeklärt werden und

---

[1] Aristoteles, Die Nikomachische Ethik, 1094 a 27 ff, 56

muss sich vor allem auch aufklären lassen, eine revolutionäre und keine involutive Perspektive, die sich aus dem Menschen als politischem Wesen ergibt.

7.2. Die Person als bürgerliches Bildungsideal

Kann man trotzdem durch Bildung die Bürgerin von staatlichen Zwängen befreien, somit die Bildung gegen die Politik so in Stellung bringen, dass das Individuum zu einer zumindest eingebildet mündigen Bürgerin gebildet wird, also relativ frei – vielleicht wie es sich Spinoza vorstellt? Welche Subjektivierungsprozesse finden statt und welche Rückwirkungen hat das auf das Verhältnis von Bildung und Politik? In einer Zeit, in der die allgemeine Schulpflicht kaum staatlich realisiert wurde, es also noch keine allgemeine Schulbildung gab – als diese zwar proklamiert war, aber organisatorisch längst nicht realisierbar –, als der Hauslehrer eine weitverbreitete Form von Bildung und Erziehung verkörperte, als aber der Anspruch auf politische Teilhabe von vielen gebildeten Seiten erhoben wurde, der doch legitimierungsbedürftig schien, galt der Mensch in Form des Mannes doch als ein politisches Wesen, weil er von Natur aus Rechte geltend machen konnte. Andererseits aber bedurfte der Anspruch auf politische Teilhabe eines gewissen Maßes an Bildung, über die der Adel als politische Klasse verfügte. So entsteht in der Aufklärung das Konzept der umfassenden Bildung der Person, das sich auf ein ethisches Fundament stützt und letztlich einen politischen Sinn hat. Das Bürgertum strebt nach politischer Partizipation, wobei man sich keinesfalls auf den Klassenbegriff von Marx stützen sollte und stattdessen mit dem Bürgertum ein eher weites

Feld unscharf umreißen, zu dem auch der protestantische Klerus gehört. Nur in England hebt die erste Phase der Industrialisierung etwa um 1750 an. Den Kontinent erfasst diese erst im 19. Jahrhundert.

Nichtsdestotrotz führen die Ausbreitung des Absolutismus und die damit verbundene Entstehung des Nationalstaates zu einem Niedergang des alten Adels, insbesondere in Frankreich, was gleichzeitig politische Spielräume für das Bürgertum eröffnet. Doch diesem fehlt es an Bildung, die vom Adel geprägt wird, der seinerseits dabei aber die Moral vernachlässigt, wie man am Beispiel des Marquis de Sade sehen kann. Der entmachtete alte Adel hatte nicht nur große Spielräume individuellen Handelns, sondern vor allem folgte er keinen christlichen Regeln der Monogamie, heiratete man aus dynastischen Gründen und suchte andererseits sein Vergnügen in einer ausschweifenden Prostitution und Libertinage, soll doch Kardinal Richelieu einer der berüchtigtsten Libertins gewesen sein, hat es das, was de Sade in den *120 Tagen von Sodom* an sadistischen Handlungen beschreibt, im Frankreich seiner Zeit vermutlich wirklich gegeben. Nur hat de Sade dergleichen nicht getan.

Als Antwort darauf entsteht im Bürgertum, einerseits durch die protestantische Ethik befördert, andererseits durch das Denken der Aufklärung inspiriert, ein strenger Moralismus, der sich privat auf die monogame Ehe fokussiert, die mit einer rationalisierten Liebe verknüpft wird. Dass es sich dabei um keine leidenschaftliche Form handelt, sondern um eine des Herzens, des Gefühls, das bemerkt man kaum, wird damit die christliche Nächstenliebe um ein wenig Sentiment erweitert und andererseits historisch neuartig die Ehe mit einer durchaus mit Gefühl versehenen Liebe verbunden, eine so überraschende wie unglaubliche Novität, die bis heute Karriere machen wird. Fälschlich bezeichnet man sie gerne als romantische Liebe, vereinigen sich die Liebenden in der Romantik jedoch erst im Jenseits – man lese nur Joseph von Eichendorffs Roman *Ahnung und Gegenwart* aus dem Jahr 1815 –, was für die bürgerliche Liebesheirat gerade nicht gelten soll.

Diese mit Liebe nachgerüstete Ehe entfaltet indes einen extremen Moralismus, der zur Voraussetzung des Anspruchs auf politische Partizipation avanciert, wahrscheinlich stärker im protestantisch geprägten Europa als im altkatholischen. Die monogame Ehe stellt dann im Stile Rousseaus aus dem kalvinistischen Genf die Grundlage eines aktiven politischen Handelns der Bürger dar, nicht der Bürgerin: die Bürgersfrau soll nach Rousseau vielmehr das Begehren ihres Mannes derart zähmen, dass dieser zum politischen Engagement für die Republik fähig wird.

Man könnte beinahe den Eindruck gewinnen, als habe Christoph Martin Wieland sich dieses Verhältnis von Rousseau im ersten deutschen Bildungsroman *Geschichte des Agathon* angeeignet, der 1766, also vier Jahre nach dem *Emile* erscheint. Die Liebesgeschichte zwischen Agathon und Danae endet nach gut 500 turbulenten Seiten, auf denen sich die Liebenden nicht kriegen, damit, dass sie zwar endlich miteinander verbunden sein werden, aber in einem moralischen Verhältnis und einer Liebe ohne Gebrauch der Lüste. Um das zu symbolisieren, ändert Danae auch ihren Namen: „Von diesem Augenblick an werde ein Name nicht mehr zwischen uns genannt, der uns beide demütigt! Lass deine Freundin unter dem Namen Chariklea, unter dem sie hier allein bekannt ist, sich des Glückes würdig machen, die Schülerin eines Archytas und die Gespielin einer Psyche zu sein. Und wenn du sie liebst, so freue dich mit ihr, dass sie dieses Glück in einem Alter gefunden hat, wo die Opfer, die sie der Tugend bringt, noch verdienstlich sind!'"[1] Der Verzicht auf die Lust, muss noch schmerzen. Sonst wäre er in der Tat keine moralische Haltung: kantischer Rigorismus, den er so streng gar nicht gemeint hatte. Wäre Danaes Lust längst erloschen – und das unterstellte man in jenen Zeiten älteren Frauen –, dann entsprächen diese Äußerungen dem, was Goethe als schöne Seele beschreibt, die nämlich im Sinn von Kant nicht moralisch ist, weil sie die Moral aus Neigung befolgt. Wieland schreibt weiter: „Der Ton, womit sie diese letzten Worte sagte, rührte das edle Herz unseres Helden. Er glaubte die Stimme einer Gottheit zu hören, und fühlte in demselben Augenblicke, dass die bessere Seele die Oberhand in ihm gewann. Er warf sich zu ihren Füßen, ergriff ihre Hand, drückte sie an sein Herz. Die Liebe, von welcher seine Seele in diesem Augenblick brannte, war heiliges Feuer. ‚Ja', rief er, ‚bei dieser Hand schwör ich es, Chariklea! Der Tugend, der du dich geweiht hast, und die in diesem entscheidenden Augenblick aus deinem Munde zu mir spricht, ewig getreu zu bleiben! Für sie, für sie allein sind unsre Herzen gemacht! Wir verirrten uns von ihr – aber nur um weiser zu werden, nur um mit desto mehr Überzeugung zu ihr zurück zu kehren, und desto standhafter bei ihr auszuhalten." Offensichtlich steuert die Frau wie bei Rousseau das Triebgeschehen des Mannes und macht ihn derart zu einem tugendhaften. Die Liebe verabschiedet sich wieder vom Eros, den sie nur kurz zur Animation brauchte. Ich weiß schon, warum ich Familie, Ehe und Kindern immer misstraute!

Trotzdem soll diese Liebe mehr als nur Agape sein, ja sie soll Gefühl beherbergen, letztlich aber eine Liebe, die sich an einer religiösen Dimension labt, aus der sie ihre Kraft zieht. Erotisch oder gar sexy darf die bürgerliche

---

[1] Christoph Martin Wieland, Geschichte des Agathon (1766/73/94), München 1964, 542

Frau und erst recht als Ehefrau im 19. Jahrhundert gar nicht sein, sondern höchstens von steriler unerotischer, möglichst natürlicher Schönheit, wie es die Braut in weißer Tracht bis heute wiederholt. Der Mann muss dabei wiederum Selbstbeherrschung und Askese üben, um sich mit so einer Frau zudem noch ein Leben lang zufrieden zu geben. Er schafft es denn auch nicht immer. Agathon kennt bei dieser Gelegenheit eine Ausflucht, derer er sich bedient: „Archytas belebte und stärkte, wie leicht zu erachten ist, die lobenswürdige Entschließung, welche Chariklea unserm Helden abgedrungen hatte; und Psyche entschädigte Charikleen für das, was sie dabei verlor, durch Verdoppelung der Freundschaft, die sie einander gleich beim ersten Anblick einflößten. (. . .) Agathon, dem Gelübde getreu, welches er der Tugend und Charikleen getan hatte, betrug sich von dieser Zeit an so vorsichtig, dass – den einzigen Archytas und vielleicht Charikleen selbst ausgenommen – niemand gewahr wurde, wie viel ihm die Gewalt kostete, die er sich dabei antun musste." Bei Rousseau scheitert Julie in seinem Roman *Novelle Héloise* am Ende an der Bewältigung ihres durchaus erfolgreich verdrängten Begehrens. Rousseau war realistischer als Wieland, der aber dann doch auch zugeben muss: „Aber nach Verfluss einiger Monate erfuhr er, dass er mehr versprochen habe, als er halten könne. Es gibt Augenblicke von Begeisterung, wo unsre Seele Kräfte in sich fühlt, die nicht ihre eigenen sind, und auf deren Fortwirken sie vergebens Rechnung macht. Entfernung allein konnte ihn retten." Die Lust gehört zum Körper, nicht zum Geist und nicht zur Seele – just deswegen tritt im 20. Jahrhundert die Psyche deren Erbe an, redet man von Seele im christlichen Sinn nur noch in Kreisen von Frommen.

Der andere gängige Fluchtpunkt, den die bürgerliche Ehe kennt, ist die Prostitution. Etwa 1860, also im prüden Jahrhundert, in dem die monogame Ehe Regime wird und zum einzigen Ort legaler sexueller Praktiken avanciert, dem sich auch der Adel kaum noch entziehen kann, spielt der Roman *Il Gattopardo* (posthum 1958 veröffentlicht) von Giuseppe Tomasi die Lampedusa, in dem der Fürst von Salina von seinem Priester ob des Besuchs eines Bordells zur Rede gestellt antwortet, dass sich seine Frau nach jedem Kuss bekreuzige – vielleicht erinnert sich die geneigte Leserin an die Verfilmung aus dem Jahr 1963 mit Burt Lancaster, Claudia Cardinale und Alain Delon, Regie Luchino Visconti.

Umgekehrt wird der Topos des von einem Adligen verführten Bürgermädchens – man denke an die Gretchen-Tragödie in Goethes *Faust* – zum Symbol bürgerlicher Unfähigkeit und Unmoralität speziell der Frau, die Rousseau geißelt und die behoben werden muss, soll der Bürger jenseits seines ökonomischen Geschäftes auch noch zu einer politischen Handlung gelangen: Wer sich sexualmoralisch nicht zu beherrschen vermag, der kann auch keine Verantwortung für das Gemeinwesen tragen: der Politiker als zölibatärer Priester. Wenn der Mann dazu kaum in der Lage ist, dann muss ihn ja nach Rousseau die Frau dazu anhalten, heute die mediale Öffentlichkeit, die längst die Rolle der Familie übernahm.

Die Liebe wie die Moral haben also politischen Sinn. Man muss sich entsprechend bilden, um politisch aktiv werden zu können. Derart endet denn auch Goethes *Wilhelm Meister Lehrjahre*. Ursprünglich als Sturm und Drang Dichtung war der Roman noch ästhetisch angelegt. Die Urfassung trägt den Titel *Wilhelm Meister theatralische Sendung*. Im Stil von Schillers früher Schrift *Die Schaubühne als moralische Anstalt betrachtet* wollte der junge Goethe das Theater als Ort der Menschlichkeit wie der Moralisierung ausweisen. In Weimar angekommen änderte er die Perspektive. In der klassischen Fassung erkennt *Wilhelm Meister*, dass das Theater nicht hält, was er sich davon versprochen hatte. Auch die Dichtung tritt zurück von dem, was er ihr am Anfang des Romans noch attestiert. Trotzdem bleiben die Worte wegweisend und werden in der ästhetischen Orientierung von Leuten wie Adorno und Heidegger angesichts des zweiten Weltkrieges wiederkehren: Die Kunst als Ort der Menschlichkeit, die sich über das Alltagsgeschiebe heraushebt. So schreibt Goethe: „Der Dichter muss ganz sich, ganz in seinen geliebten Gegenständen leben. Er der vom Himmel innerlich auf das köstlichste begabt ist, der einen sich immer selbst vermehrenden Schatz im Busen bewahrt, er muss von außen ungestört mit seinen Schätzen in der stillen Glückseligkeit leben, die ein Reicher vergebens mit aufgehäuften Gütern um sich hervorzubringen sucht. Sieh die Menschen an, wie sie nach Glück und Vergnügen rennen! Ihre Wünsche, ihre Mühe, ihr Geld jagen rastlos, und wonach? Nach dem, was der Dichter von der Natur erhalten hat, nach dem Genuss der Welt, nach dem Mitgefühl seiner selbst in anderen, nach einem harmonischen Zusammensein mit vielen oft unvereinbaren Dingen."[1] So etwas dürfte man heute gar nicht mehr äußern.

Wilhelm Meister durchläuft einen Bildungsgang, der ihn durch die Kunst letztlich dazu bewegen wird, sich um das Gemeinwesen zu kümmern. Die Loge, vertreten durch Jarno, entwickelt Leitungsfunktionen für Wilhelms Bildungsgang. Der zu bildende kann seine Bildung nicht auf sich selbst gestellt realisieren, wenn denn eine allseitig, die Persönlichkeit schaffende Erfahrung erreicht werden soll. Der klassizistische Goethe war kein Frühexistenzialist. Die Aufklärung und ihre Nachfahren denken derart durchaus aristotelisch wie der spätere Kommunitarismus. Nicht auf sich allein gestellt vermag sich der einzelne zu bilden, sondern nur unter der Kontrolle einer Institution, die die allgemeinen Interessen

---

[1] Johann Wolfgang von Goethe, Wilhelm Meister Lehrjahre (1795), Berliner Ausgabe Bd. 10, 3. Aufl. Berlin 1976, 83

des Gemeinwesens vertritt und den Zögling dorthin geleitet. So wird Jarno *Wilhelm Meister* erklären: „Lassen Sie
den Vorsatz nicht fahren, in ein tätiges Leben überzuge-
hen, und eilen Sie, die guten Jahre, die Ihnen gegönnt
sind, wacher zu nutzen. Kann ich Ihnen behülflich sein,
so geschieht es von ganzem Herzen."[1]

Am Ende des Romans, an dem Goethe während der
Schreckensherrschaft der Französischen Revolution arbeitet, also vor dem Hintergrund, dass man in Europa
wenig bewegen kann, taucht Amerika als Hoffnung für
ein tätiges politisches Engagement auf, das die Welt humaner gestalten soll. Dazu ist allerdings die allseitig gebildete, einheitliche Persönlichkeit die Voraussetzung, die
die Welt durchschaut und richtig zu interpretieren vermag. Umfassende Bildung sowohl moralisch wie auch
handlungsorientiert heißt dann politische Bildung zur
aktiven politischen Weltgestaltung. Dazu gehören Einsichten in die Kunst, die Liebe, die Moral und in politische wie soziale Zusammenhänge. Das ist ein langsamer
fortschreitender Prozess, der natürlich jahrelang dauert.
Die bürgerlich gebildete Person erweist sich dann der
adligen Bildung als überlegen, entsteht eine neue Welt
aus dieser Bildung heraus. Noch mit der wohl durchdach-
ten, aufgeklärten Bildung konstituiert sich indes keine
pluralistische Gesellschaft, in der ein aufgeklärtes Bildungskonzept nämlich im Sinn von Rawls übergreifendem Konsens sich selbst relativieren müsste: also ein
radikaler Relativismus, die Relativierung der Relativierung, die das Universelle wie das Absolute nur noch mehr
schwächt. Aber in die Metaphysik führt das Nachdenken
nicht zurück.

Rousseau hat Ähnliches wie Goethe intoniert, bleibt
aber mit seiner Naturorientierung hinter praktischen

---

[1] Johann Wolfgang von Goethe, Wilhelm Meister Lehrjahre (1795),
199

Konsequenzen zurück. Goethe denkt sozialer, selbstredend ausgewogener und perspektivischer. Seine Vorstellungen berufen sich nicht auf ein Ideal der Natur, sondern auf das, was in der Welt passiert. Bildung transformiert sich dann in eine ästhetische Erziehung, um orientiert an aufklärerischen Vorstellungen vom Guten das Gemeinwesen zu organisieren. Kunst, Ästhetik, Moral und Politik gehören zusammen. Das Thema unterschiedlicher Weltanschauungen, der Krieg der Ideologien spielt dabei noch keine Rolle, wiewohl daran letztlich die aufklärerischen Bildungskonzepte zerschellen werden. Klafki schreibt: „Bildung ist im Verständnis der klassischen Bildungstheorie auch insofern allgemeine Bildung, als sie Entfaltung *aller menschlichen ‚Kräfte'* (so drückt es z.B. Humboldt aus), *umfassende Menschenbildung oder Bildung von ‚Kopf, Herz und Hand'* (– um die berühmte Formel Pestalozzis zu zitieren –) oder *Bildung der ‚Vielseitigkeit des Interesses'* (wie Herbart formuliert) sein soll, so freilich, dass die damit angesprochene Mehrdimensionalität menschlicher Beziehungsmöglichkeiten zur natürlichen und zur geschichtlichen Wirklichkeit an die Einheit der verantwortlichen Person zurückgebunden bleiben muss. Das Ringen mit diesem Problem, wie zugleich die relative Eigengesetzlichkeit verschiedener Dimensionen menschlicher Aktivität *und* ihr Zusammenhang bestimmt werden könne und wie der sich Bildende in dieser Mehrperspektivität seines Bildungsprozesses doch die Einheit seiner Person gewinnen und bewahren oder besser: immer wieder neu hervorbringen könne, ist ein übergreifender Grundzug der klassischen Epoche des Bildungsdenkens."[1]

Der letzte, der noch Mitte des Jahrhunderts versucht, an einer derartigen umfassenden, humanen Bildung fest-

---

[1] Wolfgang Klafki, Neue Studien zur Bildungstheorie und Didaktik (1985), 30

zuhalten, ist Adalbert Stifter. Der tobende Kampf der Ideologien wird strukturell ausgeblendet. Letztlich geht es um ein Bündnis zwischen Kaufmannskapital und Landadel, der seine Privilegien längst eingebüßt hat und der sich daher gleichfalls durch umfassende Bildung legitimieren muss – repräsentiert durch einen harmonischen Gartenbau. Eine allgemeine staatliche Bildung wird auch abgelehnt, betreibt der Protagonist Heinrich Drendorf, anstatt zu studieren, seine eigenen Naturstudien im Gebirge, bildet er sich quasi alleine. Er gerät dabei in den Bann des alten Riesach, der zur Bildungsinstitution avanciert. Es geht nicht mehr um politische Gestaltung der Welt, sondern eher um die Aufrechterhaltung einer herrschenden Ordnung, die auf ländlicher Harmonie aufruht. Damit der Bildungsprozess zu solchen Einsichten führt, ist allerdings einerseits Verständnis für die antike Kunst vonnöten. Nach vielen hundert Seiten entdeckt Heinrich Drendorf die Schönheit einer griechischen Statue, an der er zuvor jahrelang achtlos vorbeilief. Er sollte diese Schönheit selber erkennen und nicht vom alten Riesach darauf hingewiesen werden – genau so wie es Rousseau empfiehlt.

Auf der anderen Seite gehört zu dieser Bildung natürlich ebenfalls die Liebe, genauer die Familienbildung, die selbstredend auf Liebe beruhen soll, aber – längst hat sich die Fragilität individueller Zuneigung erwiesen – von der Familie kontrolliert werden muss. So heißt es im *Nachsommer*, nachdem sich die Liebenden lange vierhundert Seiten umschlichen und nachdem sie sich endlich ihre Liebe bekundet hatten: „Da eine Zeit vergangen war, sagte endlich Natalie: ‚Mein Freund, wir haben uns der Fortdauer und der Unaufhörlichkeit unserer Neigung versichert, und diese Neigung wird auch dauern; aber was nun geschehen, und wie sich alles Andere gestalten wird, das hängt von unsern Angehörigen ab, von meiner Mutter, und von Euren Eltern.‘ ‚Sie werden unser Glück mit Wohlwollen ansehen.' ‚Ich hoffe es auch; aber wenn ich das vollste Recht hätte meine Handlungen selber zu bestimmen, so würde ich nie auch nicht ein Teilchen meines Lebens so einrichten, dass es meiner Mutter nicht gefiele; es wäre kein Glück für mich. Ich werde so handeln, so lange wir beisammen auf der Erde sind. Ihr tut wohl auch so?' (. .) ‚aber sprecht, wenn eins von diesen nein sagt?' ‚Wenn eines nein sagt, und wir es nicht überzeugen können, so wird es Recht haben, und wir werden uns dann lieben, so lange wir leben, wir werden einander treu sein in dieser und jener Welt, aber wir dürfen uns dann nicht mehr sehen.'"[1] Jetzt könnte es nach hunderten ten von Seiten zum ersten Mal spannend werden. Doch keine drei Zeilen weiter hat niemand etwas dagegen. Die Personen Stifters teilen nicht das „eine Ideal: das Streben nach existenzieller Intensität", das nach Tristan Garcia jedoch auch die ‚ideologischen Feinde', nämlich „Liberale, Hedonisten, Revolutionäre und Fundamentalisten" eint; denn sie „vertreten vielleicht nur entgegengesetzte Ansichten über den Sinn dieser von unserer Existenz benötigten Intensität."[2] Aufklärung lässt sich auch traditionell entwerfen, nicht pluralistisch, nicht liberal. Viktor Orbán möchte Ungarn derart gestalten – Stifter stammt aus Böhmen.

Das biedermeierliche Grundmodell entspricht demjenigen Rousseaus. Die Rolle des Pädagogen, also des alten Riesachs, übernimmt die Ehefrau Nathalie. Ähnliches schreibt Scherl über Rousseaus *Emile*: „Emiles Erziehung endet mit seiner Hochzeit: Er wird zum Ehemann und Familienvater. (. . .) Bevor der Erzieher sich aus dem Leben seines Schützlings zurückzieht, legt er daher sein Amt in die Hände von Sophie. (. . .) Sophie wird im Ehe-

[1] Adalbert Stifter, Der Nachsommer (1857), München o.J., 417

[2] Tristan Garcia, Das intensive Leben – Eine moderne Obsession (2016), Berlin 2017, 15

lalltag die subtile Herrschaft ausüben, die bislang dem Erzieher anvertraut war. Ihre Autorität beruht auf der Herrschaft über Emiles Begehren."[1] Meine Großmutter teilte meinem Großvater das Geld zu, das er für Rauchwaren ausgeben, die er aber wahrscheinlich noch in der Wohnung konsumieren durfte.

So tritt bei Stifter die Familie in noch stärkerem Maße zwischen die Liebenden als bei Rousseau. Stifters Protagonisten sind so gut gebildet, dass sie anerkennen, selbst keineswegs mündig zu sein, sondern an die Stelle der eigenen Mündigkeit die Familie setzen, die für sie entscheidet – ein kommunitarisches Ideal, an dem sich Charles Taylor bei seinem Verständnis einer positiv bestimmten Freiheit orientiert: Das Individuum muss sich von der Gemeinschaft leiten lassen. Auch in manchen islamischen Traditionen gehört das Individuum nicht sich selbst, sondern der Familie, verhindern die Brüder, dass sich eine Schwester von der islamischen Tradition ab- und dem westlichen Lebensstil zuwendet. Bei Stifter ist Nathalie so erzogen, dass sie sich freiwillig der Familie unterordnet. Der Verweis Nataliens, nie etwas zu tun, was ihrer Mutter missfallen könnte, beherbergt nicht nur das Prinzip der Unmündigkeit, sondern auch die Fortschreibung jeglicher Traditionen, die nicht hinterfragt werden dürfen, unterscheiden sich in dieser Hinsicht denn auch die diversen Kulturen keineswegs – höchstens hinsichtlich des Ausmaßes an Grausamkeit, man denke nur an die Genitalverstümmelung von Frauen, die just von den Müttern betrieben wird, die natürlich wie immer nur das Beste für ihre Töchter wollen. Damit minimiert man das Begehren der Frau und macht sie derart zur Gralshüterin der Tugend des Mannes, zunächst aber der der Töchter.

Bildung in der Postaufklärung hat just diesen Sinn, der sich von dem von Marx auch keineswegs unterschei-

---

[1] Magdalena Scherl, Ersehnte Einheit, unheilbare Spaltung, 2016, 59

det, wenn der Proletarier von seinen subjektiven Interessen absehen soll und die objektiven Klasseninteressen zu übernehmen hat wie Rousseaus Abschied von partikulären Interessen und die Übernahme derjenigen des Gemeinwohls. Aus marxistischer Perspektive dient dazu die Arbeiterbildung, nämlich zur Einstimmung in die Arbeitereinheitsfront, zu der selbstredend auch die Arbeiterfrau gehört, die das versteht und ihre Kinder entsprechend erzieht, d.h. natürlich auch bereit ist, jegliches Opfer für die Interessen des Proletariats zu erbringen. Die meisten Arbeiter hatten indes andere Vorstellungen, worauf ja Paul Mason hinweist.

Doch dass dergleichen nicht so einfach ist, dass Bildung längst nicht mehr sinnvollerweise nur in die Unterordnung unter eine Gemeinschaft führt, weil sie damit nämlich erstens nur Untertanen produziert und zweitens sich dabei auf keine sicheren Einsichten in die Welt mehr zu berufen vermag, wie es Aristoteles noch voraussetzen konnte, das erkennt natürlich nicht als erster Gottfried Keller, aber er formuliert es just in einem Bildungsroman *Der grüne Heinrich* auch bereits in der Jahrhundertmitte. Nicht nur dass die Einsichten in die Welt ständig problematisch bleiben. Vielmehr hinterfragt Keller die Institution, die das Jahrhundert erfand und die für Hegel der Nukleus des Staates ist, nämlich die Familie. Die Liebe, nicht mal die domestizierte sentimentale und nicht erotische, funktioniert so, wie es sich das bürgerliche Bildungsideal halluziniert. *Der grüne Heinrich* findet dazu einfach keine passende Frau. Was macht man dann? Man könnte sagen, man lässt sich eine durch eine Agentur vermitteln und schafft dann die rechtsradikal geforderte Drei-Kind-Ehe. Dann würde man sich bestimmten sozialen Institutionen einpassen und unterwerfen.

Aber diesen Institutionen beginnt man auch massiv zu misstrauen, wie die ehekritische Literatur des 19. Jahrhunderts von Fontanes *L'Adultera* bis zu Flauberts *Ma-*

dame Bovary vorführt. Aus verschiedenen Gründen kann Keller dieses Problem ähnlich wie Fontane nicht frontal angehen, sondern schildert eine unkonventionelle Beziehung zwischen Heinrich, der keine andere Frau fand, und Judith, die erheblich älter ist als er. Aber sie verkörpert die Weisheit, die von Simone de Beauvoir und Sartre über die freie Liebe der Achtundsechziger bis zu den Single-Existenzen im beginnenden 21. Jahrhundert reicht. So fragt *Der grüne Heinrich*: „'Wenn du mir in der Tat gut bist, willst du nicht lieber bei mir leben, als immer so einsam sein, so allein stehen in der Welt?' 'Wo du bist, da werde ich auch sein, solange du allein bleibst; du bist noch jung, Heinrich, und kennst dich selber nicht. Aber abgesehen hiervon, glaube mir, solange wir so sind wie jetzt in dieser Stunde, wissen wir, was wir haben und sind glücklich! Was wollen wir denn mehr?' Ich begann zu fühlen und zu verstehen, was sie bewegte; sie mochte zu viel von der Welt gesehen und geschmeckt haben, um einem vollen und ganzen Glücke zu vertrauen. Ich sah ihr ins Gesicht und strich ihr weiches braunes Haar zurück, indem ich rief: 'Ich habe ja gesagt, ich sei dein, und will es auf jede Art sein, wie du es willst!' (. . .) 'Nun ist der Bund besiegelt! Aber für dich nur auf Zusehen hin, du bist und sollst sein ein freier Mann in jedem Sinne!'"[1]

Ein solche Bindung wäre für Kant schier unerträglich: Sie verkauft sich an ihn, ohne ihn dafür zurückzubekommen, mal abgesehen davon, dass sie gar keine Ehe eingehen, die für Kant allein den Gebrauch der Lüste moralisiert und damit legitimiert. Es ist für das 19. Jahrhundert ein unmoralisches Programm, das Judith Heinrich aufnötigt und er lässt sich darauf ein, wäre es indes seine moralische Pflicht gewesen, sie wie Chariklea Agathon auf den Weg der Tugend zu bringen. Aber die Erfahrun-

---

[1] Gottfried Keller, Der grüne Heinrich (1854, 1879), München o.J., 594

gen, die wohl primär sie gemacht hat, deuten darauf hin, dass solche familiären Strukturen den Interessen und Bedürfnissen der Individuen nicht gerecht werden.

Wenn man von einem Primat der Gemeinschaft gegenüber dem Individuum ausgeht, dann wären das keine Argumente, haben die Menschen vielmehr ihre Rollen auszufüllen und mehr nicht. Für den christlich konservativen Kommunitaristen Alasdair MacIntyre „bedeutet ein Mensch zu sein, eine Vielzahl Rollen einzunehmen, die alle ihr Ziel und ihren Zweck haben: Familienmitglied, Bürger, Soldat, Philosoph, Diener Gottes."[1] Damit unterwirft man sich der Gemeinschaft und diszipliniert im Sinn von Rousseau die eigene Lust. Doch wenn man diese ernst nimmt, dann kann man sich gar nicht anders als Kellers Judith benehmen, heute höchstens noch radikaler. Wie bemerkt doch Simone de Beauvoir 1949: „Zur Erotik gehört nämlich ein Anspruch des Augenblicks gegen die Zeit, des Individuums gegen die Gemeinschaft."[2]

Aus dem scheiternden Bildungsprozess, aus der Hinterfragung der zentralen gesellschaftlichen Institution Familie folgt auch, dass sich politische Perspektiven nicht mehr selbstverständlich ziehen lassen wie noch bei Hegel, Marx und Max Scheler. Das Individuum sieht sich mit übermächtigen gesellschaftlichen Institutionen konfrontiert, gegen die es sich kaum zu wehren vermag, die aber auf die individuellen Interessen keine Rücksicht nehmen. Dann steht der Bildungsprozess als solcher in Frage und vor dem Scheitern, erkennt man, dass dieser Prozess im Sinn des Aristoteles doch nur dazu dient, das Individuum der Gemeinschaft unterzuordnen, beginnen aber kleine

---

[1] Alasdair MacIntyre, Verlust der Tugend (1981), Frankfurt/M. 1987, 85

[2] Simone de Beauvoir, Das andere Geschlecht – Sitte und Sexus der Frau (1949), 5. Aufl. Reinbek 2005, 247

Gruppen von Außenseitern im 19. Jahrhundert sich dagegen zu wehren, wie es ja Charles Taylor konzedieren muss.

Wohin das führt, offenbart sich in der ersten Hälfte des 20. Jahrhunderts als blutige Schlachtfeste von Verdun bis Nagasaki. Thomas Manns Bildungsroman *Der Zauberberg* aus dem Jahr 1924 endet denn nach über 700 Seiten mit Worten, die über das 19. Jahrhundert und die militarisierte Gesellschaft den Stab brechen: „Fahr wohl – du lebest nun oder bleibest! Deine Aussichten sind schlecht; das arge Tanzvergnügen, worein du gerissen bist, dauert noch manches Sündenjährchen, und wir möchten nicht hoch wetten, dass du davonkommst. Ehrlich gestanden, lassen wir ziemlich unbekümmert die Frage offen. Abenteuer im Fleische und Geist, die deine Einfachheit steigerten, ließen dich im Geist überleben, was du im Fleische wohl kaum überleben sollst. Augenblicke kamen, wo dir aus Tod und Körperunzucht ahnungsvoll und regierungsweise ein Traum von Liebe erwuchs. Wird auch aus diesem Weltfest des Todes, auch aus der schlimmen Fieberbrunst, die rings den regnerischen Abendhimmel entzündet, einmal die Liebe steigen?"[1] Es gelingt Manns Helden Hans Castorp nicht, das richtige Weltbild zu finden, unfähig sich zwischen verschiedenen Weltsichten zu entscheiden. Ein Jahrhundert Kampf der Ideologien hat keine geschont, erscheint keine mehr überzeugend, gibt es keine Wege in die wahre Wirklichkeit mehr, die sich dem einzelnen gegenüber höchstens noch als Vernichtungskrieg aufführt, in dem auch jegliches Heldentum verstellt ist: die Wirklichkeit ist der Tod, das Opfer als höchstes Glück.

Darauf müssen sich jene berufen, die noch für eine wahre Wirklichkeit argumentieren. Das aufklärerische Bildungsprogramm ist an sein Ende gelangt, die Wirk-

---

[1] Thomas Mann, Der Zauberberg (1924), Frankfurt/M. 1952

lichkeit ist so wenig eine Einheit, wie der Mensch eine solche Einheit zu entwickeln vermag. Deswegen ist jede Forderung nach einer Leitkultur nur Ausdruck von Hilflosigkeit: Weil keine Kultur mehr so überzeugend erscheint, dass sie einfach anerkannt wird. So etwas träumen heute nur noch Kulturkonservativisten oder Totalitaristen: der radikale Islam, der Proletarierstaat, Identitäre. Die Bildung soll den Menschen in die Gesellschaft integrieren. Doch dieses Bildungsideal scheitert spätestens an den Individualisierungsprozessen im 20. Jahrhundert, die durch die Welt der informatisierten Medien noch beschleunigt werden.

7.3. Politische Bildung des unpolitischen Menschen: Adorno, Negt

Die bürgerliche Bildung befreit den Menschen von staatlichen Zwängen gerade nicht, bringt somit die Bildung gegen die Politik nicht so in Stellung, dass das Individuum zu einem mündigen Menschen gebildet wird. Aber könnte ein aufgeklärter demokratischer Staat diese Aufgabe so lösen, dass aus Bildung eine partizipatorische Politik entsteht, die mündige Bürgerinnen erstreiten? Das aristotelische Modell eines politischen Wesens des Menschen scheitert spätestens im 19. Jahrhundert und zwar aus diversen Gründen. Der Mensch, der von Natur aus Rechte hat, unter anderem an der Politik teilzunehmen, wird in den familiär disziplinierten Untertan transformiert, der der Politik auf Anweisung anderer nur noch zu dienen hat. Dazu wird er dann nicht mehr entsprechend gebildet, sondern nur noch ausgebildet, genauer gedrillt – die Armee als Schule der Nation. Der Proletarier, der

Brot und Teilhabe fordert, wird in die Armee eingezogen und muss auf demonstrierende Proletarier schießen. Oder aber dieses politische Wesen des Menschen ist gut 2000 Jahre – wahrscheinlich immer schon, außer eine kurze Zeit unter Athener Bürgern – unterdrückt worden. Mag mit Hegel in Athen ein Bewusstsein der Freiheit aufgegangen sein – dergleichen bleibt auf der Ebene der Philosophen, während dieses Wesen den Zeitgenossen absozialisiert wurde, besonders intensiv im 19. Jahrhundert, just in Hegels bürgerlichen, also rechtlich ausdifferenzierten Verhältnissen.

Auch ein sogenanntes Wesen des Menschen bleibt von den äußeren Umständen nicht unbeeinflusst – das darf man annehmen, während die Unwandelbarkeit des Menschen, wie sie Voegelin und Strauss unterstellen, unwahrscheinlich erscheint, seit Darwin gar ziemlich absurd. Welches Wesen auch immer, ob ein politisches oder nur ein freundliches, es hat sich verschoben, erscheint es äußerst fraglich, dass man es irgendwie zum Leben wiedererwecken könnte. Nicht dass daraus folgte, dass Bildung im Nichts stände. Aber sie reagiert immer auf eine konkrete Situation und diese hat Adorno 1966 mit dem Satz klar umschrieben: „Die Forderung, dass Auschwitz nicht noch einmal sei, ist die allererste an Erziehung. Sie geht so sehr jeglicher anderen voran, dass ich weder glaube, sie begründen zu müssen, noch zu sollen. Ich kann nicht verstehen, dass man mit ihr bis heute so wenig sich abgegeben hat. Sie zu begründen hätte etwas Ungeheuerliches angesichts des Ungeheuerlichen, das sich zutrug."[1]

Wie erzieht man die Menschen zur Humanität? Es geht ja nicht nur darum, dass die Zeitgenossen selber nicht grausam sind, sondern dass sie sich auch jenen

---

[1] Theodor W. Adorno, Erziehung nach Auschwitz (1966), Stichworte – Kritische Modelle 2, Frankfurt/M. 1969, 85

durchaus in den Weg stellen, die grausam sind. Doch die Grausamkeit ist mit Auschwitz auch gut 70 Jahre nach der Befreiung von Auschwitz durch die Rote Armee ja keineswegs aus der Welt verschwunden. Grausamkeiten sind zwischenzeitlich zuhauf passiert und ereignen sich heute an vielen Stellen der Welt. Dafür stehen zuletzt die Namen IS, Boko Haram oder Taliban Pate, die explizit Bildung und Schulen bekämpfen. Aber Schulen alleine helfen noch nicht. Sie müssen auch eine entsprechende Erziehung vermitteln, die der Grausamkeit widerstreitet. So werden Adornos Worte ständig bestätigt: „Es war die Barbarei, gegen die alle Erziehung geht. Man spricht vom drohenden Rückfall in die Barbarei. Aber er droht nicht, sondern Auschwitz war er; Barbarei besteht fort, solange die Bedingungen, die jenen Rückfall zeitigten, wesentlich fortdauern. Das ist das ganze Grauen. Der gesellschaftliche Druck lastet weiter, trotz aller Unsichtbarkeit der Not heute. Er treibt die Menschen zu dem Unsäglichen, das in Auschwitz nach weltgeschichtlichem Maß kulminierte."[1]

Offensichtlich ist das politische Wesen des Menschen nicht mehr virulent. Denn die Grausamkeit ist bestenfalls ein Symbol dafür, dass der Mensch ein unpolitisches Wesen ist, der sich in der Auseinandersetzung mit anderen nicht politisch kommunikativ, sondern unpolitisch unkommunikativ verhält. Just daher ist Bildung und Erziehung umso nötiger, entweder um die verdrängte Politizität des Menschen zu entbergen, oder um aus ihm überhaupt erst einen politischen Menschen zu machen. Dass das schwierig ist, dessen war sich Adorno auch im Rückgriff auf Sigmund Freud bewusst. Selbst wenn Freuds Diagnose der Kultur diesen Prozessen durchaus entspricht, so sieht selbst Adorno ein, dass man sich dem nicht fatalerweise einfach hingeben darf. Vielmehr fordert Freud indirekt zu verstärkten Anstrengungen bei der

---

[1] Theodor W. Adorno, Erziehung nach Auschwitz (1966), 85

Bildung und der Erziehung auf. So schreibt Adorno weiter: „Unter den Einsichten von Freud, die wahrhaft auch
in Kultur und Soziologie hineinreichen, scheint mir eine
der tiefsten die, dass die Zivilisation ihrerseits das Antizi-
vilisatorische hervorbringt und es zunehmend verstärkt.
Seine Schriften *Das Unbehagen in der Kultur* und *Mas-
senpsychologie und Ich-Analyse* verdienten die allerwei-
teste Verbreitung gerade im Zusammenhang mit
Auschwitz. Wenn im Zivilisationsprinzip selbst die Barbarei angelegt ist, dann hat es etwas Desperates, dagegen
aufzubegehren."[1] Dessen wird man sich aber schwerlich
enthalten können.

Auch wenn Adorno die existentialistische Auflehnung,
sei es bei Camus oder bei Sartre ablehnt, etwas davon
bleibt gar nicht aus, will man sich nicht in die Grausamkeit schicken. Dann wäre nämlich auch Adornos erster
Satz sinnlos: „Die Forderung, dass Auschwitz nicht noch
einmal sei, ist die allererste an Erziehung." Zwar hat sich
Auschwitz seither nicht wiederholt, aber unendlich viele
wahnsinnige Grausamkeiten wurden zwischenzeitlich
begangen, so dass man mit Adorno von der permanenten
Anwesenheit der Barbarei sprechen kann und sie zugleich
als unausweichlich erklären. Wenn man sich indes darein
nicht schicken will, mag es nicht anders als desperat gehen, dann muss man die Verzweiflung eben bekämpfen
und die Erziehung wäre genau der Ort, an dem das zual-
lererst stattfindet. Bildung und Erziehung haben dann
natürlich die Aufgabe, das zu befördern. Adorno liefert
dazu einen Hinweis: „Die einzig wahrhafte Kraft gegen
das Prinzip von Auschwitz wäre Autonomie, wenn ich den
Kantischen Ausdruck verwenden darf; die Kraft zur Reflexion, zur Selbstbestimmung, zum Nicht-Mitmachen."[2]
Der erste Schritt, Grausamkeit zu bekämpfen, heißt die

---

[1] Theodor W. Adorno, Erziehung nach Auschwitz (1966), 85
[2] Ebd., 90

Menschen zu bewegen, sich den Organisationen von Massen zu entziehen, wozu letztlich auch noch die Demokratie gehört.

Das rekurriert zunächst auf das Unpolitische am Menschen, aber natürlich vor dem Hintergrund, dass der Untertan selber ja gerade nicht politisch ist, weil er nur gehorchen will. Weber und Schmitt verlangen das von ihm, damit Herrschaft administrativ – und letztlich unpolitisch – wirksam ist. Dass der Untertan dadurch dem Politischen enthoben ist, keine Verantwortung hat und vor allem keine eigene Entscheidung über Freund und Feind trifft, damit haben sie kein Problem, im Gegenteil. Wer sich dem unpolitischen Mitmachen entzieht, ist dadurch noch nicht automatisch politisch. Aber er schafft die Voraussetzung, politisch zu werden, d.h. zu kommunizieren, anstatt sich der Gewalt hinzugeben. Auschwitz – das lässt sich heute durchaus feststellen – ist denn auch zum Orientierungspunkt politischer Bildung avanciert, gehört im postachtundsechziger Bewusstsein zum *nation-building* in Deutschland – man ist versucht von Leitkultur zu sprechen, die an Schulen genauso betrieben wird, wie es ein durchgängiges Thema im Feuilleton darstellt und sich eben – zwischenzeitlich – von selbst versteht. Versuche von konservativer Seite im Historikerstreit der achtziger Jahre, das Thema endlich beiseite zu schieben, um zum Untertanenbewusstsein zurückzukehren, sind gescheitert, haben das Thema geradezu befeuert. So befindet sich jemand wie Sloterdijk mit Bemerkungen wie von „kämpferischen Holocausten der Nationalsozialisten, der Bolschewisten und der Maoisten"[1] und Vergleichen zwischen Holocaust und Massentierhaltung am rechtspopulistischen Rand, in der Nähe von Orbán, Le Pen und Erdoğan.

---

[1] Peter Sloterdijk, Was geschah im 20. Jahrhundert? 2016, 126

Oskar Negt lehnt die aristotelische Bestimmung des Menschen ab. Selbst wenn man diese Anlage unterstellte, ist sie jedoch kulturell zumindest weitgehend verschüttet, so dass sie keine Automatik mehr entfaltet. Ob sich mit Adorno der Mensch der Untertänigkeit entziehen soll, oder ob er sich der Grausamkeit aktiv politisch in den Weg stellt, in beiden Fällen benötigt er dazu Bildung. So fordert Negt, dass Bildung den Menschen zur Politik befähigen soll – eine Unabdingbarkeit vor dem Hintergrund von Auschwitz wie auch angesichts des verbreiteten rechten Terrorismus: „Kein Mensch wird als politisches Lebewesen geboren; deshalb ist politische Bildung eine Existenzvoraussetzung jeder friedensfähigen Gesellschaft."[1] Dann geht Bildung der Demokratie voraus. Weil der Mensch, wie auch immer jedenfalls nicht mit politischem Bewusstsein auf die Welt kommt, wird er zur Politik nur durch eine bestimmte Erziehung befähigt, die nicht wie bei Rousseau auf seine Natur rekurrieren kann. Erziehung wirkt konstruierend und nicht entbergend, entfaltet nicht Anlagen, sondern initialisiert höchstens Haltungen, bildet sie aus, was angesichts der verbreiteten Grausamkeit als unabdingbar erscheint, eben um diesen Grausamkeiten zu widerstreiten. Deswegen ist ja Rousseaus Idee, dass das Kind den Erzieher erzieht, so unsinnig. Dazu bleibt ein Kind viel zu unbestimmt genauso wie die Natur – *Jenseits von Gut und Böse* und daher weder das Gute noch das Böse a priori prägend.

Allerdings zeigt sich bei Negt auch eine gewisse Inkonsequenz, wenn er schreibt: „Werden jedoch wie bei Max Weber, Politik und der politisch handelnde Mensch so eng in das Kategoriensystem von Macht und Staat eingebunden, dass Politik zu einer Sondersphäre mit eigenen Gesetzen gerinnt, dann wird durch eine solche

---

[1] Oskar Negt, Der politische Mensch – Demokratie als Lebensform, Göttingen 2010, 13

Professionalisierung der Politik und ihre arbeitsteilige Verselbständigung gerade jenen politischen Lebewesen Atemluft und Boden entzogen, an die Aristoteles im Sinn einer *eudämonia* des Gemeinwesens dachte, als er vom *zoon politikon* sprach."[1] Ob man diese politisch Interessierten und Engagierten auf die Anthropologie von Aristoteles beziehen kann, erscheint eher fragwürdig. Doch die Professionalisierung der Politik beruhte zu Zeiten von Weber darauf, dass sich die Zeitgenossen nicht an der Politik beteiligen sollen, sondern ihren politischen Führern gehorchen. Wie bei Schmitt machen nur die Führer Politik, nicht die Bürgerinnen, denen nur zu gehorchen bleibt, die insofern auch keine Bürgerinnen sind, sondern Untertanen.

Natürlich ist die Politik durchgängig weiterhin professionalisiert. Allerdings hat sich das Bewusstsein vieler Zeitgenossen denn doch gehörig von der Untertänigkeit entfernt, so dass es neben der institutionalisierten Politik eine außerinstitutionelle Partizipation an der Politik gibt, die leider auch auf Diskriminierung und nicht allein auf Involution zielt, letzteres zumindest vor dem Hintergrund des deliberativen und des Konfliktmodells der Politik. Dazu bedarf es freilich der politischen Bildung, weil ansonsten, wie es sich bei fremdenfeindlichen und rechtslastigen Bürgern zeigt, eine bewusstlose Aggressivität und ein Glaube an menschenverachtende Ideen vorherrschen. So beruft sich Negt auf Arendt: *„Politische Bildung besteht darin, aus den einigen wenigen mehr zu machen*; mehr ist, wie Hannah Arendt in zutiefst humaner Zurückhaltung betont, nicht zu verlangen."[2] Negt bezieht sich mit den ‚wenigen' auf Anton Schmid, der als deutscher Offizier im besetzten Polen dem Widerstand half und von den Nazis hingerichtet wurde. Man kann an

---

[1] Oskar Negt, Der politische Mensch, 2010, 14
[2] Ebd., 17

dieser Stelle auch an Wolfgang Abendroth erinnern, der in einem Strafbataillon in Griechenland Partisanen bekämpfen sollte, stattdessen desertierte und sich diesen anschloss. Wenn sich in Deutschland seit den Auschwitz-Prozessen in den sechziger Jahren, nachdem zwei Jahre zuvor *Eichmann in Jerusalem* verurteilt worden war, der politischen Moral die Chance zu einer Wiederkehr bot, dann gründet das auf einem Handeln im Angesicht der Aussichtslosigkeit und trotzdem im Bewusstsein der Freiheit, anders handeln zu können, als es ein übermächtiger totalitärer Leviathan zu erzwingen versucht, von solchen widerständiger Menschen wie Anton Schmid und Wolfgang Abendroth.

Denn eine Demokratie, die nicht allein eine verbreiterte Legitimation für Elitenherrschaft darstellt, die vielmehr darauf beruht, dass sich viele Menschen politisch engagieren, um dadurch der Grausamkeit und Diskriminierung zu widerstreiten, eine solche Demokratie lebt von Involution und nicht von der Revolution oder Exklusion, die Weber und Schmitt vorschweben. Eine solche Demokratie beruht auf Bildungsprozessen diverser Art. So fordert Negt: „Demokratie ist also jene gesellschaftliche Lebensform, die sich nicht von selbst herstellt, sondern gelernt werden muss. Deshalb ist die Frage nach lebenslangem Lernen, nach Erwachsenenbildung, die über die enge berufliche Qualifikation hinausgeht, Existenzbedingung einer demokratischen Gesellschaftsordnung.“[1] Man kann sich gerade nicht oder auch nicht mehr auf die politische Natur des Menschen berufen, geschweige denn sich darauf verlassen. Man darf ergänzen, dass sich keine Staatsform von selbst herstellt. Aber zur Demokratie als Lebensform gehören natürlich mehr Beteiligte als zu einer Diktatur, die sich zur Not auf das Militär und den Ausnahmezustand stützt. Die Diktatur – im Stile des

---

[1] Oskar Negt, Der politische Mensch, 2010, 174

Ordnungs- oder des Kriegsmodells – braucht denn auch keine politische Erwachsenenbildung, sondern nur den gehorsamen Untertanen, den eine autoritäre Schulform produziert.

Wolfgang Klafki schwebt ein ähnliches Konzept als Allgemeinbildung vor, die sich in eine politische Bildung transformiert. Allgemeinbildung besitzt denn einen intrinsischen Bezug zur Politik, der es um das Allgemeine gehen soll. So fordert er eine „Allgemeinbildung als Bildung *für alle* zur Selbstbestimmungs-, Mitbestimmungs- und Solidaritätsfähigkeit, – als kritische Auseinandersetzung mit einem neu zu durchdenkenden Gefüge *des Allgemeinen als des uns alle Angehenden* und – als Bildung *aller* uns heute erkennbaren *humanen Fähigkeits*dimensionen des Menschen. Allgemeinbildung muss gerade heute, neu aufkommenden Entpolitisierungsbestrebungen entgegen, auch als *politische Bildung* zur aktiven Mitgestaltung eines weiter voranzutreibenden Demokratisierungsprozesses verstanden werden."[1] Daraus ergibt sich aber jene Problematik, dass das Allgemeine den politischen Konflikt aufhebt, selber den Konflikt gerade nicht verkörpert. Insofern stehen Klafkis Allgemeinbildung im Dienst der Allgemeinheit und Negts politische Bildung im Dienst des Allgemeinwohls dem deliberativen Politik-Modell nahe. Wenn indes an die Stelle des Allgemeinen, das sich ohne Rückgriff auf eine Weltanschauung oder zumindest bestimmte formale Strukturen nicht skizzieren lässt, der Konflikt tritt, dann lässt sich vor allem das von Klafki erwähnte Solidaritätsgefühl nicht mehr einfach begründen, wie es beispielsweise Michael Tomasello probiert. Als normativer Anspruch tritt es an die Bürgerinnen von außen heran, können sie diesem Anspruch auch widersprechen, bzw. gerät es in den Konflikt der Inter-

---

[1] Wolfgang Klafki, Neue Studien zur Bildungstheorie und Didaktik (1985), 40

pretationen. Eine Mitbestimmungsfähigkeit umgekehrt reicht Involutionsansprüchen nicht, die durchaus die politische Ordnung, d.h. die Verteilung der Rechte in Frage stellen und die sich vor allem nicht selbstverständlich in diese Ordnung einfügen.

Negt zielt speziell auf eine Erwachsenenbildung ab, die demokratische Politik vermitteln soll. Nicht nur die Schule bildet politisch. So fordert Negt neue Bildungsinstitutionen, die auf ein lebenslanges Lernen ausgerichtet sind: „Wenn das europäische Thema Zivilgesellschaft, Bürgergesellschaft, Demokratie Gegenstand der Diskussion ist, dann können wir nicht mehr davon ausgehen, dass in der Kindheit und in den Schulen erworbenes Wissen das ganze Leben lang tragfähig bleibt. Das gilt noch nicht einmal mehr für das Handwerk, das früher mit bestimmten Traditionsbeständen an Fertigkeiten und Regeln zu Rande kam."[1] Lebenslanges Lernen hat sich längst als Grundmuster in der Arbeitswelt herausgestellt. Genauso verbreitet es sich im persönlichen Leben von Patchwork-Familien und Bastelbiographien, wenn die Familien gemeinhin nicht mehr ein Leben lang halten, sondern immer wieder erneute Umorientierung nötig erscheint. Hier tangieren sich denn auch Ausbildung, Bildung und politische Bildung. Die politischen Umstände verändern sich laufend, kann man sich auf gewohnte politische Institutionen nicht einfach verlassen, muss man daher aber verstehen, warum solche Veränderungen stattfinden und wohin sie womöglich führen, um nicht in Panik revolutionären Untergangs- und Verschwörungstheorien oder vermeintlichen diskriminierenden Patentrezepten von Rechtspopulisten auf den Leim zu gehen.

Negt aber verschärft seine Forderung nach lebenslangem politischen Lernen noch um eine markante Pointe: „Meine Forderung ist daher, *Pflichtinstitutionen für Er-*

---

[1] Oskar Negt, Der politische Mensch, 2010, 178

wachsenenbildung zu schaffen, die aus öffentlichen Geldern bezahlt und erhalten werden, sodass sie im Rang und Status dem öffentlichen Schulsystem gleichgestellt sind. Warum soll es nicht Pflicht werden, dass ein Erwachsener, der eine hohe Lebenserwartung von siebzig, achtzig Jahren hat, fünf oder sechs Jahre davon Bildungseinrichtungen besuchen muss und dafür auch Zertifikate bekommt? (. . .) Je höher Lernen in der Hierarchie öffentlicher Interessen angesetzt ist, desto stärker werden auch die Motive sein, sich freiwillig und selbstbestimmt weiterzubilden."[1] Es klingt plausibel, dass der unpolitische Mensch politisch zwangsgebildet werden muss. Im Rahmen der schulischen Erziehung ist das sicher unvermeidbar. Ob man aber Demokratie auf eine Zwangsinstitution stützen sollte, das darf man doch in Frage stellen. Involutiven Charakter hat dergleichen kaum. Es geht in der Demokratie gerade um Freiheit, zu der man sicherlich einiges lernen muss. Aber nicht jeden kann man nötigen, sich für Politik zu interessieren. Wenn der Zeitgenosse kein staatenbildendes Lebewesen ist, dann ist die politische Lebensform denn auch keinesfalls eine, die jedem taugt, zu der man jeden verpflichten könnte, um ihn sein angebliches Wesen erfüllen zu lassen. Wenn es kein politisches Wesen des Menschen gibt, kann dergleichen auch nicht erzeugt werden. Aber Bildung und insbesondere politische Bildung müssen dazu beitragen, dass die Bürgerinnen Grausamkeit widerstreiten und ein Verständnis für politische Zusammenhänge entwickeln, die letztlich erleichtern, Involutionsforderungen politisch einzubringen. Dann könnten manche Bürgerinnen ein politisches Bewusstsein entwickeln, das man aber nicht mit einem angelegten Wesen verwechseln darf.

---

[1] Oskar Negt, Der politische Mensch, 2010

8. Vorlesung
POSTMODERNE BILDUNG IM ZEITALTER DER INDIVIDUALISIERUNG: VOM UNIVERSELLEN ZUM HISTORISCHEN FORMALISMUS

Die Medien bringen die Politik auf den Weg. Daraus ergibt sich die Notwendigkeit von Bildung. Sie soll traditionellerweise die Zeitgenossen in die Gesellschaft integrieren. Doch dieses Bildungsideal scheitert einerseits daran, dass es Involution geradezu hintertreibt, so dass es umgekehrt den Konflikt zwischen Staat und Individuum langsam befeuert, bis er in der Neuzeit hochkocht. Andererseits löst sich das Bildungsideal spätestens im Krieg der Ideologien auf, die auch ihrerseits die Individualisierungsprozesse im 20. Jahrhundert beschleunigen. Seit den Massenmedien und in einem noch viel stärkeren Maße durch die informatisierten Medien verschärft sich dieser Konflikt, wird Bildung als Medienbildung zur politischen Bildung unabdingbar, einerseits um im Sinne des deliberativen Modells der Politik, den Staatsbürger vor totalitären Abwegen zu schützen, andererseits um im Sinne des Konfliktmodells der Bürgerin private wie politische Spielräume zu verschaffen. Für Ordnungs- und Kriegsmodell hat Bildung in welcher Form auch immer den Zweck, das Individuum in die gegebene Ordnung einzufügen.

Strukturell wie historisch ist Bildung kommunitarisch orientiert. Sie wird von Gemeinschaften organisiert und sie hat den Zweck, den Menschen in die Gesellschaft zu integrieren, so dass er einerseits etwas zur Gemeinschaft beiträgt, nützliche Tätigkeiten, gleichgültig ob politisch, ökonomisch oder familiär, und andererseits – damit man die Zeitgenossen leichter regieren kann – dass er es für sich selbst dabei auch zu einer halbwegs befriedigenden Situation bringt. Das bleibt indes eine regelmäßig eher beiherspielende Konsequenz, für die das Individuum im Rahmen der sozial angebotenen Optionen zumeist selbst sorgen muss, außer dass ihm Zufriedenheit umso mehr eingeredet wird, je traditioneller die Option ist, die man ihm nahelegt: So musste die Ehefrau und Familienmutter bis vor wenigen Jahrzehnten glücklich sein, auch wenn ihr Leben weitgehend aus Kochen, Waschen und Putzen besteht. Wenn sie solches Glück verweigerte, galt sie als nicht normal. Und Normalität wurde in der Kriegergesellschaft als hoher Wert gehandelt.

Dass es bei der Bildung auch primär um das Individuum gehen könnte, das ist gemeinhin in den Bildungsdiskussionen und Bildungspraxen kaum angekommen, obgleich seit Liberalismus und Aufklärung auch das Individuum Beachtung findet, sei es, dass bei John Locke das Individuum zum Eigentümer avanciert, oder dass es im Bildungsroman des 18. Jahrhunderts für einen historischen Augenblick um die Bildung der Person geht, letztlich aber darum den politischen Machtanspruch des Bürgertums moralisch zu unterfüttern. Wenn Oskar Negt politische Bildung zur Pflicht machen will, dann bedient er sich nicht nur einer autoritären Pädagogik, geht es ihm dabei primär um das Gemeinwesen und nicht um das Individuum: das sorgt schon egoistisch genug für sich selbst – so die notorische Unterstellung der Kommunitaristen. Linke Pädagogik hat hier immer schon das Problem, dass es um die Bevölkerung gehen soll, aber wenigstens erkennt sie, dass das Individuum dabei berücksichtigt werden muss.

Doch durch die Individualisierungsprozesse, die im 19. Jahrhundert von einzelnen betrieben werden, seit der Mitte des 20. aber immer breitere Kreise der Bevölkerung erfassen, geraten diese pädagogischen Vorstellungen unter Druck. Bei einigen Vertretern, die sich mit dem Konfliktmodell der Politik verbinden lassen, eröffnen sich dagegen andere Fragestellungen, nämlich nach dem, was das Individuum lernen muss, um mündig und verantwortlich das eigene Leben zu führen. Das geht natürlich nicht solipsistisch, sondern nur in Verbindung mit anderen Menschen und nicht ohne Bezug auf die Politik, nicht zuletzt deshalb, weil politisch die individuelle Lebensführung ständig bedroht wird, das Individuum sich also einerseits dagegen verteidigen und daher andererseits auf die Politik Einfluss nehmen muss. Für das individualisierte Individuum, das sich weder mit seinem Staat, noch mit der Bevölkerung und auch nicht mit der Klasse identifiziert, ist der Sinn der Politik nur das eigene Leben, die eigene Freiheit, die eigene Entfaltungsmöglichkeit. Wie verändert sich das Verhältnis von Bildung und Politik unter Individualisierungsbedingungen?

Dabei lassen sich drei Grundpositionen markieren: Foucault fragt nach den individuellen Spielräumen, um das eigene Leben zu gestalten und um dabei auch politisch gewissen Einfluss auszuüben. Richard Rorty erkennt gerade in der Literatur eine individuelle Perspektive der Bildung, die jenseits der Institutionen individuell betrieben wird. Nach Arendt muss sich das Individuum um ein reflektierendes politisches Urteil bemühen und darum, gedanklich Zusammenhänge zu eruieren, die nicht auf der Hand liegen, will es sich dem verantwortungslosen institutionellen Handeln entziehen.

8.1. Ästhetische Selbstdisziplinierung: Foucault

Michel Foucault vergleicht die Situation der Zeitgenossen in der zweiten Hälfte des 20. Jahrhunderts mit derjenigen in der Antike. Das Individuum sieht sich wie Hans Castorp in Thomas Manns *Der Zauberberg* auf sich allein gestellt, was mit Ulrich Beck Chancen und Risiken zugleich nach sich zieht. Das Individuum muss sich den traditionellen religiösen Coden nicht mehr unterwerfen, muss sich vielmehr seine Lebensregeln selber suchen, also seine Existenz ethisch selber gestalten, was aber einer Ästhetisierung gleichkommt, wenn es sich dabei auf keine absoluten Werte mehr zu berufen vermag, die Ethik ihr absolutes Fundament verliert und somit nicht mehr nachhaltig auf die Unterordnung des Individuums unter die Gemeinschaft ausgerichtet ist, bzw. wenn sich zu diesem Modell traditioneller Ethiken eine Alternative anzeigt, dass Ethik primär den individuellen Zweck hat, die Existenz der Bürgerin auszugestalten. Eine Ästhetik der Existenz lässt sich daher weniger mit dem deliberativen, als mit dem Konfliktmodell der Politik parallelisieren, kennt sie doch keinen übergeordneten Standpunkt mehr, auf den sie sich beziehen müsste, während das deliberative Modell immer noch nach allgemeinen Prinzipien fahndet, nach einer Gattungsethik, die das Individuum sich zu eigen machen sollte.

Jedenfalls zieht Foucault solche Schlüsse aus einer Sachlage, die er der antiken Philosophie entnimmt und weiterdenkt. Bei Aristoteles verbleibt dieses Modell nämlich auf den empirisch gegebenen Rahmen der Polis bezogen, der als übergeordnetes Maß verstanden werden muss, dem sich der Athener Bürger unterzuordnen hat. Natürlich muss sich die moderne Bürgerin dem demokratischen Rechtsstaat ebenfalls unterordnen. Doch seit Hobbes ist allen bewusst, dass die einzelne im stillen Kämmerlein denken kann, was sie will, seit dem Existentialismus zeigt sich, dass die einzelne nach völlig privaten Vorstellungen auch Widerstand leisten kann und seit dem Internet kann sie das, was sie denkt, sogar verbreiten. Der Staat wird nicht mehr als sittliche Substanz geachtet, sondern nur noch im Sinne eines geltenden Gesetzes beachtet, von dem man mit Carl Schmitt weiß, dass der Staat nicht Recht haben muss, wenn er Recht setzt. Carl Schmitt versteht das als die Macht des Souveräns über den Ausnahmezustand. Man könnte daraus aber auch die Arbitrarität jedes Staates folgern. Mit Sartre und Camus dreht man das schlicht um, und zwar als Ausdruck der individuellen Macht über einen negativen Ausnahmezustand, der die Staaten dazu zwingt, auf ihre Bürgerinnen Rücksicht zu nehmen, was Schmitt gerade vermeiden will. Wenn der Staat gar nicht Recht haben kann und doch Recht erlässt, dann mangelt es gerade an transzendentalen Voraussetzungen, eröffnen sich Spielräume für das Individuum, die selbst Karl-Otto Apel noch vermeiden will.

Diese Sachlage geht einher mit einem Niedergang der Sexualmoral des 19. Jahrhunderts, in der die christlich abendländische Ethik nach diversen Irrungen und Wirrungen kulminiert. Wenn gemeinsame oberste Normen keine Anerkennung mehr finden, wenn mit Nietzsche Gott tot ist, dann drückt sich der Individualisierungsprozess vor allem auch in einer veränderten sexuellen Praxis aus. Das Individuum muss sich im säkularen Staat, der keine Staatsreligion mehr vorschreibt, keinem ethischen Code mehr unterwerfen, sondern kann sich seine Lebensregeln selber suchen, mit denen er seine Individualität konstituiert. Damit verblasst die negative Bewertung der

Sexualität, die das Christentum weitgehend pflegt, kehrt vielmehr die positive Bewertung der Lust wie in der Antike wieder. Denn für Foucault befindet man sich dadurch in einer vergleichbaren Situation, wie sie in der griechischen Antike vorherrschte. Damals entwertete man sexuelle Praktiken gerade nicht. Foucault schreibt: „Was in den Augen der Griechen die ethische Negativität schlechthin darstellt, ist nicht, dass man beide Geschlechter liebt; auch nicht, dass man sein eigenes Geschlecht dem andern vorzieht; sondern dass man gegenüber den Lüsten passiv bleibt."[1] Die Lüste nicht zu gebrauchen, stieß auf Unverständnis und welchen Gebrauch man von ihnen machte, das stand dem einzelnen frei. Das was heute unter Homosexualität firmiert und bis vor kurzem sogar fast überall noch strafrechtlich verfolgt wurde, war für die antiken Griechen eine völlig legitime sexuelle Praxis, die sich qualitativ von der heterosexuellen nicht unterschied. Deswegen spricht Foucault ja auch vom Gebrauch der Lüste und nicht von Sexualität.

Trotzdem gab es eine andere Grenze beim Gebrauch der Lüste, die aber primär einen individuellen Sinn hat, keinen gemeinschaftsorientierten: „Frei sein im Verhältnis zu den Lüsten – das ist: nicht ihr zu Diensten stehen, nicht ihr Sklave sein. Die Gefahr, die mit den *aphrodísia* verbunden ist, ist weniger die Beschmutzung als die Versklavung."[2] Dass der Gebrauch der Lüste eine Sünde sei, mit dieser These hat sich das Christentum seit dem 19. Jahrhundert zunehmend blamiert, wurde die christliche wie die gemeinschaftsorientierte Sexualmoral zudem durch Kontrazeptiva und Abtreibung individuell ausgebremst, ist ihre Begründung mit der Erbsünde oder in der Bergpredigt schlicht absurd geworden, die nur noch besonders Fromme verstehen, kann der heutige westliche

---

[1] Michel Foucault, Der Gebrauch der Lüste (1984), 113
[2] Ebd., 105

Staat das Sexualverhalten seiner Bürgerinnen höchstens noch indirekt durch diverse Anreize lenken.

Aber für die Griechen kann man zum Sklaven der eigenen Lust werden. Davor muss man sich aus diversen Gründen hüten, zunächst aus individuellen. Denn wenn man nur seinen Lüsten folgt, dann wird man von diesen beherrscht, wird man ein Süchtiger. Doch man kann die Lüste nur sinnvoll gebrauchen, so dass man sich selbst nicht schadet, dass man sich selbst nicht gefährdet, wenn man sich von ihnen nicht notorisch verleiten lässt, wenn man sie vielmehr beherrscht. Nur dann ist ein freier Gebrauch der Lüste möglich. Primär steht diese Freiheit indes im Dienst des Individuums, wenn es sich keinem christlichen Code unterwirft, sondern sich für sich selbst asketische Methoden ausdenkt und befolgt, gerade um die Lüste gut gebrauchen zu können. Der Mann wird aber nicht wie bei Rousseau von der Frau beherrscht, die ihrerseits durch ihre Scham ihr Begehren ausgrenzt. Beide, Bürgerin und Bürger kontrollieren sich jeweils selbst, d.h. unabhängig voneinander.

Das Christentum wird diese Sachlage nachhaltig verändern, steht der Gebrauch der Lüste gerade nicht mehr im individuellen Dienst, sondern im Dienst der Gemeinde, der Gesellschaft, im 19. Jahrhundert im Dienst des Staates, der damit Biopolitik betreiben wird, was sich von Seiten des Staates bis heute nicht nachhaltig änderte, wiewohl sich die Individuen diesem biopolitischen Sinn gelegentlich zu entziehen trachten. Just für diese Gruppe gilt denn nicht mehr der christliche Code –auch nicht der jüdische oder der islamische – sondern sie befinden sich in einer mit der Antike vergleichbaren Situation, müssen sie sich ihre Lebensregeln selber suchen, die ihnen weder Christentum, Judentum oder Islam vorschreiben können, setzt der säkulare Staat nach Rawls nun mal keine Staatsreligion mehr durch. Deswegen halten islamistische Gruppen an einem radikalen Code fest. Sie verdanken sich einerseits der Individualisierung, andererseits unterscheiden sie sich aber von Involution durch ihre diskriminierende Politik. So finden diverse Gemeinschaften auch weiterhin Anhänger, die sich in deren Dienst stellen und ihr Leben oder ihre Gesundheit opfern, sei es als Selbstmordattentäter oder im Krieg der Gebärmütter. Dagegen müssen sich die säkularen Demokratien genauso verteidigen wie die Bürgerinnen, die sich um ein eigenes Leben wie um Involution bemühen.

So hat die Lebenskunst nur einen indirekten umgreifenden Sinn, der diese antike Ästhetik der Existenz mit dem Staat verbindet. Denn, so Foucault: „Aber umgekehrt ist die Freiheit der Individuen, verstanden als Herrschaft, die sie über sich selber auszuüben vermögen, unabdingbar für den ganzen Staat."[1] Der antike Athener Bürger war gehalten, etwas für die Polis zu tun, eben Politik zu machen. Dazu bedurfte es natürlich auch eines gewissen Reichtums, der ihn enthob, sich um seinen Lebensunterhalt selber kümmern zu müssen. Die Athener Polis-Bürger hatten zumeist ein Haus, das sie nicht selber verwalteten, sondern verwalten ließen, so dass sie Zeit hatten sich um die Polis zu kümmern. Wenn sie nun aber Sklave ihrer Lüste waren – was sicherlich auch nicht gerade selten vorkam – dann entzogen sie sich dem Dienst an der Polis – in einer modernen Terminologie ein apolitisches Verhalten – beruhte doch die Polis gerade auf diesen aktiven Bürgern, die nicht arbeiten mussten, sondern Vermögen besaßen, das sie auch für die Polis einsetzten.

Daher hatte denn die Asketik und die Ästhetik der Existenz nicht nur einen individuellen, sondern einen politischen Sinn: „Aber für das griechische Denken der klassischen Epoche gehört die ‚Asketik', die dazu führt, dass man sich als Moralsubjekt konstituiert, auch in ihrer

---

[1] Michel Foucault, Der Gebrauch der Lüste (1984), 105

Form zur Übung und zur Ausübung eines tugendhaften Lebens, das auch das Leben eines ‚freien' Mannes im vollen, positiven und politischen Sinn ist."[1] Sich selbst zu regieren, war also nicht nur die Voraussetzung für ein lustvolles Leben, sondern auch für ein politisches. Beides gehörte zusammen. Vor allem hatten beide einen Eigenwert, was man von der disziplinierten Moderne sicherlich nicht sagen kann, die die Lust in den Dienst der politischen Macht, der Fortpflanzung und der Grausamkeit stellt. Der Drill des Marine-Korps benützt die Sexualität in Stanley Kubricks *Full Metal Jacket* (GB/USA 1987) wie aus dem Lexikon des Freudomarxismus, um sie in Lust an der Grausamkeit umzulenken.

Eine Pädagogik, die sich dem Ordnungsmodell der Politik entziehen will, kann im Zeitalter der Individualisierung nur darauf abzielen, vielfältige individuelle Lebensformen zu fördern – womit sie einerseits notorisch im Konflikt mit den Interessen des Staates liegt. Andererseits darf die Dialektik der Pädagogik, notwendig zu bevormunden, nicht im Dienst eines Codes stehen, nicht im Dienst bestimmter Gehalte, auch keiner kritischen, gerät die Pädagogik hier also in den doppelten Konflikt: mit dem Zögling und mit dem Staat. Stattdessen führt sie nur Modelle verschiedener individueller Lebensführung vor, die die Zöglinge letztlich selber wählen. Zudem zeigt sie formale Strukturen auf, die helfen die Weltbilder zu analysieren. Dabei muss sie natürlich auch Techniken der Askese vermitteln, die aber wiederum, wie es Foucault beschreibt, nicht im Dienst der Gemeinschaft oder einer Ideologie stehen, sondern ausschließlich im Dienst des Gebrauchs der Lüste des Individuums und durchaus ähnlich wie in der Antike auch im Dienst einer demokratischen partizipatorischen Politik, bei der aber nicht wie in der antiken Polis das Gemeinwesen den Ton angibt, son-

---

[1] Michel Foucault, Der Gebrauch der Lüste (1984), 103

dern die Kommunikation unter den Bürgern, die auf diese Weise durchaus konfligierend oder auch konsensorientiert allemal deliberativ – aber ohne transzendentale Rückversicherung – Politik machen. Dadurch entsteht eine politische Szene, die auf Involution durch Konflikt ausgerichtet ist, nicht auf Integration durch Konsens. Dass die staatlich organisierte Bildung, die noch dazu ökonomischen Interessen zu dienen hat, sich darauf einlässt, erscheint jedoch eher fraglich. Dann bleibt Pädagogen, Wissenschaftlern und Bürgerinnen gar nichts anderes, als sich jenseits staatlicher Richtlinien zu orientieren – was immer dabei passiert. Foucault entwickelt – wahrscheinlich ohne es zu intendieren – eine existentialistische Perspektive. Denn bereits Camus, Sartre und de Beauvoir räumen dem Individuum Spielräume ein, die es der blanken Untertänigkeit entziehen. Wenn sich die familiäre Unterwürfigkeit der Frau als Grundmuster sozialer Abhängigkeit auflöst, dann zerfällt das Fundament traditioneller Herrschaft.

8.2. Literatur anstatt Philosophie: Rorty

Gibt es überhaupt eine politisch involutiv orientierte Pädagogik? Worauf müsste sie sich stützen, wenn sie dem Prozess der Individualisierung gerecht werden will? Während in der Antike die Antwort auf die mediale Entwicklung die Philosophie war, im Mittelalter die christliche Theologie und in der Moderne die politische Ökonomie, so stützt Richard Rorty Bildung in der Postmoderne auf die Literatur, während er gerade gegenüber der Philosophie skeptisch bleibt. Eine Gesellschaft, die den Krieger zum Leittypus erhebt, orientiert sich an der Gewalt oder am Ausnahmezustand, der ja auch nichts anderes als Gewalt anstatt Recht realisiert, wenn das Recht gerade aufgehoben wird, um jenseits davon vermeintliche Probleme zu lösen; wenn im Ausnahmezustand nur noch ein Relikt von Recht verbleibt, das sich nicht mehr am Rechten bzw. am Gerechten orientiert. Einer Pädagogik, die Involution berücksichtigen will, kann es daher allein darum gehen, der Bürgerin zu helfen, ihre Probleme gerade nicht mit Gewalt zu lösen. Doch dabei geht es nicht allein um eine Friedenspädagogik, wie sie Klafki betont: „Und daher schließt die humanistische Bildungsphilosophie mit Notwendigkeit eine friedenspädagogische Perspektive ein."[1]

Rorty entwickelt ein Ideal einer liberalen Gesellschaft, die sich am Frieden und nicht am Krieg orientiert. Im Anschluss an Judith Shklar fordert er die Zeitgenossen auf, sie sollten sich davor bewahren, „in eine politische

---

[1] Wolfgang Klafki, Neue Studien zur Bildungstheorie und Didaktik (1985), 28

Einstellung abzugleiten, die euch zu der Überzeugung bringen würde, dass es ein wichtigeres soziales Ziel als die Vermeidung von Grausamkeit gibt."[1] Rortys Vorstellung einer Zivilgesellschaft hat Alasdair MayIntyre dagegen vorgehalten, dass deren Leittypen der Manager, der Therapeut und der reiche Ästhet, also letztlich wenig erfreuliche Gestalten seien. Für Rorty richtet man sich indes lieber mit diesen Figuren ein, als mit dem Krieger oder dem Priester, den Leittypen der Kriegergesellschaft des 19. und der ersten Hälfte des 20. Jahrhunderts, die just Grausamkeit und Intoleranz symbolisieren: der IS führt in seinen Propaganda-Videos diese Leittypen Krieger und Priester vor, die im heiligen Krieg zusammenfallen. Wenn man zudem an die Weltkriege denkt – aber die anderen Kriege des 20. wie des 21. Jahrhunderts reichen auch schon – dann präsentiert sich das als ziemlich unerfreuliche Option und Rortys oberste ethische Forderung, Grausamkeit zu vermeiden, als eine angemessene Reaktion auf die Schrecken des 20. Jahrhunderts.

Eine Pädagogik der Involution, nicht der Revolution darf sich daher von Rorty inspirieren lassen, wenn er schreibt: „Eine Gesellschaft ist dann liberal, wenn ihre Ideale durch Überzeugung statt durch Gewalt, durch Reform statt durch Revolution, durch freie, offene Begegnungen gegenwärtiger sprachlicher und anderer Praktiken mit Vorschlägen für neue Praktiken durchgesetzt werden. Das heißt aber, eine liberale Gesellschaft hat kein Ideal außer Freiheit, kein Ziel außer der Bereitwilligkeit, abzuwarten, wie solche Begegnungen ausgehen, und sich dem Ausgang zu fügen."[2]

In der postmodernen Zivilisation – etwa seit einem guten halben Jahrhundert, wenn die Hoffnungen aus

---

[1] Richard Rorty, Kontingenz, Ironie und Solidarität (1989), Frankfurt/M. 1992, 117
[2] Ebd., 109

dem 19. Jahrhundert, mittels Krieg und Bürgerkrieg, also mittels Gewalt die Welt zu humanisieren, gescheitert sind – geht es primär um die Reduktion von Gewalt und Grausamkeit, weil diese Zivilisation davon keineswegs frei ist und diesen Mangel keinesfalls nur bösen Feinden in die Schuhe schieben kann. Doch das heißt natürlich nicht, den dogmatisierenden Feinden Recht zu geben und die individuelle Freiheit aufzulassen, indem man sich solchen Dogmen anheimgibt, oder selber welche entwickelt.

Involution funktioniert vielmehr nur, wenn man sich auf Begegnungen kommunikativ einlässt, wiewohl man selbstredend nicht jedem in dessen Terminologie antworten kann und muss, wie es Rorty zugesteht. Aber selbst bei einer solchen Begegnung kann man sich um ein Gespräch bemühen, selbst wenn es schwierig wird. Jedenfalls darf der andere einen dabei nicht bedrohen, auch nicht verbal. Aber viele Dogmatiker – vor allem die Apokalyptiker unter denselben und alle Apokalyptiker sind Dogmatiker, es sei denn ihre Apokalyptik hat nur pädagogischen Sinn, während sie selbst daran gar nicht glauben – sind dazu nicht bereit, gibt es – das weiß Rorty allemal – Grenzen der Kommunikation und der Gewaltfreiheit.

Jemanden, der Gewalt androht oder ausübt, dazu zu bringen, sich auf ein Gespräch einzulassen, das wäre zweifellos eine hohe pädagogische und psychologische Kunst. Es ist auch klar, dass das Individuum sich häufig mit Menschen konfrontiert sieht, die der Dogmatisierung huldigen, ohne dass diese gleich mit Gewalt drohen oder diese gar anwenden. Es bleibt gar nichts anderes, als sich damit auseinanderzusetzen, trotzdem das Gespräch zu suchen – was unter anderem eine gewisse unerschrockene Haltung erfordert, die vor apokalyptischen Argumentationen nicht in die Knie geht. So schreibt Rorty: „'Freie Diskussion' heißt hier nicht ,ideologiefrei', sondern einfach das, was sich abspielt, wenn die Presse, das Gerichtswesen, die Wahlen und die Universitäten frei sind, die soziale Mobilität ausgeprägt und hoch, das Analphabetentum abgeschafft, höhere Bildung üblich ist und wenn Friede und Wohlstand die Freizeit ermöglicht haben, die man braucht, um vielen Leuten zuhören und über das nachdenken zu können, was sie sagen."[1] Rorty widersetzt sich damit dem religiösen, dem nationalistischen wie ökologischen Asketismus.

Daran anschließend könnte man Involution genau auf diese Weise bestimmen, gehört zu ihr nämlich letztlich Partizipation am gesellschaftlichen Reichtum in einem erheblich höheren Maße, als es das Differenzprinzip bei Rawls fordert. Freiheit funktioniert für die meisten Menschen nicht in Armut, höchstens für Asketen, die man nicht zum Maßstab nehmen kann. Ökologisch gibt es nur eine langfristige Lösung eines langsamen Bevölkerungsrückgangs, aber keinesfalls die weitere Senkung des Lebensstandards, sondern nur Wachstum, damit sich höhere Bildung ausbreiten kann, damit die Leute Zeit und Muße haben, um zu kommunizieren und um nachzudenken. Apokalyptiker, die dann der Welt den Untergang prophezeien aus welchen Gründen auch immer – völlig diffus und witterungsbedingt wie Sloterdijk oder ob des Klimas, der Migration, der Demographie wie ob des Sinkens der Mehrwertrate bei Paul Mason – sollte man als Schwarzseher meiden, wie es Seneca empfiehlt. Man braucht sich vor diesen Leuten auch nicht zu fürchten: Man kann die Zukunft nicht voraussehen. Aber solche Leute verderben jegliche Leichtigkeit des Seins.

Man mag die Konsumgesellschaft seit der zweiten Hälfte des 20. Jahrhunderts auch noch so beklagen, sie ist selbst noch den ökologischen Preis wert, just auch weil sie selbst die Ökologie erfunden hat. Es hätte sich auch gar kein ökologisches Bewusstsein verbreitet, das jetzt

---

[1] Richard Rorty, Kontingenz, Ironie und Solidarität (1989), 145

durchaus erkennt, dass viele Entwicklungen aus diversen Gründen zu korrigieren sind, ohne dass man sein Leben ändern muss und ohne der kynischen Predigt eines Menschenjungen von der kulturellen Wende oder individuellen Lebensänderung aufzusitzen. Ohne Bildung und ohne Freizeit bliebe Individualisierung ein reiner Atomisierungsprozess, wie man die Entstehung der Industriegesellschaft am Anfang des 20. Jahrhunderts in weiten Kreisen empfand, als sich das Gefühl der Einsamkeit und der Verlassenheit ausbreitete, was Paul Mason noch dem Neoliberalismus attestiert, während er gleichzeitig auf die individualisierten Bürgerinnen hoffen muss in Erwartung einer Revolution und gerade keiner Evolution, weissagt er doch dem Kapitalismus den Untergang: „was uns bevorsteht: der Zusammenbruch unserer Welt"[1] Dagegen besteht die einzige realistische Chance in Involutionen, die den Neoliberalismus in gewisse Schranken weisen, eben wenn sich Bürgerinnen gegen ihren Ausschluss wehren und beteiligt werden wollen.

Natürlich dürfen die Medien nicht gleichgeschaltet sein, muss es durchaus einen Medienstreit geben, ohne den man ihnen nicht trauen kann. Gruppen, deren Meinungen in den meisten Medien keine Resonanz finden, greifen diese gemeinhin an. Doch wenn diese Meinungen einen diskriminierenden, z.B. rassistischen oder dschihadistischen Charakter haben, dann verweigern sich deren Vertreter selber der Kommunikation: Auch wenn der Dschihadist gerade nicht schießt, führt er einen verbalen Krieg; selbst wenn der Rassist andere Menschen gerade nicht vertreibt und ermordet, betreibt er die verbale Seite des Holocaust; wenn jemand anderen sexuellen Orientierungen nicht dieselben Rechte zugestehen will wie den angeblich Normalen, diskriminiert er, eben wenn sie davon spricht, dass eine Familie aus Vater, Mutter und

---

[1] Paul Mason, Postkapitalismus (2015), 316

Kind bestehe. Medien, die dergleichen kolportieren, würden sich selbst der Kommunikation entziehen und damit nicht mehr dem entsprechen, was Medien gemeinhin ausmacht, nämlich die Kommunikation zu fördern und zu begleiten. Das gilt für Islamisten, aber genauso für Islamophobe, die ja die Kommunikation mit dem Islam genauso verweigern wie den Diskurs über den Islam. Das gilt auch für den US-Sender Vox.

Au fond geht es darum, ob bei Medien wie Zeitgenossen eine kommunikative Offenheit besteht oder ob sie sich dieser entziehen und diskriminierende, entwürdigende und intolerante Urteile über ihre Feinde fällen, die just zu Feinden und nicht Gegnern oder Konkurrenten erklärt werden. Den Feind bestimmt Carl Schmitt im existentiellen Sinn, den man in letzter Konsequenz auch zu töten bereit sein muss. Just hier endet das Gespräch, obwohl man mit dem Feind nach Carl Schmitt sogar Geschäfte machen kann, wenn bei jedem Friedensschluss nur bessere Voraussetzungen für einen nächsten Krieg geschaffen werden sollen, worauf die deutsche Kriegszielpolitik im ersten Weltkrieg ausgerichtet war, Vorbild für Schmitts *Begriff des Politischen* und die Umkehrung von Kants Prinzip in seiner Schrift *Zum ewigen Frieden*. Schmitt will damit einen Realismus propagieren, der sich nur an der Existenz unversöhnlicher Feinde misst – immerhin die Grundlage des Kriegsmodells. Dagegen steht Rortys Ansatz dem Konfliktmodell der Politik nahe, lässt sich seine Konzeption aber auch im deliberativen Modell verwenden, wenn man davon absieht, dass Rorty keine Letztbegründung für möglich hält.

Nach Rorty soll man nämlich den Kreis derer, mit denen man sich solidarisch fühlt, ständig erweitern – ein originär involutiver Anspruch. So schreibt Rorty über eine liberale Utopie: „In einem solchen Utopia käme niemand auf den Gedanken, es gebe etwas Wirklicheres als Lust oder Schmerz, oder auf den Gedanken, uns sei

eine Pflicht auferlegt, die das Streben nach Glück trans-
zendiert. Ein demokratisches Utopia wäre eine Gemeinschaft, in der nicht die Suche nach der Wahrheit, sondern
Toleranz und Neugier als intellektuelle Kardinaltugenden
gelten. Dies wäre eine Gemeinschaft, in der es nichts
gäbe, was auch nur entfernt einer Staatsreligion oder
einer Staatsphilosophie gleichkäme."[1] In einer solchen
Utopie geht es jedenfalls nicht darum, dass sich die Bürgerin einer Idee unterordnet oder sich dieser gar hingibt,
gleichgültig ob es sich deliberativ um eine Gattungsethik
oder um die Nation handelt.

Islamistische Selbstmordattentäter oder rassistische
Retter des Abendlandes wie jener, der in Norwegen einen
Massenmord beging oder dessen Nachahmer in München
im Juli 2016, werden das anders sehen. Schmerz ist ihnen
wichtiger als Lust. Gemäß der Kulturtheorie von Sigmund
Freud und Jacques Lacans Todestriebinterpretation sollte man sich darüber auch nicht allzu sehr verwundern.
Neugierig sind viele Zeitgenossen zumeist nur auf die
neueste technische Entwicklung, während Lust am eigenen Tod eher wenige Kriegertypen suchen. Aber viele
halten sich von fremden Menschen lieber fern – was tendenziell einen Mangel an Bildung bezeugt.

Staatsreligion und Staatsphilosophie gehören jedenfalls nicht in eine individualisierte Welt, in der sich die
Bürgerinnen um Involution bemühen. Die Religion sollte
denn auch eher den Status erhalten, den die Philosophie
hat, extrem individualisiert, privatisiert, selbst wenn dafür öffentliche Gelder ausgegeben werden. Die Religion
wie die Philosophie sollten sich denn auch von Ideen
sicherer Wahrheiten generell verabschieden und dergleichen den Einzeldisziplinen überlassen. Zwar gelingt es
letzteren immer wieder einen medialen Wirbel zu erregen. Doch zur Dogmatisierung von Weltbildern reicht

---

[1] Richard Rorty, Kontingenz, Ironie und Solidarität (1989), 89

dergleichen zumeist nicht hin. So etwas aufzulassen, das muss man auch von Weltbildern verlangen: Das erweiterte Toleranzprinzip heißt: Keine Mission. Denn niemand kann sicher sein, dass seine eigenen Weltvorstellungen für andere Menschen besser sind als andere. Niemand hat ein Recht, dem anderen vorzuschreiben, wie er zu leben hat. Denn wenn er das vorzuschreiben versucht, dann diskriminiert er andere Zeitgenossen. Es gehört sich nicht, in das Leben anderer zu intervenieren, auch nicht, wenn man den Eindruck hat, sie würden sich selbst oder anderen zumindest indirekt schaden. Im Hinblick auf andere müssen konkrete Zusammenhänge direkt nachgewiesen werden. Niemand muss sein Leben ändern, bloß weil ein Menschenjunges von einer Angstneurose beseelt wird und selber gerne vom Nachdenken entlastet wäre. Insofern kann die Philosophie auch nicht viel mehr tun als das, was Vattimo empfiehlt: „Es geht immer darum zu erfahren, ob wir in der Lage sind, in einer Welt, in der 'Gott tot ist', ohne Neurosen zu leben, in der sozusagen klar geworden ist, dass es keine festen, gesicherten, wesentlichen Strukturen, sondern im Grund nur Justierungen gibt."[1]

---

[1] Gianni Vattimo, Jenseits vom Subjekt (1985), Graz, Wien 1986, 34

8.3. Denken und Urteilen: Arendt

Und auf welche Philosopheme stützt sich die Bildung, die das Individuum befähigt, an Involutionsprozessen teilzunehmen, bzw. um Diskriminierung, Rassismus, Dschihadismus und Ausgrenzung zu vermeiden? Banal gesprochen ist es dazu für die Bürgerin nötig, sich eigene Gedanken darüber zu machen, was um sie herum vorgeht. Das unterscheidet den individualisierten Menschen vom Untertan, der es gerade ablehnt, sich darüber Gedanken zu machen, was er auf Geheiß seiner Vorgesetzten tun soll, was dabei passiert, welche Folgen dabei eintreten. Max Weber hat das ja programmatisch formuliert, dass der Untertan selbst einen ihm falsch erscheinenden Befehl so ausführen soll, als sei es sein ureigener Wille. Wenn der Untertan nicht in permanenten inneren Konflikten leben will – und das erklärt Arnold Gehlen als ungesund –, so muss der Untertan aufhören darüber nachzudenken, ob die Anweisungen, denen er folgt, richtig sind oder nicht. *Eichmann in Jerusalem* hat das nach Arendt just dort vorgeführt, wo sich solche Gedankenlosigkeit mit der größten Grausamkeit paart. Natürlich hilft dann auch die Ausrede nicht, dass der Mann ja nur die Züge fahren ließ. Nicht nur dass diese Transporte in Viehwaggons tagelang bei Hitze und Kälte quer durch Europa an sich schon unglaublich grausam waren, dass es dabei viele Fluchtversuche gab und diese Transporte daher von der Polizei bewacht wurden – begehrte, weil bequeme und gutbezahlte Jobs, bei denen man gelegentlich einen Flüchtenden erschießen musste. Natürlich war der Mann auch darüber voll informiert, was hinter der

Rampe von Auschwitz passierte, hatte er selbst an der Wannsee-Konferenz teilgenommen.

Aber es besteht auch eine alltägliche Neigung, auf Nachdenken tunlichst zu verzichten, schreibt Arendt: „Die Gedankenlosigkeit ist freilich ein mächtiger Faktor im menschlichen Leben, statistisch gesehen sogar der mächtigste, nicht nur im Verhalten der vielen, sondern im Verhalten aller. Gerade die Dringlichkeit, die a-scholia, der menschlichen Geschäfte verlangt vorläufige Urteile, das Sich-Stützen auf Sitten und Bräuche, also auf Vorurteile."[1] Selbst im Alltag der Wissenschaften erweist sich Nachdenken als ungeschickt, hinterfragt auch der Wissenschaftler besser nicht, was seine Worte denn eigentlich bedeuten, stellt er also nach Heidegger nicht die Frage nach dem Sinn von Sein. Und die schnelllebiger werdende Welt fördert das Nachdenken noch weniger. Sich mit der Welt eins fühlen zu können, verlangt sich strikt den Prozessen der Umwelt auszusetzen und in diesen mitzuschwimmen. Das erleichtert das Leben allein schon dadurch, dass es gemeinhin mit ökonomischen Erfolgen verbunden ist. Trotzdem verwickelt die Geschwindigkeit auch in Widersprüche, die man am besten ausblendet, wenn man nicht langsamer werden will.

Andererseits liegt darin auch die Chance, zum Denken angeregt zu werden, gerade wenn man sich nicht nur in eine Tradition einklinken will, wenn man sein Leben selber bestimmen möchte, wenn man das politische Geschehen um sich herum verstehen möchte. So bemerkt Arendt: „Das Denken entsteht also aus der Desintegration der Wirklichkeit und der entsprechenden *Entzweiung* von Mensch und Welt, woraus sich das Bedürfnis nach einer anderen, harmonischeren und sinnvolleren Welt

---

[1] Hannah Arendt, Vom Leben des Geistes – Das Denken (1977), 2. Aufl. München 2002, 77

ergibt."[1] Letzteres entspricht immer noch dem Gefühl vieler Menschen, wiewohl andere längst eingesehen haben, dass Harmonie und Sinn metaphysische Begriffe sind, mit denen man gerade nicht dorthin gelangt, wovon diese Begriffe angeblich künden, nämlich von irgend so etwas wie Seelenfrieden.

Trotzdem entsteht aus besagten Konflikten das Bedürfnis, diese wenigstens ansatzweise zu verstehen und zu durchschauen. Darum muss sich die einzelne selber bemühen, kann sie sich zwar diverser Hilfen rückversichern, sich aber nicht einfach auf die politischen Institutionen oder die Medien verlassen. Vielmehr muss sie selber Informationen prüfen und vergleichen, was natürlich gerade nichts mit tumber Medienschelte zu tun hat. Sich durch Medien zu informieren, dürfte immer noch zuverlässiger sein als nur durch gute Freunde, die dasselbe meinen und glauben.

Um aber im Medienwald zu prüfen, muss man selber überhaupt das Denken lernen. Was aber heißt Denken? Eine Frage, mit der sich Heidegger auseinandersetzt und an die Arendt pointiert anschließt und was sie präziser als Heidegger weiterführt. Sie schreibt: „Denn wenn es wahr ist, dass alles Denken mit Andenken anhebt – dem andenkenden Nachhängen eines Wirklichen -, so ist nicht weniger wahr, dass kein Andenken gesichert sein kann, das nicht durch den Prozess begrifflicher Klärung und Verdichtung gegangen ist, auf Grund deren es weiterwirken und sich entfalten kann."[2] Die individualisierten Zeitgenossen, die selber denken wollen, müssen sich nicht nur informieren, sondern brauchen vielmehr ein reflexives Wissen, das sich auf Begriffe und Methoden stützt, die aus den disparaten Ereignissen nicht nur Zusammenhänge basteln, sondern diese zugleich selbst

---

[1] Hannah Arendt, Vom Leben des Geistes – Das Denken (1977), 20
[2] Hannah Arendt, Über die Revolution, 1963, 283

hinterfragen. Denn nichts ist gefährlicher als ein vermeintlich sicheres bzw. vermeintlich gewisses Wissen, das man im religiösen Sinne selbst so richtig glaubt. Eingedenk dessen, dass jedes Wissen relativ ist, darf man daraus natürlich auch keine absoluten Schlüsse ziehen.

Trotzdem geht es darum, Zusammenhänge herzustellen, die nicht auf der Hand liegen, die aber nicht bloß fantasiert werden. Dazu muss man das selbst Ausgedachte mit den Informationen vergleichen, die man aus den Medien erhält. Denken hat für Arendt dabei vor allem den Sinn, sich von der Allgewalt der unmittelbaren Erfahrung zu befreien, vom sinnlich unmittelbar Wahrnehmbaren abzusehen, gerade auch von einer lärmenden Umwelt, also die Augen zu schließen, und sich Zusammenhänge vorzustellen, die nicht evident sind. Arendt schreibt: „Das, was man im allgemeinen ‚Denken' nennt, kann zwar nicht den Willen in Bewegung setzen oder der Urteilskraft allgemeine Regeln liefern, doch es muss die den Sinnen gegebenen Einzeldinge so aufbereiten, dass der Geist mit ihnen umgehen kann, wenn sie nicht gegenwärtig sind; kurz, es muss sie *entsinnlichen*."[1] Man kann über den Freund nicht nachdenken, wenn er vor einem sitzt. Die unmittelbar sinnlich gegebene Erfahrung muss bei geschlossenen Augen reflektiert werden, just um sich vom Bann des Erlebens zu befreien.

Denken nimmt die Erfahrungen auf und verarbeitet sie abstrakt weiter, beginnt mit ihnen spielerisch umzugehen, versucht sie anders, als sie unmittelbar vorliegen, zu verstehen, um neue Sichtweisen zu öffnen, sich dadurch von jenen zu befreien, die der Alltag zuspielt und die selbstverständlich erscheinen. Die Ereignisse geraten derart in ein anderes Licht. Sie verändern ihren Charakter, verwandeln sich, werden andere Ereignisse. Außerdem lassen sich dadurch Zusammenhänge entwickeln,

---

[1] Hannah Arendt, Vom Leben des Geistes – Das Denken (1977), 82

die eben nicht auf der Hand liegen. Denn die einzelnen Erlebnisse und Erfahrungen kann man derart miteinander in Beziehung setzen, entstehen Bezüge, die es zuvor nicht gab bzw. die zuvor nicht gesehen wurden. Neue Zusammenhänge erweitern den Horizont des Verstehens, das dadurch neue Perspektiven entwickelt, die selbstverständlich auf die einzelnen Erlebnisse rückwirken, sie eben anders verstehen lassen.

Wichtig ist dabei, dass sich der Zeitgenosse durchaus auf seine eigenen Gedanken verlässt und nicht einfach auf vorgegebene Dogmatiken zurückgreift, die entweder umfassenden Lehren entspringen oder sich aus bestimmten Theoriemodellen ergeben, heißen diese Neoliberalismus, Ökologie oder Klimamodelle. Für beide Grundtypen gilt, sich vor allem vom Bann apokalyptischer Visionen zu befreien, die die Zeitgenossen interventionistisch dazu auffordern, ihr Leben zu ändern. Gedankenfreiheit, wie sie Marquis Posa in Schillers *Don Carlos* von Philipp II. von Spanien fordert, heißt vor diesem dogmatisierenden Hintergrund, sich eigene Gedanken zu machen, die sich aus einem solchen Umfeld lösen und vermeintliche Selbstverständlichkeiten in Frage stellen. Es kann dem einzelnen dabei nicht darum gehen, dem dogmatisierenden Hintergrund eigene Dogmatisierungen entgegenzustellen. Dann könnte er genauso gut eine vorhandene Dogmatisierung übernehmen. Wenn das Individuum selber urteilen will, dann funktioniert dergleichen nur durch einen Abschied von umgreifenden und dogmatisierenden Perspektiven. Das Individuum wird auf umfassende Weltinterpretationen zugunsten singularisierter Erlebnis- und Denkweisen verzichten müssen. Man kann die Welt als einzelner nicht erfassen, aber auch nicht als eine Gemeinschaft der Philosophen im Sinne Hegels oder der analytischen Philosophie. Diese vermehren und verfestigen nur ihre Irrtümer. Lieber alleine irren als gemeinschaftlich! Denn gemeinschaftlich hat das einfach weitreichendere Konsequenzen: Der Abschied von der Gesellschaftstheorie im Zeitalter der Individualisierung, wenn sich die Bürgerin primär darum kümmert, was sie erlebt, ohne dahinter einen tieferen Sinn zu eruieren.

Die Gesellschaftstheorie besonders marxistischer Provenienz stützt sich auf die subsumierende Urteilskraft, wie sie Kant bezeichnete, genauer auf Interpretationsregeln, die die realen Ereignisse bestimmten Verständnisweisen zurechnen. Die Gemeinschaft der Philosophen oder der Wissenschaftler schafft sich auf diese Weise eine objektive Erkenntnis, die natürlich ihren subjektiven Grundlagen nicht entgeht, die in bestimmten Prinzipien liegen, denen die realen Ereignisse zugeordnet werden: die subsumierende Urteilskraft. Noch problematischer ist, dass sich umstrittene Fragen trotzdem nicht wissenschaftlich lösen lassen, dass sie also umstritten bleiben. Damit stehen die Subsumtion und somit die subsumierende Urteilskraft selbst in Frage, vermag letztere jedenfalls keine theoretischen Konflikte zu lösen, ist ihr Anwendungshorizont auf sich selbst beschränkt. Just an dieser Stelle bleibt denn gar nichts anderes, als sich auch wissenschaftlich der reflektierenden Urteilskraft zu bedienen, die sich auf keine gemeinsamen Interpretationsregeln mehr stützen kann, die au fond ähnlich wie das Denken nur Vergleiche zwischen einzelnen Sachverhalten zu ziehen vermag, um derart zwischen verschiedenen Urteilenden zu vermitteln. An dieser Stelle nähert sich das Erkenntnisurteil dem Geschmacks- wie dem politischen Urteil an. In diesem Sinn schreibt Arendt: „Das Geschmacksurteil hat ferner mit dem politischen Urteil gemein, dass es niemanden zwingen und, anders als das Erkenntnisurteil, nicht zwingend beweisen kann. Der Urteilende kann immer nur, wie Kant so schön sagt, ‚um jedes anderen Beistimmung [werben]' und hoffen mit ihm übereinzukommen."[1] Auch das umstrittene wissenschaftliche Urteil vermag niemanden zu seiner Anerkennung zu zwingen. Das Geschmacksurteil gehört bekanntlich zu jenen Urteilen, die man nicht beweisen kann, so dass der einzelne ein solches Urteil auch nicht anzuerkennen braucht. Er kann und wird weiterhin das Gegenteil behaupten.

Nicht anders verhält es sich in der Politik. Die Rede von der Alternativlosigkeit bezeugt eher nur Ausweglosigkeit, wird ja auch das angeblich alternativlose Urteil von seinen Kritikern gemeinhin bestritten. So sind Ästhetik und Politik miteinander so nahe verwandt, dass es auch nicht verwundern darf, wenn die Ästhetisierung der Politik, wenn Symbolpolitik, wenn pragmatische Politik um sich greifen. Sie entsprechen der Urteilsstruktur innerhalb des Politischen, nicht aber das dogmatische noch das wissenschaftliche Urteil. Nur dass letztere Gewissheit und Entschlossenheit vorgaukeln, womit die Politik immer schon am schnellsten scheiterte Daher stammt denn auch der notorische Konflikt zwischen Politik auf der einen und Religion sowie Wissenschaft auf der anderen Seite. So schreibt Arendt weiter: „Dies Werben ist ja offenbar nichts anderes, als was die Griechen *peithein* nannten, jenes Überreden und Überzeugen, welches der Polis als die hervorragende Art und Weise des politischen Miteinandersprechens galt und das sie nicht nur der verhassten physischen Gewalt entgegensetzten, sondern auch von dem eigentlich philosophischen *dialegesthai* aufs genaueste zu trennen wussten, eben weil es in diesem Dialog um Erkenntnis ging und der Erkenntnis und der Wahrheitsfindung eine zwingende Beweisführung entsprach."[2] Natürlich geht es in den Wissenschaften

---

[1] Hannah Arendt, Kultur und Politik (1958); in: dies., Zwischen Vergangenheit und Zukunft, 300
[2] Ebd.

weiterhin um letzteres. In der Philosophie macht dergleichen indes wenig Sinn mehr, es sei denn man versteht sie als Wissenschaft und beschränkt sie dann mehr oder weniger auf die Logik. In allen anderen philosophischen Bereichen gilt dasselbe Urteilsprinzip wie in der Ästhetik oder der Politik, nämlich die reflektierende Urteilskraft, und zwar gerade dann, wenn die Philosophie praktisch werden will und sich in die diversen Diskurse einzumischen versucht.

Das gilt natürlich auch für gesellschaftlich unmittelbar relevante Wissenschaften wie die Soziologie oder die Pädagogik, die sich gleichfalls weitgehend auf die reflektierende Urteilskraft stützen. Umso mehr betrifft das die pädagogische Praxis. Helmut Danner betont bei seinem geisteswissenschaftlichen Ansatz in der Pädagogik, dass sich diese in der konkreten pädagogischen Situation mit einmaligen Ereignissen und mit einzelnen Individuen konfrontiert sieht „Erziehung und Bildung", schreibt Danner, „haben es nicht mit genormten Menschen zu tun, sondern mit Individuen."[1] Erziehung muss daher selber zum reflektierenden Urteil fähig sein, wie zu demselben befähigen, so dass sich das Individuum Dogmatisierungen entzieht oder zu entziehen lernt, auch und gerade wenn sie von Expertengruppen ausgehen. Das Individuum verfügt auch als Pädagogin generell nur über eine beschränkte Erfahrung, kann also Interpretationsregeln immer nur beschränkt überprüfen. So sollte sie sich auch nicht auf solche Regeln verlassen, sondern sie immer nur unter Vorbehalt anwenden bzw. vermitteln. Also selbst wenn sich die Pädagogin der subsumierenden Urteilskraft bedient, dann nur unter Vorbehalt, was dieser gleichfalls eine Art reflektierenden Charakter verleiht. Die Zeitgenossin verfügt nur über einen beschränkten

---

[1] Helmut Danner, Methoden geisteswissenschaftlicher Pädagogik (1979), 5. Aufl. München, Basel 2006, 25

Horizont, der sich nicht durch die Berufung auf Dogmatisierungen erweitern lässt. Das gilt natürlich auch für die Medien, die notorisch auf reflektierende Urteile angewiesen sind. Dabei kann man gelegentlich den Eindruck gewinnen, dass es auch zu viel reflektierende Urteilskraft geben kann.

Dabei versuchen Medien gerne den Anschein subsumierender Urteilskraft zu erwecken, sei es durch die Einbeziehung von Wissenschaftlern, sei es durch die eigene Recherche. Selbstredend gelingt das höchstens in nicht umstrittenen Bereichen. Ansonsten pflegen sie eine Kommentierung, die an die Stelle der subsumierenden Urteilskraft die Evozierung von Furcht, also die apokalyptische Warnung und Drohung setzt. Just davon aber sollte sich das Individuum so wenig beeindrucken lassen wie von ähnlichen Methoden in Politik und Wissenschaft. So bleibt der Bürgerin – gehört sie nicht zu einer Expertengruppe – gar nichts anderes, als sich vor subsumierenden Urteilen zu hüten und die reflektierende Urteilskraft umso mehr zu üben, was sie beispielsweise durch das Auslegen von philosophischen und literarischen Texten tun kann. Der Zweck, den Arendt darüber hinaus damit verbindet, ist denn vor allem ein politischer, ist „die wichtigste Bedingung für alle Urteile, die Bedingung der Unparteilichkeit, des ‚uninteressierten Wohlgefallens'. Indem man seine Augen schließt, wird man zu einem unparteilichen, nicht direkt affizierten Zuschauer sichtbarer Dinge."[1] Jenseits von Identitären – deren Vorläufer bei den Nazis intellektuell schon nicht auf der Höhe waren – werden Marxisten, Islamisten und Katholiken die Möglichkeit einer solchen Interesselosigkeit dementieren – die Marxisten haben den beiden letzteren dazu die Vorlage geliefert. Sie unterstellen, dass dadurch das Individu-

---

[1] Hannah Arendt, Das Urteilen – Texte zu Kants politischer Philosophie (1982), München, Zürich 1998, 92

um zum Spielball fremder Interessen wird und seine eigenen auflässt. Doch als dessen eigene werden diese drei Weltanschauungen nichts anderes als bestimmte von ihnen objektivierte unterstellen: die Interessen des Proletariats, das Interesse Gottes oder das Seelenheil. Doch just das sind evidenter Weise Interessen, die das Individuum nur mittels der entsprechenden Dogmatisierungen entwickelt. Wenn die Bürgerin über die Welt reflektieren, wenn sie sich in der Welt orientieren will, dann braucht sie ihre Interessen nicht aufzugeben, aber sie darf sie nicht zur Leitlinie der eigenen Reflexion machen, wenn sie die Logik anderer verstehen will. Anders als bei besagten und ähnlichen Weltanschauungen geht es aber nicht darum, die Logik der anderen zu übernehmen, sondern darum gegebenenfalls mit ihnen zu kommunizieren, um mit ihnen vielleicht zu parallelen Urteilen zu gelangen. Die Pädagogik sollte just dazu verhelfen, schwierig angesichts mächtiger Gegner, die vor allem die Pädagogik selbst benutzen. Arendts Ansatz des Denkens und der reflektierenden Urteilskraft untermauert das Konfliktmodell der Politik, lässt sich aber zumindest indirekt auch vom deliberativen Modell verwenden. Für das Ordnungs- und das Kriegsmodell taugt die reflektierende Urteilskraft nicht, höchstens für die Topeliten hinter verschlossenen Türen, also zur Arkan-Politik. Sie müssten sie eigentlich gebrauchen, wiewohl sie sich wahrscheinlich lieber auf ihre Ideologien verlassen.

III. Teil
MEDIENBILDUNG ALS POLITISCHE BILDUNG

Medien konstituieren die Politik – das zeigte der I. Teil. Bildung strukturiert und organisiert Politik – das zeigte der II. Teil. Der folgende III. Teil fragt, welche politische Bildung diese Zusammenhänge so reflektiert, dass sie Involution ermöglicht. Die 11. Vorlesung wird diese Perspektive mit dem Blick auch auf nicht-involutiv orientierte Staatsverständnisse relativieren. Denn Politik – und damit der Staat – greifen nicht bloß auf Medien und Bildung zurück, sondern in beide auch ein und lenken sie, und zwar tendenziell nicht involutiv. Nicht zuletzt weil Bildung grundsätzlich ausgrenzt, wie es Platons Modell vorführt, und insofern der Politik zugleich einen nützlichen sozialen Dienst erweist.

Das führt selbstredend immer zu Konflikten, die in diverse Revolutionsbemühungen auslaufen. Andererseits intensivieren sich seit der Aufklärung auch Ansprüche auf Involution, also auf Zugehörigkeit und Partizipation, was die Rolle der Bildung verwandelt, brauchen gerade die Marginalisierten Bildung, um ihre Forderungen nach Involution zu untermauern und müssen sich diese ihrerseits eigenständig um Selbstbildung bemühen, da solche politische Bildung ihnen von Seiten des Staates regelmäßig nicht geliefert wird.

Diese Ansprüche zielen historisch zunächst auf die Partizipation von Klassen oder Gruppen ab: Bürger, Proletarier, ethnische Gruppen. Mit der Judenemanzipation beginnen sich solche Ansprüche zu individualisieren, was dazu führt, dass sich weitere zunächst besonders kollektive Emanzipationsansprüche von Frauen, von diskriminierten Gruppen, von Homosexuellen, von Alten oder Behinderten gleichfalls zunehmend individualisieren. Diese Individualisierungsprozesse wandeln die Funktion von Bildung ähnlich wie die der Ethik ab, dienen beide nicht mehr nur der Unterordnung des Individuums unter die Gemeinschaft und die Einpassung der Bürgerin in dieselbe, sondern der individuellen Lebensgestaltung, bei der regelmäßig – heute besonders von Frauen – involutive Ansprüche erhoben werden, die traditionelle soziale Strukturen offenbar zersetzen. Diese Entwicklung stellt der vorhergehende zweite Teil dar.

Dadurch verschärft sich zunächst die große Aporie der Neuzeit zwischen Staat und Individuum, der von den klassischen Massenmedien noch moderiert wird, den die Informationstechnologien aber intensivieren. Bildung avanciert zu einem Ort des politischen Streits um Partizipation. Es geht um die Frage: Wie wird die Bürgerin gebildet, um welche politische Rolle auszufüllen? Und andererseits um die Frage: Wie bildet sich die Bürgerin selber, um welche Lebensform zu entfalten? Somit transformiert sich Bildung in einen individuellen Selbstzweck, der sich mit Ansprüchen der Involution, somit der sozialen Teilhabe und der politischen Partizipation verknüpft. Die individualisierte Zeitgenossin lebt um ihrer selbst willen. Gegner der doppelten Staatsbürgerschaft und des Doppelpasses fordern dagegen ein eindeutiges Bekenntnis zu einem Staat. Diese Forderung ist weniger eine Kampfansage an Besitzer von Doppelpässen als an jene, die keinen haben. Welche Bildung nützt der Zeitgenossin, um an Politik und Gesellschaft zu partizipieren, wenn sie an Involution anstatt an Revolution interessiert ist und um Diskriminierung, Rassismus, Dschihadismus sowie Ausgrenzung zu vermeiden? Das ist die Grundfrage des abschließenden dritten Teiles.

Foucault, Rorty und Arendt zeigen dazu bereits gewisse Optionen auf, wie sie sich im Abschied von der Moderne offerieren: Foucault plädiert für eine Lebenskunst, mit der das Individuum sein Leben selbst gestaltet und dadurch auch fähig wird, sich an der Politik zu beteiligen. Für Rorty befähigt die Literatur die Bürgerin zu verschiedenen Vokabularen, so dass sie zu wichtigen moralischen und politischen Einsichten gelangt. Nach Arendt muss die Zeitgenossin das Denken und das Urteilen lernen, um politisch kommunikationsfähig zu werden.

Aber nachdem im ersten Teil die Medialität der Politik aufgewiesen wurde, der zweite Teil das gewandelte Verhältnis von Bildung und Politik unter Bedingungen der Individualisierung analysiert, gilt es im folgenden letzten Teil nach der Rolle der Medienbildung in der Politik, für Bildung im Allgemeinen und für politische Bildung im Besonderen zu fragen. Inwiefern bestimmt also die Medienbildung die politische Bildung, die sich an Involution und nicht an Revolution orientiert? Und welche Rolle spielen dabei Politik und Staat?

Eine solche politische Bildung wird indes abweichend zu den vorherrschenden Vorstellungen politischer Bildung weniger dadurch vermittelt, dass man die demokratischen Inhalte verkündet – von den Grundwerten und -Rechten über Institutionenkunde bis zu solchen Fragen, wie man Bundeskanzlerinnen macht, also das was man gängig unter politischer Bildung versteht –, als vielmehr dadurch dass ich in der folgenden Vorlesung die Wirkungen und Strukturen vornehmlich der diversen Medien analysiere. In der 10. Vorlesung geht es daher um jene methodischen Ansätze, mit denen die Bürgerin die medial konstruierte Wirklichkeit versteht. Während diese

beiden Vorlesungen primär das Konfliktmodell fortschreiben, fragt die 11. Vorlesung, welche Staatsverständnisse in den unterschiedlichen Politikmodellen die jeweilige politische Bildung prägen und blickt damit nochmals
zurück, während sich der dritte Teil primär mit dem Verhältnis von politischer und Medienbildung im Sinn des
Konfliktmodells befasst. Denn Medienbildung ist die
Herausforderung der politischen Bildung nach dem hier
durchlaufenen Gedankengang. Die demokratische, individualisierte Bürgerin muss im Zeitalter von Facebook
und Twitter umso mehr lernen, wie sich medial eine politische Wirklichkeit generiert, denn sie nimmt ja durchaus
aktiv teil an dieser Produktion von Wirklichkeit, und zwar
medial, in der Bildung und in der Politik. Die 12. Vorlesung fasst die Ergebnisse der gesamten Vorlesung über
„Bildung und Politik" zusammen.

9. Vorlesung
MEDIEN ALS BEDINGUNG DER POLITI-
SCHEN WIRKLICHKEIT

Warum brauchen Bildung und politische Bildung die Medienbildung? Weil Medien nicht nur Instrumente sind, um die Wirklichkeit zu erfassen, weil sie dabei nicht nur das Verständnis von Wirklichkeit prägen, sondern auch die Politik. Im Ordnungs- und im Kriegsmodell spielt das keine Rolle, eine randgängige im deliberativen, aber eine zentrale im Konfliktmodell. Das wirft die Frage auf: Wie beeinflussen die Medien das Verständnis von Wirklichkeit, wenn das Medium die Botschaft ist? Wie prägen sie damit das Verständnis von Politik?

Dass politische Bildung Medienbildung ist, das führt bereits Platon vor. Im Höhlengleichnis in der *Politeia* (514 a – 517 a) vergleicht Platon die Welt der realen Dinge im Licht der Sonne mit der Welt der Ideen, während die Welt der Schatten an der Höhlenwand die Welt andeutet, in der die Zeitgenossen leben. Damit avanciert die Welt der Ideen, also die von Sprache und Schrift, zur eigentlichen wahren Wirklichkeit, während sich die Alltagswelt auf die Welt eines falschen Lebens reduziert, in der ein richtiges Leben und die damit verbundenen notwendigen Einsichten unmöglich erscheinen.

Doch man drehe die Perspektive einmal um: Platon nimmt die Welt der Realien mit ihren konkreten Dingen unter dem Licht der Sonne nicht als Symbol, sondern als wahre Welt selbst, um diese als solche dann die Ideen symbolisieren zu lassen. Platon kennt also durchaus eine wahre Welt der Realien, die er auf die Ideen als Urbilder überträgt. Er setzt diese damit gleich. Doch in jeder Gleichsetzung, umso mehr wenn es sich um ein Gleichnis handelt, verbleibt eine Differenz: Zwar lautet die Gleichung: Welt der Realien = Welt der Ideen. Doch Realien und Ideen sind trotzdem nicht dasselbe. Sonst wäre das eine schlichte Tautologie. Nein, es findet gleichzeitig eine Verschiebung statt. Die Abbilder konstituieren indirekt das Urbild, während dieses seinerseits in seltsamer Distanz zu den Abbildern verharrt: es repräsentiert die Abbilder, von denen es gleichzeitig abhängig ist: Das Wort Pferd erzeugt und repräsentiert zugleich das Pferd auf der Wiese im Satz: ‚Das Pferd steht auf der Wiese.‘ Das Wort Pferd ist doch nicht dasselbe wie das Tier. Und doch braucht das Wort seinerseits das Tier, um seinen Sinn zu demonstrieren. Dann sind die Realien letztlich sogar wichtiger als die Ideen, bleibt es unerheblich, dass die Ideen die Realien originär erzeugt haben sollen. Der platonische Ideenhimmel endet im Empirismus und nicht in der Dichtung, von der Platon interessanterweise auch wenig hielt, die er vielmehr politisch zensieren wollte. Dagegen hält er viel von der Mathematik, die er zwar mit der Welt der Schatten parallelisiert, sie der Welt der Ideen zu-, aber auch unterordnet. Mit der Nähe zu den Ideen ist die Mathematik letztlich der Welt der Realien nahe, die ja die Ideen symbolisieren.

9.1. Das Politische der Bilderwelt: der Film

Warum brauchen Bildung und politische Bildung die Medienbildung? Durch welches mediale Ereignis wird das Wirklichkeits- und Politikverständnis in der Moderne primär geprägt? Platon weist nicht nur derart den Weg in den quantifizierenden Empirismus oder Positivismus. Er öffnet auch die Perspektive in die Welt der medialen Bilder, in der sich Empirismus und Positivismus austoben. Dabei könnte man zunächst an die Höhlenwelt denken, wo die Menschen nur die Schatten von Gegenständen sehen, die hinter ihnen vor einem Feuer vorbeigetragen werden. Diese Gleichnis-Anordnung ähnelt der Filmprojektion. Dann könnte man den klassischen Platon als frühen Kritiker der medialen Welt taxieren, der schon vor der Scheinwelt der Bildschirme und Leinwände eindringlich gewarnt hätte.

Doch das ist eine viel zu naive Perspektive. Das Höhlengleichnis ergänzt nämlich das Sonnengleichnis (*Politeia* 508 a – 509 b). Die realen Dinge der Welt erfahren die Zeitgenossen nur dann vollständig, wenn sie sie im Lichte der Sonne betrachten, das die Dinge sehen lässt, wie sie wirklich sind. Das Sehen hat für Platon also einen klaren Primat gegenüber allen Formen der inneren wie äußeren Wahrnehmung. Das deutet bereits der Vergleich der Ideen mit dem Blick in die wahre Welt der Dinge aus dem Höhlengleichnis an, wenn einer der Höhlenbewohner die Höhle verlässt und erkennt, dass die wahre Welt außerhalb der Höhle im Licht der Sonne liegt. Aber dadurch wird die Welt in der Höhle nicht irrealer, wenn man die Logik des Gleichnisses verschiebt.

Im Sonnengleichnis zieht Platon noch einen weiteren wichtigen Vergleich. Die Sonne entspricht der Idee des Guten. Man erkennt die Gegenstände in der Welt nur richtig, wenn man sie im Licht des Guten betrachtet, man also fragt, wozu sie gut sind, und zwar sowohl im technischen wie im ethischen Sinn. Das hat die Moderne zwar getrennt und den technischen Sinn betont, in dem selbst aber auch der Wert der Sachlichkeit enthalten ist, den ein christlicher Denker wie Max Scheler als Liebe zu den Dingen begreift: „Für die Person, je wertvoller sie in sich selbst ist und sich verhält, *öffnet* sich zusehends in jedem Schritte die Welt der Werte."[1] Entscheidend ist jedoch auch hierbei, dass man durch das Licht der Güte die Dinge richtig sieht, sie sich richtig zeigen, sie das richtige Bild vermitteln. Nur was man richtig sieht, das versteht man auch richtig: Genaues Hinschauen ist für Platon angesagt – der Weg in den Positivismus? Jedenfalls machen sich die Ideen die richtigen Bilder von der Welt, und zwar so, dass sie an der Konstitution der Realien als ihre Abbilder mitbasteln, bzw. verdeutlichen, dass die Welt der realen Dinge als Welt der realen Bilder dem Menschen gegenübertritt. Es kommt mit Platon folglich darauf an, sich von den realen Dingen die richtigen Bilder liefern zu lassen, wie auch umgekehrt diese richtig wahrzunehmen.

Man könnte meinen, Platon hat damit Husserls Phänomenologie antizipiert. Doch so wurde Platon kaum gelesen. Zunächst liefert er damit das Modell für Galileis Begründung der Naturwissenschaften. Die mathematischen Ideen produzieren nicht nur die richtigen geometrisch exakten Bilder von den realen Gegenständen. Mittels Experiment kommt man derart sogar den Naturge-

[1] Max Scheler, Der Formalismus in der Ethik und die materiale Wertethik - Neuer Versuch der Grundlegung eines ethischen Personalismus (1913 f), Gesammelte Werke Bd. 2, Bern, München 1980, 275

setzen auf die Schliche – dass sich die Natur wie der Mensch an Gesetze halten soll, wird dabei unbefragt unterstellt, also dass es so etwas wie Naturgesetze gibt, die in der Natur liegen und nicht vom Denken produziert werden – ähnlich wie die Regeln der Sprache von der Grammatik bestimmt werden. Weil sich die Bilder der Gegenstände wie die Schatten auf Formen projizieren lassen, weil die Geometrie aus Grundsätzen und Regeln besteht, liegt es nahe, Regeln in der Welt zu entdecken. Das ebnet den Weg in die verwaltete moderne Gesellschaft. Darüber hinaus aber eröffnet Galilei damit die Perspektive einer Welt der medialen Bilder, in der man alles zu sehen bekommt, selbst das Unsichtbare. So weist Hans Blumenberg darauf hin, dass bereits mit dem Fernrohr, also mit Galilei die Unterscheidung von Sichtbarem und Unsichtbaren ungültig wurde. Die realen Gegenstände der Welt entbergen seither zunehmend bis dato unsichtbare Seiten, die nur als Bilder erscheinen und doch ihren wahren Kern darstellen. Spätestens seit dem Fernrohr und dem Mikroskop besteht die wahre Welt aus Bildern – gleichgültig zunächst, was dabei Abbild und Urbild sein soll. Die Wahrheit ist nicht anders denn als Bild zu sehen. Die Fotographie wird dergleichen dann auch noch festhalten, während der Film wie Fernrohr und Mikroskop unbekannte Seiten der Welt sehen lassen, Seiten, die man von da an, für das Wesen der Wirklichkeit halten wird.

Das begreift Henri Bergson, wenn er 1896 in seiner frühen Schrift *Matière et mémoire – Essai sur la relation du corps à l'esprit* davon ausgeht, dass das Universum bzw. die Materie aus Bildern besteht, äußeren Bildern, die auf den Menschen zukommen, und inneren Bildern von sich selbst in sich selbst. Hinter den äußeren Bildern verbergen sich keine geheimen Kräfte oder Dinge an sich, fallen diese vielmehr gänzlich mit ihren wahrgenommenen Bildern in eins – hält hier Bergson an einer materialistischen Perspektive fest trotz seines Hanges zur Mystik. Die inneren Bilder des Leibes spielen mit den äußeren zusammen: „Da ist einmal ein System von Bildern, das nenne ich meine Wahrnehmung des Universums; in ihm ändert sich alles von Grund auf, wenn sich an einem bevorzugten Bilde, meinem Leib, leichte Veränderungen vollziehen. Dieses Bild befindet sich im Mittelpunkt; nach ihm richten sich alle anderen; bei jeder seiner Bewegungen verändert sich alles, wie wenn man ein Kaleidoskop dreht."[1] Bei jeder Bewegung verändert sich die Wahrnehmung der äußeren Bilder. Und der Mensch bzw. dessen Wahrnehmung befindet sich in ständiger Bewegung, so dass innere wie äußere Bilder permanent aufeinander reagieren, sich gegenseitig immer anders abgleichen. Doch daraus folgt nie ein vollständiges Bild eines Gegenstandes. Immer bleiben Lücken, die sich aber durch Bildungsarbeit schließen lassen, durch ‚Erziehung der Sinne'.[2] Dabei braucht jede Wahrnehmung eines Bildes trotz ständiger Bewegung eine gewisse Zeit, die noch so unendlich klein sein mag: sie dauert. Das wiederum verlangt eine bestimmte geistige Leistung, genauer eine Leistung des Gedächtnisses, das die Bilder dehnt oder verengt, sie mit anderen verschmelzen lässt. Das Gedächtnis bildet einen fortlaufenden Faden ununterbrochener Bilder, die aber die Dinge selbst enthalten, bzw. von diesen ausgehen, und nicht etwa eine subjektive Repräsentation darstellen.

Damit hat Bergson, so Gilles Deleuze in seiner ersten Kino-Studie über *Das Bewegungs-Bild*, die kinematographische Bild- und Bewegungskonstruktion antizipiert, allerdings ohne es auch nur entfernt zu ahnen. Denn 1907 in seiner nobelpreisgekrönten *L'evolution créatrice* be-

---

[1] Henri Bergson, Materie und Gedächtnis (1896) und andere Schriften, Frankfurt/M. 1964, 58
[2] Ebd., 78

schreibt er die kinematographische Bewegung noch gemäß der zenonschen Paradoxien: Die Bewegung lässt sich nur als Zwischenraum zwischen zwei Punkten bestimmen, wie sehr man diesen Zwischenraum auch verkleinert. Nach Zenon von Elea, einem Schüler des Parmenides, wird der schnelle Achille die langsame Schildkröte nie einholen; denn während er ihren Ort A erreicht, ist sie schon bei B. Der fliegende Pfeil ruht, da er an jedem Augenblick nur an einer Stelle ist. Nach diesem Muster funktioniert die Filmproduktion: Die Bewegung findet zwischen den Einzelbildern statt, die Punkten oder unbeweglichen Schnitten ähneln.

Hat man also au fond immer schon gefilmt? Nein, wahrscheinlich hat man sich einigen Illusionen der Wahrnehmung hingegeben, die sich durch logische Paradoxien verschärfen ließen. Zenon möchte gemäß seines Lehrers Parmenides die Unbewegtheit des Seins dadurch bekräftigen, dass er nach logischen Widersprüchen in der Darstellung von Bewegung sucht. Und die Phänomenologie im Anschluss an Husserl wird wiederum dem Film vorwerfen, er erzeuge Illusionen der Wahrnehmung. Platon hat diese vermeintlich filmische Wahrnehmungsillusion antizipiert, wenn er die natürliche Wahrnehmung mit der bruchstückhaften Betrachtung von Schatten an der Höhlenwand gleichsetzt.

Dieser Bewegungsillusion von Zenon bis zum Filmprojektor setzt Deleuze im Anschluss an Bergsons These der universalen Bild- und Bewegungsproduktion eine andere Interpretation der Bewegung entgegen, die sich auf das Bild auswirkt: Anstatt die Bewegung zwischen den Punkten, Schnitten, Bildern zu situieren, produziert sie der Film als eine Dauer, die sich auf die Objekte derart auswirkt, dass sie diese durch Vertiefung, durch den Verlust von Konturen ineinander vereinigt. Die Objekte gehen ineinander so auf, dass sie ein Ganzes der Bewegung erzeugen, das Bewegungs-Bild, das dabei noch durch die permanente Veränderung über sich ständig hinausweist, den starren Schnitt in der Bewegung des Ganzen aufgehen lässt. Damit werden die Momentbilder, die unbewegten Schnitte in bewegliche Schnitte der Dauer, in Bewegungsbilder transferiert. Das Bewegungs-Bild erläutert Deleuze an drei Formen: das Wahrnehmungsbild (die Subjektive), das Affektbild (die Großaufnahme) und das Aktionsbild – man denke an Victor Sjöströms *The Wind* (USA 1928), in dem eine junge Frau in Arizona tatkräftig gegen diverse Gewalten, darunter auch den Wind ankämpft. Im Bewegungs-Bild spielt die Zeit als Dauer eine eher hintergründige Rolle: Es geht nicht um die Zeit, es geht um die Bewegung, die aber Zeit braucht. „Es trifft zu, dass sich der Nationalsozialismus bis zum Ende im Wettstreit mit Hollywood sah. Das revolutionäre Verlöbnis des Bewegungs-Bildes mit einer Kunst der zum Subjekt gewordenen Massen zerbrach; an seine Stelle traten die unterworfenen Massen als psychischer Automat sowie ihr Führer als großer geistiger Automat. Deswegen konnte Syberberg die Behauptung aufstellen: die Vollendung des Bewegungs-Bilds ist Leni Riefenstahl."[1]

Doch indem im Nachkriegsfilm die Aktion zugunsten der Impression zurücktritt, die den Zuschauer anspricht, entwickelt das bewegliche Bild zunehmend zeitliche Perspektiven, entsteht in dieser optischen Situation, zu der natürlich auch die akustische gehört, eine neue Bild-Form, nämlich das Zeit-Bild. Durch die Kamerafahrten von Resnais und Visconti, aber auch durch die Tiefenschärfe bei Welles tritt die Zeit in den Vordergrund gegenüber der Bewegung. Die Motorik des Bewegungs-Bildes repräsentiert noch indirekt die Zeit, entfaltet das Zeit-Bild zunehmend direkte Zeitdarstellungen. Dabei konstituiert der Film zeitliche Räume. In der Rückblende,

---

[1] Gilles Deleuze, Das Zeit-Bild – Kino 2 (1985), Frankfurt/M. 1997, 337

dem Erinnerungsbild oder dem Traumbild bewegt sich die Welt und nicht mehr die Figur, so dass das Zeit-Bild gegenüber dem Bewegungs-Bild, das Aktualität kennzeichnet, durch eine Art Virtualität geprägt wird. Virtuelle und aktuelle Bilder vermengen und verketten sich dabei unablässig gegenseitig. Das aktuelle Bild selbst entwickelt dabei auch eine virtuelle Dimension, so dass es sich verdoppelt und verzweigt. Derart entsteht ein zweiseitiges Bild, das zugleich aktuell und virtuell erscheint, das nicht mehr das Reale mit dem Imaginären verkettet, sondern einen unablässigen Austausch zwischen beiden bewirkt. Deleuze bezeichnet Welles als den Meister des Zeit-Bildes. Der Film produziert für Deleuze also Bilder, die die reale Bewegung mit deren imaginärer Interpretation verknüpfen. Oder mit Bergson entfaltet sich die Realität als Zusammenhang der Bewegungs-Bilder, der in den inneren Zeit-Bildern des Menschen entsteht, eben als Zusammenspiel von *Materie und Gedächtnis*. Während in Leni Riefenstahls *Triumph des Willens* (Deutschland 1935) Bewegungsbilder die Welt der Nazis ins Imaginäre metonymisieren – bei welchen Kanzler-Auftritten auch immer – realisiert sich das Imaginäre in den Episoden von Luis Buñuels *Milchstraße* (Frankreich 1969) oder in Pasolinis *Große Vögel, kleine Vögel* (Italien 1966).

Gibt es dann noch einen Unterschied zwischen Film-Bild und den Bildern der Materie? Für Bergson auf jeden Fall. Allerdings wenn der Mensch als Kaleidoskop immer nur Bilder rezipiert, dann darf man in der Tat fragen, ob nicht der Film und daran anschließend das mediale Bild des Fernsehens als auch des WWW und der Computer längst an die Stelle einer Alltagsrealität getreten sind. Für Platon symbolisiert die reale Welt die Welt der Ideen, symbolisiert übertragen auf Deleuze das Bewegungs-Bild der Realität das Zeit-Bild des Imaginären, das seinerseits wie die Welt der Ideen Platons auf das Bewegungs-Bild, somit auf das Reale rückwirkt. So kehrt die platonsche

Konzeption der Ideen in der Welt der medialen Bilder wieder und gerade nicht die Konfiguration der Schatten an der Höhlenwand. Platon betont damit die Wichtigkeit des Sehens, an die vor allem Bergson anschließt, der ja damit Aspekte des Empirismus und Positivismus in eine mystische Konzeption des Lebens integriert.

Alles sichtbar zu machen, darauf zielt letztlich auch die moderne Naturwissenschaft ab, der Positivismus und Empirismus und bekämpfen damit die Geisteswissenschaften. Aber entfaltet sich darin nicht in der Tat ein emanzipativer und aufklärerischer Anspruch? Deleuze' Filmtheorie führt die Wirklichkeitskonstitution entlang des klassischen Filmschaffens vor, beschäftigt sich vornehmlich mit Filmen, die einen solchen Anspruch ebenfalls vertreten. Eröffnet somit der Weg von Platon über Bergson zu Deleuze nicht einen Blick in das Verhältnis von Realem und Imaginären, das es auch positivistisch und empirisch fortzuschreiben gilt? Hat der Platon der Ideenlehre, der das Sehen letztlich als das Gute versteht, der überall von Bildern spricht, ob vom Abbild oder vom Urbild nicht just hier bereits die richtige Theorie vertreten? Der Geist steht im Verhältnis zur Realität wie die Festplatte zum Bild auf dem Bildschirm oder im letzten Jahrhundert das Negativ zum Positiv. Hat Platon also nicht nur den Weg bereitet, sondern gilt es sogar an Platon festzuhalten, gleichgültig ob mit oder gegen Popper?

Dazu kann man sich auf Walter Benjamin berufen. Dieser setzte große Hoffnungen auf den Film als Wegbereiter einer revolutionären Umwälzung in seiner Schrift *Das Kunstwerk im Zeitalter seiner technischen Reproduzierbarkeit* aus dem Jahr 1936. Das Film-Bild dringt nicht nur in das Gewebe der Wirklichkeit ein. Es wird auch ob seiner Reproduzierbarkeit von vielen Menschen gleichzeitig rezipiert. Damit trägt es zur Erkenntnis der Wirklichkeit und zur Verbreitung derselben bei: Alle sehen plötzlich dieselben Bilder von der Wirklichkeit, die überhaupt die Wirklichkeit konstituieren. Benjamin schreibt: „Unsere Kneipen und Großstadtstraßen, unsere Büros und möblierten Zimmer, unsere Bahnhöfe und Fabriken schienen uns hoffnungslos einzuschließen. Da kam der Film und hat diese Kerkerwelt mit dem Dynamit der Zehntelsekunden gesprengt, so dass wir nun zwischen ihren weitverstreuten Trümmern gelassen abenteuerliche Reisen unternehmen. Unter der Großaufnahme dehnt sich der Raum, unter der Zeitlupe die Bewegung. Und so wenig es bei der Vergrößerung sich um eine bloße Verdeutlichung dessen handelt, was man *ohnehin* undeutlich sieht, sondern vielmehr völlig neue Strukturbildungen der Materie zum Vorschein kommen, so wenig bringt die Zeitlupe nur bekannte Bewegungsmotive zum Vorschein, sondern sie entdeckt in diesen bekannten ganz unbekannte, ,die gar nicht als Verlangsamungen schneller Bewegungen, sondern als eigentlich gleitende, schwebende, überirdische wirken'.“[1] Das Bewegungsbild schafft neue Wirklichkeiten, so dass das Wirkliche selbst in Frage steht, wie es Jacques Lacan diagnostizierte.

Das Film-Bild – Fernsehen und Internet werden das intensivieren – schafft eine neue Wirklichkeit aus bisher ungekannten Bewegungen und Sichtweisen. Das Reale wirkt im Film-Bild auf das Imaginäre und entfaltet einen aufklärerischen Impetus, prägt das Imaginäre. Platons wahre Welt der Ideen als Urbild der Dinge verlängert sich über Bergsons Einsicht in die generelle Bildhaftigkeit des Universums, die die Materie einschließt und führt zu Walter Benjamins Vorstellung, dass das Bild die Welt nicht einfach mechanistisch widerspiegelt – ein im 20. Jahrhundert ebenfalls weit verbreitetes positivistisches Verständnis des Bildes, das sich noch auf Platon zurückführen lässt (man denke an den frühen Wittgenstein) –,

---

[1] Walter Benjamin, Das Kunstwerk im Zeitalter seiner technischen Reproduzierbarkeit (1935/36), Frankfurt/M. 1975, 41

sondern, wie es Benjamin in seinem *Passagen-Werk* ausdrückt, dass das Bild als Kristallisationspunkt aller Erkenntnis Subjekt und Objekt ineinander verschmelzen lässt, was zuvor Bergson bemerkte, oder was später Deleuze als die Ineinanderfaltung von Realem und Imaginären bezeichnen wird, von dem man sich positivistisch indes eher distanziert. Benjamin schreibt: „Das (Bild) des Malers ist ein totales, das des Kameramanns ein vielfach zerstückeltes, dessen Teile sich nach einem neuen Gesetze zusammenfinden. So ist die filmische Darstellung der Realität für den heutigen Menschen darum die unvergleichlich bedeutungsvollere, weil sie den apparatfreien Aspekt der Wirklichkeit, den er vom Kunstwerk zu fordern berechtigt ist, gerade auf Grund ihrer intensivsten Durchdringung mit der Apparatur gewährt."[1] Die Zeitgenossen lassen sich gemeinsam die Welt aus bewegten Bildern präsentieren, die die Wirklichkeit nicht nur konstituiert, sondern dieser auch Bedeutung verleiht, ohne den es keinen Sinn im sogenannten Alltag mehr gibt: Ohne Homer kein Odysseus. Ohne Fernsehen keine Politik und kein Lebenssinn – man denke nur an das Roadmovie. Wie hieß doch ein Graffiti auf einer Tiberbrücke in Rom: Life is your movie! Zuvor hieß es: Ohne Religion kein Lebenssinn, nein, kein Film.

Das bedeutet nicht, dass es keine Wirklichkeit mehr gibt. Aber sie besteht nach Theo Hug aus keiner Metaperspektive, die alle Perspektiven miteinander verbindet. Er beruft sich dazu auf Nelson Goodman und Katherine Elgin. Hug schreibt: „Andererseits sind die verschiedenen Welten nicht aus dem Nichts, sondern jeweils aus anderen Welten generiert. Dabei ist es durchaus möglich, die unterschiedlichen Welten miteinander in Beziehung zu bringen, und zwar nicht durch Rekurs auf eine allem

---

[1] Walter Benjamin, Das Kunstwerk im Zeitalter seiner technischen Reproduzierbarkeit (1935/36), 37

zugrundeliegende Realität, sondern durch Relationierung der als Variationen gedachten Beschreibungen."[1] Die Perspektiven treten zueinander durchaus in Verhältnisse, die einen gewissen Abgleich erlauben, aber keine letzten, absoluten Gründe mehr liefern, also Welten ohne metaphysischen Komfort, wie es Günter Abel formuliert. Er bemerkt: „Der Versuch, um der ‚letzten Wahrheit' willen die Relativität, das Scheinbare sowie die Endlichkeit und Perspektivität des Menschen hintergehen oder negieren zu wollen, führt weniger vor ein reines und volles Sein der Dinge, als vielmehr in leeres Nichts."[2]

9.2. Verführung durch die Massenmedien: Vom Film zum Fernsehen

Warum brauchen Bildung und politische Bildung die Medienbildung? Von Objektivität kann man bei keinem Film sprechen, nicht mal beim Dokumentarfilm. Worauf beruht dann die Prägung des Wirklichkeitsverständnisses durch den Film? Interessanterweise beschränkt Benjamin diese gerade angeführte Perspektive auf den Stummfilm. Dessen Bilder, die filmisch nur spärlich kommentiert werden können, regen das Denken an, beschränken sich auch nicht auf eine Sprache, wirken somit internationalistisch und revolutionär. Nicht so der Tonfilm. Wiewohl seine sprachliche Beschränkung, die den Nationalismus

---

[1] Theo Hug, Phantome gibt's wirklich – oder? Konzeptionelle Gesprächsangebote zu einem vielgestaltigen Phänomenbereich; in: Ders., Hans-Jörg Walter (Hrsg.), Phantom Wirklichkeit – Pädagogik der Gegenwart, Hohengehren 2002, 33
[2] Günter Abel, Sprache, Zeichen, Interpretation, Frankfurt/M. 1999, 264

verstärke, durch Synchronisation teilweise relativiert wird, braucht er nicht nur einen höheren technischen Aufwand, was den Einfluss des Kapitals erhöht. Vor allem aber wirkt die akustische Dimension verführerisch und manipulativ, verknüpft Benjamin den Tonfilm vornehmlich mit der nationalsozialistischen Ästhetisierung der Politik, die die Massen mobilisiert und auf den Krieg vorbereitet. Daher realisiert der Tonfilm für Benjamin ein l'art pour l'art, das sich in Filippo Tommaso Marinettis futuristischer Gewaltverherrlichung anlässlich des äthiopischen Kolonialkriegs vollendet, das den Krieg mit seinen Kanonaden und Verwesungsgerüchen zu einer Symphonie erklärt, und das bereits der erste Weltkrieg und dann noch extensiver der Faschismus in die blutige Tat umsetzten. Der Ton nimmt den Menschen schneller gefangen als ein noch so perfektes Bild. Benjamin schreibt: „In dem Augenblick aber, da der Maßstab der Echtheit an der Kunstproduktion versagt, hat sich auch die gesamte Funktion der Kunst umgewälzt. An die Stelle ihrer Fundierung aufs Ritual tritt ihre Fundierung auf eine andere Praxis: nämlich ihre Fundierung auf Politik."[1]

Au fond entspricht das Nietzsches Diagnose des Kunstwerkes in seiner frühen Schrift *Die Geburt der Tragödie* aus dem Jahr 1871, in der er ein apollinisches und ein dionysisches Element unterscheidet. Tief verletzt treibt Hera Dionysos, der einem Verhältnis ihres Mannes Zeus mit einer Sterblichen entspringt, in den Wahnsinn. Seither irrt Dionysos umher und hinterlässt den Wein als seine Spur. Dadurch avanciert er zum Gott nicht nur des Traumes und des Rausches, sondern auch der Musik sowie der unbildlichen Künste, dessen was man hört, was man aber nicht sieht, was sich offenbar versteckt, verkleidet, maskiert wie die Lüge und die Unwahrheit. Im

---

[1] Walter Benjamin, Das Kunstwerk im Zeitalter seiner technischen Reproduzierbarkeit (1935/36), 21

Rausch von Wagners Wallkürenritt oder bei Massenkonzerten der frühen Beatles gehen die Zuhörer in der Menge auf, verlieren sie ihre Individualität, fühlen sie sich eins mit ihrer Umgebung, der Gemeinschaft oder der Natur. Für Walter Benjamin verführt der Ton, schließt er direkt an das Unbewusste an, gibt er den Zeitgenossen entweder den Takt vor oder er überredet sie mit einer magischen oder erotischen Stimme.

Wer also die Kunst in den Dienst der Aufklärung oder gar der Revolution stellen möchte, muss dieses dionysische Element des Rausches bannen und kann sich dabei auf das zweite Element des Kunstwerkes bei Nietzsche berufen, das Apollinische. Apollo, Gott der Heilkunde, der Weissagung und der bildnerischen Künste, ist zugleich auch Gott des Lichts, der sehen und begreifen lässt, somit die Wahrheit entbirgt. Er verkörpert damit die Rationalität und das Principium individuationis, hebt den Menschen aus seiner Einheit mit der Gemeinschaft und der Natur heraus, vereinzelt ihn, macht ihn zum Individuum. Licht und Bild befreien den Menschen vom Rausch. Trotzdem darf es nicht verwundern, dass Apollo häufig als Kithara-Spieler dargestellt wird, also auch als Gott der Musik, aber einer bestimmten, gemäßigten, harmonischen, beruhigenden. Während die dionysische Macht der Sirenen den vorbeifahrenden Schiffer so berauschen und verzaubern würde, dass er ihnen verfiele, gelingt es dem listenreichen Odysseus an den Mast gefesselt, den Gesang zu genießen, so dass sein Ruf nach Entfesselung folgenlos verhallt wie der Applaus des in bürgerlicher Abendgarderobe erschienen Konzertpublikums nach Mozarts *Zauberflöte*, um Worte von Horkheimer und Adorno aus der *Dialektik der Aufklärung* zu illustrieren. Muss man also mit dem Bild den Ton bannen? Mit der eigentlichen Realität die unheimliche des Klangs zivilisieren? Mit dem Apollinischen das Dionysische austreiben, um das Individuum zu stabilisieren? Stellt somit der

Kulturprozess einen Weg in das helle Licht, in die Welt der Bilder und damit der Realitäten dar?

Nun, in der Tat gibt es einen Trend zur Visualisierung: PowerPoint, was mit der Tafel begann, an deren Stelle der Overhead-Projektor trat und nun die unsichtbare Welt des Geistes und der Gedanken endlich klar und deutlich sehen lässt – wie Fernrohr und Mikroskop. Das Verstehen läuft derart über das Sehen, über das was man beobachten kann, was man folglich zählen, statistisch erfassen und somit in Graphiken an die Wand zu werfen vermag. Dann aber darf man sich diesem Trend auch nicht entgegenstellen. Dann realisieren sich in ihm die Aufklärung und deren Fortschritt. Dann ist nur Poppers These von Platon zum langjährigen Nazi-Kanzler absurd, während jene anfänglich konstruierte von Platon zum positivistisch medialen Weltbild, also zu Popper, oder von Platon bis zum Powerpoint nicht nur zutreffend, sondern vor allem gemäß solchen humanen Fortschritts, gegen den man sich denn auch sinnvoller Weise nicht auflehnen sollte. Daran wird dann vor allem das deliberative Politikmodell anschließen.

Doch dadurch, dass sich die Bilder durchsetzten, haben Platons Ideen wenn auch vermutlich auf andere Weise, als er sich das vorstellte, die Macht übernommen, beherrschen mediale Bilder das Denken, treiben es an und prägen es. Die Zeit der Weltbilder ist noch nicht vorüber, scheint sich ihr vorläufig letztes Modell aus der Globalisierung im Verbund mit dem WWW zu ergeben. Aber im Gegensatz zu Religionen mit ihren poetischen Bildern und den Ideologien mit ihren vermeintlich wissenschaftlichen Metonymien arbeiten die modernen Massenmedien seit der Fotographie mit bewegten Bildern, die eigentlich alle *special effects* sind. Das Apollinische hat sich längst im WWW und im Fernsehen verselbständigt, birgt jedoch schwerlich noch ein *Principium individuationis*, wobei diese Perspektiven ambivalent erscheinen. Denn verglichen mit dem 19. Jahrhundert und seinen sozialen, ökonomischen, politischen und wissenschaftlichen Tendenzen, den Menschen im Allgemeinen aufgehen zu lassen – eine Kritik, die vor allem religionsphilosophische Positionen in der ersten Hälfte des 19. Jahrhunderts formulieren –, hat die seit dem Film anhebende Entwicklung einer dynamischen Verbildlichung der Ideen den Blick in das Detail und auf den einzelnen Menschen ermöglicht. Das positivistisch empirische Bild zeigt einen bestimmten Gegenstand, selbst wenn man ihn verallgemeinert: ‚So sieht unter dem Mikroskop der Schweinevirus aus.' Die heutige Medizin ist sicherlich weniger Kriegsmedizin als jene noch vor dreißig Jahren, trotzdem behandelt sie die Menschen immer noch weitgehend schematisch. Das ist ja auch ihre Methode, kann sie ja letztlich allen doch nur die immer gleiche Therapie anbieten, was aber auch die Alternativmedizin nicht anders zustande bringt.

Zudem hat sich Benjamin hinsichtlich der verführerischen Macht der Bilder sicherlich getäuscht. Mediale Bilder entwickeln heute eine fesselnde Dynamik, zu der der Ton höchstens eine beiläufige wiewohl verstärkende Rolle zu spielen vermag. Dabei nähern sie sich scheinbar immer stärker der Realität, können das so gut vorgaukeln, dass die Welt der medialen Bilder wahrer und wirklicher als die Alltagswelt erscheint; nein, die Welt der Bilder ist die Realität, gibt es keine andere Realität mehr, erklärt sie nicht bloß die Lebenswelt, sondern ist sie, starren die Zeitgenossen ständig auf ihr Smartphone. Detail- und Großaufnahme, Computeranimation, Zeitbilder mit wechselnden Zeiten, Bewegungsbilder von Bewegungen, die man normalerweise nicht zu sehen vermag, die Zeitlupe, scheinen die platonische Welt der Ideen in der Tat ins Bild zu setzen. Was man mit bloßem Auge sieht – wie es herabwürdigend so schön heißt – ist offenbar nicht die Wahrheit und nicht die Wirklichkeit, sondern diese liefern Mikroskop, Fernrohr, Zeitlupe, Nahaufnahme, Trickfilm, Animation etc. Hier sieht man, wie die Welt wirklich funktioniert, was dem Auge verborgen bleibt. Das Verborgene überträgt sich als das Wahre auf das wissenschaftliche Wissen, das immer schon unter einer gewissen Abstraktion litt, jetzt scheinbare Konkretheit durch immer genauere Beobachtung, Erfassung und bildliche Darstellung erfährt. Weiß man nicht viel mehr, wenn man ein Virus mal gesehen hat, als wenn man es sich immer nur vorstellen muss? Hat man damit nicht die Idee des Virus, eben sein Wesen? Das bildhaft gewordene Wissen treibt das Denken ins Sehen, besteht die wahre Welt trotzdem aus Bildern, wie es Bergson diagnostizierte, Bilder, die ob ihrer Eingänglichkeit die Alltagswelt kolonisieren, während alle aufklärerische Absicht dabei auf der Strecke bleibt. Man hält das Röntgenbild für wahrer als das Körpergefühl, das derart ersetzt wird. Es war nicht der Ton, es ist das Bild, somit die Idee, das dionysisch die Menschen einander angleicht, sie ihrer apollinischen Individualität enthebt. Dagegen versetzt der Ton die Individuen in einen Rausch, in dem sich ihre Individualität imaginär jenseits aller anderen produziert.

Es verwundert nicht, wenn Jean Baudrillard die Medienwelt, die noch vom Fernsehen beherrscht wird, primär als eine Welt der Verführung bezeichnet. Es geht nicht um Wahrheit, die längst nicht mehr beweisbar ist, es ja auch nie war. Es geht um Animation, die Welt so zu verstehen, wie sie von den Medien generiert wird, nicht um die Inhalte, nicht um eine bestimmte Ideologie. Baudrillard schreibt: „In diesem Sinne kann man sagen, dass alle Diskurse zu Verführungsdiskursen geworden sind, in die sich die explizite Forderung nach Verführung einschreibt, einer kraftlosen Verführung jedoch, deren geschwächter Prozess zum Synonym vieler anderer geworden ist: Manipulation, Überredung, Vergütung, Stimmung, Begehrensstrategie, Beziehungsmystik, eine sanfte Transferökonomie, die aufkam, um die andere Ökonomie, die Ökonomie der Konkurrenz der Kräftebeziehungen abzulösen."[1] Baudrillard diagnostiziert in jenen Bemühungen, die zwischenmenschlichen Beziehungen humaner zu gestalten, Verführungsdiskurse, die durch die Medien vermittelt werden und hinter denen sich ganz andere Strukturen verbergen. Mit der Macht der Bilder erweist sich insbesondere das Fernsehen als ein Ort der Faszination und somit der Verführung, gerade auch wenn es um explizit politische Prozesse geht.

Dahinter stecken härtere Animationen, die der weichen Verführung letztlich einen harten Sinn verleihen. Baudrillard schreibt: „Wenn alles auf Verführung hinausläuft, dann gleichwohl nicht auf diese kraftlose, von der Wunschideologie überprüfte Verführung, sondern auf die duellhafte und antagonistische Herausforderungsverführung, das heißt auf einen maximalen, ja sogar geheimen Spieleinsatz und nicht auf die Spielstrategie, auf die mythische Verführung und nicht die psychologische und operationelle, nicht auf die kalte und minimale Verführung."[2] Die Verführung durch die Medien wie durch die Politik lenkt die Zeitgenossen in die von den ‚geheimen Verführern' gewünschten Richtungen. Was human und freundlich erscheint, verschleiert letztlich nur die Gewalt, die die Menschen einbindet, die ‚duellhafte Verführung', die Konfrontation, die Unterdrückung, nähert sich Baudrillard hier beinahe dem Kriegsmodell der Politik an, sicher unter gegensätzlichen Vorzeichen als Carl Schmitt, der die Gewalt nicht ablehnt, während Baudrillard die omnipräsente Gewalt als destruktiv diagnostiziert. Doch zumindest bleibt er im Horizont der Schule des Verdachts, wenn speziell Marx überall den Schleier der Ideo-

---

[1] Jean Baudrillard , Von der Verführung (1979), München 1992, 248
[2] Ebd., 249

logie diagnostiziert, hinter dem sich bestimmte Klasseninteressen verbergen.

In diesem Kontext spricht Baudrillard auch im negativen Sinn von Involution: „Ist dies das Schicksal der Verführung? Oder kann man entgegen diesem Involutions-
schicksal der Verführung auf die Verführung als Schicksal
setzen? (. .) Die Anatomie ist nicht das Schicksal, auch
nicht die Politik: die Verführung ist das Schicksal."[1]
Baudrillard bewertet die Verführung offenbar negativ
und nicht als epistemologisches Faktum, wenn es keine
letzten rationalen Argumente im Diskurs gibt. Involution
verwendet Baudrillard hier ähnlich wie Agnoli: Dessen
Involution baut demokratische Strukturen ab, wenn es
überall in der Politik um Verführung geht. Man muss ihm
auch gar nicht widersprechen. Die Verführung ist Schicksal, in der Erotik wie in der Politik, überall. Indes, damit
involviert sie mehr, als dass sie ausgrenzt. Also muss man
eher lernen, mit ihr umzugehen, mitzuspielen, als zu versuchen, dem Spiel zu entgehen, zu verführen, aber im
involutiven, für Baudrillard sicher ‚kraftlosen' Sinn der
Verführung, nicht im revolutionären, wenn sich die Revolution als Spiel verkleidet, das doch autoritär und blutig
ausartet: Es wird schwerlich eine Revolution geben, die in
fünf Stunden vollendet ist, und zwar unblutig, wie es
Daniel Mirbeth im *philosophischen Rau(s)chsalon* 2016
vertreten hat. Just darin liegt ein wesentlicher Aspekt von
Medienbildung als politischer Bildung. Politische Bildung
muss also sowohl auf Filmtheorie, Bildtheorie und die
Simulationstheorie Baudrillards zurückgreifen, braucht
also Medienbildung, wenn sie dazu beitragen will, dass
die Bürgerin die medial konstituierte Wirklichkeit der
Politik versteht.

Die Verführte ist der Verführung auch keineswegs
bloß hilflos ausgeliefert. Als Verführte ist sie Teil der Ver-

---

[1] Jean Baudrillard , Von der Verführung (1979), 251

führung und kann an ihr drehen. Wie alles, was passiert, was gesagt wird, immer viele Bedeutungen hat, so gilt es, sich nicht mit einer einzigen Bedeutung zu bescheiden oder eben den Unterschied zwischen Bedeutung und Bedeutungslosigkeit zu verwischen. Wer politischer Verführung widerstehen will, bzw. an ihr aktiv teilnehmen, der muss deren mediale Verwicklungen durchschauen. Das ist mehr als ein aufklärerischer Anspruch von politischer Bildung als Medienbildung. Dabei entsteht vielmehr ein involutiver Anspruch, nämlich an Verführungskünsten der Politik wie der Medien mitzudrehen, was sich nicht unbedingt auf die Institutionen stützen darf, die an solcher ‚zweiter Aufklärung‘ nicht besonders interessiert sind – und sei es nur deswegen, weil die Barbaren – Rassisten und religiöse Fundamentalisten – vor den Toren lauern. In gewisser Hinsicht – nicht in kriegerischer – behält Leo Strauss natürlich Recht: Bildung wird wie der Krieg durch ihre Feinde bestimmt. Aber während der Diskurs der medialen Bilder trotz deren Vielfalt im massenmedialen Sinn Bildung zu einem Verführungsdiskurs des Ordnungs- und des Kriegsmodells macht, Medienbildung im Sinne des Konfliktmodell genau diesen Prozess erhellen sollte, um individuelle Spielräume wieder zu öffnen, so präsentiert sich der Verführungsdiskurs gegen die Intention Baudrillards als Medienbildung im Sinn von politischer Bildung, sei es für das deliberative oder das Konfliktmodell, weil beide verführerischen Charakter haben, was die Vertreter des deliberativen Modells vehement dementieren werden. Aber was ist die Vernunft anderes als eine Verführerin, die erotisch geschminkt reizt und ungeschminkt – protestantisch, asketisch – die Suche nach anderen *obskuren Objekten der Begierde* befeuert. Was Luis Buñuel im ähnlich betitelten Film aus dem Jahr 1977 und 1972 in *Der diskrete Charme der Bourgeoisie* als bourgeoise Unfähigkeit zur Lusterfüllung diagnostiziert, ist ein Scheitern von Verführungsdiskursen. Wenn Anteillose aber ihrer Anteillosigkeit begegnen wollen, dann bleibt nichts anderes als Verführung mit medialen Bildern, müssen sie erfolgreicher, vor allem lustorientierter verführen und sich verführen lassen. Der involutive Diskurs muss dionysischen Spaß machen, um seinen hintergründigen Zweck im Vollzug zu erfüllen. Denn solcherart Verführung hat keinen anderen Zweck als diese selbst, so dass sich das Ergebnis vergleichgültigt.

9.3. Von der Realität über Virtualität zur Konstruktion

Durch die mediale Konstruktion von Wirklichkeit präsentieren sich auch die Bildungsdiskurse als solche der Verführung. Wer involutiv verführen will, muss dabei nicht nur mitspielen, sondern diese Zusammenhänge begreifen. Jenseits davon, sich notorisch an den Feinden zu orientieren, eröffnen sich in den diversen Bildungsdiskursen durchaus Bereiche, die Einblick in die Verführungsstruktur von Medien und Politik bieten. So bemerkt Niels Werber: „Moderne Kunst zumindest führt offensiv genau das vor, was die Massenmedien meisterhaft zu verbergen verstehen: das Primat der Form über den Inhalt, der Mitteilungsart über den Informationswert."[1] Just das steht gemäß dem Konfliktmodell der Politik im Zentrum jeder Medienbildung als politischer Bildung und dazu bedarf es auch eines ästhetischen Zuspruchs, einer Rückkoppelung durch Bezüge zur Kunst und zur Literatur. Hier kann man immer noch von Adorno lernen, der dergleichen zum Zentrum seines Denkens gemacht hat.

---

[1] Niels Werber, Zweierlei Aufmerksamkeit in Medien, Kunst und Politik; in: Kunstforum Bd. 148, Dez. 1999, 147

Für Adorno drückt sich im Kunstwerk das gesellschaftlich bedingte Leiden aus, entwirft das Kunstwerk damit einen ethischen Anspruch, der zur politischen Bildung zweifellos beizutragen vermag, der Zusammenhänge herstellt und markiert, die normalerweise verdrängt sind. Man muss es nur nicht so tragisch wie Adorno nehmen. Es wird gesellschaftlich nämlich nicht nur gelitten.

Ähnlich wie Adorno, indes weniger pathetisch, formuliert dergleichen auch Werber: „Das Kunstwerk selbst übernimmt die Verantwortung über Form und Inhalt. Die Massenmedien dagegen dunkeln die Artifizialität ihrer Kommunikation ab und verlagern die Haftung für ihre Inhalte auf die Welt (...).“[1] Die Massenmedien, aber auch auch noch das Internet repräsentieren immer nur das fertige Produkt. In der Produktion geht es regelmäßig nur um die Produktionsverfahren, die selber wieder vom Endprodukt her und eventuell der Aufnahmebereitschaft des Publikums verstanden werden. Das Publikum wird nur als Konsument betrachtet und aktiv nur insoweit miteinbezogen, um die Rezipientenbindung zu festigen. Was zwischen dem Sender und dem Rezipienten auf der Ebene der Form stattfindet, bleibt unbeachtet und wird nur von wenigen Spezialisten, Medientheoretikern vor allem, bedacht.

Umgekehrt erwarten nicht wenige Zeitgenossen von Computern Leistungen, die diese natürlich überhaupt nicht zu erbringen vermögen. So weist Joseph Weizenbaum darauf hin: „Wir sprechen vom Computer als Informationsverarbeitungsmaschine. Aber das ist er nicht. Der Computer verarbeitet Signale, die für ihn absolut bedeutungslos sind.“[2] Das System weiß nicht, was es tut. Es hat kein hermeneutisches Verständnis so wenig wie

---

[1] Niels Werber, Zweierlei Aufmerksamkeit in Medien, Kunst und Politik (1999), 147

[2] Joseph Weizenbaum, Computermacht und Gesellschaft, 2001, 12

ein informationstheoretisches, selbst wenn es dieses zu simulieren scheint. Im Computer finden nur elektronische Vorgänge statt, keine Informationen, wird nichts verstanden. Daher betrachtet Weizenbaum den Computer auch keineswegs abschätzig, wenn er bemerkt: „Warum kann der Computer so wenig verstehen? Weil der Computer keine semantische Beziehung zu den Dingen in der Welt hat."[1] Der Mensch ist nötig, um das, was der Computer liefert, zu interpretieren, um Informationen in Fakten zu transformieren oder um Zusammenhänge abzuleiten, also um binäre Codes in ein Spiel der Signifikanten zu verwandeln und um darüber hinaus um den Spielcharakter der Signifikantenbeziehung zu wissen. Die Metonymien gehen den Computer nichts an. Er weiß nicht, was er tut, wenn er dergleichen produziert und Rezipienten glauben, er wüsste darm. Der Computer denkt nicht, gibt es für ihn nichts Bedenkliches, das doch allein – so Heidegger – zu denken gibt. Nicht mal das eigene Ende wäre für ihn in irgendeiner Weise bedenklich. Aber das gilt ja auch für den einen oder anderen Menschen.

Das wäre indes noch zu oberflächlich. Der Computer produziert nicht alleine Buchstaben, die gelesen werden müssen. Er generiert wie bereits die Massenmedien immer mehr Bilder bis dorthin, wo Fernsehen, Film, Radio, Printmedien und informatisierte Netzwerke miteinander verschmelzen. Gerade die moderne Bildanimation dominiert die mediale Welt, die zunehmend eine Bilderwelt wird, die für viele längst mindestens zum Wohnort ihres Geistes avanciert. Sie gewinnt dabei durchaus religiösen Charakter, wenn es in der Religion primär um das Seelenheil und nicht um das des Körpers geht. Wenn die Welt zum Bild geworden ist, dann tritt die Körperwahrnehmung in den Hintergrund, deren Überwachung man zunehmend medizinischen Maschinen überlässt – die

---

[1] Joseph Weizenbaum, Computermacht und Gesellschaft, 2001, 50

Uhr am Arm, die Körperdaten an den medizinischen Service sendet, der den Absender dann rechtzeitig in die Klinik bringt, er also auf seinen Körper gar nicht mehr achten muss –, weil man entweder der eigenen Körperwahrnehmung nicht traut oder weil man sich damit so wenig wie möglich befassen möchte. Im Zentrum der Bildwahrnehmung steht nicht mehr wie für Bergson der Leib, sondern der Bildschirm, das Smartphone, die vom Leib externalisierten Bilder der Imagination, so dass das Reale entschwindet, wie es Jacques Lacan diagnostiziert. Und für Mason ergibt das: „Die gesammelten Daten unseres Lebens – zu denen in naher Zukunft unsere Fahrgeschwindigkeit, unsere Ernährungsgewohnheiten, unser Body-Mass-Index und unsere Herzfrequenz zählen werden – könnten selbst eine sehr wirksame ‚soziale Technologie‘ sein.“[1] Das Imaginäre eben, nicht das Reale.

Die mediale Welt ist eine der Bildzeichen auf dem Bildschirm. So schreibt Lambert Wiesing: „Unabhängig davon, ob das Bildobjekt als Schein, als Nichts, als Phantom, virtueller Gegenstand, imaginärer Gegenstand, als reine Sichtbarkeit oder falsche Einheit beschrieben wird, in jedem Fall wird – und das zeichnet das Denken in diesem Paradigma aus – der Sonderstatus der Bildwahrnehmung dadurch beschrieben, dass dem Objekt der Bildwahrnehmung keine reale, sondern eine artifizielle, physikfreie Präsenz zugesprochen wird.“[2] Just das wird regelmäßig nicht thematisiert, nicht das Medium selbst, das sich eben nicht einfach als Mittel anbietet, sondern das seinen Nutzer zwingt, sich ihm anzupassen bis in die Körperhaltung hinein, der sich ständig bewegende Daumen auf dem Touchscreen, der den Geist daran anschließt, ihn zum Daumen macht. Selbstredend hat das

---

[1] Paul Mason, Postkapitalismus (2015), 343
[2] Lambert Wiesing, Das Mich der Wahrnehmung – eine Autopsie, Frankfurt/M. 2009, 205

die Medientheorie natürlich verstanden. Für Theo Hug „zeichnet sich ein paradigmatischer Wandel in der Medientheorie ab. Dass unsere Lebenswelten Medienwelten geworden sind, wird kaum noch ernsthaft in Zweifel gezogen – zu selbstverständlich ist der Gebrauch von Kommunikationsmitteln (Bsp. Schrift), Geräten (Bsp. Radio) und Techniken (Bsp. Bildbearbeitung) geworden, zu allgegenwärtig sind die verschiedenen Medienangebote und zu gewichtig die Einflüsse der Medieninstitutionen. (. . .) Die konsequente Trennung von medialisierten und nicht-medialisierten Denk- und Handlungsspielräumen ist problematisch geworden. Medialität ist keine optionelle Dimension, die zur Bestimmung von Erziehung, Bildung, Sozialisation, Kommunikation, Gesellschaft und Kultur quasi hinzukommen kann oder auch nicht, sie bezeichnet vielmehr die unausweichliche Verfasstheit dieser Bereiche."[1]

Dadurch, dass man sich in einer medialen Bilderwelt aufhält, wenn man Medien nutzt, gerade auch wenn man sich dabei mit Politik beschäftigen möchte, das verändert nachhaltig das Verständnis von Realität, die wesentlich in der Virtualität aufgeht, ohne dass man sich dessen bewusst wäre. Wie man davon ausgeht, dass der Rechner rechnet, dass die Medien informieren, doch beide unterhalten vielmehr, und zwar im doppelten Sinn des Wortes. Die mediale Fiktion erscheint als das Reale, von dem Lacan feststellt, dass es das Reale nicht gibt. So schreibt Baudrillard: „Doch ist das Spezifische des Virtuellen, dass es ein Ereignis im Realen und gegen das Reale darstellt und alle Kategorien des Realen, des Sozialen, des Politischen, der Geschichte in Frage stellt – derart, dass all diese nur mehr virtuell auftauchen. Demnach lässt sich sagen, dass es keine Politik mit Ausnahme einer virtuellen mehr gibt (und keine Politik des Virtuellen), keine

---

[1] Theo Hug, Phantome gibt's wirklich – oder? 2002,36

Geschichte mit Ausnahme einer virtuellen (und keine Geschichte des Virtuellen), keine Technik mit Ausnahme einer virtuellen (und keine Technik des Virtuellen)."[1]

Was Politik ist, bestimmt sich vom Publikum her, darauf hat schon Hannah Arendt hingewiesen. Wenn Politik primär Kommunikation in der Öffentlichkeit ist, dann handelt es sich um eine mediale Kommunikation. Die Geschichte schreiben immer schon die Historiker, heute auch die Fernsehhistoriker und die Historienfilmemacher, vor langer Zeit mal Homer. Weil sich die Medien unter den Zeitgenossen seit Homers Zeiten jedoch ungeheuer verbreiteten, weil es immer mehr Schriftkundige und überhaupt Mediennutzer gibt, lässt sich die große Erzählung immer schwieriger verbreiten. Deswegen verwirklicht sich in der modernen Welt denn auch nicht etwa ein harter Materialismus oder ein Empirismus. In der medialen Welt entfalten sich unendlich viele kleine Erzählungen, die alle natürlich medialen Charakter haben. Und auch die Zeichen, gerade die Ikonographien produzieren unendlich viele Bedeutungen. Natürlich gibt es noch gläubige Materialisten. Aber sie sehen sich mit einer Vielzahl von Erzählungen konfrontiert, unter die sie sich irgendwie einreihen müssen. Daraus ergibt sich eine Pluralität, keine Allgemeinheit und schon gar keine Gleichheit. Involution heißt dann Teilhabe an einzelnen Prozessen, an denen bestimmte Bürgerinnen gerade keinen Anteil haben. Aber an welcher Gleichheit sollten sie partizipieren?

Rancière geht denn auch keinen involutiven, sondern eher einen revolutionären Weg. Zwar fallen für ihn Wissenschaft und Medialität immer stärker zusammen, doch lässt sich daraus kein aufklärerischer Anspruch ableiten. „Die Verbindung des Wissenschaftlichen und des Medialen", so Rancière, „ist also nicht der Beginn der Herr-

---

[1] Jean Baudrillard, Die Intelligenz des Bösen (2004), Wien 2006, 73

schaft der gleichheitlichen Kontingenz. Sie ist sogar genau das Gegenteil davon. Sie ist das Gefangensein der Gleichheit zwischen Beliebigen in einer Reihe von Gleichwertigkeiten und Kreisläufen, die die radikalste Form des Vergessens darstellt."[1] Das Thema Gleichheit spielt in der medialen Welt bezeichnenderweise auch kaum noch eine Rolle. Man könnte von Vergessen sprechen. Die Ungleichheit in jedweder Form steht im Vordergrund. Mit dem Pluralismus geht es daher nicht mehr um Gleichheit, sondern um Involution.

Rancière kritisiert Baudrillard, wenn er weiterschreibt: „Die ,Meinungsforschung' ist tatsächlich nicht nur die Wissenschaft, die die Meinung zum Gegenstand nimmt. Sie ist die Wissenschaft, die sich unmittelbar als Meinung verwirklicht, die Wissenschaft, die nur in diesem Vorgang der Spiegelung Sinn hat, wo eine Meinung sich im Spiegel sieht, den ihr die Wissenschaft als ihre Identität vorhält. (. . .) Die Herrschaft der ,Simulation' ist also nicht der Ruin der platonischen Metaphysik und Archi-Politik. Sie ist die paradoxe Verwirklichung ihres Programms: einer von der Wissenschaft beherrschten Gemeinschaft, die jeden an seinen Platz stellt mit der Meinung, die zu diesem Platz passt." Die mediale Welt von Baudrillards Simulation realisiert Platons Modell der hierarchischen Ordnung nicht zuletzt durch die Meinungsforschung, in der der einzelne ja gerade nicht vorkommt, in die er nicht involviert ist, die ihm trotzdem bestimmte Plätze zuweist. Insofern hat Baudrillards Simulations- bzw. Verführungskonzeption ja durchaus analytische Kraft, die allerdings nicht die Revolution, also die revolutionäre Logik der Gleichheit befeuert, sondern eher Perspektiven der Involution im Sinn der Teilhabe aufzeigt.

---

[1] Jacques Rancière, Das Unvernehmen (1995), 115

Dann geht es in der postmodernen pluralistischen Gesellschaft um die Involution derjenigen, die keinen Anteil an dem haben, wonach sie gelüstet oder was sie dringend brauchen, wenn sie gerade nicht repräsentiert werden. Man eingemeindet sie höchstens durch Umfragen, aber natürlich genau im Sinn der Befragung, nicht in ihrem eigenen. Die Meinung wird von der Wissenschaft identifiziert und kategorisiert. Meinungsforschung befördert nicht die Involution, sowenig wie die Revolution. Andererseits tritt die Involution an die Stelle der Revolution, weil der Pluralismus die Idee der Gleichheit unterwandert und Andere Anspruch darauf erheben, gezählt zu werden, selbst wenn sie nicht dazu gezählt werden können, selbst wenn sie nicht als Gleiche, sondern gerade als Andere involviert sein wollen.

Virtualität oder Simulation, von denen Baudrillard spricht, eröffnen keine partizipatorischen Spielräume, so Rancière, sondern sie weisen den verschiedenen Gruppen verschiedene Plätze an, so dass sich eine Form des platonischen Ordnungsmodells realisiert. Ja, nicht nur das, in der virtuellen medialen Welt realisiert sich Platons Himmel der Ideen. Die Konsequenzen daraus zieht Ulrich Beck, der anders als Rancière nicht nur dann von Politik spricht, wenn die Anteillosen Ansprüche auf ihren Anteil erheben und somit auf das Ganze, sondern dass unter Individualisierungsbedingungen diverse Formen der Politik entstehen, die mit den gängigen Begriffen des Industriezeitalters und der Moderne nicht mehr erfasst werden können, die Beck Subpolitik nennt. Just das, was er beschreibt, hat natürlich massive Konsequenzen für das Verhältnis von Bildung und Politik: „Im Zuge reflexiver Modernisierung zerfallen die Selbstverständlichkeiten auch der Industrieepoche, und das Handeln der Individuen rückt damit ins Zentrum. Was aber heißt: Es entstehen kontradiktorische Selbstverständlichkeiten, die Wahlen, Entscheidungen, Zurechnungen, Konflikte erzwingen, damit auch permanente Koordinations- und Koalitionsleistungen, und zwar in der Privatsphäre wie im Beruf, in der Politik, im Handeln innerhalb und außerhalb von Organisationen."[1] Unter den postmodernen Bedingungen der Unübersichtlichkeit und der Virtualität werden nicht nur neue Formen der Aus- und Weiterbildung nötig, geht es vielmehr darum, dass die Wirklichkeit, weil sie sich widersprüchlich präsentiert, hinterfragt wird, und zwar just damit die Bürgerinnen nicht nur Objekte der medialen Politik werden, sondern damit sie Ansprüche auf Involution überhaupt erkennen, formulieren und einzulösen vermögen, d.h. sich selbst gemäß der eigenen Vorstellungen involvieren. Der Konflikt zwischen Arm und Reich bleibt sicherlich bestehen. Aber er präsentiert sich nicht mehr als große primäre Konfrontation zweier Blöcke, sondern als ein Konflikt in einer Vielzahl von Konflikten. Und wie man die einzelnen Konflikte miteinander ins Verhältnis setzt, dafür kann man keine notwendig zwingenden Hierarchien bestimmen, sondern nur optionale bzw. fakultative. Dem wird das Konfliktmodell der Politik sicher besser gerecht als die anderen Politikmodelle, vor allem besser als das Kriegsmodell.

---

[1] Ulrich Beck, Die Erfindung des Politischen, Frankfurt/M. 1993, 91

10. Vorlesung
BILDUNG DURCH ‚DENKSYSTEME‘

Medienbildung erweist sich als Grundlage von politischer Bildung, um die mediale Strukturierung der Politik wie das zu eruieren, was man Wirklichkeit nennen kann, und um dadurch die gängigen politischen Interpretationen der Wirklichkeit zu befragen. Mit der Analyse von medialen Strukturen ist es indes noch nicht getan. Um sich in einer medialen Welt politisch zu situieren, um jenseits von Politikverständnissen als Polizei, als Konsens oder als Krieg gegebenenfalls *Holzwege* zu recherchieren, die nach Heidegger irgendwo im Wald enden, also zu Involutionsansprüchen führen, weil sie nicht unbedingt realisiert werden, gehört zur medialen politischen Bildung, sich Einblicke in die epistemologischen Strukturen zu verschaffen, mit denen medial und politisch kommuniziert wird – die andere Seite der medientheoretischen Analyse. Das Grundmuster dazu liefert Nietzsches Genealogie, mit der man den vermeintlich evidenten Sinn- und Bedeutungshorizont solcher Kommunikation hintergeht.

Das lässt sich auf vielfältige Weise durchführen, möchte ich mich exemplarisch auf drei Ansätze beschränken. Zunächst geht es um das hermeneutische Verstehen, das sich weder mit dem Gesagten noch mit dem Gemeinten zufrieden gibt, das aber daran anschließt, damit durchaus an den metaphysischen Sinnhorizont, um diesen im Stil der Schule des Verdachts bzw. genealogisch auf das hin abzuklopfen, was jenseits der Evidenz noch semiotisch transportiert wird und somit das Verstehen von Wirklichkeit verschiebt. Wenn es in der vorhergehenden Vorlesung um die mediale Konstruktion von Bildung und Politik ging, so zeigt der erste Abschnitt der folgenden Vorlesung, wie mediale politische Bildung ohne metaphysischen Komfort auskommt, weil das mediale Bild der Welt immer nur in viele Weltbilder führt, die keine metaphysischen Fundamente haben.

Der zweite Abschnitt beschäftigt sich mit der dekonstruktiv analysierten Differenz, also mit sich gleichfalls verschiebenden Unterschieden, die nicht nur aber primär das Geschriebene als solches hinterfragen, damit nicht nur Sinnstrukturen, sondern Signifikantenverschiebungen entbergen, die die Politik in ein Geflecht von erhellenden Bezügen versetzen. Das zentrale Problem der Politik ist das Verhältnis von Gewalt und Gerechtigkeit, mit dem sich gerade involutive politische Bildung beschäftigt, die dazu auf die Dekonstruktion zurückgreift.

Der dritte Abschnitt beschäftigt sich mit der Umsetzung solcher Sprachstrukturen in die politische Philosophie, die dadurch einen linguistischen Charakter erhält bzw. sich als eine Diskurstheorie des Politischen entfaltet. Es geht für eine mediale politische Bildung darum, Politik als medial bzw. sprachlich konstituiert zu erfassen und zu analysieren, wie sich Politik diskurstheoretisch darstellt. Eine mediale politische Bildungskonzeption stellt nicht die Frage der Revolution, sondern die der Involution.

Beschäftigt sich der erste Abschnitt dieser Vorlesung mit der Sprache im Allgemeinen, der zweite primär mit der Schrift, so verbindet der dritte Abschnitt nicht nur beide, sondern bezieht auch andere Strukturen mit ein, beispielsweise die Ökonomie, wie es der Diskursbegriff von Foucault vorschlägt. Es geht dabei um ,Methoden' der politischen Bildung.

10.1. Hermeneutik der Sinnstrukturen: Anschluss an die Metaphysik

Welche ‚Methoden' braucht die mediale politische Bildung, damit sich die Bürgerin nicht bloß als Gespielte, sondern als Spielerin versteht, die an der medialen Konstruktion von Wirklichkeit aktiv teilnimmt? Ein traditionelles Verfahren bietet die Philosophie dazu an, nämlich die Hermeneutik. Wirklichkeit generiert sich über das Verstehen, das sich im Abendland zunehmend auf das Sehen stützt. Die Phänomenologie steht dabei Pate. In der Antike hebt dieser Prozess langsam an, als nach Heidegger das Hören noch eine bedeutendere Funktion hatte. Für Aristoteles drückt sich in der Stimme die Seele aus. Gott spricht zu den Menschen. Sie hören ihn, ohne dass sie ihn zu sehen bekommen, jedenfalls im Alten Testament zunehmend weniger, bis er sich regelmäßig höchstens noch vertreten lässt: Der Engel, der zu Maria spricht und sie schwängert – bereits die griechischen Götter schwängern sterbliche Damen mit Vorliebe bzw. erklären Geschwängerte, dass nur ein Gott sie verführen konnte, glaubte doch Heidegger ca. 10 Jahre vor seinem Tod: „Nur ein Gott kann uns retten". Nein: Nur ein Gott kann uns schwängern.
Andererseits bemerkt Heidegger: „Der griechische Mensch *ist* als der Vernehmer des Seienden, weshalb im Griechentum die Welt nicht zum Bild werden kann. Wohl dagegen ist dies, dass sich für Platon die Seiendheit des Seienden als eidos (Aussehen, Anblick) bestimmt, die weit voraus geschickte, lang im Verborgenen mittelbar waltende Voraussetzung dafür, dass die Welt zum Bild

werden muss."[1] Platon hat mit seinem Sonnengleichnis, wenn er das Gute mit dem Licht der Sonne vergleicht, ohne dass man die Dinge in der Welt nicht richtig erkennen kann, diesen Vorrang als erster ausgedrückt. Doch der Weg zur Welt als Bild, zum Weltbild wird sich hinziehen, bis ein erstes Foto den Planeten als Ganzes zeigt, ein Foto wiederum, das man zu verstehen lernen muss, das sich keinesfalls von selbst versteht.

Für den mittelalterlichen Menschen ist das Seiende als göttliche Schöpfung gegeben und liegt vor, geheimnisvoll hintergründig gelenkt durch eine unsichtbare Hand. Es gibt noch keine Differenz zwischen Hören, Sehen, Gehörtem und Gesehenem, ist die Welt noch kein Bild, ist sie vielmehr echt und berechtigt unergründlich, merkwürdig vollständig erfasst nur im dunklen Gedanken Gottes, wie immer das funktionieren soll, worauf man sich trotzdem verlassen kann. Auf dieser göttlichen Schöpfung bewegt sich der Mensch als Pilger und erwartet das Ende der Welt als apokalyptisches jüngstes Gericht. Karl der Große entscheidet sich für den römischen Kaisertitel, geht die Welt nämlich so lange nicht unter, wie Rom besteht. Allerdings ist dieser Zusammenhang nicht überliefert. Nach Johannes Fried „war die Erneuerung des römischen Kaisertums ein heilsgeschichtlich notwendiger Akt. Das dürfte auch für Karl den Großen gelten"[2] – so jedenfalls in der Perspektive der Reichstheologie, die bis ins 19. Jahrhundert reicht.

Die neuzeitlichen Naturwissenschaften dagegen berechnen das Seiende mathematisch, präsentiert sich die Welt in Form von vielen Körpern, die räumlich ausgedehnt gesehen werden können. Das Ganze wird mathe-

---

[1] Martin Heidegger, Zeit des Weltbildes (1938), Holzwege, 4. Aufl. Frankfurt/M. 1963, 84

[2] Johannes Fried, Dies Irae – Eine Geschichte des Weltuntergangs, München 2016, 103

matisch halluziniert bis hin zu heutigen physikalischen Weltformeln. Spätestens im 19. Jahrhundert beginnt der Streit um den richtigen Blick in die Welt, der Streit um das Weltbild, wird die Welt erfasst, freilich nur als Bild, aber als das vermeintlich richtige Bild von der Welt, wie es die Fotografie angeblich vorführt. Doch es gibt offenbar verschiedene Bilder von der Welt, bzw. müssen und können diese Bilder obendrein verschieden verstanden werden. Damit verschwindet das richtige Bild im Konflikt der Interpretationen.

Helmut Danner zieht aus der Hermeneutik vor allem Wilhelm Diltheys auch konkrete Schlüsse für die Pädagogik, wenn er schreibt: „Es ist ein Verdienst der Lebensphilosophie und damit auch Diltheys, die Realität gegenüber der reinen Spekulation wieder in die Philosophie eingebracht zu haben. Eine Folge davon ist, dass in der geisteswissenschaftlichen Pädagogik die Erziehungs*wirklichkeit* interessiert."[1] Allgemeine Prinzipien werden der konkreten Erziehungssituation nicht gerecht, muss sich die Pädagogik seit den hermeneutischen Einsichten in einem viel stärkeren Maße als zuvor um die konkrete Erziehungssituation bemühen. Es werden schließlich einzelne Menschen erzogen und kein allgemeiner Mensch. Danner bemerkt: „Allgemeingültigkeit stellt ein Wissenschaftsideal dar; in letzter Konsequenz wäre zu fragen, ob diesem Ideal der Mensch aufgeopfert werden soll."[2] Doch die epistemologischen Schwächungen, die eine hermeneutisch gewendete Ontologie nach sich zieht, bedenkt Danner für die Pädagogik nicht weiter.

Nietzsche entwickelt daraus die weiterreichende Konsequenz, über die Gianni Vattimo sagen wird: „Die 'wahre Welt', die zur Fabel wird (wie es in der Überschrift zu

---

[1] Helmut Danner, Methoden geisteswissenschaftlicher Pädagogik (1979), 24
[2] Ebd., 57

einem berühmten Kapitel aus >Nietzsches< *Götzen-Dämmerung* heißt), überlässt ihren Platz keineswegs einer tieferen glaubwürdigeren Wahrheit; sie überlässt ihn dem Spiel der Interpretationen, das sich philosophisch auch seinerseits nur als eine Interpretation präsentiert."[1] Trotz aller wissenschaftlichen Bemühungen, die Welt richtig zu erkennen, vervielfältigen sich heute im Zuge der Informatisierung des Wissens die Möglichkeiten der Weltauslegung, gerade auch dann, wenn es um die Interpretation einzelner Ereignisse geht. Seit dem Web 2.0 kann sich fast jeder in den sozialen Netzwerken an der quasi öffentlichen Interpretation von einzelnen Ereignissen beteiligen.

Verschiedene Elemente verschärfen den Streit bzw. erschweren eine allgemeine Interpretation. Erstens insistieren die diversen Religionen darauf, dass sie die richtige Interpretation der Welt liefern. Deren Grundlage ist aber nicht die Rekapitulierung von Zusammenhängen oder die Analyse der Fakten, wie es beispielsweise der Marxismus versucht. Religionen berufen sich stattdessen auf den Glauben, den Autoritäten bezeugen und damit vorgeben. Seit den Individualisierungsprozessen und dem Anspruch auf individuelle Mündigkeit kann sich der einzelne Gläubige zudem schlicht auf seinen privaten Glauben berufen, einen Akt, der vor Argumenten, vor Interpretationen, vor Analysen schlicht feit, so dass man mit solchen Leuten kaum ein zielführendes Gespräch entwickeln kann. Diese Haltung des Insistierens auf Glaubensstrukturen verlängert sich in den säkularen Ideologien, indem sich deren Vertreter auf bestimmte jeweilige ideologische Prämissen berufen, die sich genauso wenig hinterfragen lassen und ein Gespräch verhindern. Das tumbe Insistieren auf der Richtigkeit der eignen Meinung – das sich scheinbar auch

---

[1] Gianni Vattimo, Jenseits der Interpretation (1994), Frankfurt, New York 1997, 22

noch auf die Meinungsfreiheit berufen darf – avanciert zum Volkssport und bedroht immer wieder die politische Kultur bzw. den friedlichen und toleranten Umgang miteinander. Daher ist dieser hermeneutische Aspekt der Weltbilder für eine involutive politische Bildung gerade im Zeitalter des Internet eminent wichtig, um die sich die mediale politische Bildung kümmert, woran staatliche Bildungsprogramme anschließen sollten, selbst wenn es schwer fällt.

Zweitens haben die diversen Schulen des Verdachts – Paul Ricœur erwähnt Marx, Nietzsche und Freud – jede Form eines interesselosen Wissens in Frage gestellt. Seither ist es zum Habitus geworden auch jedes wissenschaftliche Wissen zu verdächtigen, es impliziere entweder bestimmte Interessen oder ethische Normen, die sich seinem Produzenten verdanken. Damit kann man jegliche Aussagen bezweifeln, wie gut begründet sie auch immer sein mögen. Man muss nichts mehr als wahr anerkennen, kann man sich somit seine eigenen individuellen Wahrheiten schaffen, mit denen sich heute im Netz unzählige Gleichgesinnte in aller Welt gegenseitig bestätigen.

Drittens liefern nicht mal die Naturwissenschaften absolute Erkenntnisse, sondern nur relative, die obendrein nicht nur interpretationsbedürftig sind, sondern die allein schon ob ihrer ständig wachsenden Vielzahl und der durch die Informatisierung möglichen Vernetzung eine Komplexität erzeugen, die sich ständig steigert und daher auch keinen Überblick über das Wissen und seine diversen Zusammenhänge, Rückkopplungen und Auslegungsmöglichkeiten mehr ermöglichen. Diese epistemische Komplexität bietet praktisch jedem, der sich ein wenig auskennt, die Möglichkeit sich mit obskuren Interpretationen an die mediale Öffentlichkeit zu wenden, die sich auch kaum oder wenn nur sehr aufwendig widerlegen lassen – man denke nur an das Projekt der Herausgabe von ‚Mein Kampf', bei der unzählige Fußnoten und Erläuterungen nötig sind, um den Unsinn von Unsinn vorzuführen, was wiederum die Nazis in keiner Weise beeindrucken wird. Nichtsdestotrotz ist es ein verdienstvolles Unternehmen, das die Komplexität und Unübersichtlichkeit der modernen Welt demonstriert und dabei deutlich macht, welche Bildungsanstrengungen vonnöten sind, um Nationalismus, Totalitarismus und religiösem Fundamentalismus Paroli zu bieten.

Mit jedem neuen Wissen vergrößert sich nicht einfach das vorhandene Wissen, sondern es entstehen beliebig viele neue Vernetzungen mit dem vorhandenen Wissen. Gleichzeitig bilden sich dabei immer undurchsichtige Rückseiten oder anderes Wissen gerät aus dem Blick. Man kann das an einem einfachen Beispiel erläutern. Die Bemühungen von Wissenschaften und Technologien, die Lebensrisiken zu vermindern, offenbaren immer neue Lebensrisiken. Selbst wenn diese vergleichsweise unwahrscheinlicher als jene sind, die bekämpft wurden – man denke an die Pest verglichen mit einer Grippeepidemie – so verstärkt das keineswegs das Sicherheitsgefühl, das nun mal immer subjektiv ist und vom individuellen Angstpotential gesteuert und regelmäßig übertrieben wird. Die Menschen vor zweihundert Jahren in Europa waren Unbilden des Wetters viel stärker ausgeliefert, wussten aber nicht so viel von den Gefahren und fühlten sich wahrscheinlich weniger bedroht als die meisten heutigen Zeitgenossen. Die Angst vor Wetterunbilden und ihren Folgen dürfte angesichts der medialen Präsenz derselben daher heute eher größer sein, hört man ständig Warnungen, die es früher nicht gab, und erlebt trotzdem umso mehr Überraschungen, weil Ereignisse global kommuniziert werden. Politik und Journalismus betreiben zudem eine Angstpolitik, die das Angstpotential ständig erregt. Wenn sich viele nicht mehr sicher fühlen, gerät diese Politik jedoch in ihre Dialektik.

Die Informatisierung des Wissens verbessert also keineswegs individuelle Gewissheiten, was in gleichem Maße für die politische Bildung gilt. Diese braucht daher Analysen der Medialität und damit Interpretativität jeglicher Information bzw. Einsichten in die hermeneutische Fragilität jeglicher Weltbilder. Mediale politische Bildung befreit davon, Sklave eines einzigen Weltbildes oder der eigenen Ängste zu werden. Aber selbst wenn das indirekt die demokratische Kultur der westlichen Welt stärkt – wenn das normative Ziel medialer politischer Bildung orientiert am Konfliktmodell Involution heißt –, wird das die Feinde solcher Freiheit nicht widerlegen, sondern höchstens durch besagte Fußnoten bekämpfen. Insofern gilt für eine mediale politische Bildung, die sich an der hermeneutischen Ontologie Heideggers orientiert, Vattimos Bemerkung: „Die Hermeneutik ist selbst ‚nur Interpretation'. Sie stützt ihre Geltungsansprüche nicht auf einen angeblichen Zugang zu den Dingen selbst."[1]

Das führt keineswegs in die blinde Willkür oder Beliebigkeit. Relative Argumentationsketten lassen sich bilden, die ihre Überzeugungskraft indes nur dann entfalten, wenn sie Zeitgenossen präsentiert werden, die sie auch verstehen, die ein gehöriges Maß an philosophischer Bildung haben, die, wenn sie in den Bildungsinstitutionen nicht gelehrt wird, sich die Bürgerinnen selbst aneignen müssen. Konservativ christliche Kreise längst nicht nur in Deutschland, besonders in Bayern haben Angst davor, dass zu viel Philosophie lauter marxistisches und atheistisches Bewusstsein hervorbringt. Diese Zeitgenossen sollten langsam einsehen, dass Marxismus und Atheismus nicht mehr das Problem sind, sondern primär Rassismen und sekundär religiöse Fundamentalismen, denen man mit Bildung und Emanzipation der Frauen offenbar kommen kann, bekämpfen sie beide, Bildung und Eman-

---

[1] Gianni Vattimo, Jenseits der Interpretation (1994), 155

zipation doch vehement – mit der drei-Kind-Ehe, dem christlichen Kopftuch oder dem islamischen Schleier. Wie der aufgeklärte Protestantismus muss sich auch der aufgeklärte Katholizismus mit seinen ehemaligen Feinden verbünden, mit Philosophie und Emanzipation, was ihm einiges abverlangen, ihn aber retten wird, wiewohl das für die Pius Brüder Häresie sein mag. Die Religion braucht die Philosophie dringend. Und warum sollte die Philosophie – Genealogie, Hermeneutik, Dekonstruktion und Diskursanalytik – den aufgeklärten Religionen nicht helfen? Es geht schließlich um den Bestand der gemeinsamen Welt, wie es Arendt formulieren würde.

10.2. Die Differenz zwischen Recht und Gerechtigkeit: die Dekonstruktion

Welche ‚Methoden' braucht die mediale politische Bildung, damit sich die Bürgerin nicht bloß als Gespielte, sondern als Spielerin versteht, die an der medialen Konstruktion von Wirklichkeit aktiv teilnimmt, sich involviert? Über die Hermeneutik hinaus geht es medialer politischer Bildung darum, die hermeneutisch aufgerissenen Probleme in die politischen Strukturen hinein zu verfolgen. Der zweite Abschnitt konzentriert sich daher auf die dekonstruktiv analysierte Differenz, also auf sich gleichfalls verschiebende Unterschiede, die natürlich nicht nur, aber primär das Geschriebene als solches, also das Gesetz hinterfragt, damit nicht nur hermeneutische Sinnstrukturen, sondern Signifikantenverschiebungen in der Politik entbirgt. Dergleichen Metonymien zerlegen die traditionellen Begriffe der politischen Philosophie wie Recht und Gerechtigkeit genealogisch und entbergen dadurch das andere des Gesetzes, nämlich die Gewalt als mit der Gerechtigkeit zusammenspielend. Die Dekonstruktion reicht also weiter in die Verästelungen der Politik hinein, damit auch der Bildung und der Medien, liegt ihr Hauptaugenmerk schließlich gar auf der Schrift.

Derridas Dekonstruktion soll indes keine Methode sein: die Durchstreichung, die Derrida von Martin Heidegger als Hinweis auf den im Nihilismus hermeneutisch fragwürdig gewordenen Sinn von Sein übernimmt, verschärft diese Fragwürdigkeit noch: Die Dekonstruktion stellt die Methode als solche in Frage, streicht sie durch, ~~Methode~~, die den Sinn von Sein in ihren grammatologischen, also medialen Verästelungen entbirgt. Und trotzdem bleibt von beiden etwas übrig. Denn die Dekonstruktion wird durchaus als Methode angewendet und zwar unter dem Begriff des Dekonstruktivismus. Bereits Derrida versucht mit der Dekonstruktion Methoden dadurch zu umgehen, dass er Texte für sich selbst sprechen zu lassen versucht, allerdings aus ihrer Buchstäblichkeit heraus, nicht aus Intentionen des Autors. Knapp ein Jahrzehnt später kritisiert Paul Feyerabend 1975 in *Against Method* die Methodenorientierung der Wissenschaften: eine Methode präge ihre Ergebnisse immer vor. Stattdessen schlägt er vor: „Die Wissenschaft ist wesentlich ein anarchistisches Unternehmen: der theoretische Anarchismus ist menschfreundlicher und eher geeignet, zum Fortschritt anzuregen, als ‚Gesetz-und-Ordnungs'-Konzeptionen."[1]

Dabei schließt die Dekonstruktion auch in anderer Hinsicht an Heidegger an, der davon ausgeht, dass das abendländische Denken unter Übersetzungsfehlern leidet, die bei der Übertragung der griechischen Texte ins Lateinische erfolgte. Will man nachvollziehen, was dabei

---

[1] Paul Feyerabend, Wider den Methodenzwang – Skizze einer anarchistischen Erkenntnistheorie (1975), Frankfurt/M. 1976, 28

passierte, muss man den lateinisch evozierten Sinn ab-
tragen – de-struieren – um zum griechischen Text zu
gelangen. Während Heidegger dabei aber einem hermeneutisch ontologischen Pfad folgt, nämlich der Frage
nach dem Sinn von Sein, grenzt sich Derrida mit der Dekonstruktion gerade von solcher Sinnsuche ab. Während
die Hermeneutik – Heidegger allerdings nicht – davon
ausgeht, dass ein Text eine Botschaft des Autors enthält,
die es zu verstehen gilt, geht es der Dekonstruktion um
die internen Strukturen des Textes, die sich jenseits der
Intentionen des Autors eruieren lassen. Sinn und Bedeutung treten in der Dekonstruktion in den Hintergrund.

Derrida schließt damit an die strukturale Linguistik
an, verabschiedet gleichfalls das Problem der Bedeutung
bzw. des Bedeuteten, des Signifikats und konzentriert
sich auf das Bedeuten, den Signifikanten. Doch während
der Poststrukturalismus die sprachliche Sinn- und Be-
deutungserzeugung auf ein bloßes inhaltloses Unterscheiden reduziert, heißt für Derrida Unterscheiden auch
ein Verschieben und Aufschieben: Worte oder Sätze haben keine festgeschriebenen Grenzen, sondern können
selbst innerhalb desselben Kontextes ihre Funktionen
verschieben. Diese verschiebende Differenz schreibt Derrida in Verdrehung der französischen Orthographie mit
einem ‚a' anstatt mit einem ‚e': *Différance*. Derrida gelangt zur Feststellung, „dass, nicht etwa diesseits, sondern am Horizont der Heideggerschen Wege und noch
auf ihnen der Sinn von Sein kein transzendentales oder
transepochales Signifikat (auch wenn es innerhalb der
Epoche immer verstellt bleibt), sondern je schon in einem
eigentlich *unerhörten* Sinn eine determinierte signifikan-
te Spur ist, heißt bestätigen, dass im entscheidenden Begriff der ontisch-ontologischen Differenz *nicht alles in
einem Zug zu denken ist*. Seiend und sein, ontisch und
ontologisch, ‚ontisch-ontologisch' wären im Hinblick auf
die Differenz in originaler Weise *abgeleitet*; abgeleitet

auch in Bezug auf das, was wir später die *Differenz (dif-férance)* nennen werden. Dieser ökonomische Begriff bezeichnet die Produktion des Differierens im doppelten Sinne des Wortes <différer - aufschieben / (von einander) verschieden sein>."[1] Die Dekonstruktion macht sich letzt-lich zur Aufgabe, in Texten solche verschiebende *Dif-férance* aufzuspüren, die sich jenseits von Intentionen des Autors einstellt, Verschiebungen eben: μετωνυμίες

Die Dekonstruktion will den Schriften, die sie betrach-tet, in der vollen Komplexität gerecht werden, will diese gerade nicht reduzieren und lässt sich daher mit der Cha-ostheorie von Benoît Mandelbrot vergleichen. Damit begibt sie sich auf die Spuren der Genealogie Nietzsches, was die Grundfrage der politischen Philosophie erhellt, nämlich nach dem Verhältnis von Gewalt und Gerechtig-keit. In seinen beiden Vorträgen vom Oktober 1989, die unter dem Titel *Gesetzeskraft – Der ‚mystische Grund der Autorität'* publiziert wurden, wendet Derrida die Dekonstruktion auf das Recht an. Der zweite Vortrag ist zwar Grundlage des ersten, der indes der programmati-sche ist. Bei diesem zweiten Aufsatz handelt es sich um eine dekonstruierende Lektüre von Walter Benjamins Aufsatz *Zur Kritik der Gewalt* aus dem Jahr 1921, der wiederum Carl Schmitt zur Konzeption des Ausnahmezu-stands in seiner Schrift *Politische Theologie* (1922) moti-vierte. Für Benjamin beruht jedes Recht, somit der Staat, auf Gewalt. Selbst ein Vertrag, den Privatleute miteinan-der schließen, erhält seine bindende Kraft durch die An-drohung von staatlicher Gewalt.

Benjamin unterscheidet zwischen rechtserhaltender und rechtsetzender Gewalt. Zur rechtsetzenden Gewalt zählt Benjamin unter anderem die Polizei – heute würde man vor allem an die Geheimdienste denken. Anderer-seits weist Derrida daraufhin, dass beide Formen der

---

[1] Jacques Derrida, Grammatologie (1967), 44

Gewalt immer miteinander verbunden sind und sich nicht so sauber trennen lassen, wie Benjamin das versucht: jede rechtserhaltende Gewalt verändert unmerklich das Recht. Ergo wandelt sich der Staat aus sich selbst heraus – jenseits der Legislative. Nach Derrida will Benjamin eine Position außerhalb des Rechts und des Staates finden, von dem aus staatliches Handeln zu beurteilen wäre – just die Form von politischer Bildung, die den Weg der Involution ebnet.

Einerseits beruhen Staatsgründungen immer auf militärischer Gewalt. Andererseits kann dergleichen aber auch aus einer Revolution hervorgehen. Den proletarischen Generalstreik versteht Benjamin weniger aus marxistischer, denn aus anarchistischer Perspektive und unterscheidet ihn vom politischen Generalstreik: „Während die erste Form der Arbeitseinstellung <politischer Generalstreik> Gewalt ist, da sie nur eine äußerliche Modifikation der Arbeitsbedingungen veranlasst, so ist die zweite <proletarischer Generalstreik> als ein reines Mittel gewaltlos."[1] Denn letzterer will den Staat als solches abschaffen und somit die Gewalt, auf die sich alle staatlichen Institutionen stützen, ist die Gewalt nach Benjamin durch den Staat in die Geschichte getreten und kann nur durch dessen Aufhebung beendet werden. Derart entfaltet der proletarische Generalstreik eine von außen in den Staat einbrechende, reine gewaltlose Gewalt. Sie ähnelt in der jüdischen Tradition dem göttlichen Eingriff, der die herrschende Gewalt abschafft, dem es nicht um die Rechtserhaltung, sondern um den Erhalt des Lebens geht. In einem ähnlichen Sinn betrachtet Schmitt den Ausnahmenzustand, der die gesamte Rechtsordnung aufhebt und vergleicht ihn mit dem Wunder in der Theologie.

---

[1] Walter Benjamin, Zur Kritik der Gewalt (1921) und andere Aufsätze, Frankfurt/M. 1965, 51

Für Derrida ist diese göttliche Gewalt zwar gerecht, angemessen, revolutionär, entscheidend. Aber sie entzieht sich der Erkenntnis, weiß man nie ob eine Gewalt eine solche Herkunft hat, kann man nicht erfassen, ob eine gerechte Entscheidung zugrunde liegt und wie sie wirken wird. Auch bei Benjamin und Schmitt kommen Gerechtigkeit, Entscheidung und Erkenntnis nicht zusammen bzw. lassen sich nicht in Übereinstimmung bringen. Daher kann Derrida eine Rechtsordnung nicht ohne Gewalt denken, sieht er dabei die Dekonstruktion am Werk, sei es in der politischen Realität, sei es im Aufsatz von Benjamin, beispielsweise auch als göttliche Gewalt, die das Recht aufhebt, es dekonstruiert: „Man hat das Recht, die legitimierende Macht oder Autorität und all ihre Lesevorschriften zu suspendieren, man kann dies im Zuge des treuesten, wirksamsten, treffendsten Lesens tun, eines Lesens, das natürlich zum Unlesbaren <der göttlichen Gewalt> in Bezug tritt, zuweilen – aber nicht immer, um eine andere Leseordnung zu (be)gründen, einen anderen Staat."[1] Rechtsetzung schreibt genauso eine bestimmte Lektüre vor, so dass eine dekonstruierende Lektüre nicht ohne Auswirkung auf das bestehende Recht bleibt oder wie reine Gewalt den Staat dekonstruiert. Eine solche Lektüre ist für die mediale politische Bildung unabdingbar. Doch darum wird sich gegebenenfalls die Bürgerin wohl unabhängig von institutionellen Programmen der politischen Bildung bemühen müssen. Denn Derrida hat in der analytischen Philosophie viel zu viele Feinde.

Für Derrida denkt Benjamin damit bereits einen Gedanken, um den es ihm in der Dekonstruktion prinzipiell geht, dass nämlich sich zwischen Gerechtigkeit und Recht massive Spannungen aufbauen. Das gilt umso mehr unter „Bezugnahmen auf die irreduktible Besonderheit jeder

---

[1] Jacques Derrida, Gesetzeskraft (1989), 81

Situation. Der gewagte, kühne, ebenso notwendige wie gefährliche Gedanke einer Art Gerechtigkeit ohne Recht (ein Ausdruck, der von mir, nicht von Benjamin stammt) hat sowohl für die Einzigartigkeit des Individuum als auch für das Volk und die Sprache, also für die Geschichte Geltung."[1] Denn Gerechtigkeit wird von Individuen wie von Gemeinschaften in bestimmten Situationen dem Staat abverlangt und zwar immer als eine sprachliche Forderung, die sich gegen ungerechte Rechts- bzw. Gewaltverhältnisse richtet, die dadurch in Frage gestellt, dekonstruiert werden.

Derrida schließt an das genealogische Denken von Nietzsche an, das sowohl dem modernen Rationalismus wie aller religiösen Metaphysik widerstreitet und heute umso heftiger von den Nachfahren der Aufklärung befehdet wird, dem universalistischen Rationalismus und dem universalistischen Normativismus. Dagegen steht man nach Derrida vor dem Sachverhalt, dass Recht ohne Gewalt nicht denkbar ist, und vor dem Paradox, dass auch die Gerechtigkeit nach Gewalt verlangt. Gewalt ist nicht nur notwendig, um dem Recht zur Geltung zu verhelfen, sondern auch um gerechte Verhältnisse zu schaffen. Doch das Recht bzw. der Staat lassen längst keine Gerechtigkeit walten. Dem nachzuspüren, wo das Recht ungerecht operiert und wo die Gerechtigkeit nach der Gewalt des Rechts verlangt, das begreift Derrida als die originäre Aufgabe der Dekonstruktion. Damit formuliert er das Programm einer medialen politischen Bildung der Involution, nicht der Revolution.

Jedenfalls erweist sich Gerechtigkeit als schwach gegenüber der Gewalt des Rechts. Schrift und Sprache, die nach Aristoteles erlauben, die Gerechtigkeit zu thematisieren, erscheinen einerseits als nicht gewalttätig. Andererseits wurzelt in ihrem differentiellen Charakter die

---

[1] Jacques Derrida, Gesetzeskraft (1989), 104

Gewalt, ohne die es weder die Schrift noch die Sprache gäbe, nämlich die differenzierende Spur, die dadurch eine performative Kraft entfaltet, eine rechtsetzende, die in die rechtserhaltende übergeht. Sprache ist so wenig gewaltfrei wie das Recht, ja der Staat beansprucht das Gewaltmonopol, aber längst nicht allein das der physischen Gewalt, sondern das der sprachlichen Gewalt.

Nicht nur Recht und Staat stützen sich auf Gewalt – das wäre nicht besonders originell. Vielmehr muss sich die Gerechtigkeit auf die staatliche Gewalt stützen, wenn gerechte Verhältnisse herrschen sollen. Und in der Gerechtigkeit herrscht ein Anspruch auf Verwirklichung. Doch das ist nicht so einfach, bestehen hier zahlreiche Aporien und Komplexitäten, so dass sich Gerechtigkeit nicht kalkuliert und geplant realisieren kann. So drängt es, dass eine gerechte Entscheidung gefällt wird. „Die Gerechtigkeit wartet nicht. Sie ist jenes, was nicht warten darf, was nicht warten muss."[1] Vielmehr ist sie sofort und unmittelbar nötig und geboten. Das Opfer einer Ungerechtigkeit fordert Gerechtigkeit. Dem kann man nicht durch Vertagung Genüge tun. Doch eine sofortige Entscheidung kann sich nicht mit den nötigen Informationen für die gerechte Entscheidung versorgen. Womöglich erfordert die Komplexität eines Sachverhalts umfängliche Untersuchungen. Bis eine Ungerechtigkeit aufgehoben wird, kann es lange dauern – eine eminent wichtige Einsicht für jede Form der politischen Bildung: Das Ungerechte ist die Sachlage, dass Gerechtigkeit Zeit braucht.

Doch selbst wenn man das Problem schnell lösen könnte, so stößt man nach Derrida auf eine andere Aporie: Es besteht nämlich ein Gegensatz zwischen einem Gesetz und einer Entscheidung, ein Gegensatz, den Carl Schmitt zu Lasten des Gesetzes lösen will. Eine richterliche Entscheidung muss getroffen werden, gleichgültig

---

[1] Jacques Derrida, Gesetzeskraft (1989), 53

wie man das Gesetz auslegt und wie viele Informationen man versammelt. Schmitt kommt es darauf an, dass entschieden wird, nicht wie, bzw. ob die Entscheidung gerecht ist, dem Gesetz entspricht und dieses Gesetz im bestimmten Fall auch gerechter Weise unter Zuhilfenahme möglichst vieler Informationen zur Anwendung kommen soll. Schmitt konstatiert: „die Rechtsordnung, wie jede Ordnung, beruht auf einer Entscheidung und nicht auf einer Norm."[1]

Damit wird der Gerechtigkeit nicht genüge getan. Daher kann es nicht nur um die Entscheidung gehen, sondern um die richtige Anwendung des Gesetzes, gar um das richtige Gesetz. Doch es gibt nun mal keinen methodisch angebbaren Übergang von der Regel oder der Information zur Entscheidung. So kompromisslos die Gerechtigkeit ist, so drängend ist sie, und trotzdem unentscheidbar. Sie verlangt im gleichen Atemzug die Entscheidung, wie sie sie als schlecht begründet zurückweist. So erscheint die Gerechtigkeit überall als gefährdet, macht die Dekonstruktion Angst. Das liegt aber nicht an der Dekonstruktion, sondern an der faktischen Gefährdung der Gerechtigkeit durch die dem Recht inhärente Gewalt sowie durch die Aporien des Rechts wie der Gerechtigkeit. Weder die Dekonstruktion noch die Gerechtigkeit stabilisieren den Staat, schaffen keine unverrückbare Ordnung, sondern zeigen vielmehr die realen Probleme auf, die im Recht herrschen – die analytische Dimension der Dekonstruktion, die sie ebenfalls für eine involutive politische Bildung unabdingbar macht. Denn wer teilhaben will, der muss genau hinschauen und darf nicht mit ideologischen Meinungen auftreten – die Involution als schwieriges Geschäft.

Doch die Dekonstruktion spürt dem Verhältnis von Recht und Gerechtigkeit nicht nach, um die Gerechtigkeit

---

[1] Carl Schmitt, Politische Theologie (1922), 16

nihilistisch aufzulassen, weil sich der Sinn von Gerechtigkeit hermeneutisch verflüchtigt. Deshalb bleibt gar nichts
anderes als die Gerechtigkeit dekonstruktiv zu eruieren.
Die Dekonstruktion will die Gerechtigkeit nicht gefährden, sondern deren Gefährdung gerade markieren, was
dem Staat nützen sollte. Da die Gerechtigkeit fehlt, noch
nicht da ist, obgleich nach ihr verlangt wird, erscheint sie
als zukünftige, die erst noch kommen muss. Sie ist die
Zukunft selbst, die zukünftige Ereignisse in ihr Licht tauchen wird. So schreibt Derrida: „In meinen Augen ist
diese 'Idee der Gerechtigkeit' aufgrund ihres bejahenden
Wesens irreduktibel, aufgrund ihrer Forderung nach
einer Gabe ohne Austausch, ohne Zirkulation, ohne Re-
kognition, ohne ökonomischen Kreis, ohne Kalkül und
ohne Regel, ohne Vernunft oder ohne Rationalität im
Sinne des ordnenden, regelnden, regulierenden Beherr-
schens."[1] Dabei übersteigt die Gerechtigkeit staatliche
Institutionen wie die politischen Verhältnisse. Ohne die
Idee der Gerechtigkeit ist eine Zukunft des Politischen
eventuell auch die des Staates kaum vorstellbar. Aber
eine solche Zukunft lässt sich andererseits auch nicht
absehen.

Die Dekonstruktion markiert diese Lücke, die eine
Realisierung der Gerechtigkeit durch Gewalt und Aporien
notorisch verunsichert, zeigt sich hier eher die Unmög-
lichkeit der Gerechtigkeit, ihr Drängen, das zugleich das
der Dekonstruktion ist. Derrida schreibt weiter: „Man
kann darin also einen Wahn erkennen, ja sie des Wahns
anklagen. Man erkennt darin vielleicht sogar eine (andere) Art Mystik (und klagt sie deshalb an). Die Dekonstruktion ist verrückt nach dieser Gerechtigkeit, wegen
dieser Gerechtigkeit ist sie wahnsinnig. Dieses Gerechtig-
keitsverlangen macht sie verrückt." Ob Schmitt sich für
die reine Entscheidung entscheidet oder Derrida sich

---

[1] Jacques Derrida, Gesetzeskraft (1989), 52

jeder Komplexitätsreduktion widersetzt, das Gerechtig-keitsverlangen macht beide verrückt, den einen, der es brüsk zurückweist, und den anderen, der diesem Verlangen in jeder Beziehung bis in den letzten Winkel nachgibt. Es gibt rechtsphilosophisch keinen größeren Gegensatz als den zwischen Schmitt und Derrida.

Wenn dadurch Gerechtigkeit und Dekonstruktion in derselben Bewegung zusammenfließen, sagt Derrida der politischen Bildung den wegweisenden Satz: „Die Dekonstruktion ist die Gerechtigkeit.“[1] So hat sich die Dekonstruktion immer mit Rechtsfragen beschäftigt. Doch was Gerechtigkeit ist, eine inhaltliche Bestimmung, deren Sinn, das ist nicht der Gegenstand der Dekonstruktion und auch nicht der medialen politischen Bildung.

Politische Bildung als Medienbildung analysiert diese Prozesse vorbehaltlos, d.h. dekonstruktiv. Es gehört zum Aufklärungsanspruch politischer Bildung, den Hintergrundstrukturen des politischen Geschehen nachzuspüren und der Anspruch der Dekonstruktion, wie sie Derrida formuliert, heißt den Ereignissen und Strukturen derart nachzuspüren, dass man ihnen gerecht wird. „Diese Gerechtigkeit, die kein Recht ist, ist die Bewegung der Dekonstruktion: sie ist im Recht oder in der Geschichte des Rechts am Werk, in der politischen Geschichte und in der Geschichte überhaupt, bevor sie sich als jener Diskurs präsentiert, den man in der Akademie, in der modernen Kultur als 'Dekonstruktionismus' betitelt.“[2] Die Dekonstruktion – ob man sie terminologisch im Sinne von Derrida versteht, oder ob man sie schlicht als ein genaues analysierendes Lesen von Zeichen und Bildern begreift – ist wesentlicher Teil einer Medienbildung, um den Horizont der Zeitgenossen derart zu erweitern, so dass sie sich im politischen und medialen Geschehen involutiv bewe-

---

[1] Jacques Derrida, Gesetzeskraft (1989), 30
[2] Ebd., 52

gen, um sich selbst vor voreiligen Schlüssen, ideologischen Verschränkungen sowie medialen Irritationen zu bewahren. Nur dadurch wird man langfristig eine involutive, nicht diskriminierende Streitkultur fördern, die nicht in wütende und blinde Gewalt abgleitet. Gewalt ist bloß revolutionär und nicht involutiv.

10.3. Die linguistische politische Philosophie als Medienbildung

Welche ‚Methoden' braucht die mediale politische Bildung, damit sich die Bürgerin nicht bloß als Gespielte, sondern als Spielerin versteht, die an der medialen Konstruktion von Wirklichkeit aktiv teilnimmt? Die Hermeneutik analysiert den epistemologischen Hintergrund von Medien, Bildung und Politik. Die Dekonstruktion geht dem Verhältnis von Gewalt und Gerechtigkeit nach. Beides zeigt, dass sich Politik in vielen Konflikten realisiert und dass sie gerade dadurch eine primär demokratische Perspektive entwickelt. Politik findet derart sprachlich statt, was die politische Philosophie bisher zumeist ignorierte, was diese aber letztlich in eine linguistische transformiert.

Im 19. Jahrhundert konnten sich dagegen die meisten Zeitgenossen wirksame Politik letztlich nur durch Gewalt vorstellen, diejenige des Staates oder diejenige der Revolution, heißt Politik, anderen mit blanker Gewalt den eigenen Willen aufzuzwingen. Selbst demokratische Verhältnisse entwickelten dabei kaum partizipatorische Neigungen, heißt Demokratie eher eine Art Mehrheitsdiktatur. Das Individuum muss sich dabei untertänig in die sozialen und politischen Hierarchien schicken.

Doch das Individuum kann immer ein wenig anders denken, als man es ihm erlauben möchte – Sartres Einsicht in die widerständige Freiheit oder Derridas metonymische Differenz als sprachliche Bedingung für solchen Widerstand. So ist für Jean-François Lyotard das Individuum „auf Posten gesetzt, die von Nachrichten verschiedener Natur passiert werden. Und sogar das benachteiligte Selbst ist niemals machtlos gegenüber diesen Nachrichten, die es durchqueren, indem sie ihm die Stelle entweder des Senders oder des Empfängers oder des Referenten zuordnen."[1] Selbst wenn das Individuum übergreifenden Strukturen ausgesetzt ist, nimmt es an ihnen auch teil und kann insofern diese Strukturen seinerseits beeinflussen. Die Individualisierungsprozesse seit dem 19. Jahrhundert bezeugen durchaus gewisse Einflüsse, die sich auf individuelle Kommunikation zurückführen lassen, weniger wahrscheinlich auf jene Aktivitäten, die in Gewalt ausarteten.

Am Ende der siebziger Jahre wird auch Foucault seinen Blick auf die individuellen Spielräume richten. Es geht ihm um unterschiedliche Techniken, „durch die das Individuum dazu gelangt, sich selbst als Subjekt zu konstituieren, anstatt sich auf eine Theorie des Subjekts zu beziehen."[2] Dazu gehört die Askese, um die eigenen Lüste so zu gebrauchen, dass man nicht ihr Sklave wird, sie dabei aber keinesfalls zu unterdrücken. Dazu gehört auch die Parrhesia, das Wahrsprechen über sich selbst, was das Individuum befähigt, in der Politik das Wort zu ergreifen. Wenn die Macht nicht primitiv aus den Gewehrläufen kommt, wenn sie nicht von einem herrschaftlichen Souverän ausgeht, sondern in den Körpern und Seelen

---

[1] Jean-François Lyotard, Das postmoderne Wissen (1979), 54
[2] Michel Foucault, Geschichte der Gouvernementalität I – Sicherheit, Territorium, Bevölkerung, Vorlesung am Collège de France 1977-1978, Frankfurt/M. 2004, 17

selbst ansetzt, dann realisiert sie sich genau dort, wo das Individuum lebt. Dann kann es daran auch drehen. Die Protest- und Widerstandsbewegungen des 20. Jahrhundert legen beredt davon Zeugnis ab und haben, wie es ja auch Jan-Werner Müller unterstellt, demokratische Prozesse im partizipatorischen Sinn beeinflusst.

Auch Richard Rorty ist in dieser Hinsicht keineswegs pessimistisch, sieht er die westliche Welt insgesamt positiv. Davon unabhängig unterstellt er jedenfalls, dass es den Zeitgenossen hilft, wenn sie sich über ihre Gesellschaft politische Gedanken machen und obendrein, dass sie durchaus in diese Welt einzugreifen vermögen. Aber dazu gehört ein Selbstverständnis, dass man nicht völlig ausgeliefert ist, das sich seinerseits auf diverse Geschichten stützt, die sich vor allem der Literatur verdanken. So schreibt er: „Im Gegensatz dazu erzeugen Geschichten, die einem helfen, sich selbst mit gemeinschaftlichen Strömungen zu identifizieren, das Empfinden, eine Maschine zu sein, die mit einer größeren Maschine gekoppelt ist. Dieses Empfinden zu haben lohnt sich. Denn es trägt dazu bei, das existentialistische Gefühl der Kontingenz und Sterblichkeit mit einem romantischen Gefühl der Größe in Einklang zu bringen. Es hilft uns zu erkennen, dass das beste Verfahren, an sich selbst herumzumodeln, darin besteht, an etwas anderem herumzumodeln – und das ist eine mechanistische Ausdruckweise dafür, dass nur derjenige seine Seele retten wird, der sie verliert."[1] Für Rorty gehört dazu denn auch das Gefühl, nicht isoliert zu sein, sondern in einer Gesellschaft mit anderen Menschen zu leben, so dass man nicht nur sein Leben, sondern das der anderen durchaus beeinflusst. Daher wendet er sich gegen jenen augustinischen Rückzug in die Innerlichkeit. Nicht die Einkehr in sich selbst,

---

[1] Richard Rorty, Solidarität oder Objektivität (1987), Stuttgart 1988, 70

zum inneren Gespräch mit Gott entspricht dem existenti-
alistischen Gefühl, sondern das von ihm erwähnte protestantische Prinzip, doch ohne dass dieses noch mit einem
Bezug zum Seelenheil verbunden wäre. Schließlich handelt es sich ja um einen Mechanismus. Daher soll man
aus sich herausgehen, mit anderen sprechen, wenn man
sich um sich selbst bemühen möchte.

Während Rorty dabei auf die Literatur und viele verschiedene Vokabulare setzt, die das Individuum lernen
sollte, entwickelt Lyotard einen ähnlichen Gedanken aber
vor dem Hintergrund von Wittgensteins Sprachspielana-
lysen. Das kommunizierende Individuum nimmt am gemeinschaftlichen Sprachuniversum teil, das es wie marginal auch immer zu beeinflussen in der Lage ist: Das
Individuum lebt sein Leben nach eigenen Vorstellungen
und beeinflusst dabei auf vielfältige Weise die Evolution
– Rassisten möchten die Evolution in eine bestimmte
Richtung lenken, indem sie den Individuen vorschreiben,
wie sie zu leben haben. Das Individuum nimmt an der
Medienwelt teil, trägt diese weiter und dreht an ihr.
Dadurch beeinflusst es auch Gesellschaft und Politik:
Durch die Abkehr von den traditionellen Lebensformen
seit Mitte des 20. Jahrhunderts in der nordatlantischen
Welt haben sich die Strukturen pluralisiert bzw. liberali-
siert. So bemerkt Lyotard: „Die Frage des sozialen Zu-
sammenhangs ist als Frage ein Sprachspiel, dasjenige der
Frage, das unmittelbar demjenigen, der sie stellt, demjenigen, an den sie sich richtet und dem zur Frage gestell-
ten Referenten eine Position zuteilt. Diese Frage ist also
schon der soziale Zusammenhang."[1]

Dieser ist kein übergreifender, sondern entsteht durch
Individuen und ihre Kommunikation, also unter Indivi-
dualisierungs- und Informatisierungsbedingungen. Bei
Sartre entwickelt sich eine Gruppe von den Individuen

---

[1] Jean-François Lyotard, Das postmoderne Wissen (1979), 57

aus, so dass ihre Aktivität wesentlich dazu beiträgt und die Gruppe beeinflusst. Vom Existentialismus bis zu Foucault und Lyotard zieht sich eine Linie, die das Individuum nicht entmachtet, was die Philosophie ringsherum indes begeistert propagierte, indem sie das Individuum entweder verachtet, es für unfähig, triebgesteuert oder schwach erklärt. Wer hasst den Individualismus nicht? Wer nicht den Liberalismus? Georg Simmel bedauert diese Schwäche des Individuums wenigstens noch wenn er schreibt: „Der fortwährende Wandel der Kulturinhalte, schließlich der ganzen Kulturstile, ist das Zeichen oder vielmehr der Erfolg der unendlichen Fruchtbarkeit des Lebens, aber auch des tiefen Widerspruchs, in dem sein ewiges Werden und Sich-Wandeln gegen die objektive Gültigkeit und Selbstbehauptung seiner Darbietungen und Formen steht, an denen oder in denen es lebt. Es bewegt sich zwischen Stirb und Werde - Werde und Stirb."[1] Carl Schmitt erklärt das Individuum jenseits des Staates für wertlos, Weber verlangt von ihm schlichten Gehorsam, wenn es nicht zu den Top-Managern oder Spitzenpolitikern gehört. Noch Annette Scheunpflug erwartet von der Pädagogik in dieser Hinsicht keine Wunder: „Entwicklung ist mehr als die Summe ihrer Teile, und wo viele Menschen viele kleine Schritte tun, hat sich das Gesicht der Welt leider noch lange nicht verändert." Stattdessen geht es um „eine wichtige Qualität der entwicklungsbezogenen Bildung: zu lernen, die abstrakten Zusammenhänge der Weltgesellschaft zu erkennen."[2] Die Entwicklung in den letzten gut 50 Jahren zeigt indes,

---

[1] Georg Simmel, Der Konflikt der modernen Kultur, München, Leipzig 1918, 7
[2] Annette Scheunpflug, Politisches Lernen in einer konstruierten Wirklichkeit? Das Phantom ,politische Wirklichkeit' als Herausforderung für die politische Bildung; in: Theo Hug, Hans-Jörg Walter (Hrsg.), Phantom Wirklichkeit – Pädagogik der Gegenwart, Hohengehren 2002, 117

dass es die vielen kleinen Schritte sind, die langfristig die Welt verändern. Allerdings brauchen die Bürgerinnen dazu selbstredend auch manche Einsicht in die immer abstrakten Zusammenhänge nicht bloß globaler Prozesse.

Aus differentieller, genealogischer und dekonstruktiver Perspektive, die sich um die mediale Dimension der Politik bemüht, lässt sich Demokratie nicht auf die diversen gängigen Modelle der Demokratie oder auf das, was Demokratietheorien darunter verstehen, reduzieren. Es geht ja letztlich darum, dass Bürgerinnen, die weder Politiker sind, noch institutionell Politik machen, Politik verstehen. Dieses Verständnis sollte allerdings so weit reichen, dass sich die demokratische Situation als Politik abzeichnet. Während in der gängigen politischen Theorie alles als Politik firmiert, was rings um den Staat passiert, so beschränkt Jacques Rancière die Politik auf den fundamentalen politischen Konflikt: „Die Demokratie hat anfänglich die politische Philosophie hervorgerufen, weil sie nicht eine Gesamtheit von Institutionen oder ein Herrschaftstypus unter anderen ist, sondern eine Seinsweise des Politischen."[1] Das Nachdenken über Politik entsteht allerdings in der Athener Polis, als in dieser demokratische Verhältnisse herrschten. Sie ist weder in Persien noch in Sparta entstanden, was indes nicht ausschließt, dass die Diktatur nicht Thema der politischen Philosophie wäre.

Trotzdem verleiht dieser Sachverhalt der Politik einen gewissen originär demokratischen Impetus: Die Stadt geht alle an, die in ihr wohnen. Aber Rancière gibt sich nicht mit den gängigen Umschreibungen der Demokratie zufrieden, wenn er weiterschreibt: „Die Demokratie ist nicht die parlamentarische Herrschaftsform oder der Rechtsstaat. Sie ist auch kein Zustand des Sozialen, die Herrschaft des Individualismus oder die der Massen."

---

[1] Jacques Rancière, Das Unvernehmen (1995), 108 f

Rancière reduziert die Demokratie nicht auf eine bestimmte Staatsform und auch nicht darauf, wie die Gesellschaft politisch Einfluss nimmt, dass sie überhaupt Einfluss nehmen kann. Demokratie ist ein populärer Name, den sehr viele für sich in Anspruch nehmen, rufen selbst Rechtsradikale, sie seien das Volk. Auch Rancière nimmt das Wort in Anspruch: „Die Demokratie ist, im Allgemeinen, die Weise der Subjektivierung der Politik – wenn man unter Politik etwas anderes versteht als die Organisation der Körper in der Gemeinschaft und die Verwaltung der Plätze, Mächte und Funktionen." In der Demokratie treten verschiedene politische Subjekte auf. Im korporativistischen Ständestaat gibt es nur die politische Führung als politisches Subjekt, während die Stände ihrer sozialen Funktion gemäß einer polizeilichen Ordnung genügen.

Demokratie, genauer Politik, entsteht für Rancière dann, wenn Menschen politische Teilhabe verlangen, sich als politische Subjekte erklären, die das bis zu diesem Zeitpunkt nicht waren: „Genauer, Demokratie ist der Name einer singulären Unterbrechung dieser Ordnung der Verteilung der Körper in der Gemeinschaft, für die ich vorgeschlagen habe, sie durch den erweiterten Begriff der Polizei begrifflich zu fassen. Sie ist der Name dessen, was das gute Funktionieren dieser Ordnung durch ein singuläres Dispositiv der Subjektivierung unterbricht." Nicht die polizeiliche Ordnung ist politisch, schon gar nicht demokratisch, sondern Politik als Demokratie entsteht in dem Augenblick, wenn neue bisher ausgeschlossene Menschen sich mit dieser Ordnung, mit der untergeordneten Rolle, die sie dabei spielen, nicht mehr zufrieden geben und Teilhabe an der Politik einfordern. Demokratie und damit Politik ist der Konflikt, der dabei entsteht, ein Anspruch auf eine Art der Involution, der bei Rancière indes auch revolutionär ausarten kann und den ich dann nicht mehr als Involution bezeichnen würde. Denn dann würde er diskriminierend und gewalttätig – also unpolitisch – ausarten. Revolution ist keine Politik, die Medieneinsatz bedeutet, also Kommunikation, nicht Waffeneinsatz, also die Verweigerung von Kommunikation.

In einem ähnlichen Sinn bestimmt auch Lyotard die Politik, nämlich als Konflikt, der sich allerdings der Sprache selbst verdankt, die keine Einheit besitzt, die vielmehr aus vielen verschiedenen Sprachen besteht, die miteinander in Widerstreit geraten. Dieser Wiederstreit konstituiert die Politik als Demokratie. Lyotard schreibt in seinem politikphilosophischen Hauptwerk *Der Widerstreit* 1983: „Der Widerstreit ist der instabile Zustand und der Moment der Sprache, in dem etwas, das in Sätze gebracht werden können muss, noch darauf wartet."[1] Von einer Sprache in die andere gibt es keine Übergänge, keine adäquaten Übersetzungen, die höchstens durch Zufall gelingen. Als Vermittlung dient beispielsweise das System des Rechts. Vor Gericht stoßen verschiedene Sprachen aufeinander. Die Sprache von Startbahngegnern und die einer Flughafengesellschaft werden in die juristische Sprache übersetzt und im Urteil des Gerichts miteinander ins Verhältnis gebracht. Die Übersetzung beherbergt immer Differenzen, die dem Anspruch auf Gerechtigkeit nie genügen, die die jeweilige Sprache der Parteien für sich erhebt. So ist der Widerstreit der Diskursarten, wie Lyotard die verschiedenen Sprachen oder Sprachspiele nennt, tendenziell unlösbar. Jedenfalls gibt es keine Methode, die dem Übersetzungsproblem gerecht werden könnte.

Daher gibt es immer wieder Diskursarten, die hegemoniale Ansprüche erheben, um den Konflikt der Diskursarten zu beenden, der aber gerade den Kern der Politik ausmacht. Im Mittelalter versuchte dergleichen bei-

---

[1] Jean-François Lyotard, Der Widerstreit (1983), 33

spielsweise die Theologie, heute vor allem die Ökonomie, die in fast alle Bereiche eindringt, sei es die Familie, das Gesundheitswesen oder die Wissenschaft. Doch solche Bemühungen werden sich letztlich nie durchsetzen können, weil das die Struktur der Sprache verhindert. So schreibt Lyotard: „Das einzige unüberwindliche Hindernis, auf das die Hegemonie des ökonomischen Diskurses stößt, liegt in der Heterogenität der Satz-Regelsysteme und Diskursarten, liegt darin, dass es nicht ‚die Sprache' und nicht ‚das Sein' gibt, sondern Vorkommnisse. Das Hindernis besteht nicht im ‚Willen' der Menschen im einen oder anderen Sinne, sondern im Widerstreit. Dieser wird gerade aus der Beilegung der vorgeblichen Rechtsstreitfälle neu geboren."[1] Jede Diskursart hat ihre eigenen Regeln, so dass sie in gewisser Hinsicht ein abgeschlossenes System strukturiert, dass sich gegen feindliche Übernahmen sperrt: man kann eine Sprache nicht durch eine andere ersetzen. Nicht nur die Ökonomie, auch in der Politik gibt es immer wieder Bemühungen, den Widerstreit der Diskursarten aufzuheben – man denke an die Sprachen von Diktaturen, die versuchen Alltagssprachen wie auch Bereichssprachen in ihrem Sinne zu beherrschen. Doch das gelingt immer nur rudimentär, niemals vollständig. Die Sprache der Ökonomie wird die Sprache der Politik, der Medizin, des Sozialen nicht adäquat ersetzen können

Unter dieser linguistischen Perspektive stellt die Demokratie eine sprachliche Notwendigkeit dar. Sie ist die einzige adäquate Antwort auf den Widerstreit der Diskursarten, indem sie dem Widerstreit Spielräume eröffnet, ohne dass sich die Diskursarten externen Regelungen unterwerfen müssten. Für Lyotard gibt es denn auch gar keine politische Sprache oder Diskursart. Vielmehr ist die Politik – eben als Demokratie – der Ort des Widerstreits

---

[1] Jean-François Lyotard, Der Widerstreit (1983), 299

der Diskursarten, der Ort, an dem die verschiedenen Diskursarten aufeinanderprallen und den Widerstreit miteinander austragen. So schreibt er: „Wenn die Politik eine Diskursart wäre und den Anspruch auf diesen höchsten Status erhöbe, wäre ihre Nichtigkeit schnell aufgezeigt. Aber die Politik ist die Drohung des Widerstreits. Sie ist keine Diskursart, sondern deren Vielfalt, die Mannigfaltigkeit der Zwecke und insbesondere die Frage nach der Verkettung. (. . .) Sie ist, wenn man so will, der Zustand der Sprache, aber es gibt nicht *eine* Sprache. Und die Politik besteht darin, dass die Sprache nicht eine Sprache ist, sondern Sätze (. . .)."[1] Die Welt besteht aus Sätzen verschiedener Diskursarten, die sich gegeneinander abschotten können und Krieg führen, oder die sich ob ihrer Unterschiede der Übersetzungsproblematik stellen müssen. Dann heißt Politik Übersetzen, Vermitteln, etc.

Es gibt für Lyotard eigentlich keine Sprache als solche, also das, was Ferdinand de Saussure *Langue* nennt, die höchstens eine Erfindung oder Konstruktion ist. Selbst Sätze sind willkürliche, au fond erfundene Einheiten, die sich der Schriftlichkeit verdanken. Aber wenn Derrida Recht hat, dann hat die Schrift ja die Sprache als Sprache mit ihren Sätzen, Strukturen, Differenzen und Verschiebungen überhaupt erst erzeugt, stabilisiert die Schrift die *Parole*, wie der Buchdruck die Nationalsprachen, schafft die Schrift letztlich die *Langue*. Derart hat sie die Politik ermöglicht, nach Rancière die Infragestellung der sozialen Hierarchien, nach Lyotard als Widerstreit der Diskursarten, die sich selbstredend der Schrift verdanken. Zwischen einem Satz und einem anderen gibt es keinen notwendigen Zusammenhang bzw. kann man auf einen Satz mit vielen verschiedenen Sätzen antworten. Just dadurch entsteht die Frage der Gerechtigkeit auch als Frage der Richtigkeit von Antworten auf Sätze.

---

[1] Jean-François Lyotard, Der Widerstreit (1983), 230

Allerdings darf man hinterfragen, ob die Politik nicht doch auch eine eigene Diskursart ist, nämlich ähnlich wie das Rechtssystem eine, die zwischen den diversen Diskursarten zu vermitteln sucht, wenn Politik als Demokratie verstanden wird und nicht als Polizei. Als letztere bestimmt sie ähnlich dem Recht, wie miteinander konkurrierende Diskursarten ausgeglichen werden. Als erstere bemüht sie sich darum, den Konflikt der Diskursarten zu moderieren. In demokratischen Staaten zielt Politik auf Vermittlung – manchmal verweigern sich Politiker in Demokratien diesem Anspruch und die Demokratie gerät in Turbulenzen, wenn sie denn zuvor existierte. Dass die Politikwissenschaft wenig Anerkennung genießt, könnte indes auch mit Lyotards Hypothese zu tun haben, dass Politik eben keine eigene Sprache hätte. Dabei stellt sich Politik als Demokratie oder als Widerstreit der Diskursarten heraus und autokratische oder systemische Bemühungen just als Antworten auf das Spiel der vielen Sprachen, als Versuche die vielen Sprachen zu vereinheitlichen und mit scheinbar notwendigen Verkettungen zu versehen oder auch um bestimmte Verkettungen zu verhindern.

So muss mediale politische Bildung sich linguistischer Verfahrensweisen bedienen, um derartige Strukturen der Politik zu eruieren. Das ist ein Aufklärungs- und Bildungsprogramm, das nicht befähigt Politik zu machen, aber Politik zu verstehen, um sich vor den Verführungen der Politik zu bewahren, bzw. um selbst an diesen Verführungen drehen zu können, und sei es negativ durch Falschmeldungen im WWW. Bisher spielt die Linguistik in der politischen Philosophie fast keine Rolle, in der politischen Bildung gar keine. Doch angesichts der Bedeutung, die die Sprachphilosophie im 20. Jahrhundert erlangt hat, wäre die politische Philosophie wie die politische Bildung linguistisch nachzuladen. Als linguistische politische Philosophie konstituiert sich die politische

Bildung als mediale, bzw. fallen mediale und linguistische politische Philosophie zusammen.

Das Ordnungs- und das Kriegsmodell werden sich darum schwerlich bemühen. Sie übergehen geflissentlich die linguistischen Zusammenhänge. Das deliberative Modell wird natürlich die Einsichten Rancières und vor allem Lyotards kaum berücksichtigen, würde dadurch deren Ansatz der Universalisierbarkeit hintergangen. Es versteht sich beinahe von selbst dass eine linguistische politische Philosophie, die von sich aus politische Bildung in Medienbildung transformiert, primär im Rahmen des Konfliktmodells der Politik berücksichtigt wird. Und just ob ihres medialen Charakters durch ihren Fokus auf die Sprache entspricht sie den Individualisierungsbedingungen, entzieht sie die Bildung der rein staatlichen Orientierung und öffnet sie für individuelle bzw. involutive Spielräume.[1]

---

[1] Vgl. Hans-Martin Schönherr-Mann, Was ist politische Philosophie? Frankfurt, New York 2012, 138

11. Vorlesung
BILDUNG UND STAAT

Wenn es um Involution geht, dann greift die mediale politische Bildung auf Medientheorien, Hermeneutik, Dekonstruktion und linguistische politische Philosophie zurück. Aber bestimmt nicht immer der Staat jede Form der politischen Bildung? Welche Rolle spielt der Staat in der politischen Bildung? Das hängt natürlich vom Politikmodell ab, mit dem man Bildung und Medien begegnet. Jedenfalls ist der Staat jene Institution, die nicht nur eine politische Bildung organisiert. Sie lenkt, be- oder verhindert individuelle Aktivitäten. Als übermächtige Instanz scheint sie diese sogar völlig aufzuheben. Wenn es um eine Alternative von Involution oder Revolution geht, dann stellt sich abschließend die Frage nach dem Staat.

In der schönen neuen medialen Welt kann man sich auf traditionelle Gewissheiten nicht mehr verlassen. Eigentlich konnte man das nie, nur merkte man das nicht, weil die Religionen feste Weltverständnisse lieferten und auch sanktionierten. Viele Fragen durften nicht gestellt, viele Zweifel nicht geäußert, viele Interessen nicht formuliert werden. Die Einwände gegen die jeweilige Metaphysik waren entweder aus vielfältigen Gründen nicht überzeugend oder sie ließen sich unterdrücken. Doch solche Unterdrückung fällt heute selbst Diktaturen schwer, Demokratien stehen sie gar nicht. Die Sprachspiele verselbständigen sich, was involutive Prozesse befördert, während Revolutionen durch gegenläufige, abwegige wie holzwegige Sprachspiele notorisch scheitern.

Politische Bildung – und das ist ja auch nie ihre Aufgabe gewesen – soll nicht dazu befähigen, Politiker zu werden oder Politik zu machen. Sie soll vielmehr dazu befähigen, Politik in einem vom jeweiligen Politikmodell bestimmten Maße zu verstehen. Im medialen Zeitalter lässt sich das indes nicht mehr so leicht darauf beschränken, Institutionen und Mechanismen der Politik zu erklären, auch nicht abstrakte Probleme der Weltgesellschaft. Politische Bildung steht jedenfalls im Horizont des Konfliktmodells vor der Aufgabe, die mediale und politische Konstruktion von Wirklichkeit zu durchschauen. Sonst versteht man weder die Politik noch das eigene Leben – das Ganze spricht von sich selbst sowieso nur dunkel und vage. Politische Bildung braucht dazu die Medienbildung, weil sich die Politik den Medien verdankt.

Mediale politische Bildung liefert in der Perspektive des Konfliktmodells ein genealogisches Verständnis von Politik und hinterfragt politisch und medial implantierte Wirklichkeiten medientheoretisch, hermeneutisch, dekonstruktiv und sprachphilosophisch. Unter Individualisierungsbedingungen entwickelt das Konfliktmodell Bildung nicht nur aus der Perspektive von Bildungsinstitutionen, sondern vor allem aus der Perspektive individualisierter Bürgerinnen, die sich selber um mediale politische Bildung bemühen. Es geht um die mediale Produktion von Bildern, um Differenzen von Wiederholungen, um Sprachspiele, um die sich gegenseitig verschiebenden Signifikanten, um prozessuale Relationen, die sich permanent verändern, neue Strukturen aufblitzen lassen, die schnell wieder verschwinden. So entfaltet Medienbildung als politische Bildung einen differenzierenden und verschiebenden Blick auf zentrale politische Kategorien.

Wenn diese oszillieren, dann ist die involutive Intervention nicht aussichtslos.

Wo sich indes diese Kategorien als festgefügt präsentieren, droht die Revolution, welche auch immer, die linke, die rechte oder die religiöse – und sie kann sich auch als permanente Reform verstecken – der heutige Trend der Politik. Daher wird eine involutive politische Bildung allen politischen Bewegungen, die die westliche Demokratie abschaffen oder zumindest massiv umgestalten wollen, als affirmativ erscheinen, gleichgültig ob es sich um doktrinäre Kommunisten, Identitäre oder religiöse Fundamentalisten handelt. Gemäß des Ordnungs- und des Kriegsmodells werden die Zusammenhänge zwischen Medien, Bildung und Politik so reduziert, dass politische Bildung keine Medienbildung, sondern bloße Einstimmung des Bürgers in die politische Welt bedeutet. Die Medien erscheinen als reine Mittel, so dass sich das politisch proklamierte Wirklichkeitsverständnis möglichst nicht hinterfragen lässt.

Das deliberative Modell stützt sich stärker auf politische Bildung im engeren, gängigen Sinn und auf philosophische Bildung in der Aufklärungstradition. Medien, Bildung und Politik werden in kein genealogisches Verhältnis zueinander gebracht, sondern in eines, das Konsens ermöglichen soll und sich dazu primär auf den Universalismus stützt.

Das Ordnung-, Kriegs- und das deliberative Modell sind in den letzten beiden Vorlesungen in den Hintergrund getreten, da es mir ja um das Verhältnis von Medienbildung und politischer Bildung unter Individualisierungsbedingungen geht, und unter der Bedingung, dass Involution zumindest nicht strukturell ausgeschlossen wird wie im Ordnungs- und Kriegsmodell, bei Platon, Schmitt, und Strauss. In diesen drei Modellen spielt die Medienbildung jedenfalls keine genealogische Rolle, was auch für die politische Bildung gilt. In dieser vorletzten

Vorlesung geht es nochmals darum, alle vier Modelle zueinander ins Verhältnis zu setzen und zwar hinsichtlich ihres Staatsverständnisses, das ja für die politische Bildung eine zentrale Rolle spielt, bestimmen und organisieren gemeinhin staatliche Institutionen die politische Bildung.

11.1. Bildung als soziales Kapital und als polizeiliche Ordnung

Welche Rolle spielt der Staat in der politischen Bildung gemäß des Ordnungs- und des Kriegsmodells? Bourdieu bestimmt den Staat aus dem Funktionieren von Institutionen heraus, die staatliche Bürokratisierungsbemühungen intensivieren. Das lässt sich mikrologisch betrachten. Staatliche Institutionen versuchen diverse soziale, ökonomische, vitale und individuelle Prozesse zu erfassen, zu kontrollieren und zu lenken. Auch das passiert just vor Ort, realisiert sich im einzelnen Ereignis, das als solches indes konstruiert wird. Bourdieu schreibt: „Von Anfang an (das ist für sämtliche Traditionen belegt – das alte Rom, China) geht das Auftauchen einer staatlichen Instanz mit Bemühungen der öffentlichen Mächte einher, zu messen, zu rechnen, zu bewerten, zu wissen. Die Geburt des Staates ist von einer ungeheuren Akkumulation von Informationskapital nicht zu trennen. Zum Beispiel entwickeln sich mit dem Staat die Geheimdienste, eine wesentliche Dimension moderner Staaten."[1] Der Staat verdankt sich also von Anfang an medialen Prozessen der Informationsverarbeitung, stützt er sich auf die Schrift,

---

[1] Pierre Bourdieu, Über den Staat, 1989-1992, 374

ohne die seine mikrologische Präsenz – und sei diese auch negativ einschreibend und dadurch sinnverschiebend somit sinnstiftend – gar nicht funktionieren könnte. Er braucht dazu gebildete Funktionäre, wobei Bildung eine Art Medienbildung darstellt – man denke an die ägyptischen Schreiber. Staatlich leben die Zeitgenossen immer schon im Informationszeitalter.

Vor diesem Hintergrund präsentiert sich eine heutige Medienbildung als politische Bildung, indem einzelne Prozesse beschrieben werden, so dass die Bürgerin nicht nur lernt, mit den Medien systemadäquat umzugehen, sondern auch besser versteht, in welchen Zusammenhängen und Beziehungen sie selbst operiert, gelenkt wird, aber sie auch daran teilhaben kann, um diese Lenkung abzulenken bzw. zu verschieben. Das Ordnungs- wie das Kriegsmodell wollen solche Einsichten, solche individuellen Verschiebungen gerade verhindern. Für beide heißt Medienbildung nur Kompetenzen zu erlernen, die der Untertan für seine Funktionen braucht. Einblicke in Zusammenhänge, die zu individueller Emanzipation führen könnten, werden geradezu verhindert, Metonymien soweit wie möglich beschränkt. Bourdieus Analyse liefert dazu einen Einblick, wie der Staat im Sinne von Ordnungs- und Kriegsmodell mit Bildung und Medien umgeht.

Bourdieu untersucht die Funktion der Bildung selbst, die in manchen Staaten gar eine herausragende Rolle spielt. Dabei geht es primär um die Verteilung von Sozialchancen durch das Bildungssystem, also letztlich um die Stabilisierung bestimmter staatlicher Präsenzen, Ein- und Ausschlussverfahren, die Involution verhindern. Im Sinn des Ordnungs- und Kriegsmodells geht es selbstredend nicht um eine gar involutive Medienbildung als politische Bildung. Das gilt selbst für das revolutionäre Frankreich, das nicht nur ein extrem elitäres Bildungssystem besitzt, das die Voraussetzung für die Verteilung von Sozialchancen darstellt. Auch in Japan – aber das betrifft vermutlich wiewohl nicht ganz so massiv die meisten Staaten – entfaltet sich dieser Trend, bei dem Bildung und Macht ineinanderlaufen. Bourdieu schreibt: „Die Bürokratisierung geht Hand in Hand mit dem Interesse an der Kultur als Mittel des Zugangs zur Bürokratie. Weber hat das bemerkt, aber das reicht weit über das hinaus, was er dazu gesagt hat. In Frankreich wird die Akkumulation kulturellen Kapitals sehr früh zu einem Zugangsweg zur Macht. Sobald bürokratische Institutionen eingerichtet sind, die, wenn schon nicht Kompetenz, so doch schulische Kompetenzgarantien erfordern. In Frankreich kann man diesen Zusammenhang ab dem zwölften Jahrhundert beobachten. Es gibt somit Leute die gemeinsame Interessen mit dem Staat haben, mit der Schule und der schulischen Bildung. In der französischen Tradition sind das die Robenträger, aber auch die Samurai fallen in diese Kategorie.“[1] Die Französische Revolution verlängert also nur einen Prozess, der von weither kommt. Sie transformiert die erforderliche Bildung aus ihrer theologischen Fundierung in eine philosophische Orientierung. Philosophie widersetzt sich keineswegs dem Zusammenspiel von Bildung und Staat, Medien und Macht. Im Gegenteil, sie partizipiert bis heute selber daran, hat ihren staatlich zugewiesenen Platz im Bildungssystem und hofft, daraus nicht vertrieben zu werden – in Bayern hat man sie in die Schule gar nicht hineingelassen.

Bildung entscheidet über staatliche Positionen, wie diese dadurch ihrerseits stabilisiert werden. Bildung wird politisch, indem sie gerade verhindert, politische Bildung zu sein. Bildung erweist sich derart als ein politisches Kapital, das natürlich ökonomische Effekte nach sich zieht. Bildung, staatliche Institutionen und ökonomische

---

[1] Pierre Bourdieu, Über den Staat, 1989-1992, 278

Prozesse spielen derart zusammen. Darauf kann sich das Ordnungsmodell der Politik genauso wie das Kriegsmodell stützen. Politische Bildung wird durch Bildung ersetzt und verdrängt, von Medienbildung ganz zu schweigen. Letztere reduziert sich gleichfalls auf die allgemeine Bildung, die befähigt, staatliche und ökonomische Positionen zu erhalten und bei der staatlich geförderten Mediennutzung teilnehmen zu können. Bourdieu schreibt weiter: „Dieser bürokratisierte und sicher weiter bürokratisierende Feudalismus verbindet sich immer enger mit den Diplomen. Es gibt wenige Länder, in denen die Tyrannei der Diplome ebenso wütet wie in Japan: Die Perversionen des Schulsystems führen zu einer aberwitzigen Selbstmordrate wegen Schulversagens. Japan ist eine Gesellschaft, in der das Diplom ein Mittel des Aufstiegs und der sozialen Konsekration allererster Ordnung ist. Spricht man von ‚japanischem Wunder', so vergisst man einen bestimmenden Faktor, nämlich die Rolle des kulturellen Kapitals, das mit besonderer Intensität in einer Gesellschaft akkumuliert wird, in der sich die gesamte Tradition auf diese Akkumulation richtet." Vor diesem Hintergrund und auf diese Weise und bestimmt nicht nur in den extrem orientierten politischen Systemen in Japan und Frankreich entfaltet Bildung anti-involutive Tendenzen. Die Herrschaft der Diplome verteilt Sozialchancen und grenzt damit sozial und politisch aus, verhindert geradezu Involution, indem es nur die diplomierten teilhaben lässt, grenzt zudem noch das Modell Eliteschule durch die Bildung von elitären Parallelgesellschaften aus, seien es die politischen, ökonomischen, wissenschaftlichen oder sportlichen Eliten. Ivan Illich möchte dergleichen Eliten daher ja auch abschaffen.

Wenn der Staat dabei in die Bildungspolitik eingreift, dann verschiebt er nicht nur die ökonomischen Anteile der davon betroffenen Gruppen, beispielsweise der Lehrer. Er versucht auch unliebsames Wissen auszugrenzen, gelten die Geisteswissenschaften im Krieg der Ideologien noch als marxistisch durchsetzt, und wurden sie deshalb bekämpft, so betrachtet man sie heute eher als schlicht unproduktiv. Die von ihnen gewonnenen Einsichten weisen nicht nur den Weg von der Medienbildung zur politischen Bildung. Vor allem lassen sie sich ökonomisch kaum nutzen. Indem sie Zeitgenossen auf ökonomische Abwege bringen, beeinträchtigen sie die Produktivität und ihr Beitrag zu selbiger bleibt marginal. Ironischerweise wurden die Geisteswissenschaften schon seit den siebziger Jahren zurückgefahren, galten diese für linke Protagonisten lange als konservative Hochburgen, die sozialdemokratische Landesregierungen durch modernere Fächer ersetzen wollten, wie sie ca. 30 Jahre später etwa Wirklichkeit wurden – empirisch orientierte Fächer, Abschied von jeder Reflexion. Gleichermaßen sahen die Konservativen gerade in den Sozialwissenschaften die Heimstatt des ideologischen Feindes, wird sich Gehlen nach dem zweiten Weltkrieg schnell dem amerikanischen Pragmatismus zuwenden und seinen Schüler Schelsky dementsprechend auf die Schiene setzen, eine konservativ pragmatische, mehr oder weniger empirische Soziologie zu schreiben. Der Angriff erfolgte also von zwei Seiten, so dass es nicht verwundern darf, dass sich die Geisteswissenschaften an den Universitäten heute kaum noch zuhause fühlen können, d.h. dass sie nicht mehr zu deren Ethos gehören: Ethos bedeutet nach Heidegger der Wohnort des Menschen auf dieser Erde: Das Wissenschaftliche empfindet die Geistes- und Sozialwissenschaften als unwirtlich.

2011 erklärte schließlich die britische Regierung, dass sie die Ausgaben für die Universitäten insgesamt und für die Geisteswissenschaften im Besonderen dramatisch senken wollte. 2015 erklärte die japanische Regierung, die Geisteswissenschaften auszutrocknen und zwar mit dem Hinweis, die Ressourcen besser den gesellschaftlichen Bedürfnissen anzupassen: Eben, die Geisteswissenschaften nützen zu wenig, spiegeln sie schon gar nicht mehr den Geist der Zeiten in den Wellen. Sie taugen im Zeitalter des Smartphone und der Videospiele auch aus konservativer Perspektive zum Erhalt einer Leitkultur kaum mehr, die man lieber auf Laptop, Naturverbundenheit und eine moralisch basierte Religiosität gründet – etwa das Konzept, mit dem die Grünen Erfolge erzielten: das Modell Kretschmann. Allerdings haben Konservative damit auch das eigentliche Fundament ihrer Leitkultur verloren, was Sozialdemokraten wie Julian Nida-Rümelin erlaubt, den Begriff auf humanistische Abwege zu lenken, der sich auf die rationale Reflexion stützt, dem dann aber die Basis in der Reflexion und der Dekonstruktion fehlt, um die eigenen metaphysischen Genealogien zu verarbeiten. Es gibt keine Leitkultur ohne Dekonstruktion. Oder eine Kultur wirkt prägend, wenn sie diese Prägende verbirgt, wie eine Ethik dann funktioniert, wenn darüber niemand spricht.

Just aus einem solchen elitären Bildungskonzept entsteht dann auch eine Ablehnung der Demokratie bzw. von involutiven oder partizipatorischen Ansprüchen. Das Wissen besitzt entweder platonisch, katholisch oder technologisch begründet ein stabiles Fundament, so dass sich daraus ableiten lässt, wie man politische und soziale Probleme löst. Darüber verfügen die Eliten, die somit den Staat auch lenken sollen, wenn nicht sogar ein großer weiser Führer diese Richtung anweist. So unterstellt Foucault der klassischen politischen Philosophie: „Wenn man mit Aristoteles so gut wie möglich versucht, die Gesetze und Regeln der Demokratie zu rechtfertigen, dann kann die Demokratie der moralischen Vortrefflichkeit nur einen einzigen Platz zuweisen, einen Platz, der gleichbedeutend mit der Ablehnung der Demokratie selbst ist. Wenn es wirklich einen Tugendhaften gibt, dann mag die Demokratie verschwinden und die Men-

schen mögen diesem tugendhaften und ethisch vortreffli-
chen Mann wie einem König gehorchen."[1]

In einer überschaubaren attischen Polis, in der nur ein
kleiner Teil ein Recht hatte, politisch sich zu äußern, die
Parrhesia auszuüben, in der vor allem die Notwendigkeiten und Herausforderungen des Gemeinwesens für diese
kleine Gruppe überschaubar erschienen, der empirisch
gegebene Rahmen der Polis als ethische Orientierung,
konnte Platon Gehör mit der Metapher finden, die Polis
sei wie ein Schiff, das einen Steuermann brauche – noch
dazu in einer Seefahrergesellschaft wie der griechischen.
Es mochte für die kleine Gruppe von Bürgern, die also
zur Parrhesia berechtigt waren, fähigere und weniger
fähigere geben und aus einem philosophischen Blickwin-
kel konnte man vielleicht sogar solche Qualitäten entdecken und unterscheiden, ohne dass man dahinter dubiose
Interessen ausmachte. Auch militärisch hatte man die
Erfahrung gemacht, dass man effizienter gemeinsam
kämpft, als wenn man sich auf die diversen Helden aus
der Ilias verlässt, die ihre jeweiligen Eitelkeiten pflegten,
der reizbare Achill und der verschlagene Odysseus – was
sich aber letztlich nur auf der Generals- und Feldherrn-
ebene abspielt. Umgeben von einer Welt von Feinden, die
sich auch relativ leicht als solche erkennen ließen, lag
somit die Idee einer unangefochtenen und demokratisch
nicht behinderten Führerschaft nahe. Rousseau wird
seine direkte Demokratie aller Bürger denn umgekehrt
auf kleine Stadtstaaten fokussieren und dann auch noch
die Voraussetzung machen, dass diese Bürger alle gleich
gebildet sein müssen, um das Gemeinwohl und somit den
Gemeinwillen zu erkennen, fällt derart die Demokratie
mit der Einheitsherrschaft in eins, die nicht mal eine

---

[1] Michel Foucault, Der Mut zur Wahrheit – Die Regierung des Selbst
und der anderen II, Vorlesung am Collège de France 1983/84. Frank-
furt/M. 2010, 80

Diktatur ist, weil ja alle damit einverstanden sind – der Traum aller charismatischen Führer; oder *Träumereien eines einsam Schweifenden* von der absoluten Macht. „Dies eine nur: alle Herzen glücklich zu sehen. " So halluziniert sich der empfindsame Rousseau ein führendes politisches Wirken. „Allein der Anblick öffentlicher Seligkeit hätte mein Herz mit nachhaltiger Rührung erfüllt, und der glühende Wunsch, meinen Teil dazu beizutragen, wäre meine beständigste Leidenschaft geworden."[1] So sieht denn auch Heinrich Meier in Rousseau einen Verfechter der Ungleichheit und gerade nicht der Gleichheit, „der wie kein anderer im Jahrhundert der Aufklärung der Meinung entgegentritt, es gelte, es sei möglich oder auch nur erstrebenswert, die Philosophie populär zu machen, der mit den politischen Philosophen vor ihm wie nach ihm darin übereinstimmt, dass die Philosophie für die Gesellschaft ihrer Natur nach bedrohlich, dass die Wahrheit gefährlich und dass die Unterscheidung zwischen Philosophen und Nichtphilosophen unaufhebbar ist, weil die Menschen von Natur aus ungleich sind."[2] Dann avanciert auch Rousseau zu einem Vordenker einer gelenkten und gerade keiner partizipatorischen Demokratie, auf den Robespierre nicht ganz zu Unrecht zurückgreifen konnte, weisen seine berühmten Sätze aus *Du Contrat social* woanders hin, als sie geläufig zitiert werden – nämlich letztlich doch zur Revolution einer Elite der Weisen und nicht zur Involution: „Der Mensch wird frei geboren, aber überall liegt er in Ketten. Manch einer glaubt, Herr über die anderen zu sein, und ist ein größerer Sklave als sie. Wie ist es zu dieser Entwicklung gekommen? Ich

---

[1] Jean-Jacques Rousseau, Träumereien eines einsam Schweifenden – Les rêveries du Promeneur Solitaire (1776-1778), übersetzt von Stefan Zweifel, Berlin 2012, 153
[2] Heinrich Meier, Über das Glück des philosophischen Lebens – Reflexionen zu Rousseaus *Rêveries*, München 2011, 19

weiß es nicht. Was kann sie rechtmäßig machen? Ich glaube, dass ich dieses Problem lösen kann."[1] Eben gibt es einen Weisen, für den Rousseau sich selbst hält, dann reduziert sich die Demokratie auf eine simulierte Demokratie, demokratisch höchstens Symbolpolitik betreibt.

Ja, wenn es wirklich eine ungleich verteilte Tugend gibt und wenn einzelne in herausragender Weise darüber verfügen und wenn das vor allem objektivierbar sein sollte, dann ist überhaupt jede Demokratie obsolet, weil sie sich gegen die Tugend und das Allgemeinwohl richtet. Leo Strauss und Max Weber gehen davon aus, sehen aber ein, dass sich diese sittliche Vortrefflichkeit nicht so leicht objektivieren lässt und akzeptieren daher eine Art gelenkte Demokratie. Carl Schmitt traut dieser Objektivierbarkeit gar nicht und ersetzt sie durch eine Gehorsamsbeziehung: Der Untertan darf sich dann einbilden, dass der Führer seine Interessen vertritt, die in der gepflegten moralischen Mittelstandsdemokratie sonst niemand beachtet. Nun werden auch Populisten in Demokratien wieder abgewählt, es sei denn, es gelingt ihnen, die Demokratie entsprechend umzugestalten, d.h. sie aufzuheben, sie bestenfalls in eine gelenkte Demokratie übergehen zu lassen. Für Schmitt braucht der Souverän nicht nur nicht Recht zu haben, um Recht zu setzen. Er entscheidet nicht auf Grund von Einsicht, sondern nach blinder Dezision über den Ausnahmezustand. Arendt beschreibt, wie die Willkür totalitärer Diktatoren die Unterworfenen zur blinden Gefolgschaft zwingt.

---

[1] Jean-Jacques Rousseau, Vom Gesellschaftsvertrag (1762), Politische Schriften Bd. 1, Paderborn 1977, 61

11.2. Politische Bildung als Sozialkritik im deliberativen Modell

Welche Rolle spielt der Staat in der politischen Bildung beim deliberativen Politikmodell? Spätestens mit der Französischen Revolution und den Klassengesellschaften des 19. Jahrhunderts, mit den immer größer werdenden Territorialstaaten wächst sich die Komplexität sozialer und politischer Systeme so weit aus, dass Politik nicht mehr im Sinn von Carl Schmitt Entscheidung heißt, sondern deliberatives Aushandeln und demokratische Streitkultur verlangt, an der möglichst viele beteiligt sein müssen, so dass sich die Betroffenen mit dem politischen Geschehen verbunden fühlen, auch und vor allem dadurch dass sich viele an der politischen Diskussion beteiligen: der Sinn von Involution. Das deliberative Politikmodell indes will eine Aufklärung darüber zumindest beschränken bzw. diese in eine gewünschte Richtung lenken, nämlich in die Anerkennung der Universalität und Kommunikativität der Vernunft, spielen dabei Medien also durchaus eine konstitutive Rolle. Den entsprechenden Umgang mit diesen vermittelt die politische Bildung; Medienbildung als ein Gegenstand der politischen Bildung.

Dazu gehört auch Kapitalismuskritik, die längst in der sogenannten Mitte der Gesellschaft angekommen ist, wenn man an Papst Franziskus denkt, wie sie beispielsweise Colin Crouch mit seinem Begriff der Postdemokratie formuliert: „Solange uns nur die einfache Unterscheidung zwischen Demokratie und Nichtdemokratie zur Verfügung steht, sind allen Diskussionen um den Gesundheitszustand unseres politischen Systems enge Grenzen gesetzt. Der Begriff Postdemokratie kann uns dabei helfen, Situationen zu beschreiben, in denen sich nach einem Augenblick der Demokratie Langeweile, Frustration und Desillusionierung breitgemacht haben; in denen die Repräsentanten mächtiger Interessengruppen, die nur für eine kleine Minderheit sprechen, weit aktiver sind als die Mehrheit der Bürger, wenn es darum geht, das politische System für die eigenen Ziele einzuspannen; in denen politische Eliten gelernt haben, die Forderungen der Menschen zu lenken und zu manipulieren; in denen man die Bürger durch Werbekampagnen ,von oben' dazu überreden muss, überhaupt zur Wahl zu gehen. Das heißt nicht, dass wir in einem nichtdemokratischen Staat leben, der Begriff beschreibt jedoch eine Phase, in der wir gleichsam am anderen Ende der Parabel der Demokratie angekommen sind. Viele Symptome weisen darauf hin, dass dies heute in den Industrienationen der Fall ist und wir uns vom Ideal der Demokratie fort- und auf das postdemokratische Modell zubewegen."[1]

Für Crouch gehören Demokratie und Sozialstaat zusammen, was nach Jan-Werner Müller indes höchstens für Großbritannien gilt, wo Labour nach dem Krieg den Sozialstaat ausbaute. In Frankreich, Italien, Benelux und Deutschland waren es dagegen christdemokratische Parteien, erklärt Müller die Christdemokratie zur „wichtigsten ideologischen Innovation der Nachkriegszeit und einer der bedeutendsten des europäischen 20. Jahrhunderts überhaupt."[2] Der Sozialstaat, den christdemokratische Parteien nach dem Weltkrieg aufbauten, geriet indes erheblich paternalistischer und orientierte sich am traditionellen Familienbild. Dabei vermittelte für Müller vor

---

[1] Colin Crouch, Postdemokratie (2004), 29
[2] Jan-Werner Müller, Das demokratische Zeitalter – Eine politische Ideengeschichte Europas im 20. Jahrhundert, Berlin 2013, 219

allem der Neothomist Jacques Maritain zwischen Katholizismus und Demokratie: „Die Christdemokraten erklärten auch die Menschenrechte als unverzichtbar für eine wirklich katholische Weltanschauung – eine Entwicklung, die sich kaum nachvollziehen lässt, wenn man nicht die Rolle des französischen Philosophen Jacques Maritain berücksichtigt."[1] Was Demokratie und Sozialstaat betrifft, war das 20. Jahrhundert also kein sozialdemokratisches, wie es Ralf Dahrendorf formulierte, sondern ein christdemokratisches.

Dann wird es doch etwas schwieriger von Postdemokratie zu sprechen, noch dazu wenn Müller die westlichen Nachkriegsdemokratien selbstdisziplinierte Demokratien nennt, die die Bevölkerung nur turnusgemäß zu den Wahlurnen schickten, ihr einen weitergehenden politischen Einfluss aber kaum zugestanden. Die Nachkriegsdemokratien waren zumeist nicht darauf ausgerichtet, aktiven Bürgerinnen eine politische Beteiligung außerhalb der etablierten Parteien zuzugestehen. Noch heute hört man in Deutschland die Klage, dass man auf Grund von protestierenden Bürgerinnen nichts Großartiges mehr bauen könne – man denke an die Auseinandersetzung um den Bahnhofsneubau Stuttgart 21 oder die Bürgerentscheide gegen Olympische Spiele. Diese selbstdisziplinierte Demokratie der Nachkriegsjahre erscheint indes nicht sehr demokratisch, eher postdemokratisch, während Crouch oder auch Paul Mason in ihnen das Vorbild für eine gerechte soziale Demokratie sehen, was doch einer gewissen Ironie nicht entbehrt, wenn Ludwig Erhard zum Helden von Linken avanciert.

Interessanterweise erhält für Müller die westliche Demokratie vor allem durch die diversen Protestbewegungen der sechziger Jahre demokratischere Elemente. Man darf allerdings dann auch gegen Crouch einwenden,

---

[1] Jan-Werner Müller, Das demokratische Zeitalter, 2013, 229

dass eben seither ein untertäniges Bewusstsein weniger und die Zivilgesellschaft stärker wurde, während sich diverse Formen außerinstitutioneller Partizipation entwickelten. Denen verdanken sich unter anderem die ökologischen Initiativen wie jene, die 2015 Flüchtlingen helfen. Im deliberativen Politikmodell wird die Zivilgesellschaft unter gegebenen Prämissen der Universalität und der Rationalität von Geltungsansprüchen durchaus berücksichtigt. Das Ziel ist jedoch der Konsens und nicht die Streitkultur, die durch die Gesellschaftskritik ersetzt wird, die auf derartigen deliberativen Voraussetzungen aufruht.

Dazu gehört auch eine radikale Kritik, wie sie 2013 Wolfgang Streeck formulierte. So ist die Euro-Rettungspolitik während der Finanzkrise bis heute auch von vielen Seiten angegriffen worden. Zur Sozialkritik gehört denn sicherlich nicht alleine eine affirmative Kritik, muss es in einer deliberativen Demokratie durchaus Platz für eine harte Oppositionspolitik geben. So schreibt Streeck: „Wenn konstruktive Opposition unmöglich ist, bleibt für diejenigen, die sich nicht damit begnügen wollen, auf Lebenszeit Schulden abzuzahlen, die andere für sie aufgenommen haben, nur destruktive Opposition. Sie ist nötig, um die retardierende Wirkung der Restdemokratie in den Nationalstaaten zu verstärken."[1] Diese Kritik tik endet in rechtsstaatlichen Demokratien dort – und das lässt sich heute eindeutiger sagen, als vielleicht vor 30 Jahren –, wo Gewalt beginnt, den Rahmen eines zivilen Ungehorsams zu überschreiten. Gewalt in der deliberativen Kritik darf den öffentlichen Raum nicht verlassen, müssen die Akteure wie ihre Taten beobachtbar und verfolgbar sein und darf selbstverständlich nicht auf die Verletzung von Personen abzielen, während Schlägereien auf Demonstrationen höchstens als ein Abgleiten akzep-

[1] Wolfgang Streeck, Gekaufte Zeit, 2013, 218

tabel sind, was manchmal auch von der Polizei zu verantworten ist – man denke an den harten Polizeieinsatz in Stuttgart gegen eine Demonstration von Gegnern des Bahnhofsneubaus am 10. September 2010. Gewalt darf weder in den Terrorismus noch in den Bürgerkrieg führen – das lehrt auch der arabische Frühling. Ob Habermas so weit geht wie Streeck, darf trotzdem bezweifelt werden. Doch im deliberativen Modell spielt die Sozialkritik oder auch die Kritik im Allgemeinen eine ähnliche Rolle wie die Streitkultur im Konfliktmodell. Die Kritik bestimmt die Funktion der politischen Bildung, die im Konfliktmodell die Medienbildung übernimmt.

So lässt sich feststellen, dass Medienbildung in den anderen drei Politikmodellen eigentlich keine politische Bildung darstellt. Selbstredend beruht Politik auf Medien und Bildung. Letztere als politische Bildung beschränkt sich aber darauf, die Wirklichkeit entweder instrumentell zu verstehen, wie sie medial präsentiert wird, oder ihr im deliberativen Modell zumindest mit einer kritischen Haltung zu begegnen.

11.3. Der Staat im Konfliktmodell

Welche Rolle spielt der Staat in der politischen Bildung beim Konfliktmodell? Das Konfliktmodell betrachtet Medien und Bildung aus einer anderen Perspektive. Wichtiger als eine vermeintlich richtige politische Entscheidung, die es höchstens als relative gibt, weil sich Richtigkeit nur an einer Weltsicht misst, ist die Beteiligung möglichst vieler Betroffener an der Politik, natürlich auch an politischen Entscheidungen. Die Frage stellt sich, wie alle jene beteiligt werden, die dazu gezählt werden möchten. Dann würde das, was passiert, von vielen Menschen getragen. In dieser Hinsicht haben viele bis vor kurzem große Hoffnungen mit dem Internet verbunden, die indes längst in Frage stehen. Im Konfliktmodell befähigt Medienbildung die Bürgerinnen politisch derart, dass diese ihre eigenen metonymischen Möglichkeiten performativ auszunützen verstehen: der Sinn von Involution.

Derart kann man Hegels „Fortschritt im Bewusstsein der Freiheit"[1] im Laufe des 20. Jahrhunderts in der westlichen Welt diagnostizieren: Die Hoffnungen auf den großen Führer und damit verbunden auf Patentrezepte der Problemlösung, des Ausnahmezustands, der gegenüber dem rationalisierten Rechtszustand angeblich dem Leben wieder Geltung verschaffen soll, sind seit der Jahrhundertmitte massiv weniger geworden. Jedenfalls wissen mehr Menschen um die Komplexität der modernen Welten und es ist ihnen auch klar, dass diese kaum

---

[1] Georg Wilhelm Friedrich Hegel, Vorlesungen über die Philosophie der Geschichte (1822/23), Werke Bd. 12, Frankfurt/M. 1970, 32

von einzelnen vermeintlich Erleuchteten beherrscht werden, auch nicht von bestimmten Gruppen. Doch solcher „Fortschritt im Bewusstsein der Freiheit" ist selbstredend umkehrbar und bestimmt, anders als es sich Hegel denkt, nicht notwendig den Verlauf der Geschichte. Immer wieder breiten sich entgegengesetzte Erwartungen aus, wenn man auf eine Regierung der Experten, auf die politische Kompetenz von Wirtschaftsführern oder die Weitsicht von ökologisch oder moralisch Beseelten setzt. Dabei ist Konsens durchaus wünschenswert, kann aber angesichts der Komplexität der politisch sozialen Zusammenhänge und Ereignisse kein Ziel der Politik sein. Schließlich erreicht man ihn nicht durch angebbare Prozeduren, sondern höchstens durch zufällige Übereinstimmung oder durch die nicht berechenbare Bereitschaft einzulenken. Zum „Fortschritt im Bewusstsein der Freiheit" gehört keine Notwendigkeit mehr. Man hat gelernt, dass kein politisches System auf Dauer zu stellen ist als ein finaler Zustand der Geschichte, nicht der Islamische Staat, nicht der Kommunismus, nicht der Faschismus, aber leider auch nicht die Demokratie in welcher Form auch immer, wie es sich Francis Fukuyama 1992 erhoffte.

Welches Politikverständnis werden stattdessen die individualisierten Lebensformen, die sich emanzipierenden Bürgerinnen, die zivilgesellschaftlich engagierten Zeitgenossinnen von der Flüchtlingshilfe bis zu *Amnesty international* entwickeln? Es mag arrogant klingen – letztlich werden sie tun, was sie für richtig halten. Aber Involution wird von existentialistischem Denken, Hermeneutik und Dekonstruktion befeuert. Um unter Individualisierungsbedingungen den medialen Herausforderungen politisch gerecht zu werden, ist jene vom philosophischen Mainstream als schräg und kauzig (Quine) betrachtete Philosophie von Nöten. Dazu reichen weder analytische Philosophie noch die Konzepte von Habermas und Apel, die die Türe zur Involution einfach nicht weit genug öffnen.

Wie wird der Staat durch Hermeneutik, Dekonstruktion und linguistische politische Philosophie erfasst? Das gängige Staatsverständnis stellt sich den Staat als übermächtiges Subjekt von Handlungen vor – man denke nur an das Wort ‚Vater Staat‘, das obendrein nicht bloß an Gottvater anschließt, den Staat als Familie metaphorisiert, sondern metonymisch im Staat eine vermeintlich natürliche Hierarchie anlegt. Man scheint ihm alles zu verdanken und muss sich ihm unterordnen. Ein Philosoph hat dieser Perspektive die höheren Weihen verliehen, nämlich Sokrates, der lieber ein ungerechtes Todesurteil akzeptiert, als Unrecht zu tun, nämlich davor zu fliehen. Als wäre die Flucht ein Unrecht gewesen! Ungerechte Gesetze oder Urteile, die durch sie gebildet werden, mögen rechtmäßig sein, aber nicht gerecht. Dann mag es unrechtmäßig sein, sich ihnen zu widersetzen. Doch man braucht sich vor keinem rechtmäßigen Urteil zu fürchten, lässt sich auf Rechtmäßigkeit keine Moral aufbauen.

Für ein solches Staatsverständnis hat der Staat gar die absolute Macht, ist er fähig zu handeln. Pierre Bourdieu widerspricht: „Ich könnte Ihnen Kilometer von Literatur nennen, in denen das Wort ‚Staat‘ als Handlungssubjekt, als Subjekt von Aussagesätzen vorkommt. Dies ist eine ganz gefährliche Fiktion, die uns daran hindert, den Staat zu denken. Als Präambel wollte ich Ihnen also sagen: Achtung, alle Sätze, die den Staat als Subjekt haben, sind theologische Sätze – was nicht heißt, dass sie falsch wären. (. . .)“[1] Warum sollten denn theologische Sätze nicht falsch sein? Erfährt man etwas über politische Prozesse, wenn man sie theologisch interpretiert? Das sollte doch eher verwundern.

---

[1] Pierre Bourdieu, Über den Staat, 1989-1992, 31

Doch Bourdieus Bemerkung muss man aus einem anderen Horizont heraus verstehen, formuliert Carl Schmitt doch einen seiner berühmten Sätze folgendermaßen: „Alle prägnanten Begriffe der modernen Staatslehre sind säkularisierte theologische Begriffe."[1] Aus der jüdisch christlichen Tradition heraus bestimmt sich die Politik in ihrem inneren Kern als religiös implantiert – zumindest jene, des christlichen Abendlands. Wer den Staat säkularisieren will, der raubt ihm sein Sinnesfundament und muss sich nicht wundern, wenn Staaten scheitern und sich auflösen: Die Rückkehr in den Natur- als Kriegszustand.

Dieser Perspektive von Schmitt, die im Sinn von Bourdieu durchaus nachvollziehbar ist, also noch das Denken vieler Menschen hintergründig prägt, widerspricht neben Bourdieu vor allem Giorgio Agamben, der zwar die liberale politische Ökonomie aus der göttlichen Vorsehung ableitet, die ihrerseits aus der Trinitätslehre heraus entsteht, wenn Gottvater fern, Gottsohn aber mit Hilfe des Heiligen Geistes hintergründig die Welt lenkt. So bemerkt Agamben: „Indem die Moderne Gott aus der Welt verbannt hat, ist sie nicht nur nicht der Theologie entkommen, sondern hat gleichsam nichts anderes gemacht, als das Projekt (. .) <der Ökonomie der göttlichen Vorsehung> zu vollenden."[2] Doch die trinitarische Theologie verdankt sich selbst schließlich der Ökonomie des Aristoteles, bzw. dessen Oikos-Lehre und dem ökonomischen Denken in der griechisch römischen Antike. Dann allerdings müsste die These Schmitts nicht nur umgedreht werden: Alle wesentlichen theologischen Begriffe sind ökonomischer, manche gar politischer Natur. Die

---

[1] Carl Schmitt, Politische Theologie (1922), 43
[2] Giorgio Agamben, Herrschaft und Herrlichkeit – Zur theologischen Genealogie von Ökonomie und Regierung (Homo sacer II.2) (2007), Frankfurt/M 2010,342

These Schmitts erhält dadurch selbst einen genealogischen Charakter.

Für Agamben hat Schmitts Interpretation jedenfalls gravierende Folgen: „Am unheilvollsten wirkte sich dieses im Gewand politischer Legitimierung auftretende theologische Dispositiv dadurch aus, dass es die demokratische Tradition dauerhaft daran hinderte, die Regierung und ihre Ökonomie (. .) zu denken."[1] Demokratie sieht sich immer mit autoritären ökonomischen wie theologischen Ansprüchen konfrontiert, die die Demokratie entweder in Frage stellen oder sie in ihrem Sinn umdeuten – und zwar strikt antiivolutiv. Während der Fürst als mächtiges handlungsfähiges Subjekt propagiert wird, dem gar noch Gottvater hilft oder zumindest Gottsohn, diese beiden sich also als mächtige Subjekte präsentieren, kann man die Demokratie als handlungsunfähig disqualifizieren. Sie behindert gar den Staat als politisches Subjekt, schwächt dessen Souveränität – Argumente nicht bloß rechter EU-Gegner. Wie bemerkt doch Streeck über den Rechtspopulismus, den er selbst gar nicht Populismus nennen möchte: „Die neuen Protektionisten werden die Krise des Kapitalismus nicht beenden; allerdings holen sie die Politik ins Spiel zurück und bringen ihr die zu Globalisierungsverlierern gewordenen Mittel- und Unterschichten nachhaltig in Erinnerung."[2] Wenn man sich indes im Sinn von Bourdieu klar macht, dass der Staat aus vielerlei Hinsicht gar kein Subjekt sein kann, dann zerfällt der Souverän als mächtiges Subjekt unabhängig vom politischen System.

Aus umgekehrtem Interesse aber in derselben genalogischen Interpretationsrichtung argumentiert bereits Alfred North Whitehead: Der theologische Gedanke der

---

[1] Giorgio Agamben, Herrschaft und Herrlichkeit (2007), 329

[2] Wolfgang Streeck, Die Wiederkehr der Verdrängten als Anfang vom Ende des neoliberalen Kapitalismus; in: Heinrich Geiselberger (Hrsg.), Die große Regression, 2017, 270

Allmacht wie der Allwissenheit sind gerade nicht theologischen Ursprungs, sondern Übernahmen aus antiken Herrschaftssystemen, nämlich aus der ägyptischen Tradition des Pharaos wie später aus der politischen Funktion der Römischen Kaiser, die das Christentum dann auf seinen Gott überträgt: Der Kaiser als Vorbild Gottes! Aber von irgendwoher muss letzterer ja was lernen. Whitehead schreibt: „Aber die tiefergehende Idolatrie, Gott nach dem Bilde der ägyptischen, persischen und römischen Reichsherrscher zu gestalten, wurde beibehalten. Die Kirche wies Gott Attribute zu, die ausschließlich Cäsar angehörten."[1] Selbstredend war die Idee des Kaisertums mit Souveränität oder historisch korrekter mit Allmacht in Verbindung zu bringen, imperiale Propaganda. Der Herrscher regiert gerade nicht, braucht er vielmehr eine Regierung und diese wiederum eine Verwaltung – das trinitarische Modell, das jedenfalls in der gouvernementalen Struktur seit der Aufklärung die souveränen Kleider aus dem politischen Alltag zunehmend verbannt und den nackten Souverän am Nasenring vorführt – den langjährigen Nazi-Kanzler.

Vor diesem Hintergrund beschreibt Bourdieu den Staat aus einer ganz anderen Perspektive als der theologischen Carl Schmitts: „In der Tat sind uns die Staatsdinge unmittelbar vertraut, wir beherrschen sie unmittelbar. Zum Beispiel verstehen wir es, ein Formular auszufüllen; wenn ich ein Formular der Verwaltung ausfülle – Name, Vorname, Geburtsdatum –, verstehe ich den Staat; der Staat gibt mir Anweisungen, auf die ich vorbereitet bin; ich weiß, was ein Personenstand ist, der eine historisch fortschrittliche Erfindung ist."[2] Der Staat realisiert sich nicht auf einer fernen herrschaftlichen Ebene, die sich

---

[1] Alfred North Whitehead, Prozess und Realität - Entwurf einer Kosmologie (1927/28), 2. Aufl. Frankfurt/M. 1984, 612
[2] Pierre Bourdieu, Über den Staat, 1989-1992, 195

bestenfalls mit platonischen Kategorien halluzinieren lässt, sondern mikrologisch dort, wo er sich im Verhalten des Individuums konkretisiert, wenn der Bürger vor der roten Ampel stehen bleibt. Die Bürgerin läuft vorsätzlich weiter.

In diesem Sinn bemerkt auch Foucault: „Der Staat ist zugleich das Bestehende, aber auch das, was noch nicht genügend existiert."[1] Auch für Foucault wird der Staat von den gängigen Staatstheorien und -Wissenschaften fälschlich als einheitliche Institution interpretiert, wenn beispielsweise Georg Jellinek den Staat durch eine Staatsgewalt, ein Staatsvolk und ein Territorium positiv definiert. Solchen Vorstellungen widerspricht Foucault: „Der Staat ist, mit anderen Worten, weder ein Haus noch eine Kirche, noch ein Reich. Der Staat ist eine spezifische und unzusammenhängende Wirklichkeit. Der Staat existiert nur für sich selbst und in Bezug auf sich selbst, was auch immer das System des Gehorsams sei, das er anderen Systemen wie der Natur oder Gott verdankt."[2] Foucault beschreibt zwar wie Bourdieu den Staat positiv mikrologisch, damit aber genealogisch von dem her, wie sich der Staat nur indirekt von dem ihm anderen, dem Individuum eingrenzen lässt. Daraus ist kein einheitlicher Begriff des Staates zu bilden, sondern nur einer, der diesen aus dem ihm anderen her beschreibt. So gelangt Foucault zu der negativen These: „Alles in allem ist der Staat vielleicht nur eine bunt zusammengewürfelte Wirklichkeit, eine mythifizierte Abstraktion, deren Bedeutung viel beschränkter ist, als man glaubt."[3]

---

[1] Michel Foucault, Geschichte der Gouvernementalität II – Die Geburt der Biopolitik. Vorlesung am Collège de France 1978-1979, Frankfurt/M. 2004, 16

[2] Ebd., 17

[3] Michel Foucault, Geschichte der Gouvernementalität I, 1977-1978, 163

Mediale als politische Bildung wird dann mit Hilfe solcher Genealogien nicht nur den medialen Verzerrungen politischer Repräsentation nachspüren, sondern damit auch den medialen Wirklichkeitskonstruktionen, in denen politische Subjekte simuliert werden. Indem sich dabei Verführungsstrukturen entbergen, gibt politische Medienbildung den Zeitgenossen zu denken, d.h. sie animiert diese zu reflektieren, ohne von allgemeinen obersten Prinzipien auszugehen. Doch man könnte unterstellen, dass diese genealogischen Einsichten und Ansätze dazu führen, dass sich die Bürgerinnen gerade nicht in die Politik einmischen, dass sie sich eher der Politik enthalten. So formuliert Foucault einen denkwürdigen Imperativ: „Ich würde also bei all diesem nur einen einzigen Imperativ vorschlagen, aber der wird kategorisch und unbedingt sein: Niemals Politik machen."[1] In der Tat, wer Politik aus der Perspektive von Medien und Bildung analysiert, der grenzt sie genealogisch ein. Daraus lässt sich natürlich nicht ableiten, was politisch zu tun ist. Schon gar nicht ergeben sich unmittelbare Ratschläge an den Politiker. Das kann auch weder der Sinn von Bildung noch von politischer Bildung und auch nicht von Medienbildung sein. Sie verfolgen im Zeitalter der Individualisierung wie der Informatisierung immer aufklärerische Absichten, allerdings je nach Politikmodell mit unterschiedlichen Fokussierungen Beim deliberativen richtet man sich auf den Universalismus und im Konfliktmodell dekonstruktiv und reflektierend aus. Die Staatsmodelle von Bourdieu und Foucault bieten jedenfalls Ansätze für außerinstitutionelle politische Aktivitäten von Bürgerinnen, die Involution anstreben, die drei anderen Modelle entweder gar keine oder wie das deliberative höchstens beschränkte.

---

[1] Michel Foucault, Geschichte der Gouvernementalität I, 1977-1978, 17

Politische Philosophie und Bildung liefern Modelle des Verstehens, Analysierens und Konstruierens, keine Handlungsanleitung, weder für den individualisierten Zeitgenossen noch für die institutionelle Politik, also keine Politikberatung, in welchem Sinn auch immer. Das bleibt der Politischen Wissenschaft vorbehalten und damit wird sie weiter an Bedeutung verlieren. Aber wer sich genealogisch mit Politik beschäftigt, der verfolgt eher eine philosophische Strategie und zwar genealogisch mit der reflektierenden Urteilskraft, der Hermeneutik, der Dekonstruktion und der Sprachphilosophie. Primär postmoderne Philosophie nähert sich der Politik also von hinten, aus dem ihr anderen. Aber eine vermeintliche Innenansicht erscheint aus medien- wie bildungstheoretischer Perspektive als Illusion.[1]

---

[1] Vgl. Hans-Martin Schönherr-Mann, Politik zwischen Verstehen und Werten – Hermeneutik als politische Philosophie. Vorlesungen am Geschwister-Scholl-Institut 2002/2003, Saarbrücken 2016

12. Vorlesung
DIE MEDIALE POLITISCHE BILDUNG ANGE-
SICHTS DER INFORMATISIERUNG

Was ist das politische Ziel von Bildung bzw. umgekehrt wie wirkt Bildung auf die Politik zurück? Das politische Ziel von Bildung ist nicht nur ein staatliches, sondern auch ein individuelles. Das Individuum wird nicht nur gebildet, sondern bildet sich selbst nicht nur, indem es brav rezipiert, was ihm aufgetragen wurde, sondern indem es selber Ziele und Mittel der Bildung auswählt – ein Muster, das sich im Zeitalter der Individualisierung auf immer breitere Kreise der Bevölkerung ausbreitet. Solche Prozesse befördern – beschleunigt außerdem durch die Informatisierung – die Involution, insbesondere die politische, die primär auf Teilhabe an Angelegenheiten ausgerichtet ist, von denen die sich betroffen Fühlende ausgeschlossen ist – eine Teilhabe, die den Ausschluss anderer nicht impliziert und insofern nicht diskriminierend ausgerichtet ist wie revolutionäre Intentionen, die polizeiliche oder militärische Ordnungen durchsetzen wollen und damit zwangsläufig diskriminierend wirken.

12.1. Zusammenfassender Überblick über die gesamte Vorlesung

Daraus ergeben sich die vier von mir entwickelten Politik-Modelle oder Politik-Verständnisse, auch ihre jeweiligen Nähen und Fernen zueinander. Dezidiert diskriminierend und revolutionär sind die Ordnungs- und Kriegs-Modelle z.B. Platons und Schmitts, die Involution in jeder Hinsicht ausschließen. Diese beiden Modelle beruhen prinzipiell auf Gewalt, was sie auch von den beiden anderen unterscheidet. Das deliberative Modell à la Habermas beruht zwar auf rationalen Ordnungsstrukturen wie das platonische, möchte aber dezidiert Kommunikation an die Stelle von Gewalt setzen. Es lässt eine gelenkte Involution zu. Im Konfliktmodell wird die Involution als Politik schlechthin verstanden, die dann stattfindet, wenn Anteillose oder Ausgeschlossene von sich aus Anteile und Anschlüsse verlangen, die dazu natürlich Bildung brauchen, die ihnen von Seiten des Staates bzw. der Politik gemeinhin nicht in der Form geliefert wird, die sie benötigen.

Zur Involution, also zu diesen Individualisierungsprozessen, die seit dem 19. Jahrhundert stattfinden, bei denen sich Individuen gegen ihre staatliche, politische und soziale Diskriminierung auf vielfältige Weise wehren, taugen klassische Bildung, Reformpädagogik, Allgemeinbildung oder kritische Erziehungswissenschaft nur noch am Rande oder tendenziell, zielen sie alle auf die staatliche Bildungsorganisation, selbst wenn sie sich die mündige Bürgerin auf die Fahnen geschrieben haben. Doch sie gehen dabei von einem bestimmten Modell des Menschen aus, sei es jener natürliche, der disziplinierte, jener befreite, der politische oder besagter unpolitische Mensch, den es nach Oskar Negt erst recht in der Demokratie politisch zu bilden gilt. Doch jene Bürgerinnen, die sich um Involution bemühen, müssen sich um ihre Bildung selber und von sich aus bemühen. Man kann ihnen weder ein Modell des richtigen Menschen noch der richtigen Bildung liefern, sondern nur Versatzstücke aus Bildungsmodellen oder Verfahrensweisen, mit denen sie die politisch soziale Wirklichkeit durchschauen. Ansätze dazu finden sich primär bei Foucault, Rorty und Arendt.

Warum brauchen Bildung und politische Bildung dazu Medienbildung? Weil Politik grundsätzlich auf den Medien beruht, weil Medien, wie es Rancière vorführt, der Politik Aus- und Einschlussstrukturen liefern, die Politik nach welchem Modell auch immer erst möglich machen. Die Medien – also Schrift, Sprache, Massenmedien, Informationstechnologien – sind dabei gerade keine Medien im Sinn von Mitteln oder Instrumenten. Vielmehr liefern sie die Strukturen, die Politik und Gesellschaft, die Kultur insgesamt bzw. die verschiedenen Verständnisse von Wirklichkeit prägen und die somit das Bewusstsein der Bürgerinnen entfalten.

Die Schrift entfaltet die Sprache, erlaubt staatliche Gesetzgebungen und intensiviert soziale Hierarchien. Nur der Medienkundige kann sich an der Politik beteiligen, ob als Eingeschlossener oder als Ausgeschlossener, der sich um Teilhabe bemüht und dazu die Medien braucht. Soweit Politik auf der Kommunikation aufruht, verdankt sie sich den Medien. Schrift und Sprache grenzen primär aus, allemal bis zum Buchdruck. Die Massenmedien geben den sogenannten Massen aber keine Stimme, sondern nur ihren Führern, so dass sie antiinvolutiven Charakter haben, fördern sie gerade keine Teilhabe. Erst das Internet mit seiner peripherieorientierten Struktur fördert Involution, da jeder potentiell ein Sender werden kann, der ein großes Publikum zu erreichen vermag. Überhaupt finden diverse politische Aktivitäten im Netz statt, die es zu einem Ort wie Träger von Politik erheben. In ihm finden sich denn auch alle Medien zusammengefasst.

Es versteht sich somit eigentlich von selbst, dass die Politik, die politische Bildung wie jede Form von Bildung sich auf Medienbildung stützen muss, was deswegen nicht der Fall ist, weil die medienbasierte Struktur von Bildung wie Politik geradezu verdrängt wird: nicht Seinsvergessenheit, Medienvergessenheit kennzeichnet die Politik gerade dann, wenn sie sich für abhängig von den Massenmedien erklärt. Au fond soll niemand den tragenden konstruktiven Charakter der Medien wahrnehmen, weil sich dann Involutionbestrebungen leichter abwehren lassen, als wenn sich die medialen Ausschlussstrukturen entbergen. Dass das Sein medial verfasst ist, das wird verdrängt, präsentiert sich nun mal das, was ist, sprachlich, schriftlich, filmisch, informatisiert.

Weil Politik medial nicht nur verfasst sondern medial konstruiert ist, spielt bei den Bildungsprozessen die Philosophie seit den Anfängen der Politik in der griechischen Polis bis ins 19. Jahrhundert hinein eine zentrale Rolle. Die Philosophie durchdenkt mediale Prozesse, die die Politik prägen. Daher besteht zwischen Philosophie und Politik denn auch notorisch ein Spannungsverhältnis, das Sokrates wahrscheinlich längst nicht als ersten Nachdenker sterben ließ. Natürlich schiebt sich in der Scholastik zwischen Bildung und Politik einerseits und Philosophie als Medienbildung andererseits die Theologie, die sich au fond mit nichts anderem als medialen Effekten beschäftigt.

Die Wiederkunft der Philosophie endet im 19. Jahrhundert mit ihrer Ablösung durch die Volkswirtschaftslehre und die Soziologie. Heute ersetzt beide wahrscheinlich – aber das lässt sich noch nicht definitiv absehen –

die Informatik, so dass an die Stelle des Denkens definitiv das Rechnen getreten ist, was sich an den Entwicklungen der Universitäten weltweit ablesen lässt: Es soll nicht mehr gedacht werden, orientiert sich die staatliche Bildung zunehmend naturwissenschaftlich, ökonomisch und technologisch. Es versteht sich beinahe von selbst, dass nicht erst dann Involutionsprozesse eine mediale politische Bildung voraussetzen, die jenseits der staatlichen Bildungsinstitutionen von den Bürgerinnen selbst erarbeitet werden müssen, was immer sie dabei tun. Man könnte das wahrscheinlich empirisch beschreiben.

Was ist dann konkret der Gegenstand von Medienbildung als politischer Bildung? In der institutionellen politischen Bildung hängt das selbstredend vom Politikverständnis ab. Das Kriegsmodell braucht keine, spielt bei ihm Bildung höchstens eine ausgrenzende Rolle im Sinn eines kulturellen Kapitals, das ihren Besitzern soziale und politische Positionen beschert, die ihre ökonomische Grundlage darstellen. Ähnliches gilt auch für das Ordnungsmodell, bei dem Bildung und politische Bildung abhängig vom sozialen Rang sind, die politischen Eliten natürlich diverses Wissen um die Politik brauchen, was man üblicherweise nicht als politische Bildung bezeichnet. Die von der Politik Ausgeschlossenen brauchen ihrem Stand gemäße Bildung, wie es bereits Platon sehr genau vorführt und was sich bis heute etwa erst realisiert hat.

Politische Bildung im gängigen Wortsinn spielt vor allen Dingen im deliberativen Verständnis von Politik eine wichtige, aber eingegrenzte Rolle, was man aus Habermas herauslesen kann und was Oskar Negt explizit gemacht hat. Es geht durchaus um Mündigkeit aber gemäß bestimmter anthropologischer Vorstellungen, also um eine Art Allgemeinbildung. Medienbildung hat dabei eben eine untergeordnete Funktion, weil es dabei weniger darauf ankommt, den medialen Charakter von Politik und den hermeneutisch konstruktiven Charakter der Medien zu durchschauen. Letzteres erweist sich im Konflikt-Modell als notwendig, gerade dann wenn Anteillose sich um Involution bemühen wollen. Wenn man gemäß dem Konflikt-Modell den medialen Charakter aller Politik voraussetzt, dann braucht man Medienbildung vor allem um die Politik zu verstehen, zu dekonstruieren und zu reflektieren.

Dazu sind aber medientheoretische Zugänge die Voraussetzung, um nicht die gängigen Politikverständnisse fortzuschreiben, die letztlich primär auf Ordnung abzielen. Solche Zugänge beschäftigen sich mit der medialen Konstruktion von Wirklichkeit, nicht zuletzt hinsichtlich der Veränderung von Formen des Verstehens, Denkens und Reflektierens auf Grund der medialen Verbreitung von piktographischen Darstellungsformen, ist seit Fotographie und Film eine Bilderwelt entstanden, die das zeitgenössische Wirklichkeitsverstehen massiv prägt und verändert. Eine solche Reflexion hat damit aber die Medien zum primären Gegenstand, bestimmen sie das Verständnis von Wirklichkeit und repräsentieren sie die Politik, geben sie den Staat so zu verstehen, dass Involution gemeinhin erschwert wird.

Doch der Staat präsentiert sich höchstens selbst als Subjekt oder als Kirche, eine Repräsentation, die sich mit Hilfe des Denkens von Bourdieu und Foucault durchschauen lassen. Die individualisierte Zeitgenossin braucht solche Einsichten, um sich weder politisch noch medial lenken zu lassen, um Involution zu betreiben, wenn sie sich anteillos oder ausgeschlossen fühlt – eine Form von Medienbildung, um die sich die Bürgerin selbst bemühen muss, die ihr von staatlichen Institutionen nur beschränkt angeboten wird. Involution geht dabei von den einzelnen Zeitgenossinnen aus mit ganz unterschiedlichen Vorstellungen, so dass man auch kein Menschenbild vorauszusetzen braucht. Involution betreiben diese

Bürgerinnen aber nur dann, wenn sie sich wirklich darum bemühen, was nur dann stattfindet, wenn andere nicht verdrängt werden sollen, wenn dabei keine Diskriminierung betrieben wird. Das unterscheidet die individualisierte Bürgerin von identitär völkischen, fundamentalistisch religiösen, neoliberalen oder kommunistischen Bestrebungen. Wenn Anteillose oder Ausgeschlossene sich um Involution bemühen und dabei andere Gruppen auszuschließen versuchen, handelt es sich um Revolution, nicht um Involution.

12.2. Apokalyptisches Denken im Internetzeitalter

Die aktive Bürgerin bedient sich dazu heute vor allem des Internet. Doch dabei gerät sie in dessen Dialektik. Bis vor kurzem herrschte noch in manchen Kreisen ein großer Optimismus, dass sich das Internet als ein Ort demokratischer Partizipation entfalten würde. Während des arabischen Frühlings bedienten sich die Protestierenden häufig gerade der sozialen Netzwerke, um sich zu verabreden, um zu kommunizieren, um zu protestieren. Zwischenzeitlich ist eine gewisse Ernüchterung eingetreten. Denn es ist eine völlig andere Form politischer Partizipation entstanden – Vorläufer davon gibt es aber schon seit längerem vor allem in den USA. So kann man im Angesicht der Ausbreitung populistischer Vereinigungen und eines sich nach rechts radikalisierenden Boulevards bemerken, dass das Netz zunehmend ein Ort der Desinformation, der Falschinformation, von Apokalyptikern und vor allem Verschwörungstheoretikern geworden ist. Dass es auch den Terroristen dient, dass Militärstrategen in ihm den Ort künftiger Kriege diagnostizieren, ist in diesem Zusammenhang beinahe zur Nebensache geworden.

Vielmehr fördert das Netz nicht zuletzt durch die marktbeherrschende Stellung von Facebook und dessen Kommunikationsstruktur die Entstehung von Parallelgesellschaften, in denen nicht nur Hasspredigten goutiert werden, in denen sich die Teilnehmer vielmehr in ihren Auffassungen gegenseitig bestärken. Das allein wäre kein neues Phänomen. Aber dergleichen verblieb bisher in kleineren Bekanntenkreisen. Jetzt dehnen sich diese Kreise global aus, so dass man in der Tat von Parallelgesellschaften sprechen kann. Nicht nur dass die Anonymität des Netzes durch einen Mangel an Affektkontrollen Hemmschwellen senkt und öffentliche Beleidigungen in ungebremster Form ermöglicht. Die Hetze gegen Flüchtlinge auf Facebook, das diese nicht zu verhindern vermag, avanciert zu einem massiven demokratischen Problem. Nicht nur dass sich über das Netz ein Mob zur Lynchjustiz verabredet, vor allem schließen sich Parallelgesellschaften ab, aus denen heraus destruktive Impulse die Welt durchaus zu beeinflussen vermögen. Das tumbe deutsche Volk hatte noch keine Erfahrung mit dem Radio, als aus dem Volksempfänger Nazi-Töne quollen und allein ob des neuen Mediums eine hohe Glaubwürdigkeit erhielten. Eine ähnliche Struktur erzeugen die Internetparallelgesellschaften.

In diesen Parallelgesellschaften herrschen einheitliche Meinungen vor, so dass Fehlinformationen ein langes Leben haben, was ihre beständige Wiederkehr gewährleistet. Zwar lassen sich im Netz natürlich sehr schnell entsprechende Richtigstellungen bzw. zumindest Hinterfragungen besorgen. Doch dergleichen meiden solche Meinungsgesellschaften tunlichst. Während seriöse Informationen oder Neuigkeiten aus der Welt der Wissenschaften im Netz schnell abebben, halten sich Gerüchte beharrlich, kehrte beispielsweise seit 2010 mehrfach das

Gerücht wieder, die EU wolle Heilpflanzen verbieten. Mit aggressiven Fehlinformationen stabilisieren sich Vorurteile, die eine einfache, das eigene Selbst bestärkende Weltsicht unterfüttern.

Das gilt natürlich auch für Verschwörungstheorien, die gemeinhin schwierige Zusammenhänge vereinfachen, offene, nicht beantwortbare Fragen lösen und dadurch die Komplexität der modernen Welt reduzieren, was diese scheinbar leichter verstehen lässt. Das Internet und insbesondere Facebook, das mit Algorithmen arbeitet, die dafür sorgen, dass dem Nutzer vornehmlich solche Seiten angezeigt werden, die seinen bereits ins Netz eingespeisten und dadurch identifizierbaren Interessen entsprechen, bestärkt damit nicht nur vorgefasste Meinungen, sondern verbreitet dadurch in bisher ungekannter Weise Fehlinformationen, Gerüchte und Verschwörungstheorien und zwar nicht zuletzt dadurch, dass die Angeschlossenen ständig denselben Informationen begegnen, was deren Glaubwürdigkeit bei den Rezipienten erhöht.

Außerdem intensiviert sich die Neigung, Gerüchten zu glauben, quasi durch sich selbst. Wiewohl Gerüchte sich auch gegenseitig selbst demontieren oder zumindest ablösen – was auch für Verschwörungstheorien gilt – so führt das nicht etwa zu einem Ende des Glaubens an dieselben. Wer Gerüchten gerne glaubt, der wird das auch weiterhin bereitwillig tun. Insgesamt werden dadurch vor allem seriöse Informationen unterwandert, so dass Seriosität insgesamt darunter leidet, was wiederum die Neigung fördert, sich in abgeschlossene Meinungsgesellschaften zurückzuziehen und andere verunsichernde Informationen gar nicht mehr an sich heran zu lassen. Dabei finden wie in Sekten eine massive Verhärtung nach innen und eine rigide Abschottung nach außen statt, die sich kaum mehr – jedenfalls nicht schnell – aufweichen lassen.

Denn die Verbreitung von Fehlinformationen durch das Netz stellt heute eine eminente Bedrohung der Gesellschaft und demokratischer Institutionen dar. Das Internet ist daher kaum noch als große partizipatorische Chance zu begreifen, sondern als eine große Gefahr gerade für partizipatorische Bemühungen in der Demokratie und damit für die Demokratie als solche, die just aus derartigen Gründen in manchen Staaten gelenkt wird, d.h. also aufgehoben: der Ausnahmezustand, den das Internet provoziert, legitimiert die Aufhebung der Demokratie, was auch im Kleinen stattfindet, wenn Geheimdienste den Datenschutz unterwandern.

Nicht nur durch das Netz, auch durch die klassischen Medien hat sich in den letzten Jahrzehnten ein apokalyptisches Denken intensiviert, das sich in Verschwörungstheorien wunderbar einpasst und diesen eine animierende Kraft verleiht, weil es mit der Erzeugung von Furcht und Schrecken operiert. Bedrohungsszenarien werden besonders gerne von den Massenmedien aufgegriffen, da apokalyptische Nachrichten gemeinhin vom Publikum begierig rezipiert werden und somit die Auflagen und Einschaltquoten erhöhen. Die Postmoderne ist durch eine ausufernde Zahl von apokalyptischen Warnern besiedelt, was umso mehr verwundert, wenn man sich klarmacht, dass dieses Denken einen christlichen und somit religiösen Ursprung hat und in ein aufgeklärtes Zeitalter wie das der Postmoderne so gar nicht passen mag.

Das Ende der Erde ist sogar die Erfindung des Christentums. Jüdische Vorstellungen beschränken sich auf einen göttlichen Gerichtstag, bei dem die Vorstellung eines Schmelzofens zwar bereits vorhanden ist. Doch darin verbrennen nur diejenigen, die gegen Gottes Gebote verstoßen haben. Das Christentum lebte von der Erwartung, dass Christus bald wiederkehren wird. Durch die Zerstörung des Tempels und den Brand von Jerusalem im Jahre 70 entsteht die Vorstellung eines umfassenden Weltgerichts als einem Ende der Welt als ganzer. Daraus entwickelt sich ein apokalyptisches Denken, das weder die anderen antiken Religionen noch die ostasiatischen kennen. Der Islam, der sowohl durch jüdische wie christliche Einflüsse geprägt ist, kennt den Weltuntergang zwar, doch ohne dass dieser eine große Rolle spielen würde und erst mit dem Dschihadismus eine gewisse Verbreitung findet als Vorstellung eines Endkampfes, was auf der christlichen Seite sein Pendant in der Vorstellung des Armageddon hat.

Mit dem apokalyptischen Denken entwickelt das Christentum eine Technik der Seelenlenkung, also eine Psychologie und eine Pädagogik. Denn das Jüngste Gericht als Weltuntergang lässt keinerlei Revision mehr zu. Danach können auch die Nachkommen für ihre Vorfahren nicht mehr beten. Da aber nur Gott weiß, wann es soweit ist, muss man immer so leben, dass das finale Ende jederzeit kommen kann. Ganz überraschend tritt es indes nicht ein, gibt es vielmehr Zeichen, beispielsweise Unwetter, böse Menschen und das Erkalten der Liebe, so Jesus in der kleinen Apokalypse des Matthäus-Evangeliums. Auf diese Zeichen muss man achten.

Nicht nur dass das Volk von den Schriftgelehrten in Furcht versetzt fleißig daran glaubte. Auch die Erfinder und Verbreiter des christlich apokalyptischen Denkens waren sich ihrer Sache offenbar so sicher, dass es sogar politische Auswirkungen hatte. So glaubte sich Karl der Große um 800 dem Weltende langsam nahe und wollte es genau wissen. Daher beauftragte er seine Gelehrten dazu das Alter der Erde genau zu berechnen, sollten dieser gemäß des Alten Testaments doch nur 6-7000 Jahre vergönnt sein. So addierten sie die Lebensalter von Adam, Noah, jeweils 700 Jahre, Abraham ca. 160 Jahre etc. zusammen und kamen zu dem Ergebnis, dass der Weltuntergang nicht mehr fern sein konnte – ein für die

Leute offenbar bedrohliches Szenario. Vielleicht entschloss sich Karl daher nicht einen christlichen Kaisertitel anzunehmen, wie es ihm sein wichtigster Berater Alkuin empfohlen hatte, sondern den römischen. Denn aus dem zweiten Thessalonicher-Brief ergibt sich, dass das Jüngste Gericht nicht kommt, solange das römische Reich besteht. Wenn Karl einen christlichen Kaisertitel angenommen hätte, dann wäre es zu keinem Konflikt mit dem Römischen Kaiser in Konstantinopel gekommen, hätte sich das lateinische Christentum nicht mit dem römischen Weltherrschaftsgedanken aufgerüstet.

Mit dem Fortschritt der modernen Naturwissenschaften verblasst das Thema Weltuntergang keineswegs. Das christliche Denken von Anfang und Ende der Welt hat sich längst als Grundmuster in das europäische Denken eingebrannt. So schreibt Johannes Fried: „Astronomen, Physiker, Biologen oder Chemiker erweisen sich als Kinder ihrer Zeit und sind der Herkunft ihrer Kultur verpflichtet, ständig auf der Suche nach Anfängen und Untergängen, und nun immer häufiger nach neuen Erden für den bevorstehenden Untergang der alten, vertrauten."[1] Besonders aktuell ist natürlich die Debatte um die Auswirkungen der CO_2-Emissionen und die daraus gefolgerte Klimakatastrophe, die im apokalyptischen Fall die Erde für die Menschheit unbewohnbar machen soll. Freilich hat man wissenschaftlich auch Gefahren für das Klima entdeckt, auf die der Mensch kaum Einfluss hat, nämlich Meteoritenabstürze oder Supervulkanismus, wie man ihn im Yellowstone-Park diagnostiziert, der den Ausbruch des Tambora 1815, den größten der letzten 5000 Jahre noch weit übersteigen könnte.

So wird auch die heutige Kultur-Szene von Weltuntergangsszenarien überschwemmt. „Heutige Filmkunst", so Fried, „wiederholt und propagiert – je jünger, desto ein-

---

[1] Johannes Fried, Dies Irae, 2016, 251

dringlicher – die Prognose eines endgültigen Untergangs von Erde und Menschheit, die sich seit Jahrhunderten im ‚Westen' eingenistet hat."[1] Das gilt aber genauso für Literatur und Theater oder die Philosophie. Von Spengler ganz zu schweigen, aber auf der einen Seite prophezeien christlich konservative Vordenker der von ihnen verhassten Moderne laufend den Untergang. Andererseits hat Marx diesen Topos des Untergangs des Kapitalismus so nachhaltig bedient, dass man auf kapitalistische Weise häufig selbst aufnahmebereit war für solche Visionen.

Vor solchen Hintergründen ist zwar der christliche Weltuntergang weitgehend verblasst, wird heute davon in den großen Kirchen kaum noch gesprochen. Gleichzeitig erschaudern immer noch viele Zeitgenossen, wenn sie von religiösen oder esoterischen Prophezeiungen erfahren, fanden im Vorfeld der letzten Jahrtausendwende die Weissagungen des Nostradamus plötzlich selbst unter manchen aufgeklärten Zeitgenossen wieder Gehör. Als 1909 der Hallesche Komet mal wieder am Himmel auftauchte, ängstigten sich viele wie bei ähnlichen Ereignissen in den Jahrhunderten zuvor. Nur dass sie darin kein göttliches Zeichen eines bevorstehenden Weltuntergangs erblickten, sondern sie glaubten Astronomen, die im Schweif des Kometen Anzeichen für Blausäure und Zyankali gesehen haben wollten, was der irdischen Atmosphäre gefährlich werden könnte. So sollte auch mal das Ozon-Loch alles Leben auf der Erde vernichten. Das Weltfinanzsystem soll immer noch zusammenbrechen, der Euro untergehen, die Menschen in die Steinzeit zurückkatapultiert werden, so dass manche sich schon mal nach Paläo-Diät ernähren, wozu aber auch Bären-Schinken gehört. Die Massenmedien wie das Internet verstärken das apokalyptische Denken, mit dem sich auch gerne Intellektuelle wie Sloterdijk oder Paul Mason

---

[1] Johannes Fried, Dies Irae, 2016, 232

schmücken, können sie ihre Zeitgenossen offenbar nicht ertragen und noch weniger, dass viel zu wenige auf sie hören. Wie warnt doch Bruno Latour vor den sozialen Folgen der Klimakatastrophe: „Man muss kein Hellseher sein, um zu wissen, dass das Ganze in einem Flammenmeer enden wird."[1]

Indirekt jedoch schließen sie damit an die Verachtung Ciorans an, wenn er schreibt: „In dieser vollkommenen Einsamkeit dachte ich mehr als einmal an die Wonne in der Folge eines atomaren Kriegs, endlich die Erde ohne Menschen."[2]

Daher ist heute politische Bildung primär Medienbildung, wenn es um Involution geht, wenn Revolutionen verhindert werden sollen. Medienbildung hat dann die Aufgabe vor allem genealogisch die religiösen Strukturen in der Medienwirklichkeit zu eruieren, um von den Menschen die Furcht zu nehmen, die Machiavelli, Hobbes und Hans-Jonas als Herrschaftsmittel diagnostizierten, nachdem das Christentum darauf seine gesamte Pädagogik stützte und die moderne Politik von rechts bis links auf dieses Mittel mit Hilfe entsprechender wissenschaftlicher Beratung und vor allem medialer Aufbereitung zurückgreift – wie der Fernsehjournalist Paul Mason.

---

[1] Bruno Latour, Refugium Europa; in: Heinrich Geiselberger (Hrsg.), Die große Regression, 2017, 147
[2] E.M. Cioran, Cahiers 1957-1972, Frankfurt/M. 2001, 109

12.3. Die philosophische Frage nach der Wahrheit

Was ist das politische Ziel von Bildung bzw. umgekehrt wie wirkt Bildung auf die Politik zurück? Bildung soll den Menschen aus politischer Perspektive heute dazu befähigen, sowohl Staatsbürgerin und Wirtschaftssubjekt zu sein. Aber damit befördert Bildung die Individualisierung, so dass sich die Zeitgenossin von der Politik verselbständigt, auf die sie ihrerseits Einfluss auszuüben versucht, sie sich somit um Involution bemüht.

Angesichts von Manipulation, Desinformation, Verschwörungstheorien und hoch aggressiver Kommunikation bleibt gar nichts anderes, als sich um die philosophische Grundfrage nach der Wahrheit zu kümmern, wohl wissend, dass sie immer relativ ist: sich um die Wahrheit kümmern, die es nicht mehr gibt! Just dazu muss Medien- als politische Bildung beitragen und zwar gemäß des Konfliktmodells der Politik im Sinn von Involution. Die drei anderen Politikmodelle stehen etwas hilflos vor diesem Szenario, das sie anders interpretieren, nämlich primär nur als gewisse Schwierigkeit, die Wahrheit zu erkennen. Das mag die Revolution fördern, nicht aber Partizipation jenseits von Gewaltanwendung.

Auch heute ist Wahrheit nicht nur durch das Internet, sondern natürlich immer noch durch Staaten gefährdet. Hannah Arendt verweist ja auf das berühmte Beispiel, dass Leo Trotzki, der die Oktoberrevolution organisierte, der die Rote Armee gründete, der den russischen Bürgerkrieg erfolgreich zu Ende führte, in den Geschichtsbüchern der Sowjetunion seit Stalin nicht mehr vorkommt.

Arendt unterscheidet dabei zwischen Vernunftwahrheiten und Tatsachenwahrheiten. Während auch erstere gelegentlich unterdrückt werden, sich aber seit der Aufklärung zumeist doch durchzusetzen vermögen, erweisen sich letztere politisch als höchst gefährdet, unterdrückt oder zumindest verschwiegen zu werden.

Auch in Deutschland hat man lange versucht, die Verbrechen der Nazizeit der Vergessenheit anheimzugeben. Doch das hat nicht funktioniert, hat sich vielmehr gerade in den letzten Dekaden eine Erinnerungskultur etabliert, die immer grausamere Details aus jener Zeit ans Licht der Öffentlichkeit bringt. Im Historikerstreit versuchten zumeist konservative Historiker diese Verbrechen zu relativieren, um ein Nationalbewusstsein auf positive Erinnerungen zu gründen – eine vergebliche Anstrengung, blühte erst in den Jahrzehnten danach die Erinnerungskultur richtig auf. Anfang 2016 versuchen rechte Intellektuelle wie Peter Sloterdijk, Rüdiger Safranski und Botho Strauss erneut eine solche Relativierung angesichts gestiegener Flüchtlingszahlen in Deutschland seit 2015 und der Popularität von nach rechts boulvardisierten Parteiungen. Man kann nur hoffen, dass sie sich damit selbst nach rechts rücken und dadurch in anderen politischen Lagern an Popularität verlieren.

Jedenfalls können alle Arten von politischen Ideologien – also Weltanschauungen, die die Welt als Ganzes zu erklären versuchen – keinesfalls eine Suche nach Wahrheit verhindern, die selbstredend keine absolute oder objektive sein kann. Denn natürlich – das hat Max Weber den Wissenschaften ins Stammbuch geschrieben – schwingen bei jeglichen wissenschaftlichen Beschreibungsversuchen Werturteile mit. Jenseits von Weber besitzen Beschreibungen zudem eine hermeneutisch performative Dimension, mit welchen Worten sie einen Sachverhalt kennzeichnen und indirekt bewerten. Trotzdem darf man den Anspruch auf möglichst weitgehende

Werturteilsfreiheit, ergo auf möglichst weitreichende Objektivität nicht aufgeben, gerade wenn diese im Internetzeitalter umso gefährdeter ist. Wie bemerkt doch Arendt: „Am Ende der zwanziger Jahre (. .) wurde Clemenceau von einem Vertreter der Weimarer Republik gefragt, was künftige Historiker wohl über die damals sehr aktuelle und strittige Kriegsschuldfrage denken werden. ‚Das weiß ich nicht', soll Clemenceau geantwortet haben, ‚aber eine Sache ist sicher, sie werden nicht sagen: Belgien fiel in Deutschland ein.'"[1]

Aber es gehört zum politischen Tagesgeschäft die Schuld für eigene Vergehen immer anderen in die Schuhe zu schieben. Besonders gerne versuchen selbsternannte Verteidiger der vermeintlichen deutschen Sache die Schuld am Holocaust Stalin und den Kommunisten in die Schuhe zu schieben, so wie Sloterdijk den Holocaust durch Vergleiche mit einem angeblich 100 Millionen Opfer fordernden „Holocaust im Namen der Utopie (. . .)"[2] – hier wird ein schweres hermeneutisch performatives Geschütz aufgefahren – der Vergessenheit anheim zu geben versucht. Just daher ist Wahrhaftigkeit umso dringender geboten, um nämlich nicht nur irgendwelche eigenen Interessen zu vertreten, wie es in besonders aggressiver und destruktiver Weise von jeglichen Fundamentalisten und Apokalyptikern betrieben wird, sondern um gerade über den Tellerrand der eigenen Interessen hinauszuschauen.

So war Hannah Arendt im Angesicht totaler Herrschaft klar, dass die Tugend der Wahrhaftigkeit eine eminente politische Bedeutung hat: „Es geht ja um den Bestand der Welt und keine von Menschen erstellte Welt, die dazu bestimmt ist, die kurze Lebensspanne der Sterb-

[1] Hannah Arendt, Wahrheit und Politik (1964); in: dies., Zwischen Vergangenheit und Zukunft, 339
[2] Peter Sloterdijk, Was geschah im 20. Jahrhundert? 2016, 173

lichen in ihr zu überdauern, wird diese Aufgabe je erfüllen können, wenn Menschen nicht gewillt sind, das zu tun, was Herodot als erster bewusst getan hat - nämlich *legein ta eonta*, das zu sagen, was ist. Keine Dauer, wie immer man sie sich vorstellen mag, kann auch nur gedacht werden ohne Menschen, die Zeugnis ablegen für das, was ist, und für sie in Erscheinung tritt, weil es ist."[1]

Trotzdem darf man diese Bemerkungen auch etwas relativieren. Die Nazis hatten als Machthaber ja nur ein kurzes Leben. Die italienischen Faschisten oder das Franco-Regime in Spanien überdauerten erheblich länger, die Sowjetunion hielt es verglichen damit am längsten aus. Die Theokratie in Iran existiert bald 40 Jahre, Saudi-Arabien seit 1932, können sich die Diktaturen in China und Nord-Korea gleichfalls mit der Sowjetunion messen. Herrschaft beruht nicht unbedingt auf Wahrheit und Wahrhaftigkeit. Ein Regime muss sich auch nicht unbedingt darum kümmern. Wie das Internet erlaubt auch die Sprache die Welt nach eigenem Gutdünken zu interpretieren. Wenn man sich dabei zudem auf rücksichtslose Gewalt stützt, kann das schon eine Weile gutgehen, kennt die Geschichte auch ziemlich lange blutige Herrschaften.

Doch wenn man umgekehrt im Sinne Arendts fragt, ob ein Leben in einem Land der Mühe wert ist, das auf der schieren Selbstbeweihräucherung beruht, dann sieht es schon anders aus, wiewohl nicht unbedingt für alle Zeitgenossen. Manchen ist Reichtum oder auch nur ein vermeintlicher Vorteil wichtiger und sie nehmen die Selbstbeweihräucherung dafür in Kauf. Die anderen werden indes nicht ohne die Bemühung um Wahrheit und Wahrhaftigkeit gerade im Zeitalter des Internet, also der von jedermann massenhaft verbreiteten Lüge leben wollen. Dann geht es darum, sich intensiv darum bemühen „das zu sagen, was ist". Dann gibt es ein abendländisches

---

[1] Hannah Arendt, Wahrheit und Politik (1964), 329

Ethos, das sogar noch weiter zurückreicht. Arendt schreibt: „Die Geschichte dieser Haltung, der es nur um die Wahrheit zu tun ist, ist älter als alle unsere theoretischen und wissenschaftlichen Traditionen, älter auch als die Tradition philosophischen und politischen Denkens. Ich möchte meinen, dass ihr Ursprung mit der Entstehung der homerischen Epen zusammenfällt, in denen des Liedes Stimme den überwundenen Mann nicht verschweigt und nicht verunglimpft und die Taten der Trojaner nicht weniger gepriesen werden als die der Achäer, die für Hektor zeugen wie für Achill."[1]

Dem Feind Gerechtigkeit widerfahren lassen, selbst wenn er besiegt wurde, das wollten natürlich weder Nationalsozialismus noch Stalinismus. Die untergehenden Rassen und Klassen sollten vielmehr der Vergessenheit anheim gegeben werden, für die Nazis geradezu ein Zwang, mussten schließlich die eigenen Untaten verborgen werden, weil sie so monströs waren, dass niemand – wie Arendt bemerkte und die Auschwitzlüge bezeugt – für sie die Verantwortung übernehmen konnte, nicht mal die Nazis selbst, die ihre eigene Verantwortung immer auf Vorgesetzte abschoben, oder die behaupteten, den Holocaust hätte es nicht gegeben, jedenfalls wenn sie nicht unter sich sind. Dann präsentieren sie, wie es Bettina Stangneth in ihrem Buch *Eichmann vor Jerusalem* vorführt, ihr grausames Gesicht.[2]

Stattdessen braucht man die erweiterte Denkungsart, nämlich an der Stelle eines anderen zu denken, wie es Arendt ja im Anschluss an Kant fordert. Vor allem muss man sich selbst kritisch betrachten, was die Freunde vom nach rechts driftenden Boulevard tunlichst vermeiden. Das ist nämlich die Voraussetzung, um dem Anderen

---

[1] Hannah Arendt, Wahrheit und Politik (1964), 329
[2] Vgl. Bettina Stangneth, Eichmann vor Jerusalem – das unbehelligte Leben eines Massenmörders, Zürich 2011

Gerechtigkeit widerfahren zu lassen und ihn nicht zu diskriminieren. Dazu gehört natürlich nicht nur aber besonders in Deutschland die Aufarbeitung der eigenen Geschichte. Wenn man erkennt, dass die eigenen Traditionen äußerst fragwürdig sind, dann gewinnt man eine Distanz zur eigenen Vergangenheit, die die Voraussetzung der Selbstkritik und damit des Friedens ist. Arendt schreibt weiter: „Eine solche 'Objektivität' wird man in den anderen Kulturen des Altertums vergeblich suchen; nirgendwo sonst ist man je imstande gewesen, wenigstens im Urteil dem Feind Gerechtigkeit widerfahren zu lassen, nirgendwo sonst zu indizieren, dass die Weltgeschichte *nicht* das Weltgericht ist, dass Sieg oder Niederlage für das Urteil nicht das letzte Wort behalten dürfen, wiewohl sie doch offenbar das letzte Wort sind für die Schicksale der Menschen."[1] Nicht nur aus moralischer Perspektive, sondern auch aus genealogischer und dekonstruktiver kann man den Weltverlauf nicht einfach bejahen. Man muss sich von ihm distanzieren, sich gegen die Geschichte der Sieger wehren. Die Sieger können nicht vorgeben, wie man die Welt zu interpretieren hat, sowenig wie ethische Orientierungen. Man kann sich dagegen wehren und es ist nicht gesagt, dass das folgenlos bleibt.

Diese Tradition verdankt sich dem homerischen Griechenland. Aber sie wurde im Abendland mindestens so häufig gebrochen wie fortgesetzt. Im Judentum und im Christentum spielt sie keine Rolle. Wo immer dort von Wahrheit die Rede war, ging es höchstens um eine subjektive eingebildete des Glaubens, und sei es, dass man jemandem, beispielsweise einem Propheten etwas glaubt, ohne es zu hinterfragen. Dergleichen bemüßigt sich nicht der erweiterten Denkungsart oder höchstens mit der Absicht, den anderen zu missionieren. Das gilt auch noch

---

[1] Hannah Arendt, Wahrheit und Politik (1964), 329

für die großen Ideologien der Moderne, nämlich die ökonomischen Theorien des Liberalismus, des Marxismus und des Neoliberalismus und selbstredend für die reaktionären Menschenbilder von de Maistre über Donoso Cortez zu Schmitt und Gehlen – sowie dessen Schüler Sloterdijk. Dabei wird über den anderen nur in Form der Verachtung geredet – eine Verachtung, von der auch noch Nietzsche, Cioran und der frühe Sartre nicht frei sind. Wie schreibt doch Cioran 1937 und begleitet damit die Zeit der Verbrechen: „Man wird in dem Maße frei, wie man die Menschen verabscheut. Hassen muss man sie, um sich den unnützen Vollkommenheiten hinzugeben, den zerreißenden Schmerzen und Seligkeiten jenseits der Zeit, jenseits der Geschichte. In jeder Begeisterung für das menschliche Phänomen liegt so etwas wie ein Mangel an Vornehmheit und Geschmack."[1]

Im Sinne der erweiterten Denkungsart und der interesselosen Analyse entsteht aber doch eine einzigartige abendländische Tradition, die von Homer und Herodot, über Aristipp von Kyrene, Aristoteles, Epikur zu Ockham und weiter zu Hume, Diderot, Stirner, Nietzsche, Sartre, Arendt, de Beauvoir, Foucault und Butler reicht. Für sicher noch viele andere – aber nicht für Märtyrer so wenig wie für Missionare – gelten die Worte Arendts: „Hier liegt die geschichtliche Wurzel der gesamten abendländischen 'Objektivität', dieser merkwürdigen Leidenschaft für intellektuelle Integrität um jeden Preis, die es nur im Abendland gegeben und die es zur Geburtsstätte der Wissenschaft gemacht hat."[2]

Ohne diesen Rückgriff auf diese Tradition, ohne Zeitgenossinnen, die sich dafür engagieren, dass Verschwörungstheorien, Gerüchte und Falschmeldungen in den

---

[1] E.M. Cioran, Von Tränen und von Heiligen (1937), Frankfurt/M. 1988, 73
[2] Hannah Arendt, Wahrheit und Politik (1964), 329

Medien als das benannt werden, was sie sind, nämlich Pädagogiken der Furcht, und selbst wenn sie in besagte Parallelgesellschaften kaum eindringen, wird die Informationstechnologie anstatt zum Ort der Befreiung und der Demokratie zur großen Gefahr, die Heidegger in seinen technikphilosophischen Schriften antizipiert, nämlich zur großen Gefahr der Seinsvergessenheit, genauer zur Fragenvergessenheit[1], zur exkludierenden Revolution – gleichgültig ob von links, rechts oder religiös – anstatt zur Involution.

12.4. Der individuelle und der geheimdienstliche öffentliche Vernunftgebrauch

Was ist das politische Ziel von Bildung bzw. umgekehrt wie wirkt Bildung auf die Politik zurück? Das Problem des Internet ist, dass es die Entstehung von abgeschlossenen Parallelgesellschaften nicht nur fördert, sondern auch noch global ermöglicht. Je größer diese einzelnen Universen werden, umso intensiver können sie sich gegenseitig bestärken. Überall finden sich auf einmal Gestalten, die dieselben Verschwörungstheorien unterstützen und die entsprechenden Untergänge prophezeien. Das nimmt religiöse und somit gefährlich Züge an, fördert das die Fanatisierung und drohen damit Glaubenskriege, ja sie drohen nicht nur, sie finden längst statt und bestimmt nicht nur als Kampf der Kulturen. Die Meinungsfreiheit bleibt trotzdem ein hohes Gut, das selbst durch Diskriminierungsverbote oder Beleidigungstatbestände nicht einfach abgesichert wird. Zur Meinungsfrei-

---

[1] Vgl. Hans-Martin Schönherr-Mann, Sein und Fragen – Ein Essay, Köln 2003, 28

heit gehört die Freiheit der Kunst wie der Karikatur. Daher müssen sie verteidigt werden und andererseits bedürfen sie einer Ergänzung, wie sie Hannah Arendt im Anschluss an Kant entwickelt: „Freiheit der Rede und des Gedankens, wie wir sie verstehen, ist das Recht des Individuums, sich selbst und seiner Meinung Ausdruck zu verleihen, um in die Lage versetzt zu werden, andere davon zu überzeugen, seinen eigenen Standpunkt zu teilen. Das setzt voraus, dass ich fähig bin, mir meine Meinung ganz alleine zu bilden und dass mein Anspruch an die Regierung darin besteht, dass sie mir erlaubt, all das zu propagieren, was ich mir in meinem Kopf bereits zurechtgelegt habe. Kants Ansicht in dieser Frage ist eine ganz andere. Er glaubt, dass das Denkvermögen selbst von seinem öffentlichen Gebrauche abhängig ist. Ohne die ‚Überprüfung durch die freie und öffentliche Untersuchung' sind kein Denken und keine Meinungsbildung möglich."[1]

Die Aufklärung bedeutet, wie es Habermas für den Salon des 18. Jahrhunderts beschreibt, dass man die eigenen Vorstellungen anderen gegenüber vertritt, die sich damit auseinandersetzen, die Einwände vorbringen, auf die man dann wieder antwortet, also das was Apel mit dem herrschaftsfreien Diskurs umschreibt. Ein Ziel könnte Konsens sein. Aber auch ein Diskurs, der zum Dissens führt, ist Kommunikation in der Öffentlichkeit, die dazu beiträgt, dass verschiedene Auffassungen sich jedenfalls gegenseitig verstehen, dass sie die erweiterte Denkungsart pflegen. John Rawls macht das sogar zu einer Pflicht des Bürgers zu einem öffentlichen Vernunftgebrauch zumindest als einem Ideal.

Wie Oskar Negt die politische Bildung zur Pflicht machen will, wie bestimmte, eher konservative Kreise in Deutschland von Flüchtlingen erwarten, dass sie an In-

---

[1] Hannah Arendt, Das Urteilen (1982), 56

tegrationskursen teilnehmen, was mit möglichen Leistungskürzungen sanktioniert werden soll, könnte man in der Tat auch vom blonden blauäugigen Inländer verlangen, dass er an Integrationskursen teilnimmt und die Verweigerung daran teilzunehmen mit höheren Steuern, Krankenkassenbeiträgen oder Zwangsspenden an karitative Institutionen sanktionieren. Am Ende steht ein Test. Wer den nicht besteht, muss die Veranstaltung wiederholen, die von Mal zu Mal teurer wird.

Gleichgültig ob man sich mit solchen Zwangsmaßnahmen anfreundet, es handelt sich um Gedankenmodelle zur Verteidigung einer pluralistischen Gesellschaft gegenüber ihren Feinden. Jedenfalls schreibt Rawls: „Sollte meine Darstellung des öffentlichen Vernunftgebrauchs irgendetwas Neues bringen, dann in zwei Punkten. Erstens wird der Pflicht zur Bürgerlichkeit als einem demokratischen Ideal eine zentrale Stellung zugewiesen. Zweitens wird der Inhalt der öffentlichen Vernunft von den politischen Werten und Richtlinien einer politischen Gerechtigkeitskonzeption bestimmt. Der Inhalt der öffentlichen Vernunft wird nicht von einer politischen Moral als solcher festgelegt, sondern von einer für einen Verfassungsstaat geeigneten politischen Konzeption."[1] In der Tat, den Feinden einer demokratischen pluralistischen Gesellschaft kann man nicht so weit entgegenkommen, dass man die Grundlagen des gesellschaftlichen Miteinanders in Frage stellen lässt, dass man Diskriminierung toleriert. Gerechtigkeit kann so wenig als Ziel der politischen Grundstruktur aufgegeben werden, wie die Würde des Menschen, seine individuellen Rechte. Muss man die Feinde des Pluralismus, die Anhänger von Populisten verstehen, weil sie Arbeiter sind, es ihnen schlecht geht? Muss man Mason folgen, wenn er schreibt? „Besonders deutlich fiel das Votum für den Brexit jedoch in

---

[1] John Rawls, Politischer Liberalismus (1993), 362

den Kleinstädten aus, wo sich die Reste der Arbeiterkultur zu einer ‚Identität' verfestigt hatten, deren wichtigstes Merkmal der Trotz war, nicht nur gegen die Globalisierung, sondern gegen die liberale, transnationale, auf Menschenrechte setzende Kultur, welche durch die Globalisierung entstanden war."[1] Ob Arbeiter oder nicht, wer die Menschenrechte auflassen will, wem die Emanzipation der Frauen widerstrebt, wer anderen seine besonderen Vorstellungen vom guten Leben aufnötigt, dem könnte man in der Tat mit Integrationskursen und politischer Bildung als Pflichtfach für Erwachsene kommen. Insofern sollte man jene, die andere diskriminieren, im Sinne von Rawls mal eine Weile üben lassen: „Als Probe aufs Exempel, ob wir der öffentlichen Vernunft folgen oder nicht, mögen wir uns von Fall zu Fall fragen, wie unsere Argumente erscheinen würden, wenn sie in einem Verfassungsgerichtsurteil stünden. Vernünftig, haarsträubend oder wie sonst?"[2]

Dabei muss man in der Tat nicht so weit gehen wie Rawls oder Negt. Ein öffentlicher Vernunftgebrauch, bei dem man seine Meinungen öffentlich kommuniziert und damit der Kritik von anderen aussetzt, so dass man vielleicht auch die eigenen Schwächen leichter erkennt, sollte eher im Sinn einer Parrhesia subjektive Wahrheiten mit anderen subjektiven Wahrheiten abgleichen. So stellt sich das Rawls nicht vor. Aber wenn es keine gemeinsamen obersten Prinzipien gibt, die das Gute und damit die eigene Lebensführung allgemein regeln, dann bleiben nur die wenigen Grundprinzipien der Gerechtigkeit in einer demokratischen pluralistischen Gesellschaft, die nötig sind, wenn man von der Mündigkeit der anderen Menschen ausgeht.

---

[1] Paul Mason, Keine Angst vor der Freiheit; in: Heinrich Geiselberger (Hrsg.), Die große Regression, 2017, 163
[2] John Rawls, Politischer Liberalismus (1993), 362

Das ist höchstens ein geringerer als ein universeller Anspruch, der ja viel zu weit reicht. Foucault bemerkt: „Was ist nun aber der öffentliche Gebrauch? Das ist gerade der Gebrauch, den wir von unserem Verstand und unseren Fähigkeiten machen, insofern wir uns auf einen universellen Standpunkt stellen, insofern wir als universelles Subjekt gelten können. Nun ist jedoch klar, dass keine politische Tätigkeit, keine Verwaltungstätigkeit, keine Form ökonomischer Praxis uns in diese Lage des universellen Subjekt versetzt."[1] Das universelle Subjekt müsste auf ein plurales Subjekt reduziert werden, das von der Andersheit der anderen ausgeht, und sich in der Öffentlichkeit dieser Andersheit aussetzt, seine eigenen Auffassungen mit denen anderer vergleicht, um sie zu verbessern, um Argumente kennen zu lernen. Das Subjekt verdankt sich einen Geflecht, auf das es seinerseits einwirkt. Dieses Geflecht bleibt überschaubar, ist allemal nicht universell.

Medienbildung als politische Bildung sollte also die Anschlussfähigkeit der Individuen fördern, ihre Fähigkeit andere zu verstehen. Hier hilft Rawls Unterscheidung zwischen vernünftigen und unvernünftigen umgreifenden Lehren durchaus weiter. Unvernünftige wären dann jene, die sich der öffentlichen Kommunikation entziehen und die den Pluralismus als Faktum prämoderner wie moderner Gesellschaften seit der Aufklärung abschaffen wollen – gab es höchstens eine sehr kurze Zeit von vielleicht 100 Jahren in wenigen Ländern ethnisch relativ homogene hegemoniale Bevölkerungen. Aber selbst die Nazis hatten kein diskriminierendes Recht zu entscheiden, mit wem man in einer Gesellschaft zusammenleben möchten. Das hat allerdings der Psychiater Hans-Joachim Maaz nicht verstanden, weigert er sich nämlich, den Islam differen-

---

[1] Michel Foucault, Die Regierung des Selbst und der anderen, 1982/83, 57

ziert zu beurteilen: „Ich halte den ‚Generalversacht' für angemessen und berechtigt, um die politisch richtigen und ökonomisch notwendigen Entscheidungen zu treffen."[1] Wer das von sich beansprucht, wer entschlossen nicht differenziert urteilen will, dem braucht man mit Rorty nicht in dessen Vokabular zu antworten, vertritt er offenbar eine antipluralistische Haltung und somit nach Rawls eine unvernünftige umfassende Weltanschauung.

Auf der Ebene der Meinung geht es trotzdem nicht um die objektive Erkenntnis, sondern um subjektive Wahrheiten, die aber keinesfalls beliebig sind, sondern die sich der Argumentation stellen müssen, und die beispielsweise auch kein Recht haben, sich der Differenzierung im Urteil zu entziehen. Das Thema Autorität, mit dem der Psychiater seinen Zeitgenossen Halt geben möchte, verblasst und an seine Stelle tritt die Logik einer pluralistischen Bevölkerung, der gemäß politisch regiert werden muss, eine Regierung, an der auch die Individuen teilnehmen, indem sie in der Öffentlichkeit kommunizieren, und zwar vernünftig und sensibel, involutiv, nicht diskriminierend. Aus dem Individuum harter innerer Überzeugungen entsteht dann ein plurales Subjekt vielfältiger Anschlüsse an viele Diskurse. Foucault schreibt dazu: „Durch diese dreifache theoretische Verschiebung – vom Thema der Erkenntnis zu dem der Veridiktion, vom Thema der Herrschaft zu dem der Gouvernementalität, vom Thema des Individuums zu dem der Selbstpraktiken – kann man, so scheint mir, die Beziehungen zwischen Wahrheit, Macht und Subjekt untersuchen, ohne sie jemals aufeinander zu reduzieren."[2]

Im Internet-Zeitalter wäre dann die Aufgabe des Verfassungsschutzes nicht bloß eine Form der Überwachung verfassungsfeindlicher Aktivitäten, sondern die Einspei-

[1] Hans-Joachim Maaz, Das falsche Leben, München 2017, 181
[2] Michel Foucault, Der Mut zur Wahrheit, 1983/84, 24

sung von abweichenden Meinungen in geschlossene Parallelgesellschaften, um deren Teilnehmer in ihren festgefügten Vokabularen zu verunsichern. Big Brother beobachtet nicht, sondern diskutiert mit. Das sollte technisch kein allzu großes Problem sein. Dazu wären natürlich gebildete Zeitgenossen nötig, die in den Diensten wahrscheinlich eher eine Minderheit sind. Aber vielleicht ließe sich das ja ändern: Verzichten wir wahrscheinlich besser auf einen aufgeklärten, sensiblen ,Putin'! Ob der sich vom echten am Ende groß unterscheidet?

Dabei gibt es natürlich Grenzen der Wahrheit wie der Wahrhaftigkeit. Eine davon hat Roland Barthes beschrieben: „Wie viele Male haben wir es im Leben mit ,offenherzigen' Leuten zu tun (das heißt solchen, die sich ihrer ,Offenheit' rühmen): Gewöhnlich kündigt das Wort eine kleine ,Aggression' an: Man nimmt sich die Freiheit, taktlos zu sein (mangelndes Zartgefühl). Schlimmer ist jedoch an der Offenheit, dass sie im allgemeinen das Tor zur Dummheit aufstößt, und zwar sperrangelweit. Mir erscheint es schwierig, dem Satz ,Ich will offen sein' etwas andres folgen zu lassen als einen törichten Satz."[1] Daraus lässt sich eine wichtige Tugend in der vernetzten pluralistischen Gesellschaft ableiten, nämlich die Höflichkeit. Vertreter und Anhänger unvernünftiger umfassender Lehren pflegen diese Tugend gemeinhin nicht – man denke an Donald Trump.

---

[1] Roland Barthes, Das Neutrum (1977-78). Frankfurt/M. 2005, 60

12.5. Die Befreiung der Differenzen

Warum brauchen Bildung und politische Bildung die Medienbildung? Wenn sich Politik wie die Zeitgenossin selbst immer schon den Medien verdankt – die Bürgerin als Medienprodukt –, dann heißt Bildung, diesen Zusammenhang zu durchschauen, um selber seine eigene Individualisierung zu beeinflussen zu können, um nicht bloßer Spielball der Medien zu bleiben. Wie alles in der Welt umranken die Medien und heute insbesondere das Internet positive wie negative Mythen und beide haben sich als Illusionen herausgestellt. Das Internet ist nicht der Hort der Freiheit oder der Demokratie. Aber es ist auch nicht der große Bruder, der alle überwacht, weil jetzt alles überschaubar wäre. Die Welt ist durch das Internet gerade nicht transparenter, sondern noch unübersichtlicher geworden. Der Prozess der Rationalisierung, wie ihn Weber andachte, entfaltet sich als Prozess der Opakisierung. Die Welt im Internetzeitalter wird dunkler, wie es das Wort *darknet* ausdrückt –, so dass mitten in der Öffentlichkeit Geheimnisse bestehen, weil man am besten mit der Wahrheit lügt. Die Gefahren kommen nicht aus einer gar noch zentralen Quelle. Wie sollte das in einer unübersichtlichen Netzstruktur möglich sein. Die Gefahren kommen vielmehr aus allen Ecken, aus dem im Öffentlichen Verborgenen, worin zugleich auch die Chancen des Netzes liegen.

Gianni Vattimo dachte 1989 noch nicht an das Internet, als er mit den damaligen Massenmedien – die Privatsender hatten beim Fernsehen in Europa gerade Fahrt aufgenommen – ein neues Emanzipationsideal verbindet, das heute umso aktueller erscheint: „Aber die Befreiung der vielen Kulturen und Weltanschauungen, wie sie durch die Massenmedien ermöglicht wurde, hat im Gegenteil gerade das Ideal einer transparenten Gesellschaft verleugnet: welchen Sinn hätte die Informationsfreiheit oder auch nur die Existenz mehrerer Radio- und Fernsehsender in einer Welt, in der die exakte Wiedergabe der Realität, die vollkommene Objektivität (. . .) die Norm wäre? So beeinträchtigt in der Tat die Intensivierung der Informationsmöglichkeiten im Verhältnis zur Wirklichkeit in ihren verschiedenartigsten Aspekten zunehmend jene Vorstellung einer Wirklichkeit."[1] Diktaturen vereinheitlichen die mediale Berichterstattung und verdummen damit ihre Untertanen, die im Gegenzug auf Selbstbildung angewiesen sind.

Die Medien, insbesondere das Internet haben das von Rawls so genannte Faktum des Pluralismus verstärkt, wird jede Form der Homogenität immer schwieriger und letztlich nur mit massivem Terror vorübergehend und partiell durchsetzbar. Umso mehr und umso sinnloser drohen Apokalyptiker wie Sloterdijk, Latour und Mason mit dem Weltuntergang: Es gibt nun mal keine gemeinsamen obersten Werte des Guten und selbst wenn Menschen gelegentlich ihr Leben ändern, bestimmt nicht in eine einheitliche Richtung. Und jeder lebt in einer anderen Wirklichkeit bzw. lebt sein Leben mit einem anderen Verständnis von Wirklichkeit. Weder die frommen Evangelikalen aus dem Bibelgürtel der USA noch die islamistischen Frontkämpfer interessieren sich für die Klimaerwärmung. Nur die Ideologen träumen davon, auf einer einzigen Welt zu leben, die man nur richtig versteht, wenn man sie so versteht, wie es sich diese Ideologen vorstellen. Denen müsste dann die Bürgerin folgen. Sie wird hoffentlich nicht so einfältig sein.

---

[1] Gianni Vattimo, Die transparente Gesellschaft (1989), 18

Der medial beschleunigte Pluralismus vervielfältigt dagegen die Perspektiven auf die Welt, wie die Informatisierung ja zusätzliche Symbol- vor allem Bildwelten schafft, die das Wirklichkeitsverständnis noch weiter pluralisieren, auch dadurch dass eben Parallelgesellschaften räumlich voneinander entfernt lebender Mitglieder sich trotzdem via Internet ihr gemeinsames Wirklichkeitsverständnis gegenseitig bestärken. Ein Einheitsfreund würde dann den nordkoreanischen oder IS-Traum im Sinn des großen Bruders entwerfen: man könnte über das Internet jeden kontrollieren und darüber wieder eine Homogenität herstellen. Da nützt es auch nichts, sich gegen eine vermeintliche Subjektivität zu wenden, die eine Illusion der Aufklärung wäre. Aber jede Form der Emanzipation ist ja den Apokalyptikern wie jeder Form von Identitarismus – dazu zählt auch der Dschihadismus – a ein Dorn im Auge.

Dagegen schreibt Vattimo „dass in der Mediengesellschaft anstelle eines Emanzipationsideals der vollends entfalteten Selbstbewusstheit, des vollkommenen Bewusstseins desjenigen, der um die Dinge Bescheid weiß, (. . .) sich ein Emanzipationsideal den Weg bahnt, das vielmehr auf Oszillation und Pluralität, das heißt auf der Erschütterung gerade des 'Realitätsprinzips' beruht. (. . .) Die vollkommene Freiheit (. . .) besteht nicht darin – so wie es sich die Metaphysik immer erträumt hat –, die notwendige Struktur des Realen zu erkennen und sich an sie anzupassen."[1] Das Individuum ist kein Container, das sein Selbst im Sinne Goethes voll entfaltet, das aus einem angeborenen harten Kern bestünde, einer Seele, die nicht verändert werden könnte und die sich höchstens nicht auszuleben vermag. Die Bürgerin ist vielmehr ein Kommunikationsknoten, die möglichst viele Vokabulare kennt und versteht, die sich auch selber laufend verändert,

---

[1] Gianni Vattimo, Die transparente Gesellschaft (1989), 19

nicht im Sinne einer fortschreitenden Entfaltung, sondern einer sich ständig wandelnden Involution bzw. Teilhabe an unterschiedlichen Lebenslagen. Wer sein Leben lang immer dasselbe denkt, der verengt sich selbst, anstatt sich gegenüber der pluralen Struktur immer wieder neue Anknüpfungspunkte zu schaffen, wodurch er sich in die Lage versetzt, die Wirklichkeit immer wieder anders zu verstehen. Oder wie es Sartre im Oktober 1945 programmatisch erklärte: „Der Mensch ist lediglich so, wie er sich konzipiert – ja nicht allein so, sondern wie er sich will und wie er sich *nach* der Existenz konzipiert, wie er sich will nach diesem Sichschwingen auf die Existenz hin; der Mensch ist nichts anderes, als wozu er sich macht."[1]

Das moderne Subjekt ist selbst ein medialer Kommunikationsknoten und braucht daher gerade eine mediale Bildung, aus der sich dann politische Umgangsweisen ergeben. Bildung heißt dann gerade nicht, sich zu befähigen, seine vermeintlichen subjektiven oder objektiven Interessen durchzusetzen. Nein, der Prozess medialer als politischer Bildung entfaltet eine ethische Perspektive, wie es Vattimo beschreibt: „Dieser Befreiungsprozess der Differenzen (. . .) bedeutet nicht notwendigerweise das Aufgeben jeder Ordnung, die rohe Manifestation der Unmittelbarkeit: auch die Dialekte haben eine eigene Grammatik und Syntax, die sie überhaupt erst dann offenbaren, wenn sie Würde und Sichtbarkeit erlangen. Die Befreiung der Verschiedenheiten ist ein Akt, mit dem sie ‚das Wort ergreifen', sich darstellen, sich also ‚eine Form geben', um sich Anerkennung zu verschaffen; sozusagen alles andere als die rohe Manifestation der Unmittelbarkeit."[2]

---

[1] Jean-Paul Sartre, Ist der Existentialismus ein Humanismus? (1945), Drei Essays, West-Berlin 1960, 11

[2] Gianni Vattimo, Die transparente Gesellschaft (1989), 21

Der Prozess, den Vattimo hier beschreibt, entspricht der Moderierung der Leidenschaften in der klassischen Ästhetik. Wenn man sich medial kommunikativ öffnet, dann wirkt das auf die eigene Selbstrepräsentation zurück, wie das auch andere beeinflusst. Man manipuliert nicht seine Mitmenschen, wenn man ihnen entgegenkommt. Vielmehr entstehen kommunikative Knoten, die ein friedliches Zusammenleben erleichtern. Wenn man andere nicht zu bevormunden versucht, schützt man sich auch vor der Bevormundung durch andere, besonders durch Prediger welcher Couleur auch immer. Nur eine auf Medienbildung gestützte politische Bildung fördert demokratisch partizipationsfähige Bürgerinnen, für die Weltbilder in den Hintergrund treten. Rawls erklärt diese nach wie vor für wichtig und möchte sie durch die Privatsphäre schützen. Doch Philosophie, Pädagogik und Medientheorien legen nahe, dass Welt- und Menschenbilder als solche höchstens noch eine hypothetische Orientierung liefern, die man gerade nicht so ernst nehmen sollte, weil sie nie erfüllen, was sie versprechen. Auch das kann der Zeitgenosse von der Medienbildung lernen. Denn wenn es unmöglich ist, das Ganze des Universums zu erfassen, dann sollte man sich mit immer wieder neu verstandenen Ereigniszusammenhängen zufrieden geben, die Anschlüsse an andere Vokabulare erlauben und auf diese Weise Involution fördern. Wie bemerkt doch Derrida: „Nichts scheint mir weniger veraltet zu sein als das klassische emanzipatorische Ideal."[1]

Eine derart auf Involution gerichtete politische Bildung, die die Beteiligung von Nichtbeteiligten zum Ziel hat, ohne dabei zu diskriminieren, zielt auf eine Demokratieform ab, die Minderheiten schützt, die ihrerseits allerdings das Diskriminierungsverbot achten müssen. Das setzt politische Strukturen voraus, die es zur Zeit nur

---

[1] Jacques Derrida, Gesetzeskraft (1989), 58

in Demokratien westlichen Musters gibt, in denen Involutionsansprüche öffentlich formuliert werden dürfen, ohne mit Verfolgung rechnen zu müssen. Trotzdem kann man nicht unbedingt erwarten, dass demokratische Staaten ihrerseits eine solche politische Bildung institutionalisieren. Daher müssen sich die Bürgerinnen selber darum kümmern, was in der Regel in einer aktiven Zivilgesellschaft der Fall ist und diese auszeichnet.

Literatur

Günter ABEL, Sprache, Zeichen, Interpretation, Frankfurt/M. 1999

Theodor W. ADORNO, Erziehung nach Auschwitz (1966), Stichworte - Kritische Modelle 2, Frankfurt/M. 1969

Giorgio AGAMBEN, Homo sacer – Die souveräne Macht und das nackte Leben (1995), 10. Aufl. Frankfurt/M. 2015

Ders., Der Ausnahmezustand – Homo sacer II.1 (2003), Frankfurt/M. 2004

Ders., Herrschaft und Herrlichkeit – Zur theologischen Genealogie von Ökonomie und Regierung (Homo sacer II.2) (2007), Frankfurt/M 2010

Johannes AGNOLI, Die Transformation der Demokratie (1967) und andere verwandte Schriften, 2. Aufl. Hamburg 2004

Karl-Otto APEL, Transformation der Philosophie, Bd. 2, Frankfurt/M. 1973

Ders., Diskurs und Verantwortung – Das Problem des Übergangs zur postkonventionellen Moral, Frankfurt/M. 1988

Hannah ARENDT, Was ist Autorität? (1957); in: dies., Zwischen Vergangenheit und Zukunft – Übungen im politischen Denken I, 2. Aufl. München 2000

Dies., Kultur und Politik (1958), in: ebd.

Dies., Vita activa oder Vom tätigen Leben (1958), München 1981

Dies., Über die Revolution, München 1963

Dies., Wahrheit und Politik (1964); in: dies., Zwischen Vergangenheit und Zukunft – Übungen im politischen Denken I, 2. Aufl. München 2000

Dies., Vom Leben des Geistes – Das Denken (1977), 2. Aufl. München 2002

Dies., Das Urteilen – Texte zu Kants politischer Philosophie (1982), München, Zürich 1998

ARISTOTELES, Die Nikomachische Ethik, München 1972

Ders., Politik, München 1973

John Langshaw AUSTIN, Zur Theorie der Sprechakte (How to do things with words, 1962), Stuttgart 1972

Benjamin BARBER, Starke Demokratie (1984), Hamburg 1994

Roland BARTHES, Das Neutrum (1977-78). Frankfurt/M. 2005

Jean BAUDRILLARD , Von der Verführung (1979), München 1992

Ders., Die Intelligenz des Bösen (2004), Wien 2006

Simone de BEAUVOIR, Das andere Geschlecht – Sitte und Sexus der Frau (1949), 5. Aufl. Reinbek 2005

Ulrich BECK, Die Erfindung des Politischen, Frankfurt/M. 1993

Walter BENJAMIN, Zur Kritik der Gewalt (1921) und andere Aufsätze, Frankfurt/M. 1965

Ders., Das Kunstwerk im Zeitalter seiner technischen Reproduzierbarkeit (1935/36), Frankfurt/M. 1975

Henri BERGSON, Materie und Gedächtnis (1896) und andere Schriften, Frankfurt/M. 1964

Hans BLUMENBERG, Beschreibung des Menschen – Aus dem Nachlass, Frankfurt/M. 2006

Winfried BÖHM, Michel SOËTARD, Jean-Jacques Rousseau – Der Pädagoge, Paderborn 2012

Norbert BOLZ, Die Helden der Familie, München 2006

Pierre BOURDIEU, Über den Staat – Vorlesungen am Collège de France 1989-1992, Berlin 2014

Heinz BUDE, Bildungspanik – Was unsere Gesellschaft spaltet, München 2011

Georg BÜCHNER, Der Hessische Landbote (1834), Werke und Briefe, München 1965

Tommaso CAMPANELLA, Sonnenstaat (1637); in: Der utopische Staat, hg. v. Klaus J. Heinisch, Hamburg, 1960

Albert CAMUS, Der Fremde (1942), Reinbek 1961

Ders., Die Gerechten (1949); in: ders., Dramen. Hamburg 1959

Ders., Der Mensch in der Revolte (1951), Reinbek 1969

Noam CHOMSKY, Sprache und Politik (1988), Berlin, Mainz 1999

E.M. CIORAN, Von Tränen und von Heiligen (1937), Frankfurt/M. 1988

Ders., Cahiers 1957-1972, Frankfurt/M. 2001

Colin CROUCH, Postdemokratie (2004), Frankfurt/M.2008

Ralf DAHRENDORF, Gesellschaft und Freiheit – Zur soziologischen Analyse der Gegenwart, München 1961

Ders., Der moderne soziale Konflikt. Essays zur Politik der Freiheit, Stuttgart 1992

Helmut DANNER, Methoden geisteswissenschaftlicher Pädagogik (1979), 5. Aufl. München, Basel 2006

Gilles DELEUZE, Félix GUATTARI, Anti-Ödipus - Kapitalismus und Schizophrenie, Bd. 1.(1972), 2. Aufl. Frankfurt/M. 1979

Gilles DELEUZE, Das Zeit-Bild – Kino 2 (1985), Frankfurt/M. 1997

Jacques DERRIDA, Grammatologie (1967), Frankfurt/M. 1983

Ders., Gesetzeskraft – Der „mystische Grund der Autorität" (1989), Frankfurt/M. 1991

Umberto ECO, Der Name der Rose (1980), 22. Aufl. München, Wien 1983

Amitai ETZIONI, Die Entdeckung des Gemeinwesens – Das Programm des Kommunitarismus (1993), Frankfurt/M. 1998

Philipp FELSCH, Der lange Sommer der Theorie – Geschichte einer Revolte 1960-1990, München 2015

Paul FEYERABEND, Wider den Methodenzwang – Skizze einer anarchistischen Erkenntnistheorie (1975), Frankfurt/M. 1976

Shulamith FIRESTONE, Frauenbefreiung und sexuelle Revolution (1970), Frankfurt/M. 1975

Vilém FLUSSER, Medienkultur (1993), Frankfurt/M. 1997

Michel FOUCAULT, Überwachen und Strafen – Die Geburt des Gefängnisses (1975), Frankfurt/M. 1977

Ders., Krise der Medizin oder Krise der Antimedizin? (1976), Schriften in vier Bänden – Dits et Ecrits Band III 1976–1979, Frankfurt/M 2003

Ders., Geschichte der Gouvernementalität I – Sicherheit, Territorium, Bevölkerung, Vorlesung am Collège de France 1977-1978, Frankfurt/M. 2004

Ders., Geschichte der Gouvernementalität II – Die Geburt der Biopolitik Vorlesung am Collège de France 1978-1979, Frankfurt/M. 2004

Ders., Die Regierung des Selbst und der anderen, Vorlesung am Collège de France 1982/83, Frankfurt/M. 2009

Ders., Der Mut zur Wahrheit – Die Regierung des Selbst und der anderen II, Vorlesung am Collège de France 1983/84. Frankfurt/M. 2010

Ders., Der Gebrauch der Lüste - Sexualität und Wahrheit 2 (1984), Frankfurt/M. 1989

Johannes FRIED, Dies Irae – Eine Geschichte des Weltuntergangs, München 2016

Tristan GARCIA, Das intensive Leben – Eine moderne Obsession (2016), Berlin 2017

Arnold GEHLEN, Der Mensch – Seine Natur und seine Stellung in der Welt (1940), 7. Aufl. Frankfurt/M., Bonn 1962

Johann Wolfgang von GOETHE, Wilhelm Meister Lehrjahre (1795), Berliner Ausgabe Bd. 10, 3. Aufl. Berlin 1976

Jürgen HABERMAS, Strukturwandel der Öffentlichkeit – Untersuchungen zu einer Kategorie der bürgerlichen Gesellschaft (1962), 8. Aufl., Neuwied/Berlin 1976

Ders., Theorie der kommunikativen Handelns, Bd. 1, Frankfurt/M. 1981

Ders., Der philosophische Diskurs der Moderne, Frankfurt/M. 1985

Ders., Wahrheit und Rechtfertigung, Frankfurt/M. 1999

Georg Wilhelm Friedrich HEGEL, Vorlesungen über die Philosophie der Geschichte (1822/23), Werke Bd. 12, Frankfurt/M. 1970

Martin HEIDEGGER, Zeit des Weltbildes (1938), Holzwege, 4. Aufl. Frankfurt/M. 1963

Der., Der Satz der Identität (1957), in: ders., Identität und Differenz, 10. Aufl. Stuttgart 1996

Rudolf HEINZ, Oedipus complex – Zur Genealogie von Gedächtnis, Wien 1991

Karlfriedrich HERB, Anthropologie und Pädagogik, in: Karlfriedrich Herb, Bernhard H.F. Taureck, Rousseau-Brevier, München 2012

Bernward HOFFMANN, Medienpädagogik – Eine Einführung in Theorie und Praxis, Paderborn 2003

Max HORKHEIMER, Theodor W. ADORNO, Dialektik der Aufklärung (1947), Frankfurt/M. 1971

Theo HUG, Phantome gibt's wirklich – oder? Konzeptionelle Gesprächsangebote zu einem vielgestaltigen Phänomenbereich; in: Ders., Hans-Jörg Walter (Hrsg.), Phantom Wirklichkeit – Pädagogik der Gegenwart, Hohengehren 2002

Ders., Erziehung zur Wahrheit? in: Alexander Riegler, Stefan Weber (Hrsg.), Die Dritte Philosophie. Beiträge zu Josef Mitterers Non-Dualismus. Weilerswist 2010

Ivan ILLICH, Schulen helfen nicht (1968); in: Ivan ILLICH, Almosen und Folter – Verfehlter Fortschritt in Lateinamerika, München 1970

Ders., Kann Gewalt christlich sein? Spiegel-Gespräch, Der Spiegel Nr. 9 1970

Ders., Entschulung der Gesellschaft (1971), 2. Aufl. München 1972

Ders., Die Nemesis der Medizin – Von den Grenzen des Gesundheitswesens (1975), Reinbek 1981

Ders., Entmündigung durch Experten – Zur Kritik der Dienstleistungsberufe (1977); in: ders., Fortschrittsmythen, Reinbek 1983

Ernst JÜNGER, In Stahlgewittern (1920), Werke Bd. 1, Stuttgart 1961

Ders., Das Wäldchen 125 (1925), Werke Bd. 1, Stuttgart 1961

Ders., Der Arbeiter (1932), Stuttgart 1982

Ders., Tagebuchnotiz von 1985; in: Jochen Hörisch (Hrsg.), Das Tier, das es nicht gibt – Eine Text- & Bild-Collage über das Einhorn, Nördlingen 1986

Dirk KAESLER, Max Weber – Preuße, Denker, Muttersohn. Eine Biographie, München 2014

Immanuel KANT, Pädagogik (1765/66), Akademie-Textausgabe (AA) Bd. 9, Berlin 1968

Ders., Beantwortung der Frage: Was ist Aufklärung (1784), AA Bd. 8, Berlin 1968

Gottfried KELLER, Der grüne Heinrich (1854, 1879), München o.J.

Sören KIERKEGAARD, Entweder / Oder, Zweiter Teil (1843), Gesammelte Werke 2. u. 3. Abteilung, Düsseldorf, Köln 1957

Ders., Kleine Aufsätze 1842-51 - Der Corsarenstreit, GW 32. Abteilung, Düsseldorf, Köln 1960

Friedrich KITTLER, Unsterbliche, München 2004

Ders., When The Blitzkrieg Raged; in: Albert Kümmel-Schnur (Hg.), Sympathy for the devil, München 2009

Wolfgang KLAFKI, Neue Studien zur Bildungstheorie und Didaktik – Zeitgemäße Allgemeinbildung und kritisch-konstruktive Didaktik (1985), 2. Aufl. Weinheim/Basel 1991

Ivan KRASTEV, Auf dem Weg in die Mehrheitsdiktatur? in: Heinrich Geiselberger (Hrsg.), Die große Regression – Eine internationale Debatte über die geistige Situation der Zeit, Berlin 2017

Martin KUCKENBURG, Eine Welt aus Zeichen – Die Geschichte der Schrift, Darmstadt 2015

Thomas S. KUHN, Die Struktur wissenschaftlicher Revolutionen (1961), Frankfurt/M. 1973

Bruno LATOUR, Refugium Europa; in: Heinrich Geiselberger (Hrsg.), Die große Regression – Eine internationale Debatte über die geistige Situation der Zeit, Berlin 2017

Konrad Paul LIESSMANN, Theorie der Unbildung – Die Irrtümer der Wissensgesellschaft, Wien 2006

Jean-François LYOTARD, Das postmoderne Wissen (1979), 3. Aufl. Wien 1994

Ders., Der Widerstreit (1983), München 1987

Hans-Joachim MAAZ, Das falsche Leben, München 2017

Niccolò MACHIAVELLI, Der Fürst (1532), Wiesbaden 1980

Alasdair MACINTYRE, Verlust der Tugend (1981), Frankfurt/M. 1987

Thomas MANN, Der Zauberberg (1924), Frankfurt/M. 1952

Herbert MARCUSE, Der eindimensionale Mensch (1964), Neu-wied, Berlin 1970

Karl MARX, Friedrich ENGELS, Manifest der Kommunistischen Partei (1848), Marx Engels Werke (MEW) Bd. 4, Berlin 1972

Karl MARX, Der achtzehnte Brumaire des Louis Bonaparte (1852), MEW Bd. 8, Berlin 1978

Marshall MCLUHAN, Das Medium ist die Botschaft – ‚The Medium is the Message' (1967), Dresden 2001

Paul MASON, Postkapitalismus – Grundrisse einer kommenden Ökonomie (2015), Berlin 2016

Ders., Keine Angst vor der Freiheit; in: Heinrich Geiselberger (Hrsg.), Die große Regression – Eine internationale Debatte über die geistige Situation der Zeit, Berlin 2017

Heinrich MEIER, Über das Glück des philosophischen Lebens – Reflexionen zu Rousseaus *Rêveries*, München 2011

John Stuart MILL, The Subjection of Women (1861/1869), Arlington Heights, Illinois 1980

Josef MITTERER, Die Hure Wahrheit – auch Duerr ein Zuhäl-ter? in: Rolf Gehlen, Bernd Wolf (Hrsg.), Der gläserne Zaun. Aufsätze zu Hans Peter Duerrs ‚Traumzeit', Frank-furt/M. 1983

Michel de MONTAIGNE, Über die Menschenfresser, Essais Bd. 1 (1572-1592), Frankfurt/M. 1998

MONTESQUIEU, Vom Geist der Gesetze (1748), Stuttgart 1965

Jan-Werner MÜLLER, Das demokratische Zeitalter – Eine poli-tische Ideengeschichte Europas im 20. Jahrhundert, Berlin 2013

Oskar NEGT, Der politische Mensch – Demokratie als Lebens-form, Göttingen 2010

Alexander Sutherland NEILL, Theorie und Praxis der antiautori-tären Erziehung – Das Beispiel Summerhill (1959), Ham-burg 1970

Friedrich NIETZSCHE, Jenseits von Gut und Böse (1884-85), Kritische Studienausgabe (KSA) Bd. 5

Ders., Zur Genealogie der Moral (1887), KSA Bd. 5, München, Berlin, New York 1999

PLATON, Politeia, übers. v. Friedrich Schleiermacher, Werke Bd. 3, Hamburg 1958

Ders., Politikos, Werke Bd. V, Hamburg 1959

Jacques RANCIÈRE, Das Unvernehmen – Politik und Philosophie (1995), Frankfurt/M. 2002

John RAWLS, Eine Theorie der Gerechtigkeit (1971), Frankfurt/M. 1979

Ders., Gerechtigkeit als Fairness: politisch nicht metaphysisch (1985); in: ders., Die Idee des politischen Liberalismus, Frankfurt/M. 1994

Ders., Politischer Liberalismus (1993), Frankfurt/M. 1998

Richard RORTY, Solidarität oder Objektivität (1987), Stuttgart 1988

Ders., Kontingenz, Ironie und Solidarität (1989), Frankfurt/M. 1992

Jean-Jacques ROUSSEAU, Über den Ursprung der Ungleichheit unter den Menschen (1755: Zweiter Discours), Schriften zur Kulturkritik, 2. Aufl. Hamburg 1971

Ders., Abhandlung über die Politische Ökonomie (1755), Politische Schriften Bd. 1, Paderborn 1977

Ders., Vom Gesellschaftsvertrag (1762), Politische Schriften Bd. 1, Paderborn 1977

Ders., Emile oder Über die Erziehung (1762), Stuttgart 1963

Ders., „Ich sah eine andere Welt" – Philosophische Briefe, München 2012

Ders., Träumereien eines einsam Schweifenden – Les rêveries du Promeneur Solitaire (1776-1778), übersetzt von Stefan Zweifel, Berlin 2012

Bertrand RUSSELL, Probleme der Philosophie (1912), Frankfurt/M. 1967

Martin SAAR, Die Immanenz der Macht – Politische Theorie nach Spinoza, Berlin 2013

Jean-Paul SARTRE, Das Sein und das Nichts (1943), Reinbek 1993

Ders. Ist der Existentialismus ein Humanismus? (1945), Drei Essays, West-Berlin 1960

Max SCHELER, Der Formalismus in der Ethik und die materiale Wertethik – Neuer Versuch der Grundlegung eines ethischen Personalismus (1913 f), Gesammelte Werke Bd. 2, Bern, München 1980

Ders., Der Genius des Krieges und der Deutsche Krieg (1917), Gesammelte Werke Bd. 4, Bern, München 1982

Helmut SCHELSKY, Soziologie der Sexualität – Über die Beziehungen zwischen Geschlecht, Moral und Gesellschaft, Hamburg, 1955

Magdalena SCHERL, Ersehnte Einheit, unheilbare Spaltung – Geschlechterordnung und Republik bei Rousseau, Bielefeld 2016

Annette SCHEUNPFLUG, Politisches Lernen in einer konstruierten Wirklichkeit? Das Phantom ‚politische Wirklichkeit' als Herausforderung für die politische Bildung; in: Theo Hug, Hans-Jörg Walter (Hrsg.), Phantom Wirklichkeit – Pädagogik der Gegenwart, Hohengehren 2002

Friedrich SCHILLER, Über die ästhetische Erziehung des Menschen in einer Reihe von Briefen (1795), Werke Bd. II, München 1966

Carl SCHMITT, Politische Theologie – Vier Kapitel zur Lehre von der Souveränität (1922), 8. Aufl. Berlin 2004

Ders., Der Begriff des Politischen (1927), Berlin 1963

Hans-Martin SCHÖNHERR-MANN, Die Technik und die Schwäche, Wien 1989

Ders., Von der Schwierigkeit, Natur zu verstehen, Frankfurt/M. 1989

Ders., Politik der Technik – Heidegger und die Frage der Gerechtigkeit, Wien 1992

Ders., Leviathans Labyrinth – Politische Philosophie der modernen Technik, München 1994

Ders., Postmoderne Theorien des Politischen – Pragmatismus, Kommunitarismus, Pluralismus, München 1996

Ders., Postmoderne Perspektiven des Ethischen – Politische Streitkultur, Gelassenheit, Existentialismus, München 1997

Ders., Politischer Liberalismus in der Postmoderne - Zivilgesellschaft, Individualisierung, Popkultur, München 2000

Ders., Das Mosaik des Verstehens – Skizzen zu einer negativen Hermeneutik, München 2001

Ders.,Sein und Fragen – Ein Essay, Köln 2003

Ders., Sartre – Philosophie als Lebensform, München 2005

Ders., Hannah Arendt – Wahrheit, Macht, Moral, München 2006

Ders., Simone de Beauvoir und das andere Geschlecht, München 2007

Ders., Friedrich Nietzsche, Paderborn 2008

Ders., Miteinander leben lernen – die Philosophie und der Konflikt der Kulturen, München, Zürich 2008

Ders., Der Übermensch als Lebenskünstlerin – Nietzsche, Foucault und die Ethik, Berlin 2009

Ders., Globale Normen und individuelles Handeln – Die Idee des Weltethos aus emanzipatorischer Perspektive, Würzburg 2010

Ders., Die Macht der Verantwortung, Freiburg, München 2010

Ders., Was ist politische Philosophie? Frankfurt/M., New York 2012

Ders., Protest, Solidarität und Utopie – Perspektiven partizipatorischer Demokratie, München 2013

Ders., Gewalt, Macht, individueller Widerstand – Staatsverständnisse im Existentialismus, Bd. 77 Reihe Staatsverständnisse, Baden-Baden 2015

Ders., Albert Camus als politischer Philosoph, Interdisziplinäre Forschungen 26, Innsbruck University Press 2015

Ders., Untergangsprophet und Lebenskünstlerin – Über die Ökologisierung der Welt, Berlin 2015

Ders., Politik zwischen Verstehen und Werten – Hermeneutik als politische Philosophie. Vorlesungen am Geschwister-Scholl-Institut 2002/2003, Saarbrücken 2016

Judith SHKLAR, Ganz normale Laster (1984), Berlin 2014

Georg SIMMEL, Das individuelle Gesetz (1913), Frankfurt/M. 1987

Ders., Der Konflikt der modernen Kultur, München, Leipzig 1918

Peter SLOTERDIJK, Was geschah im 20. Jahrhundert? Unterwegs zu einer Kritik der extremistischen Vernunft, Berlin 2016

Baruch de SPINOZA, Theologisch-politischer Traktat (1670), Sämtliche Werke Bd. 3, Hamburg 1998-2005

Ders., Ethik in geometrischer Ordnung dargestellt (1775), Sämtliche Werke Bd. 2, Hamburg 1977

Ders., Politischer Traktat (1676), Sämtliche Werke Bd. 5b, Hamburg 2010

Eduard SPRANGER zit. in: Karin Priem, Bildung im Dialog – Eduard Sprangers Korrespondenz mit Frauen und sein Profil als Wissenschaftler (1903-1924), Köln, Weimar, Wien 2000

Eduard SPRANGER, Grundlegende Bildung, Berufsbildung, Allgemeinbildung (1928), Heidelberg 1965

Bettina STANGNETH, Eichmann vor Jerusalem – das unbehelligte Leben eines Massenmörders, Zürich 2011

Ilja STEFFELBAUER, Der Krieg – Von Troja bis zur Drohne, Wien 2017

Adalbert STIFTER, Der Nachsommer (1857), München o.J.

Leo STRAUSS, Über Tyrannis - Eine Interpretation von Xenophons 'Hieron' (1948), Neuwied, Berlin 1963

Ders., Progress or Return? (1952), in: ders., Jewish Philosophy and the Crisis of Modernity - Essays and Lectures in Modern Jewish Thought, Albany 1997

Ders., Naturrecht und Geschichte (1953), Frankfurt/M. 1977

Ders., What is Political Philosophy? and other studies, New York, London 1959

Wolfgang STREECK, Gekaufte Zeit – Die vertagte Kriese des demokratischen Kapitalismus, Berlin 2013

Ders., Die Wiederkehr der Verdrängten als Anfang vom Ende des neoliberalen Kapitalismus; in: Heinrich Geiselberger (Hrsg.), Die große Regression – Eine internationale Debatte über die geistige Situation der Zeit, Berlin 2017

Charles TAYLOR, Negative Freiheit – Zur Kritik des neuzeitlichen Individualismus (1985), Frankfurt/M. 1988

Ders., Ein säkulares Zeitalter (2007), Frankfurt/M. 2009

Michael TOMASELLO, Eine Naturgeschichte des menschlichen Denkens. Berlin 2014

Herbert TSCHAMLER, Wissenschaftstheorie – Eine Einführung für Pädagogen (1977), 3. erw. u. überarb. Aufl. Bad Heilbrunn 1996

Gianni VATTIMO, Jenseits vom Subjekt (1985), Graz, Wien 1986

Ders., Die transparente Gesellschaft (1989), Wien 1992

Ders., Jenseits der Interpretation (1994), Frankfurt, New York 1997

Eric VOEGELIN, Der Gottesmord – Zur Genese und Gestalt der modernen politischen Gnosis (1958), München 1999

Ders., Die geistige und politische Zukunft der westlichen Welt (1959), Occasional Papers I, April 1996, hrsg. v. Eric-Voegelin-Archiv an der Ludwig-Maximilians-Universität München

Max WEBER, Politik als Beruf (1919), Gesammelte politische Schriften, 3. Aufl. Tübingen 1971

Ders., Wissenschaft als Beruf (1919), Aufsätze zur Wissenschaftslehre, 4. Aufl. Tübingen 1973

Ders., Wirtschaft und Gesellschaft (1925), 5. Aufl. Tübingen 1980

Joseph WEIZENBAUM, Computermacht und Gesellschaft, Frankfurt/M. 2001

Niels WERBER, Zweierlei Aufmerksamkeit in Medien, Kunst und Politik; in: Kunstforum Bd. 148, Dez. 1999

Alfred North WHITEHEAD, Prozess und Realität – Entwurf einer Kosmologie (1927/28), 2. Aufl. Frankfurt/M. 1984

Christoph Martin WIELAND, Geschichte des Agathon (1766/73/94), München 1964

Lambert WIESING, Das Mich der Wahrnehmung – eine Autopsie, Frankfurt/M. 2009

Personenregister

Günter ABEL 345

Wolfgang ABENDROTH 297

Theodor W. ADORNO 160 f, 182, 260, 280, 291 ff, 295, 347, 354 f

Giorgio AGAMBEN 88, 114, 181, 415 f

Johannes AGNOLI 18, 35, 352

ALKUIN 432

Woody ALLEN 34

Karl-Otto APEL 68 ff, 73, 75, 103, 106, 230, 242, 271, 305, 413, 443

APPIUS Claudius 117

Hannah ARENDT 12 f, 36, 86, 105, 107, 111, 114, 126, 144, 177, 184, 192, 198, 222, 296, 303, 319-322, 324 f, 327 f, 331, 359, 406, 423, 435-441, 443

ARISTIPP von Kyrene 441

ARISTOTELES 13 f, 27, 41, 104, 110 f, 116, 120, 122, 124, 194, 242 f, 267 f, 271 ff, 286, 288, 296, 304, 365, 378, 403, 415, 441

John Langshaw AUSTIN 184

François Noël BABEUF 84

Michail Alexandrowitsch BAKUNIN 84

Pierre-Simon BALLANCHE 116

Benjamin BARBER 269 f

Roland BARTHES 448

Jean BAUDRILLARD 350-353, 358, 360 f

Simone de BEAUVOIR 20, 121, 153, 287 f, 310, 441

Ulrich BECK 304, 361

Samuel BECKETT 260

BENEDIKT XVI. 61

Walter BENJAMIN 12, 158, 342-347, 349, 375-378